NEDERLANDS DUTCH
네덜란드어

김영중

문예림
EST. 1945

NEDERLANDS DUTCH
네덜란드어

초판 1쇄 발행 2015년 8월 10일
2판 1쇄 인쇄 2021년 5월 11일
2판 1쇄 발행 2021년 5월 21일

지은이 김영중
펴낸이 서덕일
펴낸곳 도서출판 문예림

출판등록 1962.7.12 (제406-1962-1호)
주소 경기도 파주시 회동길 366 (10881)
전화 02)499-1281~2 **팩스** 02)499-1283
전자우편 info@moonyelim.com **홈페이지** www.moonyelim.com

ISBN 978-89-7482-842-4(13790)

잘못된 책이나 파본은 교환해 드립니다.
본 책은 저작권법에 의해 보호를 받는 저작물이므로 무단 전재와 복제를 금합니다.
인지는 저자와 협의하여 생략합니다.

머 리 말 *Nederlands, Dutch, Niederländisch*

　네덜란드어는 인도유럽어중 영어, 독일어와 같은 서게르만어에 속하는 언어이다. 지리적으로 네덜란드가 영국과 독일 사이에 위치하듯이 언어적으로도 네덜란드어는 독일어와 가장 가까우면서 영어와도 많은 부분 일치하고 있어 두 언어의 중간적 언어라 할 수 있다. 또한 네덜란드어와 관계가 있는 언어로는 네덜란드의 프리스란드주(Friesland)에서 사용하는 프리스어(het Fries)와 남아프리카공화국의 공식언어중의 하나인 아프리칸스(het Afrikaans)가 있다.

　네덜란드어의 표준어는 ABN(=Algemeen Beschaafd Nederlands)이라 불리우며 네덜란드어가 사용되는 지역은 네덜란드와 벨기에(het Koninkrijk België)의 북부지역(= Vlaanderen: 전체 인구 1000만 중 58%), 남미의 네덜란드령 안틸레스제도(Dutch Antilles: Curaçao, Aruba, Bonair, Sint Maarten)가 있으며 그외에도 네덜란드의 식민지였다가 1948년 독립한 인도네시아의 노령층이 네덜란드어를 사용하기도 한다. 또한 1975년에 독립한 남미의 수리남(Surinam) 역시 네덜란드어를 공식언어로 사용하고 있다. 한편 2차 세계 대전이후 북미, 호주, 남아프리카 공화국, 뉴질랜드로 이주한 네덜란드인들의 그 후손들이 그곳서 오늘날에도 네덜란드어를 널리 사용하고 있다.

　흔히 벨기에서 사용하는 네덜란드어를 플람스(Vlaams)라 하는 데 플람스어는 네덜란드어의 방언이다. 현재는 네덜란드정부와 벨기에 정부가 1980년 공동 출연하여 운영하는 네덜란드어언어연합(De Nederlandse Taalunie)이 네덜란드어권의 네덜란드어의 표준화 작업은 물론 네덜란드어와 관련된 모든 언어 정책을 관장하고 있다.

출처: Wikipedia

차 례

• 머리말 | 3

I. 알파벳, 발음, 음절, 철자

1 알파벳(Het alfabet) ········· 8

2 발음(De uitspraak) ········· 10
   I. 모음(Klinkers) ········· 10
   II. 자음(Medeklinkers) ········· 13

3 음절(De syllabe) 및 철자 ········· 22
   I. 음절(Syllabe) ········· 22
   II. 철자(Spelling) ········· 22

II. 문법

1 동사(Het werkwoord) ········· 28
   1. 동사의 현재시제(Het presens) ········· 28
   2. 동사의 과거시제(Het imperfectum) ········· 34
   3. 동사의 미래시제(Het futurum) ········· 48
   4. 분리/비분리동사(Scheidbare / Onscheidbare werkwoorden) ········· 52
   5. 완료형(Het perfectum) ········· 70
   6. 화법 조동사(Modale hulpwerkwoorden) ········· 77
   7. 비인칭 동사(Onpersoonlijke werkwoorden) ········· 82

8. 동사의 명령형(De imperatief) ·· 85
  9. 현재분사형(Het tegenwoordig deelwoord) ······················· 88
  10. 진행형(Duratieve constructies) ···································· 90
  11. 동사의 부정법(Werkwoorden die samengaan met een infinitief) ········ 93
  12. 재귀동사(Het wederkerend werkwoord),
      재귀대명사(Het wederkerend voornaamwoord),
      상호 대명사(Het wederkerig voornaamwoord) ··················· 105
  13. 수동태(Passieve zinnen) ··· 108
  14. 접속법(De conjunctief) ··· 116

2 관사(Het lidwoord) ·· 130

3 명사(Het substantief) ··· 139
  1. 문법성(Genus) ··· 139
  2. 명사의 복수형(Meervoudsvormen) ································· 146
  3. 여성명사 어미(Vrouwelijke uitgangen) ···························· 151
  4. 지소형(Het verkleinwoord) ·· 155

4 형용사(Het adjectief) ··· 163
  1. 형용사(Het bijvoeglijk naamwoord) 어미 ························· 163
  2. 형용사의 비교급, 최상급 (De comperatief, De superatief) ········ 167

5 대명사(Het voornaamwoord) ··· 180
  1. 인칭대명사(Het persoonlijk voornaamwoord) ··················· 180
  2. 소유대명사(Het bezittelijk voornaamwoord) ····················· 187
  3. 지시대명사(Het aanwijzend voornaamwoord) ··················· 190
  4. 대명사적 부사(Het voornaamwoordelijk bijwoord) ············· 196
  5. ER ·· 200
  6. 관계대명사(Het betrekkelijk voornaamwoord) ··················· 208
  7. 의문대명사(Het vragend voornaamwoord),
      의문부사(Het vragend bijwoord) ··································· 216
  8. 부정대명사(Het onbepaald voornaamwoord) ···················· 221
  9. 부정 수사(Het onbepaald telwoord) ······························· 226

6 부사(Het bijwoord) ··· 233

- ⑦ 수사(Het telwoord) ········ 238
- ⑧ 부정사(Negatie, Ontkenning) ········ 253
- ⑨ 접속사(Het voegwoord) ········ 261
- ⑩ 전치사, 후치사(Voorzetsels, Achterzetsels) ········ 284
- ⑪ 감탄사(Het uitroepend voornaamwoord) ········ 306
- ⑫ 간투사(Het tussenwerpsel, De interjectie) ········ 308
- ⑬ 문장(Zin), 어순(Woordvolgorde) ········ 309

Ⅲ. 강 독   325

Ⅳ. 부 록

부록	1. 연습문제 해답	388
부록	2. 불규칙 동사 변화표	427
부록	3. 특정 전치사를 취하는 주요 동사	443
부록	4. 찾아보기	446

I

알파벳, 발음, 음절, 철자

1 알파벳
Het alfabet

대문자	소문자	발음		대문자	소문자	발음	
A	a	[a]	아	O	o	[o]	오
B	b	[be]	베	P	p	[pe]	뻬
C	c	[se]	세	Q	q	[ky]	뀌
D	d	[de]	데	R	r	[ɛr]	에르
E	e	[e]	에	S	s	[ɛs]	에스
F	f	[ɛf]	에프	T	t	[te]	떼
G	g	[ɣe]	헤이	U	u	[y]	위
H	h	[ha]	하	V	v	[ve]	페이
I	i	[i]	이	W	w	[we]	베이
J	j	[je]	예이	X	x	[ɪks]	익스
K	k	[ka]	까	Y	y	[i'grɛk]	이그렉
L	l	[ɛl]	엘	IJ	ij	[ɛi]	에이
M	m	[ɛm]	엠	Z	z	[zɛt]	제트
N	n	[ɛn]	엔				

　네덜란드어의 자모는 27개의 문자로 표기된다. 다른 언어와 비교하여 특이한 네덜란드어 문자는 IJ이며 대문자 IJ로 시작하는 단어는 사전 혹은 전화번호부에서 Y 항목에 위치한다. 그러나 소문자 ij 로 시작하는 단어는 i 항목에 위치한다. IJ, ij는 한 때 Y y로도 표기되었지만 오늘날 Y y는 외래어에만 나타난다. c, q, x는 외래어 및 차용어에만 나타나며 그 외래어가 네덜란드어화 된 경우에는 c는 k 혹은 s로, q 는 k로, qu는 k 혹은 kw로, x는 ks로 철자하기도 한다.

1. 다음 단어의 철자를 말하시오

vader	xenofobie	woord	Nederland
PTT	EU	VVV	KLM
KNMI	WC	TV	ANWB
VOC	IJmuiden	Scheveningen	

2. 이름이 무엇입니까?(Hoe heet u/je?)

      Mijn naam is _____.

이름의 철자를 불러 주시겠습니까? (Kunt u/Kun je dat even spellen?)

      Ja, _____.

2 발음
De uitspraak

네덜란드어 음소는 모음 22개와 자음 20개로 총 42개이다.

Ⅰ. 모음(Klinkers)

1. 단순모음(Monoftong)

발음할 때 조음장소의 처음과 끝이 동일한 소리를 말한다. 네덜란드어 모음은 소리의 길고 짧음에 따라 단모음(kort), 반장모음(half lang), 장모음(lang)으로 구분한다.

철자	발음			예				
a	[a]	man	stad	bal	kat	mat	plak	bad
a/aa	[a.]	kamer	tafel	vader	lanen	manen	platen	ja
		zaak	baan	raam	naam	maan	kraal	aap
	[a:]	varen	jaren	sparen	daar	snaar	jaar	
e	[ɛ]	mes	spel	bed	bel	pen	ver	les
		best	vet	wetten	sterk	bek	erg	
		kerken	kennen					
e/ee	[e.]	vrede	eten	benen	geven	beek	zeef	geen
	[e:]	beren	teren	leren	leer	veer	studeer	
i	[I]	dit	stil	lid	vis	lip	wit	dik	zich	slim	ik
		klimmen	flink	binnen	in	vinden	zingen	kring
	[i.]	radio	idee	kritiek				

ie	[i.]	zie	die	fiets	niet	vies	tien	drie
	[i:]	hier	dier	bier	kier	mieren	plezier	
o	[ɔ]	of	vol	pot	dof	som	jong	zon	bod	rond
		los	toch	vossen	kost	lokken	op	bronnen
		volgen						
o/oo	[o.]	bomen	lonen	toren	knopen	rozen	kopen
		sloten	doden	roken	ook	loon	boom	koop
		knoop	vroom	roos	kroon	droog	hoofd
	[o:]	boren	horen	koren	oor	koor	door
oe	[u.]	goed	boek	toen	roem	boenen	koe
	[u:]	boer	moer	voeren			
u	[ʏ]	hulp	zuster	put	nul	dun	hut	mud	rug
u/uu	[y.]	muziek	nu	minuten	spugen	minuut	spuug
		beduusd					
	[y;]	turen	muren	duur	muur		
eu	[ø.]	beu	keuken	leun	leuk	steun	gleuf	reus
		heus	beukeboom	keuze			
	[ø:]	deur	geur	keur			

> **주의**

1) a[a], e[ɛ], i[I], o[ɔ], u[ʏ]는 항상 짧게 발음되며, 단모음으로 한 개로 철자된다.
2) aa/a, ee/e, oo/o, uu/u는 항상 길게 발음되며 폐음절에서 두 개의 모음으로, 개음절에서는 한 개로 철자한다. (예외. zee 등)
3) aa/a, ee/e, oo/o, eu, ie, oe, uu/u는 자음 /r/ 앞에서는 다른 자음 앞에서 보다 더 길게 발음된다.
4) 슈와(sjwa) [ə]: 강세(强勢)가 없는 음절의 모음 e, i, ij이 약화(弱化)된 발음
　　e, ij, i [ə]　　begin' vre'de de beves'tigen har'telijk moei'lijk twin'tig

2. 이중모음(Diftong)

발음할 때 조음장소의 처음과 끝이 틀린 모음으로 하나의 음소역할을 하는 모음이다. 이중 모음은 끝모음이 하강하는 하강성조(下降聲調)모음이다.

ou / au	[au]	jou zou mouw verkouden vrouw hout zout paus auto dauw flauw
ei / ij	[εi]	mei leiden lijden trein klein zeilen dreigen slijten blijven slijterij mij jij wij krijgen
ui	[œy]	lui uien huis tuin fluiten gebruiken kruis besluiten stuiten uit vuist

3. 복모음

이중모음과 달리 발음할 때 첫모음과 끝모음이 수평성조를 이룬다.

aai	[a.i]	draaien fraai aait zaait
ooi	[o.i]	mooi fooi nooit
oei	[u.i]	moeite moeilijk
eeu(w)	[e.y]	leeuw sneeuw
ieu(w)	[i.y]	nieuw kieuw
u(w)	[y.u]	uw ruw luwen

4. 외래어에서 차용된 모음

1) 네덜란드어 모음 음소가 아닌 외래어에서 차용된 모음

é	[e.]	hé café
è, ê	[ε:]	hè appèl carrière première kassière misère gêne
ea	[eja]	reactie creatie realiteit
eu	[ø:]	freule
o, ô	[ɔ:]	rose zone corps loge contrôle
ei, ai	[ε:]	beige prairie
aie	[e]	portemonnaie
ail	[ai]	detail failliet medaille braille taille wespentaille

air	[ɛr]	militair ordinair vulgair populair documentair
au	[o.]	auto automatisch aubergine (*[au] 로도 발음).
oeu	[y]	oeuvre manoeuvre
ier	[je]	premier kassier
oi	[ua]	dressoir boudoir
oe	[ø]	oecumenisch Oedipus
eau	[o.]	bureau bureaustoel politiebureau cadeau eau de cologne
euille	[øj]	portefeuille

2) 비음성 모음 : 주로 불어에서 차용된 단어에 나타나는 비음성 단모음으로 발음된다.

in	[ɛ̃]	bulletin enfin
en, an	[ã]	genre entree pantalon
on	[õ]	plafond pardon

Ⅱ. 자음(Medeklinkers)

네덜란드어의 자음은 유성음과 무성음의 차이가 뚜렷하다.

1. 단자음(單子音)

철자	발음	예
b	[b]	bos bed bal bier boek hebben webben
	[p]	heb web (*어말음에서)
d	[d]	dief dijk den deur door bedden doden
	[t]	hand stad bed dood wed pad rand rond verraad eed verschillend hoed antwoord brand (*어말음에서)
c	[k]	*a, o, u 앞에서 bioscoop camera commissie compleet concurrentie contact contract correct democratie respect seconde structuur conflict

acteur code collega combinatie cultuur Cuba café accoord consequent locatie

[s]   * i, ij, e, y 앞에서

cijfer cirkel precies proces centrum centraal recept cyanide narcissen cel citroenen fascinerend centimeter decimeter decibel cent circa proces citroen

[k/s]   * 단어내에서 [k]와 [s]로 다르게 발음됨

gecompliceerd concert actrice concept cycloon cyclus
  [k]   [s]   [k] [s] [k] [s] [k] [s] [s][k] [s][k]

* 라틴어 복수형에서 발음이 [k]에서 [s]로 변하기도 한다. :

politicus / politici criticus / critici nederlandicus/nederlandici
  [k]   [s]   [k]   [s]   [k]   [s]

f	[f]	fijn fiets Fries blaffen laf
g	[ɣ]	gaan groot gat goot gieten grijs zwijgen God groeten
	[x]	dag zag (*어말음에서)
	[g]	goal golf (*외래어에서)
	[ʒ]	horloge garage (*외래어에서)
h	[h]	hond hut hand heten haan
j	[j]	jenever juk jaar jong jacht
	[ʒ]	journaal jus jogging (*외래어에서)
k	[k]	kat koe koor kier boeken lakken rok vak
	[g]	zakdoek kerkdienst (*음의 동화작용에서)
l	[l]	last leiden liep lint lopen bellen zullen wel zal
m	[m]	men met maan mat man kam lammeren
n	[n]	niet negen nee ben bonen
p	[p]	paal pijn lappen krap
r	[r]	ros rij brood rus riet rood kar ver woord vader

s	[s]	samen slaan sok suiker kussen Brussel
t	[t]	trein tijd tafel tellen tien boter ratten gat
v	[v]	zeven blijven even raven beloven
	[f]	vader van vijf vrij (*어두음에서)
w	[ʋ]	water was weten wonen twee zweren waarom waar wie nieuw wij eeuwen bouwen wekken ontwaken winkel
x	[ks]	examen exclusief text exodus
y	[i]	typisch dynastie dynamiek
z	[z]	zien zacht zeven zuster Zweden Zwolle

2. 복자음(復子音)

cc	[ks]	succes
nj	[ɲ]	Oranje Spaanje kastanje
ng	[ŋ]	ding honger vinger zingen zong ging
sj	[ʃ]	sjaal huisje sjouwen muisje hasje
ch	[x]	noch kachel lach acht vechten achter toch nacht dicht lucht rechts rechter lichaam echt tocht ochtend huichelaar huichelachtig tachtig
	[ʃ]	chic chocolade charme charmant cheque chirurg machine manchet broche douche
	[k]	christen chaos
kw	[kw]	kwaliteit kwalijk kwartier
sch	[sx]	school schoen schrijven schip waarschijnlijk
	[s]	typisch historisch
tj	[tʃ]	katje toetje

3. 외래어 차용 자음

ck	[k]	cocktail
g	[ʒ]	percentage gel gênant logeerkamer passagier slijtage college giraf corrigeren marge geste
	[ɤ/ʒ]	garage bagage
	[g]	guerilla gouache guillotine gaullisme Grenoble
gn	[nj]	signaal signaleren magnifiek vignet
sh	[ʃ]	shag
qu	[kw]	consequent deliquent qua aquarium quasi quiz
	[k]	antiquair mannequin
-tie	[-si]	politie natie advertentie
sc	[s]	scene discipel
	[sk]	scala
	[s/sk]	scepsis ascese
x	[ks]	examen excuus excursie exceptioneel
gn	[ɲ]	champagne
ll	[j]	carillon failliet faillisement portefeuille fouilleren
	[l]	millimeter
lj	[lj]	biljart bataljon miljoen
th	[t]	theorie thee apotheker ether
tj, ts, tsj	[ts]	tja tjalk tjokvol tjilpen tjirpen tsaar tsjilpen tsjirpen Tsjecho-Slowakije
ps	[ps]	psycholoog pseudoniem psalm (*영어와 달리 s 앞의 p도 발음)

⊗ 발음 특기 사항

1. 명사의 복수어미 -*en*, 동사의 원형 및 복수인칭어미 -*en*, 형용사의 물질을 뜻하는 어미 -*en* 은 일반적으로 *n*이 묵음이되어 [ə]로 발음된다.

　　　　lopen [lo.pə] boeken [bukə]
　　　　mannen kunnen fietsen houten veranderen ijzeren

2. 양 모음사이에 오는 -d-는 모음화 한다.

   goede [ɣujə] rode[ro.jə]

3. / lf, lp, lm, lk, lx /는 발음의 편의상 [ə]를 삽입하여 발음한다.

   melk [mɛlək] erg [ɛrəx] elf [ɛləf]
   twaalf help elf helm Belg

4. 자음 s 다음에 오는 -t-는 묵음이 된다.

   kerstmis [ˈkɛrsmis] postzegel [ˈpɔsexəl] kastje [ˈkaʃə]

5. 형용사 어미 -ig, -lijk의 모음 i, ij은 슈와 [ə]로 발음된다. 그리고 형용사 어미 -isch에서 ch는 묵음이 된다.

   lastig [lastəx]   prettig aardig gevoelig
   vriendelijk [frindələk] uiterlijk kwalijk gemakkelijk
   typisch [tipIs]   fantastisch optimistisch

6. 강세는 원칙적으로 첫 번째 음절에 온다.

   boeˈkwinkel vrienˈdelijk laˈstig

7. p, t, k는 무기음으로 후두에 강한 긴장을 둔 /ㅃ, ㄸ, ㄲ/로 발음된다.

   pen tijd kamer partij toen kijken

8. 유성자음 b, d, g, v, z은 단어의 끝에서는 무성자음 p, t, k, ch, f, s(= ˈT KoFSCHiP) 으로 발음된다(=어말음무성음화규칙). 그러나 단어 끝에서의 철자는 b, d, g 그대로 철자하나 v, z는 f, s로 철자한다.

[d]	[t]	[v]	[f]
hoeden	hoed	brieven	brief
laden	laad	geven	geef

[b]	[p]	[z]	[s]
we<u>bb</u>en	we<u>b</u>	hui<u>z</u>en	hui<u>s</u>
he<u>bb</u>en	he<u>b</u>	kie<u>z</u>en	kie<u>s</u>

[ɣ]	[x]
da<u>g</u>en	da<u>g</u>
ze<u>gg</u>en	ze<u>g</u>

9. 네덜란드어는 음의 동화작용 특히 유성음과 무성음의 동화가 심하다.

▶ 유성음화 :   voetbal ['vudbal]   afdoen ['avdun]
  예‖ eetbaar vakbond kerkdienst opdragen

▶ 무성음화 :   afgod ['afxɔt]   afzonderen [afsondərən]
  예‖ uitzicht gemakzuchtig

▶ 순(盾)음화 :   [n] > [m]
  예‖ aanbevelen aanpakken onmogelijk

▶ 연구개음화 :   [n] > [ŋ]
  예‖ aankijken ingeving treinkaartje

▶ 경구개음화 :   [k] > [k̟] :   koekje
               [t] > [tɕ] :   katje
               [s] > [ʃ] :   meisje
               [n] > [ɲ] :   oranje

10. /v/, /z/ 가 어두음(語頭音)일 경우에는 무성음 /f/, /s/로 발음되는 것이 일반적이다.

  vader   vee   vriend   vrij
  zeven   zee   zien   zeep

11. aä, eë, eï, eü, ië, oë, uï, uü

분음기호(trema, diaeresis)가 붙은 모음은 앞 모음과 분리하여 발음하며 앞모음과 함께 장모음 혹은 이중모음을 형성하지 않는다. 독일어의 움라우트(Umlaut)처럼 보이나 발음이 다르다.

Kanaän - kanaal	beëdigd - beet	geïnd - gein
reünie - reuma	piëteit - pieten	agrariër - gier
poëten - poezen	bedoeïen - loeien	coördinatie - koord
ruïne - ruime	vacuüm - buur	geëerd
weeën	kopiëren	ingrediënt
De Zeven Provinciën	Nederlands-Indië	Californië
Oekraïne	Israël	Sinaï
Rafaël	Daniël	België

12. 인명에 나타난 옛 철자 발음

aaij, aay	[aj]	Kraaijkamp, Van Waay
ae	[aː]	Clauwaerts, Daendels, Maetsuycker, Van der Zaen Kersemaeker
eij, ey	[ɛi]	Breydel, Van Eijbergen, Den Heyer, Meyers, Schey, Van Speijck
uij, uy	[œy]	Buys, Van Duyn, Ruygers, Van Uylenburg, Van Zuylen van Nijevelt
sch	[s]	Bosch, Van Asschendelft, Musschenbroek
ck	[k(k)]	Bicker, Van den Broecke, Van Eyck, Luyck, Ockenburg, Schimmelpeninck, Vonck
cx, ckx, x	[ks]	Asselincx, Dierickx, Sterckx
dt	[t]	Heldt, Van Slingelandt
gh	[ɣ]	Van Bomberghen, Van Gogh, De Hoogh, Leeghwater, Tullingh
th	[t]	De With
oeij, oey	[oi]	Boeijen, Van Roey
ij 혹은 y	[je]	Boeijen
oy, ooy, oij, ooij	[oje]	Van Ooijen, Plockhoy, Roy, Van Royen, Verlooy
ou	[o]	Ruys de Beerenbrouck, Snouck Hurgronje
	[au]	Woutersen
ph	[f]	Philips, Zutphen
	[pf]	Koophuis, Opheusden
sz	[s]	Florisz, Van Heutsz

y [ɛi] Hymans, Nyssens
　 [i.] Gerbrandy, Lely (*자음 다음 혹은 이름의 끝)

발음연습

I. 다음 단어를 발음하시오.

1. wie, wit, fiets, stil, dik
2. eten, deel, spreken, twee, weer, met, hek, veld, ver
3. dat, bak, Amsterdam, kar, tafel, examen, maar
4. of, vol, nog, dor, ook, overloop, boom, oor
5. goed, boek, stoel, broer, U, muziek, nu, muur
6. leunstoel, keuken, meubels, deur, vlug, zuster, tulpen, slurf
7. eerste, kinderen, gemakkelijk, twintig
8. mijn, begrijpen, trein, klein
9. luisteren, tuin, uien, gebruik, lui
10. Uw, duwen, ruw, sneeuw
11. vrouw, ouders, blauw, blauwe
12. aait, zaaien, draaien, saai
13. nooit, mooi, fooi, rode
14. moeilijk, koeien, goedemorgen
15. kieuw, nieuw, hieuw
16. leeuw, eeuw, middeleeuw
17. appels, ik heb, bed, hebben, op de vloer
18. tweede, thee, zitten, hond, donker, moeder, drie, kat, knie, omtrek
19. ik ben, zakdoek, blijkbaar, wat, antwoord, gewoon, muurtje, dat moet je
20. juffrouw, fruit, lijf, uitvoeren, vinden, boven, vijfde
21. stem, kussen, huis, opzetten, vakantie, elektrisch, zestig
22. zijn, lezen, loslaten, Is de man thuis?
23. meisje, machine, kastje, bagage, sjouwen
24. verjaardag, jassen, dag, schaal, schrijven, nacht, lachen, ligt
25. geen, morgen, negen, hand, gehad, herhalen, raam, straks, leraar, dertig

26. les, melk, elf, twaalf, allerlei, veel
27. mosterd, komen, oom, naar, wonen, zoon
28. langzaam, brengen, dank U, Oranje, kindje
29. christen, controle, cijfer, chocolade, chaos, goal, consequent
30. examen, tsjech, jacht, journaal, miljoen

Ⅱ. 다음 외래어를 읽어 보시오.

golf, job, citroen, chocolade, chaos, journalist, consequent, plafond, rose, freule, créche, speech, scala, fantasie, politie, examen, jacht, horloge, shag, journal, kopiëren, populair, portefeuille, realiteit, bureau, advertentie, miljoen, charmant

Ⅲ. 다음 문장을 음의 동화작용에 유의하여 읽어 보시오.

1. Ik zal een brief schrijven.
2. Ik kan het niet zeggen.
3. Je zult het zien.
4. Ik ga.
5. Hij rijdt van dak tot dak.
6. Je moet altijd doen wat hij zegt.
7. Vindt hij dat fijn?
8. Je weet toch dat hij in Korea woont.
9. Ik weet niet wat hij doet.
10. Vandaag koop ik een zakdoek.

3 음절 및 철자
De syllabe & De spelling

I. 음절(Syllabe)

　단어는 한 개의 음절 혹은 그 이상의 음절로 구성되어 있다. 음절의 종류에는 음절의 끝이 모음으로 끝나는 개음절(開音節, geopend syllabe)과 자음으로 끝나는 폐음절(閉音節, gesloten syllabe)이 있다. 네덜란드어는 이러한 음절의 종류에 따라 모음의 길이, 철자 그리고 자음의 철자가 규정되는 것이 특징이다.

　　　　개음절 : **va**-der　　**be-to**-verd　　e-ven-**zo**
　　　　폐음절 : **zwar**-te　　ver-an-dert　　o-**ver**-jas

II. 철자(Spelling)

1. 모음의 철자

　모음의 철자는 음절(音節)에 따라 한 개 혹은 두 개로 철자한다.

1) 폐음절인 경우

　▶ 단순모음중 단모음 *a*, *e*, *i*, *o*, *u*는 하나로 철자
　　　　man　　bad　　pot　　bus　　pil

　▶ 단순모음중 반장모음 *a*, *e*, *o*, *u*는 2개로 철자
　　　　laan　　peer　　boom　　buur
　　그러나 다른 음절이 붙는 경우에는 개음절이 되어 하나로 철자한다.

　　예 명사의 복수어미 *-en*이 붙는 경우
　　　　laan → lanen　　　peer → peren

boom → bomen   buur → buren

2) 개음절인 경우
   ▶ 단순모음중 반장모음 *a, e, o, u*는 하나로 철자
   vader, vrede, lopen, nu (예외 zee)

   ▶ 단순모음중 단모음 *a, e, i, o, u*는 개음절에는 나타나지 않는다.

3) 복모음 *ieu, u, eeu*는 w와 함께 철자한다.
   ieuw : nieuw   vernieuwen   kieuwen
   uw   : ruw
   eeuw : meeuw   leeuwen   eeuwen

4) 단순모음중 단모음 [i.], [u.]와 반장모음 [ø.]는 각기 두 개의 문자 *ie, oe, eu*로 철자한다.
   ie   [i.]   lied   verdriet   vriend   dienst
   oe   [u.]   moe   boek   moeten   toen   doen
   eu   [ø.]   leuk   leunen   keuken   meubel

   그러나 [i]가 외래 차용어인 경우는 *i* 혹은 *y*로 철자 한다.
   liter, biljoen / pyromaan, hydraulisch
   (예외 bijzonder)

5) 차용어의 경우 모음위에 다음과 같은 부호가 오는 경우가 많다.
   ▶ 생략부호(Apostrof, apostrophe) '
   ① 문자가 생략되었음 보이기 위함.
   zo'n   'n   m'n   z'n   A'dam   's avonds   's winters
   's Gravenhage

   ② 강세없는 모음으로 끝나는 명사의 복수어미 -s를 붙일 때 장모음의 길이를 유지시켜주기 위함.
   collega's   baby's   alibi's   accu's

▶ 예음(Accent aigu, acute accent) ´ : é, á, ó, ú

① 수사 een ('one')인 경우 부정관사와 구별하기 위해 één으로 표시

　　Hij heeft een boek. (부정관사)
　　Hij heeft één boek. (수사)

② 간투사 hé : Hé, mag ik misschien jouw adres?

③ 강조할 필요가 있는 경우:

　　Luuk, kom nú naar binnen!
　　Dat was háár ijsje.
　　Kán jij dat?

④ 외래어(불어) : café　　comité　　logé　　coupé　　oké

⑤ 의미를 구분하기 위함

　　Ik zal vóór jou opstaan　'앞에(before)'
　　Ik zal voor jou opstaan　'..위하여(for)'

▶ 분절기호(Trema, dieresis) ¨ : ä, ë, ï, ö, ü

두 개의 음이 한 개의 모음으로 발음되는 것을 방지하고 분절하여 별개의 음절로 발음하도록 분음기호(trema)를 붙인다.

① poezie인 경우 oe가 [u]로 발음되는 것을 방지하기 위해 분절기호를 넣어 poëzie로 철자한다.

　　　　intuïtie　　coöperatie　　reünie

② 수사에서 : tweeëndertig

③ 국가명칭에서 : Italië　　België

▶ 억음(Accent grave, grave accent) ` : è

　　Hè, moet ik echt naar binnen?

▶ 곡절부호(Accent circonflex, circumflex accent) ^ : ê ô

　　contrôle　　gêne　　enquête

6) 이중 모음 *ij*를 대문자로 쓰는 경우 *IJ*로 철자한다.

    het IJsselmeer   IJsland

2. 자음의 철자

1) 단모음을 갖는 폐음절인 경우 어미(語尾)가 붙는 경우에는 끝자음을 이중으로 철자한다.

man	mannen
pan	pannen
heb	hebben
vlot	vlotten
vlug	vlugger

그러나 끝자음이 두개 이상의 자음인 경우에는 그냥 어미만 붙인다.

klont	klonten
verbrand	verbranden
word	worden
hard	harder
licht	lichte

2) 무성마찰음 f, s로 끝나는 단어에 어미 *-en*과 같은 다른 음절이 붙으면 v, z로 철자 한다.

brief	brieven
wolf	wolven
huis	huizen
gans	ganzen
vers	verzen

예외 elf / elfen   dans / dansen   kous / kousen

그러나 끝자음인 *f*, *s*를 중복하여 어미를 붙이는 경우에는 그대로 철자한다.

stof	stoffen
das	dassen

3) 's (= des)로 문장이 시작되는 경우에는 다음 단어를 대문자로 철자한다.

's Avonds is zij nooit thuis.

연습문제

I. 다음 단어들의 음절을 구분하고 각 음절의 모음의 길이 및 모음, 자음의 철자에 유의하여 발음하시오.

1) Nederland vader   luisteren studeren
2) pannen   alles   liefde   lopen   straten   glimlach
3) denken   terwijl deze   warmte   brieven
4) huizen   armen   kerken   zitten   zeker   lekker   winter
5) zomer   zegel   regering   Vlaanderen zeggen   ongeduldig
6) maken   vallen   hakken   harken   slapen   dalen   kamer

II. 다음 텍스트를 모음의 길이에 유의하여 읽으시오.

De hond loopt in de straat. De man valt in de gracht. Hij zegt: Nee. Zij buigt haar knie. Ik voel me vol. Wie schiet het dier? Hij gooit zijn kauwgum weg. In zijn klas waren veel grapjes. De kleine kleuter breit een kleurvolle trui. Nu zuigt hij zijn vuile duim. Dan loopt zij gauw naar buiten. Hoeveel houten schuren lijken jou leuk? Hun auto loopt misschien honderd mijl per uur. Haar goede, oude oma is echt erg aardig. Zij bouwen een reuzen pijp. Vandaag gaat Jan naar Amsterdam en Haarlem. Sluit de voordeur! Niemand blijft altijd vijftig. Het meisje zweeg maar de oude vrouw sprak veel. Hoe oud zijn die lieve, kleine meisjes? De zuinige huisvrouw gooit niets weg. Hij is voor altijd uit de politiek verdwenen. Zij verdwijnen ijlings naar het warme Zuiden. Zo'n actie lijkt leuk maar leidt tot niets. Duizend ijle bomen ruisen luid in de zwoele lucht.

문 법

Het werkwoord
1 동사

1. 동사의 현재시제(Het presens)

　In Nederland **vind** je restaurants uit verschillende landen. Ze **serveren** vaak nationale gerechten. Elk land **heeft** zijn eigen specialiteiten. In een Mexicaans restaurant **kun** je bijvoorbeeld tortilla's eten en in een Indiaans restaurant **staan** heerlijke maaltijden zonder vlees op de kaart.

Ⅰ. 형태

1. 동사의 원형(原型, Infinitief) :「어간 + (e)n」

　※ 원형이 -n으로 끝나는 동사는 6개(*staan* '서다', *zien* '보다', *doen* '하다', *slaan* '치다', *zijn* 'be', *gaan* '가다')이다.

2. 불규칙 동사 zijn('be'), hebben('have') 현재 인칭형

인 칭	zijn	hebben
ik	ben	heb
jij/je	bent (* ben jij/je)	hebt (* heb jij/je)
hij/zij/het	is	heeft
wij	zijn	hebben
jullie	zijn	hebben
zij	zijn	hebben
u	bent	hebt / heeft

3. 규칙동사의 현재형

3.1. 동사의 어간모음(stam) 철자 규칙

1) 어간모음이 장모음인 경우

원형	어간	
maken	maak	(만들다)
wonen	woon	(살다)
eten	eet	(먹다)
kopen	koop	(사다)
huren	huur	(빌리다)
gaan	ga	(가다)
slaan	sla	(치다)
doen	doe	(하다)
zien	zie	(보다)
예외 komen	kom	(오다)

2) 어간모음이 단(短)모음인 경우

원형	어간	
zeggen	zeg	(말하다)
zetten	zet	(놓다)
kloppen	klop	(두드리다)
bakken	bak	(굽다)

3) -eren으로 끝나는 동사의 어간 :

▶ 강세가 -e'ren에 있는 경우 :

stude'ren	studeer	(공부하다)
rege'ren	regeer	(지배하다)

▶ 강세가 어간 모음에 있는 경우

luis'teren	luister	(듣다)
verga'deren	vergader	(모이다)

3.2. 동사 어간의 자음의 철자규칙

1) v, z를 갖는 동사들은 어간의 끝 v, z는 무성음화되어 각각 f, s로 철자한다.

v - f

geven	geef	(주다)
schrijven	schrijf	(쓰다)
drijven	drijf	(뜨다)

z - s

lezen	lees	(읽다)
reizen	reis	(여행하다)
vrezen	vrees	(두려워하다)

3.3. 동사의 현재형 인칭어미

인칭		단수	인칭	복수
1	ik	어간	we	어간 + (e)n
2	jij	어간 + t	jullie	어간 + (e)n
3	hij/zij/het	어간 + t	zij	어간 + (e)n
존칭	u	어간 + t	u	어간 + t

(*복수형은 원형과 같다.)

원형	**werken**	**vragen**	**zeggen**	**praten**	**schrijven**	**lezen**	**komen**	**staan**
	(일하다)	(물어보다)	(말하다)	(이야기하다)	(쓰다)	(읽다)	(오다)	(서다)
어간	**werk**	**vraag**	**zeg**	**praat**	**schrijf**	**lees**	**kom**	**sta**
ik	werk	vraag	zeg	praat	schrijf	lees	kom	sta
je	werkt	vraagt	zegt	praat	schrijft	leest	komt	staat
hij	werkt	vraagt	zegt	praat	schrijft	leest	komt	staat
we	werken	vragen	zeggen	praten	schrijven	lezen	komen	staan
jullie	werken	vragen	zeggen	praten	schrijven	lezen	komen	staan
ze	werken	vragen	zeggen	praten	schrijven	lezen	komen	staan
u	werkt	vraagt	zegt	praat	schrijft	leest	komt	staat

1) 2인칭 단수 jij/je의 현재인칭형은 주어 jij/je 앞에 위치할 때는 인칭어미 -*t* 가 생략된다.

ben je/jij ..... **heb je/jij ...**
werk je?   vraag je?   zeg je?   praat je?   schrijf je?   lees je?
kom je?   Sta je?

2) 어간의 끝자음이 -*t* 로 끝나는 경우에는 단수 2, 3인칭어미 -*t* 는 생략된다.

	praten	**weten**	**laten**	**zitten**
ik	praat	weet	laat	zit
je	praat	weet	laat	zit
hij	praat	weet	laat	zit
we	praten	weten	laten	zitten
jullie	praten	weten	laten	zitten
ze	praten	weten	laten	zitten
u	praat	weet	laat	zit

Ⅱ. 현재시제 용법

1. 현재 발화 순간 혹은 미래에 일어나는 행위

   De klant betaalt de rekening. (손님은 계산을 치른다.)
   Daar komt Jan. (그곳에 얀이 온다.)
   Hij komt het je straks tonen. (그가 그것을 너에게 보여주러 곧 올 것이다.)
   Ik schrijf je wel. (내가 너에게 편지를 쓸게.)

2. 과거에 시작되어 지금도 끝나지 않은 행위나 상태

   We wachten nu al 3 weken op antwoord. (우리는 지금 벌써 3주째 답장을 기다리고 있다.)
   We wonen hier sinds vorig jaar. (우리는 작년부터 여기서 살고 있다.)

3. 일반적 진리

   Elk land heeft zijn eigen specialiteiten. (각 나라는 그들 고유의 특산품을 가지고 있다.)

Kinderen kunnen lastig zijn. (아이들은 귀찮을 수 있다.)

4. 현재의 습관

Nederlanders drinken veel melk. (네덜란드 사람들은 우유를 많이 마신다.)
Elke dag staat hij om 5 uur op. (그는 매일 5시에 기상한다.)
's Zondags gaat hij naar kerk. (그는 일요일마다 교회에 간다.)

연습문제

I. 밑줄 친 곳에 zijn 혹은 hebben의 현재형을 넣으시오.

1. Hij _____ een nieuwe fiets.
2. Mijn broer en ik _____ blauwe ogen.
3. Waar _____ je geboren?
4. Ze _____ de zus van Madeleine.
5. _____ jullie de leerlingen van meneer Jansen?
6. Paula en Peter _____ een mooie auto.
7. Welk huis _____ je vader?
8. Mijn hobby's _____ voetbal en tennissen.
9. Pardon mevrouw, _____ U onze lerares Duits?
10. Meneer en mevrouw Kemers _____ twee kinderen.
11. Jullie _____ twee goede vrienden.
12. Ik _____ ziek.
13. Jij _____ heel lief voor mij.
14. Hij _____ een mooie auto.
15. Ik _____ getelefoneerd, maar niemand was thuis.
16. Wie _____ de appel opgegeten?
17. Hij _____ heel groot.
18. Jij _____ een rode tas.
19. Wij _____ een brood bij de bakker gekocht.
20. Ik _____ 12 jaar oud.

Ⅱ. 괄호 속 동사의 현재인칭형을 써 넣으시오.

1. De jongen (wandelen) in de tuin.
2. Marie (werken) in de stad.
3. (Luisteren) jullie naar de radio?
4. Philip (luisteren) niet.
5. Hij (praten) te veel.
6. De atleet (oefenen) elke morgen.
7. Waar (planten) je vader de boom?
8. Ik (kennen) de vrouw niet.
9. Suzan (branden) haar vinger.
10. Ik (huren) een kamer in de Molenstraat.
11. (Wonen) je vriendin in Grand Rapids?
12. Nee, zij (wonen) in Grand Haven.
13. Ik (pakken) het boek van de tafel.
14. Waar (zijn) het boek?
15. Het kind (spelen) buiten.
16. Waar (maken) ze auto's?
17. Zij (studeren) Nederlands. (단수)
18. De student (beantwoorden) de vraag.
19. (Oefenen) jij elke dag op de piano?
20. De speler (raken) de bal.

Ⅲ. 아래 대화에서 괄호 속 동사의 알맞는 현재형으로 써 넣어라.

A: Kun je iets vertellen over het eten in jouw land?
B: Ja, natuurlijk. Ik ⬚1⬚ uit Indonesië, van het eiland Sumatra. (komen)
     In Indonesië ⬚2⬚ we veel rijst, cassave, groenten, vlees en vis. (eten)
     We ⬚3⬚ drie warme maaltijden: het ontbijt, de lunch en het diner. (hebben)
     We ⬚4⬚ vaak op de vloer. (zitten)
     We ⬚5⬚ meestal met onze handen het eten uit een schaal. (pakken)
     Jullie ⬚6⬚ altijd brood en aardappeles, hè? (eten)
A: Nou, dat ⬚7⬚ niet helemaal waar. (zijn)
     Nederlanders ⬚8⬚ vaak brood bij het ontbijt en de lunch. (eten)

Het diner [9] een warme maaltijd. (zijn)
Dan [10] er vaak aardappels, vlees en groente op tafel. (komen)
Toch, [11] steeds meer Nederlanders rijst in plaats van aardappels. (koken)
[12] jij eigenlijk van het Nederlandse eten? (houden)

B: Ik [13] het Nederlandse eten erg lekker. (vinden)
Ik [14] van gekookte aardappels. (houden)
Ik [15] trouwens nog een groot verschil tussen Nederlanders en Indonesiërs. (weten)
Jullie [16] veel tijdens de maaltijd. (praten)
Wij [17] niet vel tijdens de maaltijd. (zeggen)

A: Ja, dat [18]. (kloppen)
Nederlanders [19] inderdaad graag onder het eten. (praten)

B: Ik [20] een idee. (hebben)
[21] je zaterdagavond nog vrij? (zijn)

A: Ja.

B: [22] je zaterdag bij mij eten? (komen)
Je [23] dan Indonesisch eten. (krijgen)

A: Graag, Dat [24] een leuk idee. (zijn)

2. 동사의 과거시제(Het imperfectum)

Johan Willems vertelt over zijn baan. Vroeger **werkte** ik bij de politie. Toen **was** het werk nog leuk. Ik **werkte** in een dorp. Iedereen **kende** mij. Later verhuisden we naar een grote stad. Daar **veranderde** het werk voor mij. Ik **vond** het erg zwaar. Toen heb ik ander werk gezocht. En nu werk ik als portier bij de universiteit.

Ⅰ. **형태** : 동사의 과거형은 그 형태에 따라 규칙동사, 불규칙 동사가 있다.

1. 규칙동사(=약변화동사)

1) 어간의 끝음이 유성자음 혹은 모음으로 끝날 경우

> 과거형   : 동사의 어간 + –de
> 과거분사형 : (ge) + 동사의 어간 + –d

2) 어간의 끝음이 무성자음 p, t, k, p, f, ch, s, (= 'T KoFSCHiP)으로 끝날 경우

> 과거형   : 동사의 어간 + –te
> 과거분사형 : (ge) + 동사의 어간 + –t

예

원형	어간	과거 단수/복수	과거분사	
werken	werk	werkte/werkten	gewerkt	(일하다)
zetten	zet	zette/zetten	gezet	(놓다)
doden	dood	doodde/doodden	gedood	(죽이다)
leven	leef	leefde/leefden	geleefd	(살다)
reizen	reis	reisde/reisden	gereisd	(여행하다)
aaien	aai	aaide/aaiden	geaaid	(쓰다듬다)

* 과거형의 자음, 모음의 철자에 주의 할 사항

▶ v - f/ z - s

geloven	geloof	geloofde/geloofden	geloofd	(믿다)
durven	durf	durfde/durfden	gedurfd	(감히하다)
reizen	reis	reisde/reisden	gereisd	(여행하다)
vrezen	vrees	vreesde/vreesden	gevreesd	(두려워하다)

▶ 장모음을 갖는 동사

maken	maak	maakte/maakten	gemaakt	(만들다)
delen	deel	deelde/deelden	gedeeld	(나누다)
hopen	hoop	hoopte/hoopten	gehoopt	(희망하다)
sturen	stuur	stuurde/stuurden	gestuurd	(보내다)

- 단모음을 갖는 동사

    | pakken | pak | pakte/pakten | gepakt | (싸다) |
    | bellen | bel | belde/belden | gebeld | (전화하다) |
    | willen | wil | wilde/wilden | gewild | (원하다) |
    | kloppen | klop | klopte/klopten | geklopt | (두드리다) |

- 어간의 끝자음이 -t, -d인 경우

    | zetten | zet | zette/zetten | gezet | (놓다) |
    | praten | praat | praatte/praatten | gepraat | (이야기 하다) |
    | branden | brand | brandde/brandden | gebrand | (불타다) |

2. 불규칙동사(*부록 참조)

1) 강변화동사(het sterke werkwoord)

- 어간의 모음을 변화(ablaut)시키는 동사로 과거분사형은 『(ge)+어간+(e)n』 형태를 취한다.

    | kijken | keek/keken | gekeken | (보다) |
    | sluiten | sloot/sloten | gesloten | (닫다) |
    | wegen | woog/wogen | gewogen | (무게를 달다) |
    | drinken | dronk/dronken | gedronken | (마시다) |
    | vallen | viel/vielen | gevallen | (떨어지다) |
    | vangen | ving/vingen | gevangen | (잡다) |
    | lopen | liep/liepen | gelopen | (걷다) |
    | helpen | hielp/hielpen | geholpen | (돕다) |

- 모음뿐 아니라 자음도 함께 변화하는 동사가 있다.

    | bezoeken | bezocht/bezochten | bezocht | (방문하다) |
    | eten | at/aten | gegeten | (먹다) |
    | slaan | sloeg/sloegen | geslagen | (차다) |
    | komen | kwam/kwamen | gekomen | (오다) |

2) 혼합변화동사(het gemengde werkwoord)

과거형에 약변화어미를 취하고 과거분사형에 강변화형 "(ge)....(e)n"을 취하거나 반대로 과거형에 강변화를 취하고 과분사형에 약변화 "(ge)...t/d"를 취하는 동사.

bakken	bakte/bakten	gebakken	(굽다)
lachen	lachte/lachten	gelachen	(웃다)
zeggen	zei/zeiden	gezegd	(말하다)
vragen	vroeg/vroegen	gevraagd	(질문하다)

3) 불규칙동사

zijn	was/waren	geweest	('be')
hebben	had/hadden	gehad	('have')

3. 과거형 인칭변화

인칭	단수	인칭	복수
ik	과거어간	wij	과거어간 + (e)n
jij, u	과거어간	jullie	과거어간 + (e)n
hij/zij/het	과거어간	zij	과거어간 + (e)n

	zijn ('be')	**hebben** ('have')	**worden** (되다)	**wonen** (살다)	**praten** (이야기 하다)	**denken** (생각하다)	**dwingen** (강요하다)	**zien** (보다)
ik	was	had	werd	woonde	praatte	dacht	dwong	zag
jij	was	had	werd	woonde	praatte	dacht	dwong	zag
hij	was	had	werd	woonde	praatte	dacht	dwong	zag
wij	waren	hadden	werden	woonden	praatten	dachten	dwongen	zagen
jullie	waren	hadden	werden	woonden	praatten	dachten	dwongen	zagen
zij	waren	hadden	werden	woonden	praatten	dachten	dwongen	zagen

II. 과거시제 용법

1. 과거의 특정 상황 혹은 행위를 기술

Vroeger werkte ik bij de politie. (나는 전에 경찰서에서 일했다.)
Toen was het werk nog leuk. (그때 일이 재미있었다.)

2. 과거의 습관

   Toen deed ik alles met de fiets. (그때 모든 일을 자전거로 했다.)
   Ik rookte twee pakjes sigaretten per dag. (나는 하루에 담배 2갑을 피웠었다.)

3. 한 문장 혹은 이야기속에 나오는 연속적인 행위를 설명하고 기술하는 경우

   Hij stond vroeg op, stapte in zijn auto en ging naar het politiebureau.
   (그는 일찍 일어나서, 차를 타고 경찰서로 갔다.)

연 | 습 | 문 | 제

Ⅰ. 다음 문장을 과거형으로 고치시오?

1. Hij werkt vlug.
2. Ik loop graag de honderd meter.
3. We vinden een schat in dat huis.
4. Ze antwoordt altijd heel beleefd.
5. Waarom bel je niet?
6. Zij wedt op het bruine paard met het nummer 2.
7. Wij hebben er veel aan gedacht.
8. Ik verwacht nog een brief van hem.
9. Hij is een sterke jongen.
10. Jullie zijn sportieve meisjes.
11. Hij loopt vlug.
12. Ik denk veel aan jou.
13. We zoeken een schat in dat huis.
14. De vergadering duurt heel lang.
15. Waarom vind je het niet?
16. Zij rijdt op het bruine paard met het nummer 2.
17. Wij drinken veel.
18. Ik schrijf nog een brief naar haar.
19. Ze zijn gespierde jongens.

20. Jullie zingen prachtig!
21. Hij denkt vlug na.
22. Ik wandel in het bos.
23. We kopen dat boek.
24. Ze vindt het antwoord niet.
25. Waarom zing je niet?
26. Zij vreest te verliezen.
27. Wij hebben veel vrienden.
28. Ik verlies de moed niet.
29. Hij ziet heel goed.
30. Jullie worden vlug volwassen.
31. Ria woont in een armoedig huisje.
32. Deze zomer bezoeken we Malta.
33. Vroeger verkiest hij de zee als vakantiebestemming.
34. De bedienden werken in de huishouding.
35. De ruiter bedwingt het wilde paard.
36. Bartje begraaft de schelpen onder het zand.
37. De dokter behandelt de patiënt.
38. Haar ouders verbieden haar uit te gaan voor haar achttiende verjaardag.
39. De kinderen besluiten naar het bos te gaan.
40. Jan snijdt in zijn vinger.
41. Zijn vinger begint te bloeden.
42. Na de wandeling borstelt Bartje de rug van het paard.
43. Mijn broer schrijft me een brief in onze geheime code.
44. Op de bruiloft draagt iedereen een corsage.
45. Jozef dweept met een meisje van de pianoles.
46. Sonia erft een antieke klok van haar oma.
47. De minister vraagt raad aan een externe deskundige.
48. We zien een film over de fauna van Afrika.
49. Met de ark redt Noë zijn familie van de zondvloed.
50. Het water spuit naar alle kanten.

Ⅱ. 밑줄친 동사를 과거형으로 고치시오.

Er zijn eens twee kinderen die Hansje en Grietje heten.

Hun vader zijn houthakker en gaan elke dag in het bos hout hakken om dat later te kunnen verkopen. De kinderen moeten elke dag mee om het hout te bundelen. Op een avond horen Hans zijn vader en moeder praten. Ze zeggen dat er niet genoeg geld meer zijn om de kinderen eten te geven. 'We moeten morgen onze kinderen achterlaten in het bos', zeggen hij. Hans steken broodkruimels in de broek die hij morgen zullen aantrekken. De volgende ochtend trekken vader en kinderen weer het bos in om hout te hakken. Zoals vader van plan was, gaan hij ervandoor en laten hij de kinderen alleen achter. Hans vertellen zijn zus dat hij broodkruimels hebben gestrooid en dat ze zo de weg naar huis wel zullen terugvinden. Helaas, de kinderen vinden het brood niet terug, omdat de vogels alles hebben opgegeten. Zo belanden ze bij de heks en haar peperkoekenhuisje. Gelukkig kunnen ze na een hele tijd ontsnappen en lopen het verhaaltje toch nog goed af!

불규칙 동사 예문

1. Moeder heeft een heerlijke taart gebakken.
2. De vaas is gebarsten, ze laat water door.
3. Wanneer is de Etna uitgebarsten?
4. Dat vlees is bedorven, Het stinkt.
5. De les is pas om 14.15 uur begonnen.
6. Ik ben nog maar eens herbegonnen.
7. De dief had zich op de zolder verborgen, maar ze hebben hem toch gevonden.
8. Ik heb besloten te vertrekken.
9. De dokter heeft me bevolen binnen te blijven.
10. Je hebt bewogen, nu is die vogel weg.
11. Ze had 3 Onze Vaders gebeden om haar berouw te tonen.
12. Hij heeft me zelfs geld aangeboden.
13. Hij heeft vanmorgen nog niet ontbeten. Hij zal nu wel honger hebben.
14. Je bent gebonden door je beloofte.
15. Het parlement is gisteren ontbonden.
16. Hij had teveel lucht in de ballon geblazen. Daarom is die ontploft.
17. Hij bleek er geen flauw benul van te hebben.
18. Hij is niet lang gebleven. Hij moest nog weg.
19. Dat antwoord is niet uitgebleven.
20. Hij heeft altijd in de klas uitgeblonken.
21. Wie heeft die mooie vaas gebroken?
22. Ze hebben die muur uitgebroken.
23. Hoeveel heeft dat zaakje nou opgebracht?
24. Hij heeft de nacht in een hotel doorgebracht.
25. Waarom heb je dat niet meegebracht?
26. Hij heeft die ijzeren staaf helemaal omgebogen.
27. Dat substantief wordt soms nog verbogen.
28. Hij was onder het werk gedolven.
29. Het dorp werd onder een lawine bedolven.
30. Hij heeft zich te laat bedacht.

31. Ze verdachten zijn broer van die diefstal.
32. Ze heeft al het mogelijke gedaan om het te helpen.
33. Hoeveel bedroegen de onkosten?
34. Hij gedroeg zich zo zonderling.
35. Wie heeft jou dat opgedragen? Onze baas?
36. Hij heeft me tot het uiterste gedreven.
37. De prijzen zijn kunstmatig opgedreven.
38. De trein was al zo vol en er werd nog gedrongen om er in te geraken.
39. Hij dronk het met tegenzin op.
40. Hij is tijdens de oorlog ondergedoken om niet gearresteerd te worden door de Gestapo.
41. Mijn vader heeft me gedwongen hogere studies te beginnen.
42. Hij heeft die hele taart opgegeten: er is geen stukje meer over.
43. De agent had nog maar net gefloten.
44. Ze gingen met z'n drieën naar Parijs.
45. Hij is zaterdagavond nog uitgegaan.
46. Wat ik zei, gold voor alle aanwezigen.
47. Hij is nog niet volledig genezen van verkoudheid; hij blijft hoesten.
48. Ik heb heerlijk genoten van dat uurtje in de zon.
49. Ze gaven me honderd euro.
50. Ze heeft altijd veel geld aan kleren uigegeven.
51. Die emmer is helemaal leeg. Ja, ik heb die uitgegoten.
52. Hij is uitgegleden op een bananenschil.
53. Zijn ogen glommen van blijdschap.
54. Hij heeft in de tuin een diepe put gegraven.
55. Onze hond heeft al die etensresten weer opgegraven.
56. Hij heeft het nu nog niet begrepen.
57. Dat voorval heeft hem echt aangegrepen.
58. De was hing niet te drogn aan de lijn.
59. Hij heeft alle kamers zelf behangen.
60. Wie heeft dat daar opgehangen?
61. Hij heeft nooit een bromfiets gehad.

62. Ze hief maar 200kg op, wat een kracht!
63. Hij heeft me veel geholpen.
64. Hij behielp zich met de middelen die hij had.
65. Ik vroeg hem hoe hij heette.
66. Hij onthield niets van wat ik hem zei, hij vergat alles.
67. Ik ben door het verkeer opgehouden, nu ben ik te laat.
68. Hij joeg iedereen het huis uit.
69. Hij is tot president verkozen.
70. Ik heb er de beste uitgekozen.
71. Heb je er al eens naar gekeken?
72. Hij heeft het boek even ingekeken.
73. Hij heeft altijd opgekeken naar zijn grote broer.
74. Hij heeft de Everest beklommen.
75. Hij is snel opgeklommen tot de directeur.
76. Zijn stem klonk zo vreemd aan de telefoon.
77. Hij had zijn ogen dicht geknepen vanwege het felle zonlicht.
78. Van dat nieuws is hij nog niet helemaal bekomen.
79. Hij heeft het hele zaakje opgekocht.
80. Ze heeft veel geschenken gekregen voor haar verjaardag.
81. Die trui is heel wat gekrompen. Hij is in te warm water gewassen.
82. De kat is in de boom gekropen.
83. Alleen had hij dat niet aangekund.
84. De hele klas heeft hem uitgelachen.
85. Hij heeft goedkeurend geglimlacht.
86. Hij heeft al alles uitgeladen.
87. Hij was beladen als een muilezel.
88. Hij liet zijn hond elke avond even uit.
89. Zijn oom heeft hem een huis nagelaten.
90. Hij liet niet na me dat nog even te zeggen.
91. Ze lazen voor uit dat boek.
92. Tegen mijn ouders heb ik nog nooit gelogen: ik vertel hun altijd de waarheid.
93. Dat boek heeft 3 dagen op tafel gelegen.

94. Hij heeft niet veel geleden. Tien minuten na het ongeval is hij overleden.
95. Heb je ze al eens vergeleken?
96. Ze leken op elkaar als twee druppels water.
97. Die straf is hij ontlopen, maar wacht maar!
98. Het schip heeft veel schade opgelopen.
99. Twee uur later waren alle koeien gemolken.
100. Ik heb hem de laatste tijd gemeden, omdat ik geen zin had nog met hem te praten.
101. Hij moest het doen!
102. Ik heb hem daar vaak ontmoet.
103. Hij mocht niet met ons mee.
104. Ik heb hem nooit gemogen.
105. Hij heeft dat nieuws te laat vernomen.
106. Dat benam hem de adem.
107. Hij heeft mij alles ontnomen.
108. Haar talent werd erg geprezen en de kritieken die over haar verschenen, waren steeds positief.
109. Die waren zijn sterk afgeprijsd.
110. Hij raadde onmiddelijk mijn gedachten.
111. Hij heeft mij aangeraden een deskundige te raadplegen.
112. Heb je al eens met die auto gereden?
113. Ze riepen hem uit tot hun leider.
114. De advocaat beriep zich op z'n beroepsgeheim.
115. Heb jij hier niets geroken? Volgens mij heeft iemand hier sigaretten geroken.
116. Ik heb die dwaze automobilist eens goed uitgescholden.
117. In Iran worden de mensenrechten wel degelijk geschonden.
118. Hij had me te veel whisky ingeschonken, mijn glas was helemaal vol.
119. God schiep de wereld in 6 dagen.
120. Hij heeft die informatie tijdig onderschept.
121. Hij had zich 's morgens wel geschoren, maar 's avonds had hij weer een baard.
122. De agent had drie keer in de lucht geschoten om de dief tegen te houden.

123. De zon heeft vandaag nog niet geschenen.
124. Hij verscheen daarna nooit meer in het openbaar.
125. Hij heeft een brief geschreven.
126. Hij heeft zich nog steeds niet ingeschreven voor die cursus.
127. Hij schrok ervan.
128. Je hebt hem definitief afgeschrikt.
129. Ze scholen voor de regen omdat ze geen paraplu bij zich hadden.
130. Hij heeft de vergadering naar een latere datum verschoven.
131. Hij heeft zijn beste werkkracht ontslagen.
132. Hij sliep tot 1 uur 's middags.
133. Ik ben te laat, ik heb me verslapen.
134. Noem jij dat een geslepen potlood?
135. Hij heeft op de schoolbanken zijn broek versleten.
136. De kat was langzaam naderbij geslopen om de muis te vangen.
137. Hij had de deur gesloten zodat niemand kon binnenkomen.
138. Wat heeft de directeur nu besloten?
139. Het ijs is gesmolten, er blijft alleen maar water over.
140. Hij heeft het daar in een boek gesmeten.
141. Ik heb in mijn vinger gesneden.
142. Die taart is al aangesneden.
143. In sommige landen worden jongens besneden.
144. Hij had zijn neus wat luidruchtig gesnoten.
145. Hij snoof de gezonde lucht op.
146. Hij was helemaal ontspannen, geen zenuwen.
147. Het heeft me nooit gespeten dat ik die baan heb gekozen.
148. Ik heb me versproken: ik bedoelde niet 'links' maar 'rechts'.
149. Waar hadden we weer afgesproken?
150. Hij was in het water gesprongen.
151. Hij sprong op toen de baas binnenkwam.
152. Het water spoot naar alle kanten.
153. Hij stond me van top tot teen te bekijken.
154. Ik deed alsof hij niet bestond.

155. Hij stak de sleutel in het verkeerde slot.
156. Die wond is helemaal ontstoken, je moet dat laten verzorgen.
157. Hij heeft z'n eigen ouders bestolen.
158. Die diersoort is uitgestorven.
159. Hij bestierf het bijna van de schrik.
160. Alle prijzen zijn gestegen.
161. Het vliegtuig is te laat opgestegen.
162. Het heeft er 'onfris geroken', zeg maar 'gestonken'.
163. Hij heeft steeds de natuurvervuiling bestreden.
164. Mijn hemd zit nog vol kreuken! heb je het weer niet gestreken?
165. De dokter heeft het zalfje uitgestreken.
166. De politie is hardhandig opgetreden tegen de betogers.
167. Die heeft het toch maar even getroffen: een lieve man en schatten van kinderen.
168. Hij is naar de Japan vertrokken.
169. Wie was er allemaal bij dat schandaal betrokken?
170. Hij is van 10m hoog uit raam gevallen en beide benen heeft gebroken.
171. Dat was me helemaal niet opgevallen.
172. Hij heeft die tegenslag goed opgevangen.
173. Ik heb hem twee weken lang vervangen.
174. Hij wist niet wat ermee aangevangen.
175. Die kapitein heeft alle zeeën bevaren.
176. Ze vochten voor hem leven.
177. Nu is mijn pen weer verdwenen!
178. Ze vergaten het belangrijkste : hun badpak.
179. Anderlecht heeft de voetbalwedstrijd met 5-1 verloren.
180. De leeuw had de gazelle verslonden.
181. Daar was niets van waar. Hij had dat allemaal verzonnen.
182. Ze bevonden zich toen op 5000 meter hoogte.
183. Hij is met Sabena naar Seoul gevlogen.
184. De jonge vogeltjes zijn al uitgevlogen.
185. Hij vroeg of je niet kon meekomen.

186. Dat heeft hij zich pas later afgevraagd.
187. Het vlees was helemaal opgevreten door de wilde dieren.
188. Het had die nacht gevroren: al het water was ijs geworden.
189. De boog is omver gewaaid tijdens de hevige stormvorige nacht.
190. Zijn de kinderen al gewassen?
191. Hij heeft het lang overwogen, maar nu moet hij eindelijk een beslissing nemen.
192. Hij heeft de voor- en nadelen afgewogen.
193. Hij heeft dat voorstel verworpen.
194. Al zijn kennis heeft hij dat eerste jaar verworven.
195. Ik heb het altijd geweten.
196. Toen Hitler aan de macht kwam, is Rachel naar Amerika uitgeweken, wat ze deed, vond hij goed.
197. Ik heb hem toen op zijn fouten gewezen.
198. Irak heeft 2 Amerikaanse diplomaten uitgewezen.
199. Hij wou niet komen.
200. Hij was zeer direct en heeft er geen doekjes omgewonden
201. Ze heeft de 1ste prijs in de tombola gewonnen.
202. Hij werd bij de baas geroepen.
203. Het principe van de mafia is dat elke misdaad gewroken moet worden.
204. Ze hebben die natte hond droog gewreven.
205. Hij zei iets anders.
207. Hij heeft zijn abonnement opgezegd.
208. Is die brief nu nog niet verzonden!
209. Hij heeft het niet vóór 5 januari ingezonden.
210. Ze zagen niets zonder bril.
211. Ze zag er veel jonger uit.
212. Ze zong zo vals als een kat.
213. De Titanic is toch gezonken.
214. Hij zonk weg in het drijfzand.
215. Ze zaten urenlang te praten in dat gezellige café.
216. Hij heeft zijn straf uitgezeten.

217. Ze verzochten ons vriendelijk de zaal te ruimen.
218. Dat jongetje heeft tot z'n 6 jaar op z'n duim gezogen.
219. Hij heeft niet gedronken, eerder gezopen!
220. Hij zou dat toch doen!
221. Hij is het kanaal overgezwommen.
222. Hij zwoer op het hoofd van zijn vader dat het de waarheid was.
223. Hij heeft zijn leven lang gezworven, 't leek wel de "Wandelende Jood".
224. Hij heeft het jarenlang verzwegen.

3. 동사의 미래시제(Het futurum)

Volgende week vertrekken Helen en Anja naar Afrika. Ze **gaan** een jaar lang voor Unicef **werken**. Ze **zullen** eerst een paar maanden in Tanzania **blijven**. Daarna vliegen ze naar Kameroen. Daar **zullen** ze ook enkele maanden voor Unicef **werken**. Over een jaar komen ze dan weer terug naar Nederland.

Ⅰ. 형태 : 「**zullen** / **gaan** + 부정형」

인칭	단수		인칭	복수	
ik	zal/ga	vragen	wij	zullen/gaan	vragen
jij	zult(zal)*/gaat	vragen	jullie	zullen/gaan	vragen
	zul, zal*/ga jij	vragen			
u	zult/gaat	vragen			
hij, zij, het	zal/gaat	vragen	zij	zullen/gaan	vragen

* 2인칭 단수 zal은 zul, zult 보다 비공식적인 형태

1. gaan + 부정형

1) 계획, 의도

Ik *ga* morgen eens *rondkijken*. (나는 내일 한 번 둘러볼 것이다.)
Volgend jaar *ga* ik een huis *kopen*. (나는 내년에 집을 살 것이다.)
Ze *gaan* een jaar lang voor Unicef *werken*. (그들은 1년동안 유니세프에서 일할 것이다.)
Helen *gaat* een cursus Engels *doen*. (Helen은 영어강좌를 수강할 것이다.)

2) 근접 미래

En nu *gaan* we de volgende les *bekijken*.
(이제 우리는 다음 과를 볼 것입니다.)
Wat *gaat* er nu *gebeuren*? (이제 무슨 일이 일어날 것인가?)
Het *gaat regenen*. (비가 올 것이다.)
Mijn vrienden *gaan* op het platteland *wonen*.
(내 친구들은 시골에서 살 것이다.)
De kinderen *gaan* in de sneeuw *spelen*. (아이들은 눈 속에서 놀 것이다.)
Marij *gaat* vanavond *dansen*. (Marij는 오늘밤 춤을 추러 간다.)
Haar ouders *gaan* binnenkort *opbellen*.
(그녀의 부모님이 곧 전화를 할 거예요.)
Ik *ga* een brief aan mijn vriendin *schrijven* want ik heb een beetje tijd.
(나는 시간이 조금 있기 때문에 내 여자 친구에게 편지를 쓸거예요.)
Onze buurman *gaat* een huis voor de vakantie *huren*.
(우리의 이웃은 휴가를 위해 집을 빌릴 것이다.)
Het mooie hondje is erg moe en hij *gaat slapen*.
(귀여운 강아지는 매우 지쳤고 곧 잠에 들 것이다.)
Ik *ga* jou nu iets *vertellen*.
(나는 너에게 무언가를 말할 것이다.)
Het egeltje is wakker en hij *gaat* in de tuin *lopen*.
(작은 고슴도치는 깨어나서 정원으로 걸어갈 것이다.)

2. zullen + 부정형

1) 제안

Zal ik Helen en Anja even *opbellen*?
(내가 Helen과 Anja에게 전화를 걸어도 될까요?)

Zullen wij ze naar het vliegveld *brengen*?
(우리가 그들을 공항에 데리고 갈까요?)

2) 약속

Ik *zal* Helen en Anja even *opbellen*.
(내가 Helen과 Anja에게 전화를 할 것이다.)
Wij *zullen* ze naar het vliegveld *brengen*.
(우리는 그들을 공항에 데리고 갈 것입니다.)

3) 확신

Ze *zullen* eerst een paar maanden in Tanzania *blijven*.
(그들은 먼저 탄자니아에 몇 달동안 머무를 것입니다.)
Daar *zullen* ze ook enkele maanden voor Unicef *werken*.
(거기에서 그들은 유니세프를 위해 몇 달 간 일할 것입니다.)

3. 미래 시제는 현재시제로도 표현한다.

Morgen *ga* ik naar de winkel. (내일 나는 상점에 갈 것이다.)
Je *betaalt* me later wel. (나중에 저에게 지불하세요.)
Zodra ik de boeken heb, *breng* ik ze *mee*. (내가 책을 받자마자 가져갈께.)

연 | 습 | 문 | 제

Ⅰ. 다음 문장을 조동사 zullen으로 미래시제 문장으로 바꾸시오.

1. Hij werkt steeds veel.
2. Wanneer koopt hij een nieuwe auto?
3. Ik denk veel aan mijn vader.
4. We gaan misschien naar de Olympische Spelen.
5. Danst ze graag?
6. Jullie zijn goed bezig!
7. Is het morgen voorbij?
8. Wie leest veel boeken?

9. Hij is een flinke jongen!
10. Ze wordt misschien een beroemde zangeres.
11. De armoede verdwijnt nooit volledig.
12. Uit mijn hoofd schilder ik rode klaprozen voor u.
13. Vergelijken we de twee standpunten?
14. Ik ruil mijn fiets tegen de jouwe.
15. Peter koopt een krant.
16. We moeten haastig eten.
17. Ik woon in een flat.
18. Ze gaat nu iets drinken.
19. Na het ontbijt doe ik de afwas.
20. De directeur komt morgen terug.

Ⅱ. ( )속의 동사를 현재형으로 미래시제를 표현하되 문맥에 따라 특별한 의미(계획, 의도, 제안, 약속, 확신)가 드러나는 경우 조동사 *gaan* 혹은 *zullen*으로 표현하라.

De eerste dag (vliegen) u om 8:00 uur van Amsterdam naar Dar es Salaam in Tanzania. In Dar es Salaam (kunnen) u meteen in een klein hotel terecht. Op het vliegveld (ontmoeten - 약속) u de volgende dag andere collega's van Unicef. Met deze mensen (werken - 의도) u de komende maanden voor Unicef. Om 10:00 uur (vertrekken) uw vliegtuig vanuit Dar es Salaam naar Kigoma. Drie uur later (aankomen) u daar. Daar (stappen) u in de bus naar Ujiji. In dit plaatsje (wonen -확신) u vier maanden. De volgende dag (beginnen - 확신) uw werkzaamheden.

Ⅲ. ( )의 동사로 문장을 만들라.

Herman: je zin om naar Tanzania te gaan? (hebben)
Helen: Het me leuk, maar ik je. (lijken; zullen missen)
Herman: ik jou ook.
          Hoe jullie? (reizen)
Helen: Met het vliegtuig.
          Alleen van Kigoma naar Ujiji we een bus.(nemen)
          Er is in Ujiji namelijk geen vliegveld.
Herman: jullie daar allemaal een eigen woning?(hebben)

Helen:	Nee, dat niet mogelijk. (zijn)
	We waarschijnlijk met ongeveer acht personen in een hut. (zullen slapen)
Herman:	Wat spannend allemaal.
	je me snel vanuit Ujiji? (bellen)
Helen:	Dat ik. (zullen doen)
Herman:	Fijn. ik je. (zullen schrijven)

4. 분리/비분리동사(Scheidbare / Onscheidbare werkwoorden)

　기존의 동사에 부사, 형용사, 명사, 동사의 어간과 같은 전철(前綴, 접두어)을 붙여 새로운 의미를 갖는 **복합동사**를 형성한다. 이러한 전철은 분리되기도 하고 분리되지 않기도 한다. 분리전철이 붙는 동사를 분리동사(分離動詞, scheidbare werkwoorden)라 부르고 비분리전철이 붙는 동사를 비분리동사(非分離動詞, onscheidbare werkwoorden)라 한다.

　전철로 사용되는 것은 주로 부사이지만 형용사, 명사, 동사의 어간도 전철로 사용된다.

komen	: aankomen (도착하다)	voorkomen (앞서가다)	bekomen (받다)
lopen	: aflopen (끝나다)	verlopen (경과하다)	
staan	: verstaan (이해하다)	bestaan (존재하다)	ontstaan (생기다)

Haar contract *houdt* 1 maart *op*. (그녀의 계약은 3월 1일에 끝난다.)
Haar contract is 1 maart *afgelopen*. (그녀의 계약은 3월 1일에 끝났다.)
Hij *geeft* veel geld aan boeken *uit*. (그는 많은 돈을 책을 사는데 썼다.)
Je moet je fiets wel goed *afsluiten*. (당신은 자전거를 잘 잠궈야 한다.)

1. 비분리 전철

> be-, ver-, ont-, ge-, her-, er-, veront-

bekijken (주시하다)　vertalen (번역하다)　onthouden (외우다)　geloven (믿다)　ervaren (경험하다)　verontschuldigen (용서하다) ....

Hij heeft jou van kop tot teen *bekeken*. (그는 당신을 머리 끝에서 발 끝까지 살펴 보았다.)
Ik had het hem al eerder *verteld*. (나는 그것을 그에게 이미 이전에 말했다.)
Hij heeft het niet *ontkend*. (그는 그것을 부인하지 않았다.)
Hij heeft zijn fout *erkend*. (그는 그의 실수를 인정했다.)
Hij had je niet onmiddelijk *herkend*. (그는 당신을 즉시 알아보지 못했다.)
Ze hebben elkaar in Spanje *ontmoet*. (그들은 서로 스페인에서 만났다.)
Haar gedrag is niet te *verontschuldigen*. (그녀의 행동은 용서될 수 없다.)

2. 분리 전철

1) 항상 분리하는 전철

> af-, bij-, binnen-, boven-, buiten-, heen-, in-, langs-, mee-, neer/neder-,
> op-, rond-, samen-, tegen-, terecht-, thuis-, toe-, uit-, verder-, voort-, weg-

af-	Hij is twee jaar geleden *afgestudeerd*. (그는 2년 전에 졸업했다.)
bij-	Ze heeft nog 500 euro *bijbetaald*. (그녀는 500유로를 추가 지불했다.)
	Hij heeft al die rommel *bijgehouden*. (그는 모든 잡동사니들을 간직하고 있다.)
binnen-	Kom maar binnen! (들어와!)
boven-	De drenkeling is tweemaal *bovengekomen*. (물에 빠진 사람이 두 번 위로 올라왔다.)
buiten-	*Zet* die plant toch *buiten*! (그 식물을 밖에 놓아라!)
heen-	De hele zomer *gaat* ermee *heen*. (여름 내내 그럴 것이다.)
in-	Er is van nacht *ingebroken* : ze hebben mijn tv gestolen. (오늘 밤에 도둑맞았다. 그들이 내 tv를 훔쳐갔다.)
	Hij had een visgraat *ingeslikt* en moest zelfs naar de dokter. (그는 생선뼈를 삼켰고 의사에게까지 가야했다.)
langs-	*Kom* maar eens bij me *langs*. (한 번 나에게 들러라.)
mee-	*Breng* je kinderen maar *mee*. (당신의 아이들을 데려오세요.)
	Hij heeft me dat pakje *meegegeven*. (그는 나에게 소포를 함께 주었다.)
na-	Hij heeft alles goed *nagekeken*, maar heeft niets kunnen vinden. (그는 모든 것을 확인했다. 그러나 어떤 것도 찾을 수 없었다.)
	Jonge kinderen *zeggen* vaak alles *na*. (어린 아이들은 종종 따라 말한다.)
neer-	*Zet* alles daar maar *neer*. (모든 것을 거기에 내려 놓아라.)

op-	Hij *staat* nooit vroeg *op*. (그는 절대 일찍 일어나지 않는다.)
	Jullie hoeven niet alles *op* te *schrijven* wat ik zeg.
	(너희들은 내가 말한 모든 것을 적을 필요는 없다.)
	Hij heeft al die koekjes *opgegeten*. (그는 그 쿠키를 다 먹었다.)
	Dat bedrijf *leidt* de werknemers zelf *op*. (그 회사는 직원들이 스스로 이끌어 간다.)
rond-	Ik *kijk* de kamer *rond*. (나는 방을 둘러본다.)
samen-	Ze *wonen* al jaren *samen*. (그들은 수년동안 함께 살고 있다.)
	Ik heb ze eigenlijk *samengebracht*. (나는 사실 그것들을 합쳤다.)
tegen-	Ze heeft haar man nog nooit *tegengesproken*.
	(그녀는 그녀의 남편에게 말대꾸를 해 본 적이 없다.)
	Ik ben hem gisteren in de stad *tegengekomen*.
	(나는 어제 시내에서 그를 만났다.)
	Houd me niet *tegen*, ik doe het toch. (날 막지마, 나는 어쨌든 그것을 할거야.)
terecht-	Nu *komt* hij nog in de gevangenis *terecht*.
	(그는 또 감옥에 들어간다.)
terug-	Hij *geeft* zelden iets *terug*. (그는 어떤 것을 좀처럼 되돌려 주지 않는다.)
	Een jaar later heeft hij dat boek *teruggebracht*.
	(1년 후에 그는 그 책을 되돌려 주었다.)
thuis-	Laat hem nu maar *thuisblijven*. (지금 그를 집에 머무르게 해줘.)
	Hij is heel laat *thuisgekomen*. (그는 매우 늦게 집에 왔다.)
toe-	*Geef* dat maar *toe*. (그것을 인정해.)
uit-	Ze worden volgende maand *uitbetaald*. (그것들은 다음 달에 지불된다.)
verder-	*Rij* nog wat *verder*, hier is het zeker niet.
	(좀 더 달려라. 분명 여기가 아니야.)
voort-	Wat *vloeit* daaruit *voort*? (거기에서 무엇이 계속 흘러 나오느냐?)
weg-	*Hang* die jas nou *weg*, hij ligt hier al lang genoeg.
	(그 자켓 없애 버려. 여기에 너무 오래 걸려 있다.)

2) 분리 혹은 비분리하는 전철

일반적으로 분리하는 경우에는 전철과 동사의 원래 의미를 간직하며, 비분리하는 경우에는 추상적 의미를 갖는다. 분리하는 경우에는 강세는 분리전철에 오며 비분리인 경우에는 동사어간에 온다.

> aan-, achter-, door-, mis-, om-, onder-, over-, vol-, voor-, weer/weder-

	분리	비분리
aan-	*aankleden, aandoen, aanzetten aannemen, aankijken, aantrekken aanvragen, aangeven*	*aanbidden, aanvaarden*
achter-	*achterhouden, achterlopen*	*achtervolgen, achterhalen*
door-	Hij *zoekt* nog even *door*, misschien vindt hij het wel. Toen hij hem herkende, *liep* hij snel *door*. Hij *brak* de reep chocola *door*.	Hij heeft alles *doorzocht*, maar niets gevonden. Het is misschien best alles nog even te *doorlopen*. Het is nodig de dagelijkse sleur af en toe te *doorbreken*.
	doorbrengen, doorgaan, doorgeven, doorsturen, doorrijden	*doorstaan, doorboren, doorzien*
mis-	Je hebt de bal *misgeslagen*.	Dat kind werd door zijn ouders *mishandeld*.
	mislopen	*mislukken, misbruiken, misleiden, misvormen*
om-	We *lopen* even een eindje *om*.	Dat *omvat* ongeveer alles wat wij wilden zeggen.
	omhakken, ompraten, omdraaien, omdoen, omvallen, omrijden	*omhelzen*
onder-	De zon *gaat onder*. *onderlopen, onderbrengen onderduiken*	Hij *ondergaat* zijn lot. *onderdrukken, ondersteunen, onderstrepen, onderwijzen, ondervragen, onderschatten, ondertekenen*

over-	Mijn oom is voor een week *overgekomen*.	Dat *overkomt* me nu anders nooit.
	De emmer *loopt over*.	Voor het examen *overliep* hij nog even de cursus.
	Hij *werkt* elke dag *over*.	Hij is duidelijk *overwerkt*.
	overschrijven, overdoen, overstappen, overgieten, overtikken	*overtuigen, overdekken, overdrijven, overheersen, overnachten*.
vol-	*Doe* mijn glas nog maar eens *vol*.	Je *voldoet* niet aan de voorwaarden.
voor-	Zoiets is nog nooit *voorgekomen*.	Hij heeft het op tijd *voorkomen*.
	voorstellen, (zich) voordoen, voortekenen	*voorspellen, voorzien*
weer-	Hij is nooit *weergekeerd*.	Wat *weerhoudt* je nog!
	weergeven, weerzien	*weerleggen, weerklinken, weerspiegelen*

※ 전철로 사용되는 형용사, 명사, 동사 어간 : 분리 혹은 비분리한다.

• 형용사

> bezig-, dwars-, gereed-, goed-, groot-, fijn-, hoog-, klaar-, lief-, los-, schoon-, dicht-, dood-, open-, vol-

분리	비분리
bezighouden	dwarsdrijven
dwarsliggen	volbrengen
gereedkomen	liefkozen
goedkeuren	vrijwaren

• 명사

> adem-, huis-, hout-, les-, plaats-, school- beeld-, heup-, slaap-, raad-, logen-, stof-

분리	비분리
ademhalen, *huishouden*, *houthakken*, *lesgeven*, *plaatsvinden*, *schoolblijven*	*beeldhouwen*, *heupwiegen*, *ogenstraffen*, *stofzuigen*, *slaapwandelen*, *raadplegen*, *waarborgen*, *handhaven*

※ 전철로 사용되는 동사의 어간

> giet-, glim-, klets-, stort-, zweef-

gietregenen, *glimlachen*, *kletsregenen*, *stortregenen*, *zweefvliegen*

3. 분리 및 비분리 동사 유의 사항

1) 비분리: 동사의 강세는 동사의 어간에 있고 분리동사의 강세는 분리전철에 있다.

분리동사		비분리동사	
ʼaflopen	(끝나다)	verʼstaan	(이해하다)
ʼaankomen	(도착하다)	beʼkijken	(주시하다)
ʼteleurstellen	(실망하다)	beʼspreken	(상담하다)
ʼvoorkomen	(나타나다, 발생하다)	voorʼkomen	(방지하다)

2) 분리동사의 전철은 주문장에서 문장의 맨 뒤에 위치한다. 그러나 전치사구의 앞 혹은 뒤에 오기도 한다.

Zijn gedrag *stelde* mij ernstig *teleur*. (그의 행동은 나를 매우 실망시켰다.)
Geef je niet veel te veel geld *uit*? (너무 돈을 많이 쓰는 게 아닌가요?)
Doe je jas *aan* en ga *mee*? (코트를 입고 같이 갈래?)

Hij *stelde* me aan zijn vriendin *voor*. (그는 나를 그의 여자 친구에게 소개했다.)
Hij *stelde* me *voor* aan zijn vriendin.

3) 'te + 부정형'에서 te는 분리전철과 동사의 사이에 온다.

Je hoeft me niet *op* te *bellen*. (너는 나에게 전화할 필요가 없다.)
Zij was vergeten haar paraplu *mee* te *nemen*.
(그녀는 우산 갖고 가는 것을 잊었다.)

4) 분리동사의 과거분사형에서 ge-는 분리전철과 동사의 사이에 오며 비분리동사의 과거 분사형에는 ge-를 생략한다.

Ik heb je gisteren *opgebeld*. (나는 어제 너에게 전화했다.)
Martin zegt dat hij op het postkantoor drie pakjes heeft *verstuurd* naar Korea.
(Martin은 그가 우체국에서 3개의 소포를 한국으로 보냈다고 말했다.)

5) 구어체에서 흔히 조동사는 분리동사의 분리 전철과 동사사이에 위치한다.

Ik denk dat hij 500 euro aan mijn vrouw *terug wil brengen*.
(나는 그가 500유로를 내 아내에게 갚을 것이라고 생각한다.)

연습문제

I. 다음 동사의 과거단수형, 과거복수형, 과거분사형을 말하라.

inpakken weggaan opstaan opbellen opzoeken
terugkeren doorbrengen meegaan meenemen aantrekken

II. 다음 괄호속의 동사의 형태를 문맥에 맞게 고치시오.

1. Els (overgaan) het oude bruggetje.
2. Jan (overdrijven) altijd, zegt zijn moeder.
3. Lea (oprichten) een jeugdclub.
4. Moeder (opbellen) de dokter.
5. De bestuurder (overrijden) die oude man.

6. Jan (overstappen) de straat.
7. (uitkijken) goed!
8. Die weg (doorgaan) onder het spoorwegviaduct.
9. De konijnen (inlopen) de tuintjes.
10. Ze (opeten) daar de wortels.
11. Ik (opschieten) absoluut niet met dat werk, terwijl het zaterdag klaar moet zijn.
12. Het aantal woningzoekenden is in het eerste kwartaal van dit jaar met een half procent (afnemen).
13. Ik ben bang dat het nooit meer (ophouden) met regenen.
14. Volgende week (overdragen) hij zijn functie aan een ander.
15. Ik heb nooit (meemaken) dat zo'n avond zonder incidenten verliep.
16. Die docent (uitleggen) die stof fantastisch goed.
17. Als ik een maand lang iedere avond in dit restaurant eet, (aankomen) ik tien kilo.
18. Die man (zich aanstellen) vreselijk. Je moet verder geen aandacht aan hem besteden.
19. Waarom (inpakken) jij de koffer altijd pas op het allerlaatste moment?
20. De technische commissie (bekendmaken) vanavond wie er aan de Europese kampioenschappen mogen meedoen.
21. Hij (voorstellen) zijn vriendin aan zijn ouders.
22. Ik (aanbieden) hem bier en wijn.
23. Hij (opsturen) dat kaartje naar zijn vriend.
24. Paula (afwerken) haar taak.
25. Hij (opmerken) dat dit bord gebroken is.
26. De bediende (opbellen) zijn klant.
27. De bezoeker (invullen) het formulier.
28. De politieagent (terugvinden) de hond van de oude dame.
29. De advocaat (voorleggen) zijn argumenten.
30. De kinderen (instappen) de bus om naar school te gaan.
31. Cindy liegt vaak, maar haar moeder (doorzien) haar altijd.
32. Een economische auto (verbruiken) niet veel benzine.
33. In zijn schoolagenda (opschrijven) Jan huiswerk en lessen.
34. Ik zou niet graag willen dat je leraar zich bij je vader over je (beklagen - 과거), zegt ze aan haar dochter.
35. De radio is uitgevallen; ik (herstellen) die onmiddellijk.

36. De vlieglessen voor sportpiloten (herhalen) op 10 september aanstaande.
37. Als je één element ervan weglaat, (misvormen) je het hele beeld.
38. Het was aan het regenen toen ik vanmorgen (opstaan - 과거).
39. De apotheker (klaarmaken) voor deze avond het recept.
40. Ze (terugkeren) pas in september naar Frankrijk.

Ⅲ. 괄호 속 동사를 문맥에 맞는 알맞은 형태를 넣어 문장을 만드시오.

1. (herhalen) - Kun je die vraag?
2. (uitleggen) - In dit woordenboek worden woorden helder.
3. (optrekken) (과거형) - Hij zijn magere schouders en schudde zijn hoofd.
4. (uitrekenen (과거형) - Peter globaal hoeveel geld hij nodig had.
5. (binnenkomen) (현재형) - Moeder de kamer van Bart.
6. (verwarmen) (현재형) - u uw huis met gas of met stookolie?
7. (doorstaan) - De patiënt heeft de operatie goed.
8. (doorzetten) (과거형) - De wielrenner en won de wedstrijd.
9. (overschrijven) - Ik heb het rapport.
10. herlezen - Hebben jullie die tekst goed?
11. Het publiek (aanmoedigen - 현재) de voetballers.
12. Oma (aandringen - 과거) erop dat we nog een kopje soep aten.
13. Op de tafel (aantreffen - 현재완료) Cindy en Bart een verrassing.
14. (aanwijzen - 명령형) op de kaart van Zuid-Holland waar Rotterdam ligt.
15. Als een tak (afbreken - 현재), valt hij van de boom af.
16. Ik (afkijken - 현재완료) van mijn moeder hoe ik een hoedje moet dragen.
17. (afdoen - 명령형) die boeken van de stoel!
18. Vader (afspreken - 현재완료) dat hij om 5 uur thuis zal zijn.
19. We (afwachten - 현재) mooi weer, dan gaan we fietsen.
20. Mevrouw Janssens is ziek : ze (afzeggen - 현재완료) haar afspraak met de kapper.
21. (opschrijven) (현재형): In zijn schoolagenda Johan huiswerk en lessen.
22. (vervullen)(현재형) : Aan de grens we eerst een aantal formaliteiten
23. (binnenkomen)(현재형) : De onderwijzer de klas.
24. (invullen) (현재형): Je dit papier.
25. (aankijken) (현재형): Georges haar ijskoud.
26. (misrekenen)(현재형) : Wat! drie en vier is acht! Maar jij

27. (mislopen) (현재형): Ga rechtdoor en je niet.
28. (misverstaan) (현재형): Ik denk dat u mijn woorden
29. (weglaten) (현재형): Je een element en uw antwoord is juist.
30. (misvormen) (현재형): Je het hele beeld met dit nieuwe element.

Ⅳ. 어순에 맞게 문장을 만드시오.

1. meisje kamers altijd Het schoon. houdt de
2. ons Die onvriendelijk aan. kijkt meneer
3. cholera Egypte in breekt Er uit.
4. biedt een Hij beloning aan. ons
5. beloning aan. we graag Natuurlijk de nemen
6. week knecht volgende terug. De de komt
7. neemt Mijn de zaak over. broer
8. De het geeft uitgeverij boek uit.
9. goed af. komt Hij er
10. de wast af. Moeder borden
11. uur een laat aan. te De kwam trein
12. om zich kleedt gaan. Hij aan te uit
13. kinderen Alle aan. jas trekken hun
14. wonen. een in Dieren graven hol te om
15. Piet kamer vader de van De binnen. komt
16. dat We onze vakantie in met we lichten gaan. buren
17. altijd me John aapt na.
18. uit. geeft Didier het boek
19. de zaak over. neemt Je broer
20. knecht volgende De komt terug. week
21. kan bijeenkomen. Je moeilijk haar met broers
22. afstand omdat de Ze had botste auto overschat. ze de tegen
23. voor. woorden leest De de hardop juf
24. water op gooien. Het vlammen door te vuur de gaat uit
25. aan geeft de diepte meetlat de van kant aan. het Een zwembad
26. Kun even? het zout je doorgeven
27. In het treden gedresseerde leeuwen op. circus

28. dat met die? champagne ontbijt je Wist vedette
29. eis Ik ! je je kamer dat opruimt
30. aan. zijn bood excuses Peter
31. de Hij dief spreekt vrij.
32. Ik kom terug. morgen
33. papier. We gebruiken
34. Je les bereidt de voor.
35. mijn terug. vriend Ik bel
36. We het diner klaar. maken
37. schrijft telefoonnummer op. het Je
38. hamburger. een bestelt U
39. Jan Ze restaurant. ontmoeten het in
40. De nodigt burgemeester mevrouw uit. Peters

V. 현재형 문장으로 고치시오.

1. De jongen zal rechts uitwijken voor de auto.
2. De kamer zal op de tuin uitkijken.
3. De jongen zal er ziek uitzien.
4. De beginner zal wel eens iemand aanrijden.
5. De jongen zal voor het donker terugkomen.
6. Zijn moeder zal hem een laatste woord toeroepen.
7. Ik zal de zaak nog eens aankijken.
8. Vader zal een uurtje uitrusten.
9. Ik zal morgen terugkomen.
10. Ik zal hem gelukwensen met zijn verjaardag.

분리 동사 및 비분리 동사 예문

1. Julia gaat naar de bioscoop maar ze weet nog niet welke jurk ze zal aantrekken.
2. Die oefening is niet moeilijk maar ik zou u toch aanraden die goed voor te bereiden.
3. De kantoorchef zal zeker aantonen dat die rekeningen juist zijn.
4. De koning is zo'n belangrijk man dat veel mensen hem niet durven aanspreken.
5. Het is haar verjaardag. Wat zal ik haar aanbieden?
6. Die leraar moet ons interessante dingen aanleren.
7. Als je zo vlug fietst, zal je zeker iemand aanrijden.
8. Op het grote bord staat geschreven : Hier mag je niets aanplakken.
9. Binnen 5 minuten zal de trein aankomen.
10. Hij was zo lelijk dat niemand hem durfde aankijken.
11. Als je zelf je kleren maakt, spaar je een boel geld uit.
12. 's Zondags slaapt moeder altijd uit.
13. De secretaresse stelt de vergadering uit.
14. De hele straat loopt uit om de brand te zien.
15. Met dit proefmonster probeer je de nieuwe shampoo uit.
16. Maandelijks keert hij een vast bedrag uit aan de bank voor de lening van zijn huis.
17. Peter geeft veel geld uit voor nieuwe boeken.
18. Van schrik brengt Mia geen woord uit.
19. Een kindje is geboren : de familie breidt zich uit.
20. Peter is de eerste van zijn klas. 'Hoera' roept hij uit.
21. De oppositie stemt tegen deze nieuwe wet.
22. Het kind gaat zijn ouders tegen.
23. Hij loopt dat plan tegen want hij gaat er niet mee akkoord.
24. Mijn vader is niet kwaad maar hij sputtert vaak tegen.
25. De minister spreekt dat nieuws tegen.
26. Haar vader houdt haar huwelijk tegen.
27. Alles loopt me vandaag tegen.
28. Dat vlees staat me tegen!

29. Vandaag loopt het weer lelijk tegen.
30. De advocaat werpt tegen dat zijn klant zo jong is.
31. Peter moet dit formulier invullen.
32. Ik koop dit boek. Wilt u het inpakken?
33. Als u wilt tennissen, moet u zich bij het secretariaat laten inschrijven.
34. De trein gaat vertrekken. De reizigers moeten vlug instappen.
35. Die meneer is juist weg. Loop hem achterna en je kan hem zeker inhalen.
36. Je moet die kruiden volgens hun eigenschap indelen.
37. Mag ik uw boek inkijken? Ik zoek speciale inlichtingen over zijn auteur.
38. Is deze brug sterk genoeg? Zal die niet instorten.
39. Gisteren hebben dieven bij ons willen inbreken.
40. Nee, ik ben niet boos. Ik kan me inhouden.
41. Hoeveel heeft dat feest opgebracht?
42. Die zaak wordt binnenkort opgeheven.
43. Jan heeft goed opgepast om geen fouten te schrijven.
44. Hij heeft de verhalen opgetekend die zijn grootmoeder vertelde.
45. De soldaten waren in een rij opgesteld.
46. De prins heeft de koning opgevolgd.
47. Ik heb mijn geld opgeborgen.
48. Onze kinderen zijn met dieren opgegroeid.
49. De handelaar heeft de hele partij goederen opgekocht.
50. Ik ben met mijn huiswerk opgeschoten om met mijn vrienden te gaan spelen.
51. Anneke trekt haar pyjama aan.
52. De juf deelt het huiswerk uit.
53. Ik schrijf mijn naam op.
54. De kinderen lopen van tafel af.
55. De meester trekt niemand uit de klas voor.
56. Waarom snijdt u die peer door?
57. Kijk! De zon gaat onder.
58. Wanneer zien we elkaar weer?
59. Vader brengt voor ons altijd iets mee.
60. Onze ploeg neemt eraan deel.

61. Hij speelde met ons mee.
62. Annie legde de oefening goed uit.
63. Morgen loopt hij weg.
64. We leren door te oefenen.
65. Langs de achterdeur kwam hij toen binnen.
66. Maar hij ging langs de voordeur buiten.
67. De garagist vult de olie van de auto bij.
68. Het kind zegde het gedicht mooi op.
69. 's Avonds las moeder voor.
70. Hij bracht zijn vakantie door aan de kust.
71. Ik zal zeker een nieuwe auto bestellen.
72. Die oefening is moeilijk te begrijpen.
73. Moet je uw bestelling nog betalen?
74. Waarom wil je dat huis absoluut bewonen?
75. Wil je Nederland bezoeken?
76. Is die hond ziek of durft hij niet bewegen?
77. De bediende wil vlug zijn klant bereiken.
78. Ik wil wel morgen komen, maar ik kan het niet beloven.
79. Hij vertrekt morgen naar Afrika; hij zal er zeker mooie avonturen beleven.
80. Die man heeft een gouden hart : hij wil altijd de liefdadigheid beoefenen.
81. Waar is toch mijn boek? Heb je het weggenomen?
82. Na het ongeval is de auto vlug weggereden.
83. Mia wil altijd arme mensen helpen en ze heeft al haar zakgeld weggegeven.
84. Die papieren waren niet belangrijk en de secretaresse heeft ze weggeworpen.
85. Het was al 5 uur! Waarom was Bertha weggebleven?
86. De kinderen hebben de afwas weggezet.
87. Die jongens hebben iets in de winkel weggekaapt.
88. Mia is bang voor diefstal; ze heeft haar geld weggestopt.
89. De ober heeft de politieagent geroepen : een man is weggelopen zonder te betalen.
90. De secretaresse heeft het dossier op haar computer weggeschreven.
91. Er komen veel mensen om door auto-ongelukken.

92. De man gaf zijn adres op aan de politieagent.
93. We brachten een uur in de wachtkamer door.
94. 's Avonds kleed ik me vlug uit.
95. Honderden mensen stappen het station binnen.
96. Iedereen wenst haar geluk en ze krijgt mooie cadeautjes.
97. Moeder maakt het eten klaar.
98. De directeur keurt het verslag goed.
99. Hij komt morgen terug.
100. Ik ben soms te laat want mijn horloge loopt achter.
101. Jan mag zijn boek niet verliezen.
102. Je spreekt te vlug! Hij zal je niet verstaan.
103. Die ploeg speelde goed maar we konden ze verslaan.
104. Hoeveel geld zal je verdienen?
105. De directeur wil dat de bedienden hem vertellen wat er gebeurd is.
106. Door de crisis moeten veel mensen hun huis verkopen.
107. Ja, ik kom morgen. Neen, ik zal het niet vergeten.
108. Vlug, vlug... de bus gaat vertrekken!
109. Die auto zal zeker veel benzine verbruiken.
110. Je moet die woorden tot zinnen verbinden.
111. Hij onderbreekt me altijd in mijn verhaal.
112. Veel familieleden omgeven het ziekbed.
113. Vorig jaar heeft Pieter heel Frankrijk doorkruist.
114. Het contract ligt klaar; de directeur vraagt of het al ondertekend moet worden.
115. Die hoogbejaarde vrouw heeft vier echtgenoten overleefd.
116. Jaloezie heeft me mijn hele leven achtervolgd.
117. Zijn vrouw omhelst hem teder.
118. Hun gezin heeft heel wat rampen moeten doorstaan.
119. De commissaris heeft de zaak onderzocht.
120. De wagen overreed de fietser.
121. Dit artikel op pagina 1 moet je op pagina 5 doorlezen.
122. Wil je ophouden deze kast te doorzoeken.
123. Ik zal deze kaart naar mijn vriend doorsturen.

124. Ik heb veel gezwommen en ben moe, maar ik zal doorzwemmen.
125. Het wordt misschien mooi weer : de zon zal binnenkort doorbreken.
126. Volgend jaar zal ik mijn vakantie in Nederland doorbrengen.
127. Wil je me de groenten eens doorgeven.
128. We zullen eerst naar Antwerpen gaan en vandaar zullen we naar Amsterdam doorreizen.
129. Moeder moet altijd het vlees van het kindje doorsnijden.
130. Wat mooie foto's! Mag ik die eens doorkijken?
131. De ingenieur heeft zijn plannen voorgelegd.
132. Onze leraar heeft ons enkele bladzijden voorgelezen.
133. In dat restaurant werd ons een lekkere schotel voorbereid.
134. Ik heb hem aan de directeur voorgesteld.
135. We hebben die vertraging niet voorzien.
136. Voor mijn hoofdpijn heeft de dokter aspirientjes voorgeschreven.
137. Wees aandachtig! Ik heb het je al twee keer voorgedaan.
138. De bestuurder heeft het ongeval met de fietser voorkomen.
139. De secretaris heeft de vergadering voorgezeten.
140. Ik heb mijn horloge voorgezet ; zo zal ik zeker op tijd aankomen.
141. Louisa heeft haar schrift verloren, maar gelukkig heeft ze het teruggevonden.
142. Peter is naar Amerika vertrokken; sindsdien heb ik hem niet meer teruggezien.
143. Sonia heeft mijn fotoapparaat genomen maar ze heeft het vlug op zijn plaats teruggezet.
144. Pieter is blij : hij heeft al zijn schulden terugbetaald.
145. Vader heeft zijn auto teruggehaald; nu kunnen we naar zee vertrekken.
146. Sonia had haar tas vergeten; ik heb haar teruggeroepen; ze was nog niet ver.
147. Ik had dat niet besteld. Ik heb het dus teruggestuurd.
148. Ik heb aan mijn laatste vakantie teruggedacht toen ik de foto's zag.
149. Oom Tom was uit Amerika overgekomen; vorige week is hij teruggevlogen.
150. Ik had een boek van de bibliotheek geleend; ik heb het teruggebracht.
151. Zijn woorden zijn niet goed overgekomen.
152. Toen Monica vergeten was de kraan dicht te draaien is de gootsteen overgelopen.

153. Peter is een nacht in Amsterdam overgebleven.
154. Er is hem een ongeluk overkomen.
155. Johanna heeft overdacht wat zij fout had gedaan.
156. Petra heeft hem overgehaald om morgen te gaan fietsen.
157. De burgemeester heeft zijn ambt aan zijn opvolger overgedragen.
158. De directeur heeft het dossier aan een beroemde advocaat overgegeven.
159. Jan is met zijn baas overeengekomen dat hij meer gaat verdienen.
160. Peter is van de vierde naar de vijfde klas overgegaan.
161. De leerlingen zullen de voorschriften van de leraar naleven.
162. Jan kan de lerares heel goed nadoen.
163. We zullen over die les nog napraten.
164. Ik zal dat in de kasboeken nagaan.
165. Met die gekke hoed zullen de mensen je nakijken.
166. De winkelier moet zijn winst natellen.
167. Hij kan goed piano spelen, dat moet ik hem nageven.
168. Mijn oom zal me zeker iets nalaten.
169. Dat woord moet je in het woordenboek naslaan.
170. Voordat je een nieuwe baan zoekt, moet je goed nadenken.
171. Hij heeft een ernstig ongeval gehad maar is nu bijgekomen.
172. Peter heeft thee bijgeschonken.
173. In de vakantie heb ik me lekker bijgetankt.
174. De hele klas heeft voor de zieke bijgedragen.
175. De directeur heeft de laatste vergadering niet bijgewoond.
176. De advocaat heeft de weduwe bijgestaan.
177. An heeft altijd een dagboek bijgehouden.
178. Om een betere job te krijgen, hebben veel bedienden zich bijgeschoold.
179. De oom van Rita heeft het tekort bijgelegd.
180. Hij heeft aan zijn huis een veranda bijgebouwd.
181. De directeur heeft Jan van school afgestuurd.
182. Wegens het slechte weer werd de wedstrijd afgelast.
183. De postbode heeft een pakje afgegeven.
184. De politie heeft hem zijn wapens afgenomen.

185. Weet je dat "sprookje" afgeleid is van "spreken"?
186. Hij heeft zich afgevraagd of zijn huiswerk goed is.
187. Vader en Mia hebben de borden afgewassen.
188. Ria heeft Pol afgewezen : ze houdt niet van hem.
189. De minister is van zijn functies afgetreden.
190. De collectanten hebben het geld, dat ze opgehaald hebben, afgedragen aan het Rode Kruis.
191. De arbeiders hebben het werk onderbroken.
192. Peter is perfect tweetalig en heeft veel Engelse films ondertiteld.
193. De directeur heeft de contracten ondertekend.
194. Het is maar 17 uur en de zon is al ondergegaan.
195. De werkgevers hebben met de werknemers over de lonen onderhandeld.
196. De leraar geeft Pol onderricht in het lezen.
197. Moeder kon haar lachen niet onderdrukken en Peter werd kwaad.
198. Lena heeft een operatie ondergaan.
199. De directeur heeft hem over zijn tekortkomingen onderhouden.
200. Na de mislukte opstand zijn de leiders ondergedoken.

5. 완료형(Het perfectum)

　Gisteren **heb** ik een drukke dag **gehad**. 's Morgens **heb** ik hard **gewerkt**. Daarna **heb** ik samen met een vriendin **geluncht** en **hebben** we **gewinkeld**. 's Avonds **heb** ik voor een paar vrienden **gekookt**. Ze bleven niet lang. Ik was moe en **ben** vroeg naar bed **gegaan**.

❈ 형태

> 현재완료 : hebben/zijn + 과거분사
> 과거완료 : hebben/zijn의 과거 + 과거분사
> 미래완료 : zullen + hebben/zijn + 과거분사

현재	Mijn zoon *leest* een leuk sprookje.
과거	Mijn zoon *las* een leuk sprookje.
미래	Mijn zoon *zal* een leuk sprookje *lezen*.
현재완료	Mijn zoon *heeft* een leuk sprookje *gelezen*.
과거완료	Mijn zoon *had* een leuk sprookje *gelezen*.
미래완료	Mijn zoon *zal* een leuk sprookje *gelezen hebben*.
과거미래	Mijn zoon *zou* een leuk sprookje *lezen*.
과거미래완료	Mijn zoon *zou* een leuk sprookje *gelezen hebben*.

1. 현재완료 : 「hebben/zijn + 과거분사」

1) hebben을 취하는 경우

▶ 직접목적어를 갖는 타동사, 재귀동사, 비인칭 동사, 화법조동사

　Gisteren *heb* ik een drukke dag *gehad*. (어제 나는 바쁜 날을 보냈다.)
　Ik *heb* een Mexicaans gerecht *gegeten*. (나는 멕시코 음식을 먹었다.)
　Ik *heb* de krant *gelezen*. (나는 신문을 읽었다.)
　Ze *heeft* zich *vergist*. (그녀는 실수했다.)
　De kinderen *hebben* zich goed *gedragen*. (아이들은 착하게 행동했다.)
　Het *heeft geregend*. (비가 왔다.)
　Het *heeft gesneeuwd*. (눈이 왔다.)

▶ 운동, 동작, 행위를 나타내는 자동사로 운동, 동작, 행위자체를 표현할 때 혹은 어떤 상태, 상황을 표현할 때

Jullie *hebben* lang op de trein *gewacht*. (너희들은 기차를 오래 기다렸다.)
Ik *heb* niet goed *geslapen*. (나는 잠을 잘 자지 못했다.)
Ik *heb* vanmiddag twee uur *gezwommen*. (나는 오늘 오후에 2시간 동안 수영했다.)
Heb je veel *gewandeld* tijdens je vakantie? (휴가동안 산보를 많이 했니?)
We *hebben* erg *gelachen* om die film. (우리는 그 영화를 보고 많이 웃었다.)
Zij *heeft* een paar uur in de tuin *gezeten*. (그녀는 정원에서 몇 시간을 앉아 있었다.)
Ik *heb* niet goed *geslapen*. (나는 잠을 잘 자지 못했다.)

2) zijn을 취하는 경우

▶ 상태의 변화 혹은 어떤 방향으로의 위치 변화를 나타내는 자동사:
gaan, komen, sterven, vallen, worden, vertrekken, bevriezen, opstaan … 등.

We *zijn* naar het centrum van Dijon *gelopen*. (우리는 Dijon 시내를 걸어서 갔다.)
Vandaag *ben* ik vroeg *opgestaan*. (오늘 나는 일찍 일어났다.)
Het aantal werklozen *is* sterk *toegenomen*. (실업자의 수가 아주 증가했다.)
Dat kind *is* de laatste tijd enorm *gegroeid*. (그 아이는 최근 엄청나게 자랐다.)
Hij *is* vorig jaar naar Duitsland *verhuisd*. (그는 작년에 독일로 이사했다.)
De les *is* om elf uur *afgelopen*. (수업은 11시에 끝났다.)

▶ 자동사: *zijn, blijken, blijven, gebeuren, geschieden, slagen, (ge)lukken, mislukken beginnen, kwijtraken, naderen, tegenkomen* … 등

Het *is gebleken* dat hij naar Amsterdam vertrok.
(그가 암스테르담으로 떠난 것이 밝혀졌다.)
Ik *ben* maar eens een dag thuis *gebleven*. (나는 한 번은 하루 집에 머물렀다.)
De aanslag *is mislukt*. (공격은 실패했다.)
Waar *ben* je toch al die tijd *geweest*? (너는 그 시간에 도대체 어디에 있었니?)
Wat *is* er *gebeurd*? Er *is* een ongeluk *gebeurd*. (무슨 일이야? 사고가 났어.)
Ik *ben* wel in tien winkels *geweest*, maar ik *ben* niet *geslaagd*.
(나는 10개의 상점을 들러 보았지만 성공하지 못했다.)
Hij *is* een eigen zaak *begonnen*. (그는 자기 일을 시작했다.)
Ze *was* haar portemonnee *kwijtgeraakt*. (그녀는 지갑을 잃어버렸다.)
De vijand *is* de stad *genaderd*. (적군이 접근해왔다.)
Ik *ben* hem gisteren *tegengekomen*. (나는 어제 그를 만났다.)

3) 특히 행위, 동작을 뜻하는 동사 *rijden*, *lopen*, *springen*, *vliegen*, *klimmen*, *wandelen*, *stijgen*, *stromen*, *varen*, *reizen*, *rennen* 등의 경우 완료 조동사를 hebben, zijn 둘 다 취할 수 있으나 의미상의 차이가 있다. 첫째, 동사가 뜻하는 행위 자체를 표현하고자 할 때는 *hebben*을 취하고, 둘째, 장소 혹은 방향의 이동을 표현할 때는 *zijn*을 취한다.

   Ik *heb* in de stad *gelopen*. (나는 시내에서 걸어 다녔다.)
   Ik *ben* de stad in *gelopen*. (나는 시내로 걸어 갔다.)

   Hij *heeft* nog nooit zo snel *gereden*. (그는 아직 그렇게 과속하여 달려 본 적이 없다.)
   Hij *is* naar huis *gereden*. (그는 집으로 차를 타고 갔다.)

   Ik *heb* twee uur *gefietst*. (나는 2시간 동안 자전거를 탔다.)
   We *zijn* naar Groningen *gefietst*. (우리는 Groningen으로 자전거를 타고 갔다.)

   Het vliegtuig *heeft* een uur *rondgevlogen*. (비행기는 한 시간 동안 선회했다.)
   Hij *is* naar Nederland *gevlogen*. (그는 네덜란드로 비행기를 타고 갔다.)

4) 행위, 동작을 뜻하는 동사로 자동사 혹은 타동사 역할을 할 수 있는 동사들은 hebben, zijn 둘 다 취할 수 있다. 이 경우 문장에서 타동사로 사용되는 경우에는 *hebben*을 취하고 자동사로 사용되는 경우에는 *zijn*을 취한다.

   De dokter *heeft* hem *genezen*. (의사는 그를 치료했다.)
   Hij *is* *genezen*. (그는 병이 나았다.)

   Hij *heeft* het lood *gesmolten*. (그는 납을 녹였다.)
   Het lood *is* *gesmolten*. (납이 녹았다.)

   Hij *heeft* dat ontwerp *veranderd*. (그는 그 설계를 변경했다.)
   Hij *is* wel erg *veranderd*. (그는 많이 변했다.)

5) vergeten

   Alles wat hij geleerd heeft, *is* hij alweer *vergeten*. (그는 배운 것 모두를 또 다시 잊어버렸다.)
   Ik *heb* dat boek *vergeten*. (나는 그 책 생각을 하지 못했다.)

6) volgen

   Ik kende weg niet, ik *ben* hen dan maar *gevolgd*.
   (나는 길을 몰랐다. 그래서 그들을 따라갔다.)

De politie *heeft* hem dagen lang *gevolgd*. (경찰은 며칠동안 그를 추적했다.)

※ 과거형(het imperfectum) 문장과 현재완료형(het perfectum)의 차이

과거형은 용어자체가 의미하듯 미완료로서 이야기 속에서 과정(proces)을 나타낸다. 화자는 시점을 과거시기로 옮겨가 마치 그가 과거에 있듯이 사건을 말한다.

Het *was* een leuk feestje, maar er *werd* teveel gerookt.
(재미있는 파티였지만 담배를 너무 폈댔다.)
Vroeger *had* ik veel meer werk. (예전에 나는 일이 많았었다.)
Hij *schrok* erg toen de telefoon *ging*. (그는 전화가 왔을 때 매우 놀랐다.)
Ik *ging* binnen en wat *zag* je? (나는 안으로 들어갔고 너는 무엇을 보았느냐?)

과거형은 현재는 중요하지 않고 행위의 결과도 중요하지 않다. 일반적으로 과거형은 습관, 사건에 대한 설명, 어떤 이야기(verhaal)를 할 때 적합한 시제이다.

De zon *scheen* elke dag, de mensen *waren* vriendelijk.
(태양은 매일 빛났고, 사람들은 친절했다.)
Elke avond *dronk* hij zijn whisky. (매일 밤 위스키를 마셨다.)
Hij *sloot* de deur, *ging* naar zijn auto en *vertrok*. (그는 문을 닫았고 그의 차로 갔다 떠났다.)

반면에 현재완료형은 과거에 일어났던 사건에 관해 질문을 할 때 사용되는 시제이다.

Wat *heb* je gisteren *gedaan*? (너는 어제 무엇을 했니?)
Waarom *heb* je hem dat niet *gezegd*? (왜 그에게 말하지 않았니?)

현재완료형에서는 행위 자체가 중요한 것이 아니라 과거에 행한 행위의 결과 그리고 그 행위가 현재에 미친 효과가 중요하다. 화자는 현재의 관점에서 행위를 관찰하는 것이다. 그러므로 시점은 과거에 있지 않고 현재에 있다. 현재완료형은 사건에 대한 설명, 기술이 아니라 행위의 결과, 행위의 경험 즉 행위 사실(feit)을 표현한다. 따라서 행위는 과거이지만 현재가 중요하다.

Alle kinderen *hadden* de mazelen. ((과거에)모든 아이들이 홍역을 앓았다.)
Alle kinderen *hebben* de mazelen *gehad*. ((그 결과) 지금 그들은 면역이 생겼다.)
Het *regende* vannacht zo hard dat ik maar niet kon slapen.
(오늘 밤에 비가 너무 많이와서 잘 수 없었다.)

Het *heeft* vannacht *geregend* want het gras is nat.
(오늘 밤에 비가 내렸다. 왜냐하면 잔디가 젖었기 때문이다.)

Hij *wou* me niet helpen. Dus *stond* ik er helemaal alleen voor.
(그는 나를 도우려 하지 않았다. 그래서 나는 완전히 혼자였다.)

Hij *heeft* me niet *willen helpen* toen ik hem nodig had. Dus help ik hem nu ook niet. (그는 내가 그의 도움이 필요했을 때 도우려 하지 않았다. 그래서 지금 나는 그를 돕지 않는다.)

Ze *hield* van haar zoon, maar zijn gedrag kon ze niet begrijpen.
(그녀는 아들을 사랑하지 않았다. 그러나 그녀는 아들의 행동을 이해할 수 없었다.)

Ze *heeft* van haar zoon *gehouden*: toch is er niets goeds uit gegroeid.
(그녀는 아들을 사랑했다. 그럼에도 잘못 성장했다.)

Ik *ben* de hele morgen thuis *geweest* en ik *heb* de bel niet *gehoord*.
(나는 아침 내내 집에 있었고 벨 소리를 듣지 못했다.)

Ik *heb* alles *opgeruimd*. (나는 모든 것을 치워버렸다.)

Hij *woonde* toen nog in Rotterdam. (그는 그 당시 여전히 로텔담에서 살고 있었다.)

Hij *heeft* 5 jaar in Rotterdam *gewoond*. (그는 로텔담에서 5년동안 살았다.)

3. 과거 완료형(het plusquamperfectum) : 「완료조동사 hebben/zijn의 과거 + 과거분사」

※ 특히 접속사 'nadat' 로 이끌리는 절에서는 과거완료만 온다.

Ik vertelde hem dat zijn vader *gestorven was*.
(나는 그의 아버지가 돌아 가셨다고 그에게 말했다.)

Ik wou haar nog iets zeggen, maar ze *was* al *vertrokken*.
(나는 그녀에게 무언가 말하길 원했다. 그러나 그녀는 이미 떠났다.)

Pas nadat hij veel geld *verdiend had*, kon hij die auto kopen.
(그는 많은 돈을 번 뒤에야 그는 차를 살 수 있었다.)

▶ 과거완료는 조건법 비현실을 표현하기도 한다.(*조건법 참조)

Als ik dat *geweten had*, …… (만약 내가 그것을 알았다면, ……)

Was hij maar *gekomen*! (그가 왔었어야 했는데!)

▶ 접속사 toen으로 이끌리는 절에는 과거 혹은 과거완료만 올 수 있다.

Toen hij dat *zei*, vond ik hem ineens niet aardig meer.
(그가 그 말을 했을 때 갑자기 그가 더 이상 좋게 생각되지 않았다.)

Toen ze dat *zei*, begreep ik plots alles.
(그녀가 그 말을 했을 때 갑자기 나는 모든 것을 이해했다.)

Toen ik klein *was*, woonden we in Amsterdam.
(내가 어렸을 때, 우리는 암스테르담에 살았다.)

Toen ik dat *vernam*, heb ik eerst niet gereageerd.
(내가 그 소식을 들었을 때 처음엔 반응하지 않았다.)

Toen hij genoeg geld *verdiend had*, stopte hij met werken.
(그가 충분히 돈을 벌었을 때 그는 일하는 것을 그만뒀다.)

4. 미래완료(het futurum exactum) : 「zullen + 과거분사 + hebben/zijn」

Hij *zal gehoord hebben*. (그는 듣고 있을 것이다.)

Hij *zal gevallen zijn*. (그는 넘어져 있을 것이다.)

Tegen middernacht *zullen* we alle stemmen *geteld hebben*.
(자정 쯤이면 개표가 끝나 있을 것이다.)

연 | 습 | 문 | 제

Ⅰ. 밑줄 친 곳에 완료 조동사 hebben 혹은 zijn을 골라 넣으시오.

1. Cindy _____ de hele dag gewandeld.
2. Ze _____ om 4 uur vertrokken.
3. Jullie _____ te laat gekomen.
4. Ze _____ vroeg opgestaan.
5. _____ je goed geslapen?
6. Hij _____ op de vergadering gekomen.
7. Ik _____ op straat gevallen.
8. Ik _____ uren gelopen om je te vinden.
9. De film _____ om 8 uur begonnen.
10. Hij _____ voor zijn examen geslaagd.
11. Hij _____ sinds het examen enorm opgebloeid.
12. Het aantal werklozen _____ drastisch toegenomen.

13. Zijn ouders _____ jarenlang alles voor hem betaald, maar sinds enige tijd _____ die situatie nu veranderd.
14. Hij _____ in januari gestopt met roken, maar jammer genoeg _____ hij vorige week weer begonnen.
15. We _____ via Duitsland en Zwitserland naar Italië gereden.
16. Dat meisje _____ een veel betere baan gekregen. Ook financieel _____ ze er erg op vooruitgegaan.
17. Het vliegtuig _____ tien minuten geleden opgestegen.
18. We _____ iedere dag gezwommen, behalve die dag dat het zo verschrikkelijk regende.
19. _____ je wel eens in Amsterdam geweest?
20. Ans _____ die brief vorige week verstuurd, maar we ____ hem nog steeds niet ontvangen.

Ⅱ. 다음 문장을 현재완료 문장으로 고치시오.

1. Ze drinkt daar een kopje koffie.
2. Ze komt met de bus.
3. Ik schrijf brieven naar vele landen.
4. Ik krijg veel antwoorden.
5. Mijn zus helpt me.
6. Ik eet in dat nieuw restaurant.
7. Ik drink er ook een glaasje wijn.
8. Waar blijft u zolang?
9. De chauffeur rijdt te snel.
10. Ik begrijp het niet.

Ⅲ. 다음 문장을 과거 완료문장으로 바꾸시오.

1. Ze horen een vreemd lawaai.
2. Waarom schrijft hij deze brief?
3. Het regent bijna alle dagen.
4. We bestellen een nieuwe keuken.
5. Waarom gaan jullie naar Brussel?

6. De kinderen lachen met deze film.
7. Moeder zet mooie bloemen op de tafel.
8. Vader vergeet de naam van dat product.
9. Ze lopen naar de tram.
10. Je ontmoet je vrienden in het restaurant.

6. 화법 조동사(Modale hulpwerkwoorden)

Aan het loket van het station in Groningen.

Meneer:	**Mag** ik u wat vragen?
Lokketist:	Ja, natuurlijk.
Meneer:	Ik **wil** om half vier in Zwolle zijn. Hoe laat **moet** ik dan de trein nemen?
Lokketist:	U **kunt** de stoptrein van drie voor twee of de sneltrein van achttien over twee nemen.
Meneer:	Dank u wel.

	willen	kunnen	mogen	moeten
ik	wil	kan	mag	moet
jij/je	wilt, wil wil *jij*	kunt, kan* kun, kan *jij**	mag mag *jij*	moet moet *jij*
hij	wil	kan	mag	moet
wij	willen	kunnen	mogen	moeten
jullie	willen	kunnen	mogen	moeten
zij	willen	kunnen	mogen	moeten
u	wilt	kunt	mag	moet
과거	wou, wilde	kon/konden	mocht	moest
과거분사	gewild	gekund	gemogen	gemoeten

※ 1) *kan*은 주로 구어체에서 사용된다.
　2) 화법조동사와 연결되는 본동사의 원형은 항상 문장의 맨 뒤에 위치한다.

willen

① 염원, 기원, 희망

Ik *wil* in Utrecht *zijn*. (나는 Utrecht에 있고 싶다.)
Hij *wilde* zijn familie *bezoeken*. (그는 그의 가족을 방문하고 싶어 했다.)
Ik *wil* graag twee kopjes koffie *drinken*. (나는 커피 2잔 마시고 싶다.)

② 정중한 요구

Wilt u me even *helpen*? (저를 좀 도와 주시겠어요?)
Willen jullie even buiten *wachten*? (밖에서 좀 기다리시겠어요?)

moeten

① 필요성, 의무

Ik *moet* de trein van 14:05 uur *nemen*. (나는 14:05분 기차를 타야 한다.)
Moeten jullie vandaag ook *werken*? (너희들 오늘도 일해야 되니?)
Die planten *moeten* iedere dag water *hebben*. (이 식물은 매일 물을 주어야 한다.)

* moeten의 부정은 '**niet hoeven + te+ 원형**', '**niet moeten**' 으로 한다.

Moet ik dat *doen*? (내가 그것을 해야 하나요?)
  Nee, je *hoeft* het *niet te doen*. (아니요, 할 필요 없어요.)
Je *moet niet* akkoord *gaan*. (너는 동의해서는 안된다.)

② 충고, 조언

Daar *moet* je echt eens naar toe. (너는 그곳에 한 번 가 보아야 한다.)

③ 추측, 결론

Dat *moet* veel een heel belangrijk iemand *zijn*, die daar op bezoek is.
(그곳을 방문한 사람은 매우 중요한 사람임에 틀림 없다.)

kunnen

① 능력

Ik *kan* geen muziekinstrument *bespelen*. (나는 악기를 연주할 수 없다.)
Kun jij Russisch *lezen*? (러시아어를 읽을 수 있니?)

② 기회

Ik zou je graag *willen helpen*, maar zaterdag *kan* ik *niet*.
(난 너를 돕고 싶다. 그러나 토요일에는 할 수 없다.)

③ 정중한 요구, 부탁

Kunt u me misschien *zeggen* hoe laat het is?
(몇 시인지 저에게 말해줄 수 있나요?)

④ 가능성

Dat *kan* wel uren gaan *duren*. (그 일은 몇 시간 걸릴 수 있다.)

mogen

① 허가, 허락

Mogen we *binnenkomen*? (우리 들어가도 될까요?)
Hier *mag* je niet *roken*. (여기에서 너는 담배를 필 수 없다.)
Mag ik hier *zitten*? - Ja hoor, dat *mag*. (여기 앉아도 되나요? 네, 그럼요.)

② 양보

Ze *mag* dan wel ziek *zijn*, werken ze nog.
(그녀는 몸이 아프지만 여전이 일을 한다.)

※ hoeven '할 필요가 있다'

ik	hoef	wij	hoeven
jij, u	hoeft	jullie	hoeven
	hoef *jij*		
hij	hoeft	zij	hoeven
과거 : hoefde	과거분사 : gehoefd		

hoeven은 부정사 niet 와 함께(= *hoeven niet*) 의무, 필요성을 뜻하는 moeten의 부정(否定)을 표현한다.

Je vergist je. Die planten *hoeven* niet iedere dag water *te hebben*.
(너는 실수했어. 그 식물에게 매일 물을 줄 필요는 없어.)
Nee, u *hoeft* niet *te betalen*. De entree is gratis.
(아니요, 당신은 지불할 필요 없어요. 입장료는 무료에요.)

※ 사역 동사 **laten** : 화법조동사와 같은 기능을 갖고 있다.

Ik *laat* mijn jas *stommen*. (나는 옷을 세탁 맡긴다.)
Hij *liet* zijn haar *knippen*. (그는 그의 머리를 잘랐다.)
Je *moest* je schoenen *laten repareren*. (너는 네 구두를 수선시켜야 했다.)

※ 화법조동사(kunnen, moeten, mogen, willen), 사역동사(laten)를 포함한 문장의 완료형(*부정법 참조)은 과거분사형 대신에 부정형(Infinitief)을 취하는 **이중부정형(Dubbele infinitief): "hebben + 부정형 + 부정형"**을 취한다.

현재   : Ik kan mijn horloge niet vinden.
과거   : Ik kon mijn horloge niet vinden.
현재완료 : Ik *heb* mijn horloge niet **kunnen vinden**.

De kinderen moeten met de trein naar Den Haag gaan.
→ De kinderen *hebben* met de trein naar Den Haag **moeten gaan**.

Ze mogen ook niet boven spelen.
→ Ze *hebben* ook niet boven **mogen spelen**.

Piet wil niet naar school gaan. → Piet *heeft* niet naar school **willen gaan**.
Hij laat me gaan. → Hij *heeft* me **laten gaan**.
Hij laat de borden vallen. → Hij *heeft* de borden **laten vallen**.

연│습│문│제

Ⅰ. 밑줄 친 곳에 화법조동사의 알맞는 형태를 넣으시오.

1. _____ u mij een paar boeken lenen? (kunnen)
2. Ik _____ mijn jas stomen. (moeten)
3. Dat _____ mij helemaal niet schelen. (kunnen)
4. _____ je wat melk? Je _____ in de ijskast kijken. (willen, moeten)
5. _____ ik hier roken? (mogen)

Ⅱ. 괄호속의 화법조동사를 넣어 문장을 다시 쓰시오.

1. Je neemt de brief mee. (kunnen)
2. Je doet altijd wat hij zegt. (moeten)
3. Hij neemt dat geld aan. (mogen)
4. Ik breng een avond bij hun door. (willen)
5. In Nederland rijd je niet voor je eenentwintig bent. (mogen)
6. Als de Amerikaanse familie hier is, praat ik veel Engels. (moeten)
7. Aangezien hij in Amerika woont, betaalt hij alles. (kunnen)
8. Terwijl de vrouwen wandelen, doen de mannen de afwas. (kunnen)
9. Omdat je me zo goed geholpen hebt, ga je vanavond naar de film. (mogen)
10. Ik rijd niet in zo'n grote auto. (kunnen)

Ⅲ. ( )의 화법조동사를 넣어 문장을 다시 쓰고 현재완료형 문장으로도 바꿔쓰시오.

1. Meneer van Dam werkt vandaag. (moeten)
2. Hannie bezoekt haar vriendin. (willen)
3. Zij praten uren lang over jongens. (kunnen)
4. De student leest veel boeken. (moeten)
5. Zij blijft niet thuis. (mogen)
6. Wim en zijn vriend gaan naar Engeland. (willen)
7. Jij praat niet veel met je neef. (moeten)
8. Wij studeren zaterdags niet. (willen)

9. Zij zien veel van Nederland en België. (moeten)
10. Cor gebruikt de auto van meneer Van Dam. (kunnen)

7. 비인칭 동사(Onpersoonlijke werkwoorden)

In Nederland is alles altijd mogelijk en het werk van de weerman is niet altijd gemakkelijk. Laten we eens naar het weerbericht luisteren.

'Vandaag een dagje herfst. Het is **bewolkt** en het **regent** af en toe. Vannacht wordt het droog. Morgen bevinden we ons tussen twee depressies.

De hele volgende week wordt het beter : de zon schijnt en er zijn bijna geen wolken. Tot woensdag blijft het droog. Daarna wisselvallig weer : eerst schijnt de zon en dan **regent** het.'

1. 날씨(het weer) 표현 동사의 비인칭 주어는 "het"이다.

Wat voor weer is het?

Het regent.	(de regen)	(비가 온다)
Het sneeuwt.	(de sneeuw)	(눈이 온다)
Het vriest.	(de vrieskou)	(얼음이 언다)
Het hagelt.	(de hagel)	(우박이 내린다)
Het bliksemt.	(de bliksem)	(번개 친다)
Het onweert.	(het onweer)	(뇌우가 내린다)
Het dondert.	(de donder)	(천둥 친다)
Het stormt.	(de storm)	(폭풍우가 친다)
Het klaart op.	(de opklaring)	(날이 맑다)
Het waait.	(de wind)	(바람이 분다)
Het motregent.	(de moptregen)	(이슬비가 내린다)

2. 날씨 표현은 "Het is… + 형용사"로 표현 가능.

Het is *koud* vandaag. (오늘 춥다.)

Het is *warm* vandaag. (오늘 덥다.)
Het is *bewolkt*. (구름이 껴 있다.)
Het is *droog*. (건조하다.)
Het is *nat*. (습기 차 있다.)
Het is *zonnig*. (햇빛이 난다.)
Het is *regenachtig*. (비가 내린다.)
Het is *winderig*. (바람이 분다.)
Het is *stormachtig*. (폭풍우 친다.)
Het is *mistig*. (안개 껴 있다.)
※ 일기예보 : het weerbericht, de weersverwachting

3. 날씨 표현이 아닌 비인칭 주어 : ER, HET

1) 형식주어 : Er is/zijn ... (＊ER편 참조)

   Er zitten veel meisjes in de klas. (교실에 많은 소녀들이 있다.)
   Er hangen twee jassen aan de kapstok. (홀스탠드에 2개의 코트가 걸려 있다.)
   Er staan boeken in de kast. (책장에 책들이 있다.)
   Er is iemand aan de deur. (문에 누군가가 있다.)
   Er ligt bier in de koelkast. (냉장고에 맥주가 있다.)
   Er zijn veel musea in de buurt. (인근에 많은 박물관이 있다.)
   Er hangt een schilderij aan de muur. (벽에 그림이 걸려 있다.)
   Er is geen plaats om te parkeren. (주차할 장소가 없다.)

2) 수동가주어 : Er wordt ... (＊수동태 참조)

   Er wordt geklopt. (노크 소리가 들린다.)
   Er werd door het hele dorp gevlagd. (마을 전체에 기가 걸렸다.)
   Er mag niet gezongen worden op straat. (길가에서 노래 부르면 안된다.)
   Er mag niet gepraat worden in de leeszaal. (독서실에서 이야기하면 안된다.)
   Er wordt niet gerookt in de zaal. (홀에서는 담배 피면 안된다.)

3) 가주어 het를 필요로 하는 동사

   Het bevalt me hier goed. (여기가 내 마음에 든다.)
   Hoe gaat het met u? (어떻게 지내세요?)

Het gelukt hem. (그가 성공했다.)
Het mislukt hem. (그가 실패했다.)
Het spijt me. (미안합니다.)
Het verheugt hem. (그에겐 기쁠 것이다.)
Het verveelt haar. (그녀에게 지겨울 것이다.)
Het verwondert hem. (그를 놀라게 할 것이다.)
Het is heel vriendelijk van u. (당신 매우 친절 하십니다.)

연 | 습 | 문 | 제

Ⅰ. 올바른 문장을 만드시오.

1. in jaar. Het België 200 bijna regent dagen per
2. de sneeuwt In Ardennen het dan vaker aan kust. de
3. te met me kennis familie is uw aangenaam Het maken.
4. hem te lopen. vlugger Het lukt
5. hem gelukt. is Het niet
6. waar wist ze schijnt was. dat niemand Het
7. ijzelde vanmorgen. Het
8. Het giet dat regent het!
9. in waait het dan Het binnenland. aan meer zee
10. kraakt Het dat vriest! het

Ⅱ. er 혹은 het 중 골라 넣으시오.

1. _____ bestaan drie soorten wijn: rode, witte en rosé wijnen.
2. Als _____ bliksemt, mag je niet onder een boom gaan staan.
3. In België is _____ verboden in een café te roken.
4. _____ ijzelde deze morgen.
5. en _____ gebeurden veel ongevallen op de autosnelweg.
6. Het spijt me dat ik te laat ben, _____ het is mijn schuld niet: de trein had vertraging.

7. Wat staat _____ op mijn bureau? Een hele hoop boeken!
8. Tijdens de namiddag wordt _____ droger en zonniger vanaf de kust.
9. 'Smaakt _____? 'Ja, heerlijk!'
10. Tijdens de match waren _____ enige rellen.
11. _____ wordt soms gezegd dat de eersten de laatsten zullen zijn.
12. Was _____ erg moeilijk die oefening te maken?
13. _____ werd niet op mijn vraag geantwoord.

8. 동사의 명령형(De imperatief)

De leraar geeft een opdracht aan zijn leerlingen: '**Lees** de tekst. **Maak** oefening één tot en met vijf. **Schrijf** de antwoorden op een blaadje papier. Duidelijk **schrijven**, alsjeblieft. **Geef** het blaadje aan het eind van de les mij.'

명령법은 2인칭(jij, jullie, u)에 대한 지시 혹은 요구를 하는 화법으로 동사가 항상 문두에 위치한다.

1. 직접적 명령형 : 2인칭 단수 jij 혹은 복수 jullie에 대한 명령으로 동사의 어간으로 구성되며 jij, jullie는 생략된다.

   Pak een pen en een stukje papier. (펜과 종이 한장을 잡으세요.)
   Doe gewoon. (그냥 해라.)
   Ga zo *door*. (계속 해라.)
   Wees verstandig.(* zijn의 명령형은 'wees') (현명해라.)
   Houd je mond, Luuk. (입 다물어, Luuk.)
   Ga naar bed! (침대로 가.)
   Rijd de brug *over*. (다리를 건너 가세요.)
   Neem de eerste straat rechts. (첫번째 오른쪽 길로 가라.)

2. 형식적 명령형 : 존칭 u에 대한 명령형으로 직설법 2인칭 존칭 형태와 동일하며 u를 생략하지 않는다.

   Gaat u zitten. (앉으세요.)
   Doet u uw jas *uit*. (코트를 벗으세요.)

3. 정중한 요구 : 정중한 요구로 명령형을 사용하는 경우 부사 *maar*, *eens*, *toch*, *even*를 넣어 표현하며 부정관사를 포함한 비특정 명사인 경우에는 그 앞에, 대명사를 포함한 경우에는 그 뒤에 위치한다.

   Doet u *maar* een kilo appels en een paar bananen. (사과 1kg와 바나나 몇 개를 주세요.)
   Zegt u het *maar*. (말씀하세요.)
   Komt u *maar* binnen. (안에 들어오세요.)
   Gaat u *even* zitten. (잠깐 앉으세요.)

4. 간곡한 부탁 상황인 경우 *toch*, *alsjeblieft*, *alsublieft*를 넣어 표현한다.

   Wees *toch* niet zo pessimistisch. (그렇게 너무 비관적이지 마세요.)
   Help me, *alsjeblieft*. (제발 저를 도와주세요.)
   Maak je toch *alsjeblieft* niet zo druk. (제발 너무 서두르지 마세요.)
   Ga *alsjeblieft* weer zitten. (제발 다시 앉아 주세요.)

5. 2인칭 단수 jij, 2인칭 복수 jullie에 대한 명령으로 지시 대상을 대조적으로 표현하는 경우 주어 jij, jullie는 생략되지 않고 직설법 인칭형을 사용한다.

   Kom *jij* eens hier. (너 여기 한 번 와 보거라.)
   Komen *jullie* eens hier. (너희들 여기에 한 번 와 봐.)

6. 지시, 명령의 의미로 동사의 부정형이 명령형으로 사용되기도 한다.

   Opschieten. (서두를 것!)
   Niet Bewegen. (움직이지 말 것!)
   Niet Roken (금연)

7. 1인칭 복수 권유형 : 'Laten we ~ + 부정형' ('~합시다')

Laten we gaan! (우리 갑시다!)
Laten we die bus nemen! (그 버스를 탑시다!)

연습문제

I. 명령형으로 바꾸시오.

1. De motor starten.
2. Ontkoppelen.
3. Naar de eerste versnelling schakelen.
4. Langzaam koppelen
5. en gas geven.
6. Langzaam op de rem drukken.
7. De auto stoppen.
8. De versnelling in de vrijloop zetten.
9. De sleutel omdraaien.
10. De handrem aantrekken.
11. (Zijn) verstandig.
12. (Trekken) een jas aan als je naar buiten gaat.
13. (Maken) het tapijt schoon.
14. (Geven) de hond eten.
15. (Zetten) de vuilniszakken buiten.
16. (Vergeten) de brievenbus niet leeg te maken.
17. (Volgen) de rode paaltjes in het bos.
18. (Schrijven) moeder een lange brief.
19. (Wassen) je handen voor het eten.
20. (Slapen) goed !
21. Een inlichting vragen (정중한 형태).
22. Zijn naam van de lijst schrappen.
23. Een nieuw boek kopen (1인칭 복수).
24. Voor de auto's oppassen (부사 eens을 넣은 정중한 형태).
25. Het medicament innemen (부사 even을 넣은 정중한 형태).

26. Deze brieven opsturen.
27. Een nieuwe job zoeken (부사 maar를 넣은 정중한 부탁).
28. Alles opeten.
29. De bus nemen (1인칭 복수형).
30. Binnenkomen (부사 toch를 넣은 정중한 부탁).

Ⅱ. 부정명령문으로 만드시오.

1. Doe je jas uit!
2. Ga zitten!
3. Neem een blad papier!
4. Sta onmiddellijk op!
5. Gooi de brief door de gleuf van de brievenbus!
6. Breng het recept naar de apotheker!
7. Neemt u plaats!
8. Blijf hier zitten!
9. Zing dat liedje!
10. Laten we die trein nemen!

9. 현재분사형(Het tegenwoordig deelwoord)

Hans gaat **lopend** naar de markt. Op de markt is het een **daverend** lawaai. Bij elke kraam **schreeuwende** verkopers. Hans koopt een pond **geurende** aardbeien. "Wat kost deze?," vraagt hij, in een meloen **knijpend**. "Een eurootje meneer," roept de heen en weer **rennende** verkoper. **Lachend** pakt Hans twee meloenen van de tafel, Met drie tassen **zeulend** loopt Hans weer naar huis. Achter zich hoort hij een **toeterende** auto. Het is de buurman, die hem zwaaiend voorbijrijdt. "Wat krijgen we nou? Die man kon me wel een lift aanbieden!", denkt Hans.

1. 현재 분사형 : 부정형 + -d(e)

1) 수식적 용법 : 형용사적으로 사용된다.

Blaffende honden bijten niet. (짖는 개는 물지 않는다.)
de *huilende* kinderen (우는 아이들)
het *slapende* meisje (잠자는 소녀)

2) 부사적 용법 : 일반적으로 -d형을 취하나 al 혹은 고정된 표현인 경우에 -de 형태를 취한다.

Huilend liep ze naar de deur. (울면서 그녀는 문으로 걸어 갔다.)
Spelend kun je ook veel leren. (놀면서 너는 또한 많은 것을 배울 수 있다.)
Al *doende* leert men. (그렇게 하면서 배운다.)
Al *zingende* kwamen de spelers van het veld. (선수들이 노래하면서 경기장을 빠져나갔다.)
Als leraar *zijnde* heb je veel werk. (교사로서 너는 일이 많다.)

3) 명사적 용법 : 형용사의 명사적 용법

De *overlevende* was zwaargewond. (생존자는 심하게 다쳤다.)
De *overlevenden* waren zwaargewond. (생존자들은 심하게 다쳤다.)

4) 분사구문 : -d형을 취한다.

Huilend komt ze binnen. (울면서 그녀가 들어 온다.)
  → Terwijl ze huilt, komt ze binnen. (그녀가 울때, 그녀가 들어온다.)
Op de hoogtepunt van de bruiloft trok haar vroegere minnaar hysterisch *lachend* al zijn kleren uit.
  → Op het hoogtepunt van de bruiloft trok haar vroegere minaar, terwijl hij hysterisch lachte, al zijn kleren uit.
  (결혼식이 크라이막스에서 그녀의 전 애인이 이성을 잃은채 웃으며 옷을 다 벗었다.)

연 | 습 | 문 | 제

Ⅰ. 다음 문장에서 현재분사형에 -e를 필요하면 붙이시오.

1. Sanne en Erik worden wakker van de (rinkelend) wekker.
2. (Zuchtend) komen ze uit bed.
3. Maar na een minuut staat Erik (zingend) onder de douche.

4. Sanne giet (kokend) water in de theepot. Voor Erik zet de koffie.
5. Peter is bijna te laat voor de bus. Al (etend) rent hij naar de bushalte.
6. Karin zit een boek (lezend) haar müsli te eten.
7. Sanne zet een kop (dampend) koffie voor Erik neer.
8. Erik leest in de krant: "(stakend) postbodes stellen een ultimatum."
9. Sanne zegt: "Erik, gooi jij die (stinkend) vuilniszak nog even in de ton voordat je weggaat?"
10. In de verte hoort ze de (piepend) remmen van de vuilnisauto.

Ⅱ. 다음 예문과 같이 관계문장을 현재분사형으로 바꾸시오.

> 예 | Ik zie (een hond die blaft) *een blaffende hond* in het park.

1. Ik zie (kinderen die spelen) op het schoolplein.
2. Ik zie (een begonia die bloeit) achyer een raam.
3. Ik zie (toeristendie zonnebaden) op het strand.
4. Ik zie (katten die vechten) in een tuin.
5. Ik zie (een meisje dat huilt) bij de tandarts.

10. 진행형(Duratieve constructies)

Erik : Waar is Peter?

Hans : Die **zit** z'n huiswerk **te maken**.
(그는 앉아서 숙제하는 중이야.)

Erik : En wat doet Karin?

Hans : Ze **staat** een cake **te bakken**.
(그녀는 케이크를 굽고있는 중이야.)

Erik : Waar is mijn rode sportbroek?

Hans : Die **hangt** aan de lijn **te drogen**.
(그것은 줄에 걸어 말리는 중이야.)

Erik : Wat ben je aan het doen?

Hans : Ik **ben aan het afwassen**.
(설겆이 하는 중이야.)

1. 현재진행형

▶ **zijn ~ aan het +** 부정형(**infinitief**)

Ellie *is aan het stofzuigen*. (Ellie는 진공청소기로 청소를 하는 중이다.)
We *zijn* een huis *aan het zoeken*. (우리는 집을 찾는 중이다.)
Wat *ben* je *aan het doen*? (너 뭐하는 중이니?)

▶ **zitten, staan, liggen, lopen, hangen + te +** 부정형(**infinitief**)

Ik *lig* een boek *te lezen*. (나는 누워서 한 책을 읽는 중이다.)
Hij *staat* met zijn vriendin *te praten*. (그는 서서 그의 (여자)친구와 얘기하는 중이다.)

▶ **zijn ~ bezig te +** 부정형(**infinitief**)
  = **zijn ~ bezig met**

We *zijn* al jaren *bezig* een huis *te zoeken*. (우리는 몇 년째 집을 찾는 중이다.)
Hij *is bezig* met de vrienden *te praten*. (그는 친구들과 얘기하는 중이다.)

※ 분리동사의 진행형인 경우 te는 분리전철과 동사 어간 사이에 온다.
  Hij zit een formulier *in te vullen*. (그는 양식을 작성중에 있다.)
  De docent staat een woord *op te schrijven*. (선생님이 단어를 쓰고 계신다.)
  Ze staan met de band *mee te zingen*. (그들은 밴드와 함께 노래를 하고 있다.)

※ 조동사 **zitten, staan, lopen**을 포함하는 진행형 문장의 완료형
  : 완료조동사는 본동사에 따라 hebben 혹은 zijn을 선택하며 조동사 zitten, staan, lopen 은 과거분사 대신 이중 부정형(dubbele infinitief)을 취하며 본동사 앞의 te는 생략된다.

  Ik lig een boek te lezen.
    → Ik *heb* een boek *liggen lezen*.
  Ze zit buiten met de buurvrouw te praten.
    → Ze *heeft* buiten met de buurvrouw *zitten praten*.

2. 과거진행형 : 진행 조동사의 과거형을 취한다.

Ik *lag* een boek *te lezen*. (나는 누워서 책을 읽는 중이었다.)
Hij *was bezig* met zijn vriendin *te praten*. (그는 그의 (여자)친구와 얘기하는 중이었다.)
Ellie *was aan het stofzuigen*. (Ellie는 진공청소기로 청소하는 중이었다.)
Ik *lag* een boek *te lezen*. (나는 누워서 책을 읽는 중이었다.)

Hij *was bezig* met zijn vriendin *te praten*. (그는 그의 (여자)친구와 얘기하는 중이었다.)

연습문제

Ⅰ. 다음 문장을 진행형으로 바꿔써라.

1. Piet maait het gras.
2. Ze drinken allemaal koffie.
3. Ik lees op het ogenblik een boek over de bezetting.
4. We kijken naar een interessant televisieprogramma.
5. We rijden urenlang in die auto rond.
6. Wij praatten over de vakantie.
7. De mannen drinken een lekker kopje koffie.
8. De student las een moeilijk boek.
9. Vader en Moeder denken over hun problemen.
10. De jongens vechten over een paar gulden.
11. Wij schreven een lange brief aan onze familie.
12. De leraar legt een moeilijke constructie uit.
13. De zanger zingt een prachtig lied.
14. Gisteravond keek ik naar een mooi programma op de televisie.
15. Er skiden veel mensen.

Ⅱ. 진행조동사 zitten, staan, liggen, hangen 중 문맥에 맞는 동사를 골라 현재 진행형으로 바꾸시오.

1. Het kind schrijft aan tafel.
2. Cindy leest in haar bed.
3. De secretaresse typt een brief.
4. Twee meisjes praten op de hoek van de straat.
5. De kat slaapt onder de tafel.
6. Bart kijkt naar de televisie.
7. Vader wast de wagen.

8. De was droogt in de tuin.
9. De hond slaapt in de zon.
10. Moeder maakt het eten klaar

Ⅲ. 'zijn ~ bezig te + 부정형' 의 형태로 진행형으로 바꾸시오.

1. Sanne wast af.
2. Vader wast zijn wagen.
3. Moeder maakt het pakje los.
4. Jan en Piet vechten.
5. Erik leest de kaart de kaart.

Ⅳ. 'zijn ~ aan het + 부정형' 으로 바꾸시오.

1. Meneer Hans (z'n garage opruimen) _____.
2. Die mevrouw van nummer 32 (haar ramen lappen) _____.
3. De overbuurman (de auto wassen) _____.
4. De kinderen van hiernaast (in het park spelen) _____.
5. Die dochter van Hans (zonnebaden) _____.

11. 동사의 부정법(Werkwoorden die samengaan met een infinitief)

Het ijs in Groenland begint langzaam **te smelten**. Het doet de zeeën **stijgen**. Onze planeet dreigt in grote problemen **te komen**. Het blijkt erg **te zijn**. Toch blijven sommige mensen **verspillen**. Laten we maar milieubewust **zijn**! De beste manier om je energiefactuur **te doen dalen** is je woning beter **isoleren**. Je kan 10% tot 20% energie **besparen**. Je kan iets **doen** voor het milieu door **te kiezen** voor groene stroom. Op plaatsen waar niemand is, moet geen licht **branden**. Het is een bewuste keuze om de trein **te nemen**. Je kan goed **leven** zonder de natuur in gevaar **te brengen**. Onze kinderen en kleinkinderen willen later goed **kunnen leven**. Ze leren de planeet niet **vervuilen**.

네덜란드어 동사는 문장에서 다른 동사와 함께 결합되어 사용될 때 부정형(infinitief)을 취할 수 있다. 동사의 부정형앞에 te가 오는 경우인 **te-부정법**과 te 없이 부정형이 오는 **단순부정법**으로 구분 할 수가 있다.

Ⅰ. 단순부정법

1. 화법조동사(mogen, moeten, zullen, kunnen, laten, willen)와 결합할 때

Ik *moet* deze week hard *werken*. (나는 이번 주에 열심히 일해야 한다.)
Hij *mag* niet meer *drinken*. (그는 더 마시면 안된다.)
Ik *zal* je dat geld morgen *teruggeven*. (나는 너에게 그 돈을 내일 돌려 줄거야.)
Wil je ons nog *helpen*? (너 우리를 좀 도와줄래?)
De zieke *moest* na het bezoek *uitrusten*.
(환자는 반드시 방문 후에 충분히 쉬어야 했다.)

2. 감각, 지각동사(zien, horen, voelen ..)와 결합 될 때

Ik *zag* het gordijn *bewegen*. (나는 커텐이 움직이는 것을 보았다.)
Ik *hoorde* haar heel lang *schreeuwen*. (나는 그녀가 아주 오랫동안 소리치는 것을 들었다.)
Ik *zie* iemand *komen*. (나는 누군가 오는 것을 본다.)

3. 조동사로 사용되는 gaan, komen, blijven과 결합될 때

Ga jij eens even *kijken* of de krant er al is. (너 가서 신문이 왔는지 좀 봐 줘.)
Die man *komt* de televisie *repareren*. (그 남자가 TV를 수리하러 온다.)
Hij *bleef* een uur *praten*. (그는 한 시간 동안 얘기를 계속했다.)
De directeur *komt* even *kijken*. (감독이 보러 오다.)
Hij *gaat* morgen *werken*. (그는 내일 일하러 간다.)

※ 이중 부정형(**Double Infinitief**)(*화법조동사, 사역동사, 진행형 편 참조)

1, 2, 3과 같은 조동사와 단순부정형을 포함하고 있는 문장의 완료형은 조동사, 감각동사, 지각동사가 과거분사대신 부정형을 취한다.

Die vrouw heeft nooit kunnen doen wat ze wilde.
(그 여자는 그녀가 원하는 것을 결코 할 수 없었다.)
→ Die vrouw *heeft* nooit *kunnen doen* wat ze wilde.
(그 여자는 그녀가 원했던 것을 결코 할 수 없었다.)

Ze laat haar man de afwas doen. (그녀가 그녀의 남편이 설거지를 하게 한다.)
→ Ze *heeft* haar man de afwas *laten doen*.
(그녀는 그녀의 남편에게 설거지를 하게 했다.)

Ik *heb* al een uur *zitten wachten*. (나는 이미 한 시간째 서서 기다리고 있었다.)
De patiënt *heeft* niet *willen wachten*. (환자는 기다리길 원하지 않았다.)
De kinderen *zijn gaan kamperen*. (아이들은 캠핑을 갔다.)
Na zijn reis *had* hij natuurlijk veel *kunnen vertellen*.
(여행 후에 그는 당연히 많은 것을 얘기할 수 있었다.)
Hij *heeft* zijn vrienden *leren kennen*. (그는 그의 친구들을 알게 되었다.)
Moeder *heeft* de kinderen wakker *moeten maken*.
(어머니는 아이들을 깨워야 했다.)
De jongen *heeft* op geen enkele vraag *kunnen antwoorden*.
(소년은 어떤 질문에도 답할 수 없었다.)
Meneer Janssens *heeft* met de directeur *willen spreken*.
(Janssen씨는 감독과 얘기하고 싶었다.)
Vader *is* bij de kachel *gaan zitten*. (아버지는 난로 옆에 가서 앉아 있었다.)

4. 문장이 구로 전환된 부정사구문(Infinitive constructies)

Een boek *lezen* is een plezier. (책을 읽는 것은 기쁨이다.)
Roken is niet goed voor uw gezondheid. (흡연은 당신의 건강에 좋지 않습니다.)

Ⅱ. te-부정형

1. 진행조동사 (zitten, liggen, staan, lopen), durven, hoeven와 결합되는 경우

Sommige vrouwen *zitten* tijdens vergaderingen *te breien*.
(몇몇 여자들이 모임 중에 앉아서 뜨개질을 한다.)
Hij *ligt* in bed *te lezen*. (그는 침대에 누워 읽고 있다.)
Je *hoeft* niet bang *te zijn*. (너는 두려워할 필요가 없다.)

We *zitten* al een uur *te werken*. (우리는 이미 한 시간 째 앉아서 일하고 있다.)
Jan *staat* met zijn vriend *te praten*. (Jan은 서서 그의 친구와 얘기하고 있다.)

2. 조동사 blijken, schijnen, lijken과 연결될 때

Dat kind *schijnt* de hele dag naar buiten *te kijken*.
(그 아이는 하루 종일 밖을 쳐다보는 것처럼 보인다.)
Hij *lijkt* geen enkele kans *te hebben* op de overwinning.
(그는 승리의 기회가 전혀 없어 보인다.)
Hij *blijkt* al lang ziek *te zijn*. (그는 오랫동안 아픈 것으로 보인다.)
Daarvoor *bleek* ik geen talent *te hebben*. (나는 그것에 대한 재능이 전혀 없는 것 같았다.)

3. 다음과 같은 타동사와 연결되는 절(節, clause)이 구(句)로 전환된 소위 명사적 부정사 구문(Infinitive clauses)으로 목적어 혹은 주어 역할을 하는 경우

menen, hopen, proberen, trachten, beginnen, beloven, besluiten, weigeren, vergeten

Het *begint te sneeuwen*. (눈이 오기 시작했다.)
Zij *beloofde* dat werk zo snel mogelijk *af te maken*.
(그녀는 그 일을 최대한 빨리 끝낼 것을 약속했다.)
Zij *vergat* die brief *te posten*. (그녀는 편지 부치는 것을 잊었다.)
Hij *probeert* een goede baan *te krijgen*. (그는 좋은 직업을 가지려고 시도하는 중이다.)
Zij *hoopt* voor dat examen *te slagen*. (그녀는 그 시험에 합격하기를 희망한다.)
Hij *dacht* om 8 uur *te vertrekken*. (그는 8시에 떠나야 겠다고 생각했다.)
Proberen jullie deze studenten *te helpen*? (너희들 이 학생들을 도와볼래?)
Ik *wens* hier tot vanavond *te blijven*. (나는 여기에 오늘 밤까지 머무르고 싶다.)
Hij *wenst* zijn broer *uit te nodigen*. (그는 그의 형을 초대하고 싶어 한다.)
Ik zal *proberen* dat iedere dag *te doen* gedurende de expeditie.
(나는 탐험 중 그것을 매일 수행하려고 노력할 것이다.)

4. 형용사적 용법

Ik heb verschillende boeken *te lezen*. (나는 여러가지 읽을 책들을 갖고 있다.)
Heb je iets *te drinken*? (마실 것 좀 있느냐?)
Ik heb geen geld *te lenen*. (나는 빌려줄 돈이 없다.)

We zijn van plan een week vakantie *te nemen*. (우리는 한 주간의 휴가를 가질 계획이야.)

※ om ~ te + 부정형

1) 부사적 용법

　a. 목적(doel) : 「om .... te + 부정형」 "...하기 위하여"

　　Om zijn doel *te bereiken* heeft mijn oom veel mensen slecht behandeld.
　　(나의 삼촌은 자신의 목표를 달성하기 위해 많은 사람들을 나쁘게 대했다.)

　　Ik zei het echt niet *om* je *te kwetsen*. (나는 정말 네게 상처를 주려고 그 말을 하지 않았다.)

　　Er gingen stemmen op *om* roken in cafés *te verbieden*.
　　(카페에서 흡연을 금지하기 위해 투표가 있었다.)

　　We moeten alles doen *om* de armoede *te bestrijden*.
　　(우리는 빈곤과 싸우기 위해 모든 것을 다해야 한다.)

　b. 「te + 형용사 + om + te + 부정형(infinitief)」 "...하기에 너무 ...하다"

　　Die kans is *te mooi om* voorbij *te laten gaan*. (그 기회는 놓치기에 너무 좋은 기회이다.)

　　Het is veel *te zonnig om* binnen *te blijven zitten*.
　　(안에 앉아 있기에 날씨가 너무 화창하다.)

2) 명사적용법, 형용사적 용법

　Clara voelt al jaren een drang *om* een wereldreis *te maken*.
　(Clara는 몇년째 세계여행을 가고 싶은 충동을 느낀다.)

　Het is barbaars *om* een dier *op te sluiten*. (동물에게 덫을 놓는 것은 야만적이다.)

　Ik weet een trucje *om* deksels van potjes los *te krijgen*.
　(나는 항아리의 뚜껑을 여는 기술을 안다.)

　Zij heeft beloofd *om* me *te helpen*. (그녀는 나를 도와주기로 약속했다.)

　Het is altijd leuk (*om*) een cadeautje *te krijgen*.
　(선물을 받는 것은 언제나 좋은 일이다.)

　Ik ben van plan *om* deze zommer *te gaan kamperen*.
　(나는 이번 여름에 캠핑을 갈 계획이다.)

　De winter is de beste tijd *om* goed *te reizen*. (겨울은 좋은 여행을 하기에 최고의 시기이다.)

※ weten ~ te + 부정형 = kunnen

　Hij *wist te ontsnappen*. (그는 탈출할 수 있었다.)

Zij weet zich daar wel te handhaven. (그녀는 거기서 버틸 수 있었다.)
Weet jij zjn huis te vinden. (너는 그의 집을 찾을 수 있니?)
Alle bewoners wisten zich in veiligheid te stellen.
(모든 주민들이 안전할 수 있었다.)

※ zijn ~ te + 부정형 = kunnen/moeten worden + 과거분사(수동가능)

Dat is te doen. = Dat kan gedaan worden. (그것은 할 수 있다.)
Wat is er nog te doen? = Wat kan/moet nog gedaan worden?
(아직 해야 할 일이 또 무엇이 있나?)
Er is nog veel te doen. = Er kan/moet nog veel gedaan worden. (해야 할 일이 많다.)

※ vallen ~ te + 부정형 = kunnen/moeten worden + 과거분사 (수동가능)

Valt die auto nog te repareren? = Is die auto nog te repareren?
(이 자동차 수리될 수 있나요?)
Er valt geen touw aan vast te knopen.
  = Er is geen touw aan vast te knopen. (붙들어 맬 줄이 없다.)

※ hebben ~ te + 부정형

1) "해야 한다"(= moeten)
   Je *hebt* me *te gehoorzamen*. (너는 나를 순종해야 한다.)
   Je *hebt* niet bij het water *te spelen* als ik je dat verbied.
   (만약 내가 네게 그것을 금지한다면 너는 물가에서 놀지 말아야 한다.)

2) ".. 할 것을 ... 갖고 있다"(= hebben iets te doen)
   Hij *heeft* niets *te vertellen*. (그는 할 얘기가 없다.)
   Zij *heeft* niets *in te brengen*. (그녀는 기여할 것이 없다.)

※ hebben + maar + te + 부정형 : 선택의 여지가 없음을 표현

Je *hebt* het *maar te doen*. (너는 네가 원하든 원치 않든 그것을 해야만 한다.)

※ krijgen ~ te + 부정형 : 미래에 일어날 수 있는 행위를 표현

Je *krijgt* daar veel *te eten*. (너는 거기서 많이 먹을 수 있을 것이다.)

※ **horen ~ te + 부정형 = moeten + te + 부정형**

Dat *hoor* je niet *te doen*. (너는 그것을 해서는 안된다.)

※ **weten + te + liggen, staan, zitten, hangen, wonen** '장소를 알다'

Weet jij mijn boek *te liggen*? (너 내 책 있는 곳을 아니?)
Weet jij hem *te wonen*? (너 그가 어디에 사는지 아니?)

※ **zijn + te + 부정형, zijn + om + te + 부정형**

Zijn die bananen *te eten*? (그 바나나 먹을 수 있는 바나나니?)
Zijn die bananen *om te eten*? (그 바나나가 먹으려고 하는 바나나니?)

연습문제

I. 다음 문장을 해석하시오

1. Moet ik wat over mijn vakantie vertellen?
   Er valt niets te vertellen.
2. Hij wil in drie maanden perfect Nederlands leren.
   Dat is niet te doen.
3. Kan ik iets voor je doen?
   Valt er nog wat af te wassen?
4. Mijn tv valt niet meer te repareren.
5. Daar is niets aan te doen.
6. Je hoort op tijd te komen.
7. Hij weet zijn leeftijd goed te verbergen.
8. Er valt met hem niet te praten.
9. Hij is geen echte dokter. Hij is niet te vertrouwen.
10. Je hoort zoiets niet te doen als je twintig bent.

Ⅱ. 올바른 문장을 만드시오.

1. mee gaan deze hoop te keer Ik.
2. is vertrekken toch. van niet Ze geweest plan te
3. denk een appels. kopen Ik kilo te
4. Er zien is iets. te interessants
5. gaan huis Ik te vraag naar. u
6. een. dorp Het schijnt zijn mooi te
7. vriend tegen zijn houden Hij probeert te.
8. te gezegd naar school hem. heb gaan Ik
9. niet te had Ik eerst. mee boek brengen gedacht het
10. blijven heeft. besloten te vandaag Hij thuis

Ⅲ. 다음 문장을 완료형으로 고치시오.

1. Ik wil Nederlands spreken.
2. Ik laat een foto maken.
3. De directeur wil me niet helpen.
4. Deze klanten blijven lang in het café zitten.
5. De leraar gaat in de studeerkamer zitten.
6. In Pisa gaan we de scheve toren bewonderen.
7. Kun je niet anders handelen?
8. Hij moet naar het station gaan.
9. Ze gaat een jaar in Nederland doorbrengen.
10. De dames blijven voor alle winkels staan.

Ⅳ. 다음 부정법이 틀린 곳이 있으면 고치시오.

1. De directeur komt even kijken.
2. Wil je ons nog helpen?
3. We zitten al een uur werken.
4. In plaats van lachen was hij kwaad.
5. Ik ben van plan werken, zonder tijd verliezen.
6. Ik wens hier tot vanavond blijven.
7. Na veel gewerkt hebben maakten we ons klaar, om naar huis gaan.

8. Jan staat met zijn vriend praten.
9. Proberen jullie deze studenten helpen?
10. Hij blijkt al lang ziek zijn.
11. Hij gaat morgen werken.
12. Hij dacht om 8 uur vertrekken.
13. Hij leert mij auto rijden.
14. We proberen de sterren zien.
15. Ik hoor iemand komen.
16. Het begint sneeuwen.
17. De zieke moest na het bezoek uitrusten.
18. We zijn van plan een week vakantie nemen

V. 다음 문장을 현재완료형으로 고치시오.

1. Jan blijft met ons werken.
2. Onze conciërge gaat boodschappen doen.
3. Komt haar zoon naar de televisie kijken?
4. De leraar kan niet op tijd aankomen.
5. We mogen het niet proberen.
6. Ze lopen al lang samen te praten.
7. Ze moet haar moeder helpen.
8. Jullie kunnen naar de stad gaan.
9. Ze zien alle vrienden lachen.
10. Ze wil met haar vriendje komen.

부정법 예문

1. Ik denk vanmorgen naar Namen te gaan.
2. Ik durfde niet te geloven dat hij gewonnen had.
3. We gaan van plaats wisselen.
4. Hij vertrok zonder zijn boeken mee te nemen.
5. Ik wist dat we naar Amsterdam zouden vliegen.
6. Marieke staat op de bus te wachten.
7. De zee schijnt gevaarlijk te zijn.
8. We denken over een maand naar Spanje te vertrekken.
9. Rita leert Engels spreken.
10. Moeder wil naast het raam zitten.
11. De koopman heeft de vaas niet willen verkopen.
12. Hij heeft me leren koken.
13. De lijst is in de koffer blijven liggen.
14. Waar heb je zo goed Nederlands leren spreken?
15. De auto is in volle vaart komen aanrijden.
16. De apotheker heeft het recept niet willen klaarmaken.
17. Het kind liet zijn tong zien.
18. Ze is een jaar in Nederland gaan doorbrengen.
19. De dokter is de zieke gaan bezoeken.
20. Hij is blijven eten.
21. Thuis heb ik veel stripverhalen om te lezen.
22. Mag ik je vragen om de deur te sluiten?
23. De secretaresse telefoneert om een kamer voor de directeur te reserveren.
24. Ik doe aan sport om mijn conditie te verbeteren.
25. Maar ik heb geen zin om te zwemmen.
26. Ik vind het een goed idee om aan yoga te doen.
27. We maken ons klaar om naar de bioscoop te gaan.
28. Mijn vriend was te moe om mee te gaan.
29. Hij is thuis gebleven om naar zijn favoriete televisieprogramma te kijken.
30. Haar zoon overweegt om in Zwitserland te gaan werken.

31. Dat is voor haar zoon.
32. Het regent te hard om naar de stad te gaan.
33. Ze krijgt geld om naar Frankrijk te reizen.
34. We hebben geen tijd om naar de televisie te kijken.
35. Ik ben klaar om te vertrekken.
36. Het is te vroeg om te eten.
37. Hij schrijft een gedicht voor zijn moeder.
38. Hij gaat naar de dokter voor een medisch onderzoek.
39. Die rekening moet voor morgen klaar zijn.
40. De nieuwe kleren zijn voor Cindy.
41. Bij het vallen van de avond kwamen we de stad in.
42. Het afsteken van het vuurwerk was het hoogtepunt van het feest.
43. Het roepen van Jan maakt de hele familie wakker.
44. Het openen van de kasten was niet gemakkelijk.
45. Hij hoorde het lachen van de kinderen.
46. Het wassen van die hemden vraagt tijd.
47. Het verdwijnen van Peter maakte zijn vrouw angstig.
48. Ze luisteren graag naar het klotsen van de zee tegen de rotsen.
49. Hij was altijd de eerste door zijn harde werken.
50. Het vechten van de kinderen maakt moeder kwaad.
51. Het is barbaars om een dier op te sluiten.
52. Er gingen stemmen op om roken in cafés te verbieden.
53. Een agent belette de mensen om naar binnen te gaan.
54. De directeur gaat met de ruziemakers praten om een einde te maken aan de discussie.
55. We moeten alles doen om de armoede te bestrijden.
56. Doe je iets concreets om het milieu te beschermen?
57. In een zwembad zit chloor om het water te ontsmetten.
58. Het is niet consequent om iets te beloven en het dan niet te doen.
59. Clara voelt al jaren een drang om een wereldreis te maken.
60. Ik weet een trucje om deksels van potjes los te krijgen.
61. We hebben vergeten boodschappen te doen.

62. Marjan zit de hele dag boeken te lezen.
63. Mag ik je morgenavond bellen?
64. Voor Sint Valentijnsdag zal Jeroen rode rozen aan zijn vriendin geven.
65. De secretaris verliet de kamer zonder een woord te spreken.
66. De leerlingen willen op tijd aankomen.
67. Zij moeten dus de trein van zeven uur halen.
68. Martijn heeft zijn schooltas verloren. Hij belooft zijn vader de tas snel te zoeken.
69. Mijn Vlaamse vriendin moet helaas in het ziekenhuis blijven.
70. Ik heb dat woordenboek nodig maar het is nergens te vinden.
71. Ik zal proberen dat iedere dag te doen gedurende de hele expeditie.
72. Ik hoopte een beroemde dichter te worden.
73. Daarvoor bleek ik geen talent te hebben.
74. Ik kan aan deze reis denken zonder angst te hebben voor gevaar.
75. Ik droomde van zo iets te gaan maken.
76. De winter is de beste tijd om goed te reizen.
77. Mijn plan is daar een schip te huren.
78. Er was nog maar weinig water te zien.
79. Een soort grommen was te horen onder het ijs.
80. Het ijs begon overal te breken.

12. 재귀동사(Het wederkerend werkwoord), 재귀대명사(Het wederkerend voornaamwoord), 상호 대명사(Het wederkerig voornaamwoord)

Elke ochtend gaat om zeven uur de wakker. Ik **was me** en **kleed me aan**. Daarna maak ik de kinderen wakker. Ik maak het ontbijt en zij **kleden zich aan**. Ze moeten om half negen op school zijn. Soms sta ik te laat op. Dan moeten we **ons haasten**.

재귀동사란 동사의 행위의 결과가 주어인 행위자에게 되돌아 오는 동사를 말하며 목적어는 인칭대명사의 목적격대신 별도의 재귀대명사를 취한다.

인칭	단수	인칭	복수
1	ik	**me**	we	**ons**
2	jij, je	**je**	jullie	**je**
	u	**u/zich**	u	**u/zich**
3	hij/zij/het	**zich**	zij	**zich**

Ik *was me*. (나는 몸을 씻는다.)
Zij *kleden zich aan*. (그들을 옷을 입는다.)
Dan moeten we *ons haasten*. (그러면 우리는 서둘러야 한다.)
Bemoei je met je eigen zaken! (네 일이나 신경 써라!)
Je moet *je* echt *haasten* als je nog op tijd wil zijn.
(너는 제 시간에 가려면 정말 서둘러야 한다.)
Ik kan *me* niet *indenken* dat dat waar is!
(나는 그것이 사실이란 것을 상상할 수 없다.)

1. 재귀대명사의 위치는 '주어 + 정동사'의 정상어순을 갖는 문장에서는 정동사 바로 뒤에 위치하며 '정동사 + 주어'와 같이 도치된 문장에서는 주어 바로 뒤에 위치한다.

    Kun je *je* een beetje *haasten*? (너 조금만 서둘러 줄 수 있니?)
    Ook vanmorgen moesten ze *zich haasten*. (오늘 아침도 그들은 서둘러야만 했다.)

2. 존칭 u의 재귀대명사 u, zich의 구별은 인칭대명사 u 다음에 올 경우 zich를 사용하며 그 외에는 둘 다 가능하다.

U *scheert u* elke dag. (당신은 매일 면도를 합니다.)
U *scheert zich* elke dag. (당신은 매일 면도를 합니다.)
Scheert u *zich* elke dag? (당신은 매일 면도를 합니까?)

3. 재귀동사임을 강조하기 위해 '재귀대명사 + zelf' 형태를 사용하기도 한다.

Ik heb **mezelf** geknipt. (내가 스스로 머리를 잘랐다.)
Hij heeft **zichzelf** genezen. (그가 직접 치료했다.)
We snijden **onszelf** in de vingers. (우리는 스스로 손가락을 자른다.)

4. 재귀동사가 아니지만 주어가 직접 행동하는 것을 강조하기위해 zelf를 넣어 표현하기도 한다.

Ik heb het **zelf** gezien. (내가 그것을 직접 보았다.)
Hij heeft **zelf** geneeskunde gestudeerd. (그 자신이 의학을 공부했다.)
We zullen de taart **zelf** snijden. (우리가 파이를 직접 자를 것이다.)

상호 대명사(het wederkerig voornaam woord) : **elkaar, mekaar, elkander** (서로)

| We / Jullie / Ze | kennen | elkaar / mekaar / elkander | al jaren. |

| U | kent | elkaar | al jaren. |

※ elkaar, mekaar, elkander의 소유격은 elkaars, mekaars, elkanders이다.

Ze hebben *elkaars* huiswerk gemaakt. (그들은 서로 숙제를 해 주었다.)
We moeten *elkanders* privacy respecteren. (우리는 서로 프라이버시를 존중해야 한다.)
Hebben jullie *mekaars* telefoonnummers al? (너희들 서로 전화번호를 갖고 있니?)

연습문제

I. 밑줄 친 곳에 알맞은 재귀대명사를 넣으시오.

1. We moeten _____ haasten, anders komen we te laat.
2. Hij heeft niets te doen. Hij verveelt _____ de hele dag.
3. Ze maakt nooit fouten. Ze vergist _____ nooit.
4. Hebt u _____ vanmorgen soms verslapen?
5. Wassen jullie _____ ook altijd met koud water?
6. Ze zegt dat de kinderen _____ in het cirkus erg vermaakt hebben.
7. Ik vraag _____ af of ik de trein nog haal. Het is al zo laat!
8. Je hoeft _____ niet te schamen dat je dat tentamen niet hebt gehaald, want bijna iedereen is gezakt.
9. Hij ergert _____ aan het voortdurende lawaai op straat.
10. De kinderen hebben _____ erg langzaam aangekleed vanmorgen; daarom moesten ze _____ haasten om nog op tijd school te komen.
11. Hij schaamt _____ voor zijn gedrag.
12. Ik herinner _____ zijn naam niet meer.
13. Zij verbaasden _____ over het mooie weer.
14. Sommige mensen scheren _____ 's avonds, andere 's morgens.
15. Heb je _____ geërgerd aan mijn opmerking?
16. Wij verheugen _____ op de zomervakantie.
17. Ik verbaas _____ over je vraag.
18. Waarom haasten jullie _____ zo?
19. Het kind bezeerde _____ aan een stukje glas.
20. Ik denk dat je _____ vergist.

II. 재귀대명사 혹은 상호 대명사를 넣어라.

1. Vader scheert _____ met een scheerapparaat.
2. Die twee vriendinnen hebben juist afscheid genomen en toch bellen ze _____ opnieuw op.
3. Vrienden die _____ ontmoeten.

4. Ze kussen _____ op de wang.
5. Er zijn tijden geweest dat de mensen _____ bijna niet wasten.
6. Karel geneerde _____ voor zijn ouderwetse jas.
7. Clara hechtte _____ aan haar nieuwe vriendin.
8. Paula en Roberta hebben _____ drie weken geleden ontmoet.
9. Piet heeft _____ vandaag vrijgemaakt.
10. Henry spande _____ in om de kleine lettertjes te kunnen lezen.
11. Zij groeten _____ niet want ze zijn boos.
12. Hij heeft altijd geld bij _____.
13. Mijn zoon voelt _____ niet goed vandaag.
14. Hij wast _____ op de kamer.
15. Bij de opening van de tentoonstelling verdrongen de mensen _____ om erin te komen.
16. Vader heeft _____ zorgvuldig geschoren.
17. De jongens pesten _____ voortdurend.
18. In de kettingbotsing botsen de auto's tegen _____.
19. 's Avonds laat, bij volle maan, vertelden ze _____ spookverhalen.
20. Lise en Bert leren _____ beter kennen en worden verliefd.

13. 수동태(Passieve zinnen)

Kroonprins Willem Alexander **is** 5 februari **benoemd** tot lid van het Internationaal Olympisch Comité, het hoogste bestuurorgaan in de sportwereld. Tijdens het IOC-congres in Nagano **wordt** de kroonprins door voorzitter Samaranch **voorgedragen** aan de andere leden. Samaranch had Willem-Alexander gevraagd zich kandidaat te stellen.

태(voice)라 함은 술어가 나타내는 행위 또는 동작과 논항사이의 관계를 말한다. 능동태(actief)는 술어가 지시하는 내용의 주체가 주어로 나타나는 경우로 주어가 직접적이고 실제적인 행위의 수행자(agent)로 나타나는 형식인 반면에 수동태(passief)는 행위자가 수용자(recipient)로 나타나는 형식을 말한다.

Ⅰ. 형태

	능동문(actieve zin)		수동문(passieve zin)
	주어	⇒	door + 목적격
	직접목적어	⇒	주어
	동사	⇒	worden, zijn + 과거분사

능동문의 주어는 수동문에서 'door + 목적격'으로, 능동문의 목적어는 수동문의 '주어'가 되며 능동문의 동사는 수동문에서 수동 조동사 '**worden**' 혹은 '**zijn**'을 취하며 본동사는 과거분사를 취한다. 능동문의 시제가 완료시제일 경우 수동조동사 *zijn*을 취하며 그밖의 경우는 *worden*을 취한다.

현재   Mijn zoon leest een leuk sprookje. (나의 아들이 재미있는 동화를 읽는다.)
    → Een leuk sprookje **wordt** door mijn zoon **gelezen**.

과거   Mijn zoon las een leuk sprookje.
    → Een leuk sprookje **werd** door mijn zoon **gelezen**.

미래   Mijn zoon zal een leuk sprookje lezen.
    → Een leuk sprookje **zal** door mijn zoon **gelezen worden**.

현재완료   Mijn zoon heeft een leuk sprookje gelezen.
    → Een leuk sprookje **is** door mijn zoon **gelezen**.

과거완료   Mijn zoon had een leuk sprookje gelezen.
    → Een leuk sprookje **was** door mijn zoon **gelezen**.

미래완료   Mijn zoon zal een leuk sprookje gelezen hebben.
    → Een leuk sprookje **zal** door mijn zoon **gelezen zijn**.

과거미래   Mijn zoon zou een leuk sprookje lezen.
    → Een leuk sprookje **zou** door mijn zoon **gelezen worden**.

과거미래완료   Mijn zoon zou een leuk sprookje gelezen hebben.
    → Een leuk sprookje **zou** door mijn zoon **gelezen zijn**.

※ 모든 수동완료형에서 *geworden*은 탈락되는 것에 주의!

    Een leuk sprookje is door mijn zoon gelezen ~~geworden~~.
    Een leuk sprookje zal door mijn zoon gelezen ~~geworden~~ zijn.

Ⅱ. 수동문 용법

1. 수동문은 학문적 텍스트, 설명서, 뉴스와 같이 행위(handeling)가 중심이 될 때 사용된다. 그리고 행위자가 중요하지 않거나, 또 알려져 있지 않거나, 화자가 행위자를 언급하고 싶지 않을 때도 사용된다.

   Daarna *wordt* het product in een proefbuisje *gegoten*. (그후 제품은 한 시험관 안에 부어진다.)
   Die opmerking *werd* gisteren al *gemaakt*. (그 지적은 어제 이미 행해졌다.)
   Bij die aanslag *werden* verschillende personen *gewond*.
   (그 공격에서 여러 사람들이 다쳤다.)
   Dat *wordt* wel eens *gezegd*. (그것은 한때 얘기되어 졌다.)
   Het *werd* hem cadeau *gegeven*. (그것은 그에게 선물로 주어졌다.)

2. 일반적으로 행위자가 대화주제가 되거나 중요한 것으로 인식될 때 'door+ 목적격'은 생략되지 않는다. 그렇지 않은 경우에는 'door + 행위자'는 생략된다.

   De brief *wordt* (door mij) *geschreven*. (편지가 쓰여졌다.)
   Dat boek *is* nog maar pas *verschenen* en het *wordt* al door alle boekhandelaars *verkocht*. (그 책은 이제 막 출판되었고 이미 책 판매자들에 의해 팔리고 있다.)

Ⅲ. 준(準)수동문(Pseudo-passief)

직접목적어가 없는 능동문 혹은 간접목적어만 있는 능동문도 수동문이 가능하다. 이 경우 주어는 형식주어 er를 사용하거나 간접목어를 문두에 놓는다.

Er werden veel ramen gebroken.
= Veel ramen werden gebroken. (많은 창문들이 깨졌다.)
Er werd hem gevraagd te vertrekken.
= Hem werd gevraagd te vertrekken. (그에게 떠나라고 요구되었다.)
Er wordt om twaalf uur vuurwerk afgestoken. (자정에 불꽃놀이가 시작된다.)
Er worden in Nederland veel fietsen gestolen. (네덜란드에서는 많은 자전거들이 도난 당한다.)

※ **zijn + te + 부정형** : 수동 가능(*부정법 참조)

Grote auto's *zijn* vaak niet *te kopen*. (대형 자동차들은 자주 구입될 수 없다.)
Dat bier *was* niet *te drinken*. (그 맥주는 마실 수 없었다.)

연 | 습 | 문 | 제

I. 다음 문장은 수동문장인가 능동문장인가?

1. Tijdens het TV-journaal werden beelden getoond van de staking van de arbeiders.
2. De goederen worden van het schip naar een pakhuis gebracht.
3. Wie heeft de brief getekend?
4. In een petitie werd gevraagd om bescherming van de zeehonden.
5. De club werd in 1925 opgericht door een beroemde notaris.
6. De weg is afgesloten door een stevig weidehek.
7. De admiraal verzocht al de gasten hun glas te vullen.
8. Het testament van onze tante vermeldt mijn broer niet.
9. Hij werd de volgende dag wakker door het gerinkel van de telefoon.
10. De zieke varkens werden in quarantaine gehouden.

II. 다음 문장을 수동문장으로 고치시오.

1. De kantoorchef had het verslag gelezen.
2. Marieke heeft Annie geholpen.
3. De bediende zal de bestelbon klaarmaken.
4. Wie zou die brief schrijven?
5. Vader sneed het vlees.
6. Jan geeft de krant aan vader.
7. De leerlingen zullen dat boek lezen.
8. De leerlingen moeten dat boek lezen.
9. De kapper knipte het haar van Paul.
10. Vader en moeder begrijpen ons niet.
11. De secretaresse stuurt haar brieven om 5 uur.

12. De kinderen spelen de wedstrijd in Amsterdam.
13. De verkoper brengt de nieuwe computer morgen.
14. Lisa nodigt de kinderen van haar school op een feestje uit.
15. Deze familie zet de televisie alleen 's avonds aan.
16. Rond tien uur verwacht de directeur de nieuwe bediende.
17. De directeur aanvaardt de voorstellen van het syndicaat niet.
18. De secretaresse vertaalt alle dossiers in het Nederlands.
19. Deze firma geeft een gunstig antwoord.
20. De garagehouder herstelt mijn auto pas morgen.
21. Men houdt rekening met uw advies.
22. Ze brengen de gewonden naar het ziekenhuis.
23. De arbeiders hebben de vrachtwagen geladen.
24. Men zegt dat niet.
25. De regering moet rekening houden met de milieugroepen.
26. De Fransen produceren de beste wijn ter wereld.
27. maar de Belgen brouwen het beste bier van Europa.
28. en de Hollanders maken de beste kaas.
29. Ze kloppen aan de deur.
30. De dokter onderzocht zijn patiënten.
31. Ze dronken de thee uit een glas.
32. De botsing heeft de auto beschadigd.
33. De media pakten de extreem-rechtse partijen hard aan.
34. De hitte van het haardvuur heeft de schoorsteen zwart geblakerd.
35. In een bistro maken we de maaltijden op een Franse manier klaar.
36. Men haalt aardolie diep uit de aarde om er benzine van te maken.
37. De jongeren dragen geen overhemden met een stijf boord meer.
38. Willem kocht die zeep.
39. We gebruiken aardgas voor kachels en fornuizen.
40. Men maakt camembert in Frankrijk.
41. Christoffel Columbus ontdekte Amerika.
42. Men moet deze schaar slijpen.
43. Plotseling greep men haar bij de arm.
44. Zijn ruwe manier van doen schrikte mij af.
45. Over twee dagen zal men de film vertonen.

46. De firma zal alle gemaakte kosten vergoeden.
47. De secretaresse moet zo vlug mogelijk de brieven typen.
48. In de loop van de week zal de president alle details bekendmaken.
49. Men had daar nog niet over gesproken.
50. Het kind noemt mij altijd pappie.
51. Vader haalt de kinderen van school.
52. De leraar schrijft de brief.
53. De boer bewerkt het veld.
54. Een advocaat richtte in 1954 de club op.
55. De meid doet de deur open.
56. De piloot bestuurt het vliegtuig.
57. Men spreekt die taal niet meer.
58. De directeur leidt het bedrijf.
59. Veel mensen spreken Engels in verschillende landen.
60. Men hakte de boomstam in stukken.
61. Het onweer verraste de kampeerders.
62. De zieken verstrekten medicijnen.
63. Zijn ouders verzorgen het zieke kind.
64. Op de radio waarschuwde men de luisteraars voor dichte mist.
65. De kinderen vingen zeldzame insekten.
66. Met Kerstmis zendt men veel cadeautjes.
67. Van Gogh heeft de mooiste werken in Arles geschilderd.
68. De onderwijzer moet de jongens bezig houden.
69. Sonia helpt altijd armen en ongelukkigen.
70. Twee lijnen snijden deze lijnen.
71. Een Chinese keizer zou die theepot hebben gebruikt.
72. De mensen vergaten de nadelen van die toestand.
73. De koopman heeft zijn geld niet teruggevonden.
74. De postbode zal de brieven brengen.
75. De boerin gooit al de boter in de soep.
76. Men heeft die stem nooit meer gehoord.
77. Men fietst veel in Nederland.
78. De minister benoemt de ambtenaar.
79. De minister had de beslissing genomen.

80. De auto rijdt mijn broer aan.
81. De Fransen produceren de beste wijn.
82. We hebben een mooi toneelstuk opgevoerd.
83. De klant betaalde de hele som ineens terug.
84. De agent regelde het verkeer.
85. De Hollanders maken de beste kaas.
86. De Fransen ontdekken het mooie Vlaanderen.
87. Dieter heeft zijn voetbalspullen aan zijn vader gegeven.
88. Men zaait de tarwe in de herfst.
89. De Belgen hebben altijd het beste bier gebrouwd.
90. Moeder sneed het verse brood aan.
91. De politie heeft de dief achtervolgd.
92. Een dief zou de kredietkaart van mijn vrouw hebben gestolen.
93. De leden ontbinden de vereniging.
94. De Fransen hebben in mei een nieuwe president verkozen.
95. De vrouw heeft haar man vergiftigd.
96. Die waterleiding herstelde die arbeider dagen geleden al.
97. Vroeger hing men de dieven op.
98. Een dierenarts heeft onze hond onderzocht.
99. Iedereen feliciteert mijn broer.
100. Men verkoopt het schilderij voor €15.000.

Ⅲ. 다음 문장을 능동문장으로 고치시오.

1. Hij werd de volgende ochtend wakker gemaakt door het gerinkel van de telefoon.
2. We werden geplaagd door mieren in de tent.
3. De zoon van de bankdirecteur werd ontvoerd door drie mannen.
4. De brandweerman werd door de burgemeester onderscheiden.
5. De jarige werd omringd door een groep kinderen.
6. Het plan zal door de notaris uitgevoerd worden.
7. Er wordt vaak komedie gespeeld.
8. De zaken worden in orde gemaakt door de oude vrouw.
9. Het geld wordt door de man aan verre neven nagelaten.

10. Wat wordt daar gevonden?

Ⅳ. 수동문으로 답하시오!

1. Bakt moeder een taartje?
2. Betaal jij de programma's?
3. Speelt Jan die rol?
4. Vraagt je broer dat boek?
5. Helpt de leraar dat meisje?
6. Schrijft de secretaresse die brief?
7. Maakte jij die tekening?
8. Zingt Anneke dat mooie lied?
9. Haalt de directeur de bezoeker af?
10. Verkoopt die man zijn oude auto?

Ⅴ. worden 혹은 zijn을 넣으시오.

1. Met een harpoen _____ vissen in zee gevangen.
2. Alle onderdelen moeten vervangen _____ .
3. Het budget van de organisator _____ beperkt tot 1.000 euro.
4. De winnaar _____ met muziek ingehaald.
5. Een huifkar _____ getrokken door een paard.
6. Hier _____ de patiënten goed verzorgd.
7. Onze inschrijvingslijsten _____ afgesloten.
8. Het plan _____ door iedereen goedgekeurd.
9. Met Koninginnedag _____ allerlei festiviteiten georganiseerd.
10. Er _____ een vergoeding voorzien.
11. De ijsjes _____ geserveerd met een papieren parapluutje erop.
12. De huizen aan de overkant _____ gisteren gesloopt.
13. We _____ de hele nacht blijven zoeken.
14. De gewonden _____ met spoed naar het ziekenhuis gebracht.
15. Tot nu toe _____ hij altijd beschermd geweest.
16. Ze _____ verontwaardigd omdat Peter een vogelnestje heeft leeggehaald.
17. Fietsen _____ bij de fietsenstalling verhuurd.

18. Dit kantoor _____ in moderne stijl opgebouwd, met veel glas aan de buitenkant.
19. De deuren _____ binnenkort geverfd door een vakman.
20. De soldaat die daar ligt _____ door een kogel getroffen.

14. 접속법(De conjunctief)

Annemiek wil op reis naar Zuid-Afrika. Daarvoor heeft zij een paspoort nodig, maar haar paspoort is verlopen. Zij gaat daarom naar het gemeentehuis en vraagt een ambtenaar om inlichtingen.

Kim: Dag meneer, **zou** u mij **kunnen zeggen** waar ik mijn paspoort **zou kunnen laten verlengen**?
ambtenaar: Goedemiddag, mevrouw. Zeker, u kunt het beste de lift naar de derde verdieping nemen. Daar zult u een loket vinden. Het zal alleen nog niet open zijn. Het is nog lunchtijd.
Kim: Wanneer zal ik er dan terecht kunnen?
ambtenaar: Dat zal maar een paar minuten duren. Dan is het half twee.
Kim: Weet u misschien hoe lang een verlenging gaat vergen?
ambtenaar: Dat **zou** ik niet precies **durven zeggen**, maar het zal een weekje of twee duren.

 동사의 형태로 화자(話者)가 여러가지로 서술, 표현하는 방식을 서법(敍法, modus)이라 한다. 서법에는 어떤 사건을 사실 그대로 혹은 객관적으로 표현하는 직설법(直說法, indicatief), 명령적으로 표현하는 명령법(命令法, imperatief) 그리고 상상, 의혹, 원망, 가정적 조건을 주관적으로 서술 표현하는 접속법(接續法, conjunctief; 조건법, 비현실화법, 가정법)이 있다. 접속법은 명칭상 주관적 감정에 따라 조건법(Conditioneel), 가정법(subjunctief), 비현실화법(irrealis), 원망법(Optatief)으로도 불리운다.
 현대 네덜란드어에서는 이러한 화자의 주관적 감정을 표현하는 방법은 다음과 같은 방법들이 있다.

Ⅰ. 부사 혹은 화법조동사를 사용

동사의 형태는 직설법형태로 하고 상상, 의혹 등을 나타내는 부사 혹은 화법조동사를 사용하여 표현하는 방법

Hij zal **zeker** zijn best doen. (그는 확실히 그의 최선을 다할 것이다.)
Blijkbaar regent het. (분명히 비가 내릴 것이다.)
Hij **kan** nooit overgaan. (그는 결코 지나칠 수 없을 것이다.)
Misschien **zal** hij komen. (아마 그가 올 것이다.)
Wellicht lukt het. (아마도 성공할 것이다.)

Ⅱ. 동사의 옛 가정법 형태(subjunctief)를 사용

오늘날 동사 자체의 가정법형태는 거의 사용되지 않고 있으나 옛 가정법 형태가 염원, 희망, 바램 등의 의미로 사용되는 경우가 있다.

1. 형태:

    1) 부정형(infinitief)에서 -n을 없앤 형태

      예) leven   -   **leve**   mogen   -   **moge**
      　　'to live' 　　　　　　　　　'to may'
      　　nemen   -   **neme**   gaan   -   **ga**
      　　'to take' 　　　　　　　　　'to go'
      　　zijn   -   **zij**
      　　'to be'

    2) 동사의 과거 복수형에서 -n을 없앤 경우.

      예) waren (zijn의 과거 복수형)   -   **ware**
      　　kwamen (komen의 과거 복수형) -   **kwame**

2. 의미 : 염원, 희망, 바램, 무관심 등

    Leve het 50-jarig bruidspaar! (50년 맞는 부부여 오래 사시길!)
    Moge u geluk hebben in de toekomst. (당신의 미래에 행운이 있길.)
    Het *ga* je goed. (너가 잘 됐으면 해.)

God *zij* dank, de feestdagen zijn weer voorbij! (다행히도 축제가 다시 지나 갔다.)
Als het *ware*. (말하자면.)
Ik ga surfen, *tenzij* het windstil is. (바람이 불지 않는다면, 나는 서핑을 가려 한다.)
Dat *moge* duidelijk zijn. (그것은 분명해질 수 있기를.)
God *zij* met ons. (주여 우리와 함께 하소서)
Ben ik tweede geworden in deze wedstrijd? Het *zij* zo.
(내가 이 경주에서 2등이 된다고? 그럴 수 있지.)

Ⅲ. 조건법(De conjunctief)

네덜란드어 동사의 직설법 시제 중 과거미래(het futurum praeteriti: **zou/zouden + 부정형**)와 과거미래완료(het futurum exactum praeteriti: **zou/zouden + hebben/zijn + 과거분사**)는 시간개념보다는 어떤 가정적인 상황을 전제로 한 상상, 추측, 비현실, 가정, 희망 등을 표현하는 데 널리 사용된다.

1. 조건법 현재(Conditionele Presens)= 과거미래(het futurum praeteriti):
「**zou/zouden + 원형**」: 현재, 미래 사실에 대한 의문, 가정, 추측, 상상, 비현실적 상황 등을 표현한다.

ik	zou + 원형	we	zouden + 원형
je	zou + 원형	jullie	zouden + 원형
hij	zou + 원형	ze	zouden + 원형

1) 가정, 상상

Dat *zou* ik niet *doen* als ik jou was. (내가 너라면 나는 그것을 하지 않을 거야.)
Als hij niet zo verlegen was, *zou* hij meer vrienden *hebben*.
(그가 그렇게 수줍지 않다면, 그는 더 많은 친구들을 사귈텐데.)
Als je dat wist, *zou* je niet meer *lachen*. (네가 그것을 안다면, 너는 더 웃지 않을거야.)
Wat *zou* je *zeggen* als ik hem alles vertelde? (내가 그에게 다 말해버리면 너 뭐라고 할거니?)
Als ik geld had, *zou* ik hem *betalen*. (내가 돈이 있다면 그에게 지불할텐데.)
Als ik veel geld *zou hebben*, *zou* ik een vakantiehuis *kopen*.
(내가 만일 많은 돈이 있다면, 나는 별장을 살텐데.)

Als ik tijd had, *zou* ik nu een maand vakantie *nemen*.
(내가 시간이 있다면, 나는 지금 한달간 휴가를 가질텐데.)

Als hij het *zou weten*, *zou* hij het zeker niet goed *vinden*.
(그가 만일 그것을 안다면, 그는 그것을 분명히 좋지 않게 생각할거야.)

Als er meer tijd was, *zou* ik al je vragen *kunnen beantwoorden*.
(시간이 더 있다면, 나는 네 모든 질문에 답할 수 있을텐데.)

Ik *zou* je het geld *lenen*, als ik het had. (나는 너에게 돈을 빌려줄텐데. 내가 돈이 있다면.)

Zij *zouden* erg teleurgesteld *zijn*, als wij nu vertrekken.
(우리가 지금 떠난다면, 그들이 아주 실망할거야.)

Als we er te lang bleven, *zouden* we ons maar *vervelen*.
(우리가 거기 오래 머문다면, 우리는 단지 지루해질거야.)

Dat *zou* wel heel vreemd *zijn*, als het waar is wat je zegt.
(너가 말한 것이 사실이라면, 그것은 참 이상해.)

2) 제안, 충고

Zou het niet makkelijker *zijn* als je gewoon een schaar gebruikte?
(너 그냥 가위를 사용하면 더 쉽지 않을까?)

Ik *zou* nog even *wachten*. (나는 아직 좀 기다려야 할거야.)

Zou je dat nou wel *schrijven*? (너 그것 좀 적어줄래?)

Zou je niet beter een beetje vroeger *komen*? (좀 일찍 오는게 낫지 않을까?)

Je *zou* eens wat minder *moeten roken*. (너 담배를 좀 줄여야 해.)

Jullie *zouden* nu eigenlijk moeten *stoppen* met werken.
(너희들 이젠 정말 그만 일을 했으면 해.)

3) 의혹, 의심

Zou hij ziek *zijn*? (그가 아플지도 몰라?)

Waarom *zou* je *stoppen*? (너 왜 멈추니?)

Zou je ook niet naar Korea *gaan*? (너도 한국에 가지 않는거니?)

4) 정중한 부탁, 희망, 바램

Ik *zou* graag *vragen*. (저 질문이 있습니다.)

Ik *zou* liever vis *hebben*. (저 생선을 먹고 싶습니다.)

Ik *zou* graag een goed stuk vlees *hebben*. (저 좋은 고기 한 조각을 먹고 싶습니다.)

Ik *zou* alles voor je *doen*. (당신을 위해 무엇이든 하겠습니다.)

Zou ik u iets *mogen vragen*? (당신에게 몇가지 물어도 될까요?)
Zou u misschien een euro voor me *kunnen wisselen*?
(당신 저를 위해 유로를 교환해 주실 수 있나요?)
Ik *zou* graag appartement nr. 20 *willen huren*. (20호 아파트를 임대하고 싶습니다.)
Je *zou* dat ook eens *moeten proberen*. (너 그책도 한 번 시도했으면 해.)
Ik *zou* graag een retourtje Leiden *willen*. (레이든 왕복표 하나 주세요.)
Zou u *willen beginnen*? (당신이 시작하실래요?)
Zou ik even naar buiten *mogen gaan*? (저 밖에 나가도 되요?)
Zou u even bij mijn bagage *willen blijven*? (당신 제 여행 가방 옆에 좀 있어 주시겠어요?)

5) 추측, 불확실

Ik dacht dat jij de boodschappen *zou doen*. (나는 너가 장을 본다고 생각했어.)
Zouden Simone en Karin de boodschappen niet *doen*? (Simone이랑 Karin은 장 안 봐?)
Victoria Beckham *zou* weer zwanger *zijn*. (빅토리아 베컴 또 임신한 것 같아.)
Dit hotel ziet er mooi uit. *Zou* het duur *zijn*? (이 호텔 아름다워 보여. 비쌀 것 같은데?)
Dat *zouden* heel luxe appartementen *zijn*. (그것은 아주 고급스러운 아파트일꺼야.)
De ministers *zouden* morgen *bijeenkomen*. (장관들은 내일 회합할꺼야.)
Zou hij *komen*, denk je? (그가 올거라고 생각해?)
Pieter *zou* ook *meegaan*. (Pieter도 올꺼야.)

6) 계획, 기대 등에 미치지 못했음을 의미

Hij *zou* vandaag op tijd *komen* (maar hij was wéér te laat).
(그는 오늘 제 때에 왔어야 했는 데 또 늦었어.)
Ze *zouden* erover *ophouden* (maar nu hebben ze het er weer over).
(그들은 그것에 대해 이야기를 하지 않아야 하는 데 (오늘 또 이야기를 하고 있어).)
Hij *zou* tot januari *blijven*. (그는 1월까지 머물려야 하는 데(그러지 못해).)

7) 'zouden moeten + 부정형' 으로 의무를 표현한다.

Ik *zou* mijn tentamens beter *moeten voorbereiden*.
(시험준비를 더 잘 해야할 것 같아.)
Ze *zouden* daar niet te lang *moeten blijven*.
(그들은 거기에 너무 오래 머물러 있어서는 안될 것 같아.)
Dat *zou* je *moeten weten*. (너는 그것을 알아야 해.)

8) 현재, 미래 사실에 대한 가정적 표현을 직설법 과거 형태로도 표현한다.

Ik dacht dat jij de boodschappen *deed*. (나는 너가 장을 볼 것이라고 생각했어.)
Ging jij niet naar oma? (너 할머니에게 가지 않니?)

2. **조건법 완료**(Conditionelel Perfectum) = 과거미래완료 (het futurum exactum praeteriti):「zou/zouden + hebben/ zijn + 부정형」: 과거의 가정적 상황과 관련된 상상, 가정, 추측 들을 표현한다.

ik zou	hebben/zijn + 과거분사	we zouden	hebben/zijn + 과거분사
je zou	hebben/zijn + 과거분사	jullie zouden	hebben/zijn + 과거분사
hij zou	hebben/zijn + 과거분사	ze zouden	hebben/zijn + 과거분사

1) 과거 사실에 대한 가정, 상상

Als je goed had opgelet, *zou* je *hebben gemerkt* dat…
(너가 주의를 잘 기울였다면, 너는 그것을 인지했을텐데…)
Het *zou* nog veel erger *zijn geweest* als de motor het ook had begeven.
(엔진도 고장났더라면, 훨씬 더 심각할뻔 했어.)
Als ik iets later was vertrokken, *zou* ik in de file *hebben gestaan*.
(조금만 더 늦게 떠났더라면 교통체증에 걸릴뻔 했어.)

2) 소문

Hij *zou* die ring toch *gekocht hebben*. (= zeggen ze)
(그가 그 반지를 샀다고 하던데.)
Het hele gezin *zou vertrokken zijn*. (온 가족이 떠났다고들 한다.)
Hij *zou gekomen zijn*.(maar er kwam iets tussen)
(그가 왔어야 한다고들 하던데.)

3) 조건법 대신에 직설법 과거완료형을 사용하기도 한다.

Als er meer tijd *was geweest*, *had* ik al je vragen *kunnen beantwoorden*.
(시간이 더 있었다면, 나는 네 모든 질문에 답할 수 있었을텐데.)
Ik *had* dat zeker niet *gedaan*. (나는 그것을 정말 하지 말았어야 해.)
Als je op tijd *was geweest*, dan *had* je het al *afgehad*.
(너가 제 시간에 왔다면, 너는 그것을 벌써 끝냈을텐데.)

Ik *had* dat niet *moeten zeggen*. (나는 그것을 말하지 않았어야 했다.)
Ik *had* mijn tentamen beter *moeten voorbereiden*. (나는 시험 준비를 더 잘 했어야 했다.)

※ 네덜란드어에서는 1) 조건절과 주절 모두 조건법 현재(zou/zouden + 원형)', 조건법 완료(zou/zouden + 과거분사 + hebben/zijn)'를 사용하기도 하고, 2) 조건절 혹은 주절 중 하나에 조건법 현재/완료나 직설법 과거/과거완료형을 각기 하나씩 선택하여 사용하기도 하며, 3) 조건절과 주절에 모두 직설법 과거/과거완료형을 사용하기도 한다.

Als ik opnieuw *zou moeten kiezen*, dan *zou* ik hetzelfde *kiezen*.
Dat *zou* ik niet *doen* als ik jou *was*.
Als ik opnieuw *zou moeten kiezen*, dan *koos* ik hetzelfde.
We *zouden* ons maar *vervelen* (als we er te lang *bleven*)
Dat *zou* wel heel vreemd *zijn*. (als het waar *is* wat je zegt)
Als ik opnieuw *moest kiezen*, dan *zou* ik hetzelfde *kiezen*.
Als hij niet zo verlegen *was*, *zou* hij meer vrienden *hebben*.
Als ik opnieuw *moest kiezen*, dan *koos* ik hetzelfde.

그러나 2)의 경우 조건절에 직설법과거형, 직설법 과거완료형을 취하고 주절에 'zou/zouden + 부정형', 'zou/ zouden + hebben/zijn + 과거분사'을 사용하는 것이 일반적이다.

Als je dat *wist*, *zou* je niet meer *lachen*. (너가 그것을 안다면, 너는 더 웃지 않을거야.)
Als we er te lang *bleven*, *zouden* we ons maar *vervelen*.
(우리가 거기에 너무 오래 머문다면, 우리는 지루해질거야.)
Als ik tijd *had*, *zou* ik nu een maand vakantie *nemen*.
(내가 시간이 있다면, 나는 한달 간 휴가를 갈텐데.)
Als je goed *had opgelet*, *zou* je dat *hebben gemerkt*.
(네가 주의를 잘 기울였다면, 너는 그것을 인지했을텐데.)

※ 조건절 접속사 *als*, *indien*이 생략되면 주어와 정동사는 도치된다.

Als je op tijd geweest was, dan had je het al afgehaald.
= Was je op tijd geweest, dan had je het al afgehaald.

연 습 문 제

Ⅰ. 다음 문장을 해석하시오.

1. Dat zou het beste hotel in de stad zijn.
2. Ik zou u graag iets willen vragen.
3. Als ik jou was, zou ik niet te lang in de zon blijven liggen.
4. Ze zouden om een uur of vijf komen.
5. Als ik haar was, wist ik wat ik moest zijn.
6. Ik zou graag naar Korea gaan.
7. Wat zou u doen als u een miljoen euro kreeg?
8. De trein zou om 10 uur 45 zijn aangekomen, als er geen ongeluk was gebeurd.
9. Ik zou je het geld lenen als ik het had.
10. Ik zou alles voor je willen doen.

Ⅱ. 다음 직설법 문장을 조건법 현재(=과거미래) 혹은 조건법 완료(=과거미래완료)로 바꿔 쓰시오.

1. Ik heb geen geld. Ik kan geen jurk kopen.
2. Die komt uit het beste atelier van de stad.
3. Het is de juiste maat.
4. Het model is allerliefst.
5. Die jurk is niet te duur.
6. Ik besteed er niet meer dan € 50 aan.
7. Ik kan niet meer uitgeven voor een zomerjurk.
8. Ik heb een mooie kleur gekozen.
9. Ik geef te veel geld uit.
10. 's Morgens kleed ik me zo gauw mogelijk aan.
11. Hij werkt steeds veel.
12. Wanneer koopt hij een nieuwe auto?
13. Ik denk veel aan mijn vader.
14. We gaan misschien naar de Olympische Spelen.
15. Danst ze graag?

16. Jullie zijn goed bezig!
17. Is het morgen voorbij?
18. Wie leest veel boeken?
19. Hij is een flinke jongen!
20. Ze wordt misschien een beroemde zangeres.
21. Het concert begint om acht uur.
22. Je moet dit artikel lezen.
23. Hij moet minder hard zingen.
24. Je kan boter kopen.
25. Onze vrienden bezoeken ons morgen.
26. Mijn zoon brengt me zaterdag een bezoek.
27. Hij is om 12 uur terug.
28. Hij brengt me een pakje mee.
29. De auto staat vóór het station.
30. Ouders en kinderen eten samen.
31. Hij komt(?).
32. Het regent vannacht(?).
33. Ik wist het niet. : ik ben niet gekomen.
34. Ik heb geen geld. : ik kan je niet helpen.
35. Ze is niet gelukkig. : ze weent.
36. Ik heb geen tijd. : ik ga niet zwemmen.
37. Hij is niet gekomen. : hij heeft het niet zelf gezegd.

Ⅲ. 괄호 속 동사를 조건법 현재형(=과거미래)으로 하여 문장을 다시 쓰시오.

1. Mijn vader beloofde dat ik een cadeau (krijgen).
2. Ik (eten) graag een hamburger.
3. Die avond (versieren) de ouders het huis.
4. Waarom (verhuizen) hij?
5. In de bossen van Noord-Amerika (leven) er een bigfoot.
6. Het is erg koud : (aantrekken) je je parka niet?
7. Zelfs als hij steenrijk was, (trouwen) ik toch niet met hem willen.
8. Ik (kopen) graag een appartement aan de kust willen.
9. Dit meisje (komen) morgen niet kunnen.

10. Veel mensen (gaan) graag naar het Zuiden willen.
11. Ik (willen) een nieuwe auto kopen.
12. Ik (gaan) naar Amerika.
13. We (kunnen) met het vliegtuig reizen.
14. Ik (zetten) de telefoon op de trap.
15. (Zijn) alle winkels om 20 uur gesloten?
16. Tot hoe laat (duren) de film?
17. (Komen) hij morgen terug?
18. (Zijn) dat een nieuwe rok?
19. (Mogen) we ons dier meenemen?
20. (Zijn) dat een gouden horloge?

Ⅳ. ( ) 접속사로 두 문장을 연결하시오.

1. We gaan op vakantie. Erik krijgt een vakantietoelage (als).
2. Het weer blijft mooi (als). We gaan naar de kust.
3. We hebben een nieuwe tent nodig. De oude is groot genoeg (tenzij).
4. Peter vindt een vakantiebaantje (als). Hij gaat niet mee.
5. Karin wil wel mee. Ze mag met haar vriendin naar Den Haag (tenzij)

Ⅴ. 조건법 현재(과거미래시제)로 문장을 완성하시오.

1. Als ik een miljoen in de lotto won (op reis gaan)
2. Als ik meer tijd had (elke dag sport doen)
3. Als ik een promotie kreeg (meer geld verdienen)
4. Als ik wat handiger was (de keuken renoveren)
5. Als de kinderen het huis uit waren (dit huis verkopen)

Ⅵ. 다음 두 문장을 조건법 문장으로 연결하시오.

1. Het regent. We kunnen niet gaan fietsen.
2. De winkels zijn niet open. We kunnen niet winkelen.
3. We hebben geen appels in huis. We kunnen geen appeltaart maken.
4. De dvd-speler is kapot. We kunnen niet naar een film kijken.
5. Peter gebruikt de computer. We kunnen niet op het internet.

Ⅶ. 당신이 17세기 살았더라면 다음과 같은 상황을 경험했을 것으로 상상하고 문장을 만드시오.

1. met Rembrandt kunnen praten
2. voor de VOC willen werken
3. bang zijn voor de pest
4. het stadhuis zien branden
5. bij kaareslicht lezen

Ⅷ. 당신은 휴가를 가려한다. 휴가가 있는 동안 이웃에게 다음과 같은 일을 돌봐 달라고 이웃에게 정중하게 부탁하는 문장을 만드시오.

1. mijn planten water geven
2. de hond uitlaten
3. de kattenbak schoonmaken
4. het gras maaien
5. de post op tafel leggen

조건문 예문

1. Ik zou graag thuis blijven.
2. Als ik jou was, zou ik dat huis niet kopen.
3. Ik zou graag thuis gebleven zijn.
4. Ik zou het hebben gevonden als ik een landkaart had gebruikt.
5. Ik zou hebben gewacht als ik jou was.
6. Mijn tas zou zijn gevonden als hij ons had geholpen.
7. Als ik geld had, zou ik een jurk kopen.
8. Die zou uit het beste atelier van de stad komen.
9. Het zou de juiste maat zijn.
10. Het model zou allerliefst zijn.
11. Die jurk zou niet te duur zijn.
12. Ik zou er niet meer dan €50 aan besteden.
13. Ik zou niet meer kunnen uitgeven voor een zomerjurk.
14. Ik zou een mooie kleur kiezen.
15. Ik zou te veel geld uitgeven.
16. 's Morgens zou ik me zo gauw mogelijk aankleden.
17. Het concert zou om acht uur beginnen.
18. Je zou dit artikel moeten lezen.
19. Hij zou minder hard moeten zingen.
20. Je zou boter kunnen kopen.
21. Onze vrienden zouden ons morgen bezoeken.
22. Mijn zoon zou me zaterdag een bezoek brengen.
23. Hij zou om 12 uur terug zijn.
24. Hij zou me een pakje meebrengen.
25. De auto zou vóór het station staan.
26. Ouders en kinderen zouden samen eten.
27. Zou het morgen voorbij zijn?
28. Wie zou veel boeken lezen?
29. Hij zou een flinke jongen zijn.
30. Ze zou misschien een beroemde zangeres worden.

31. Hij zou steeds veel werken.
32. Wanneer zou hij een nieuwe auto kopen?
33. Ik zou veel aan mijn vader denken.
34. We zouden misschien naar de Olympische Spelen gaan.
35. Zou ze graag dansen?
36. Jullie zouden goed bezig zijn.
37. Zelfs als hij steenrijk was, zou ik toch niet met hem willen trouwen.
38. Ik zou graag een appartement aan de kust willen kopen.
39. Dit meisje zou morgen niet kunnen komen.
40. Veel mensen zouden graag naar het Zuiden willen gaan.
41. Mijn vader beloofde dat ik een cadeau zou krijgen.
42. Ik zou graag een hamburger eten.
43. Die avond zouden de ouders het huis versieren.
44. Waarom zou hij verhuizen?
45. In de bossen van Noord-Amerika zou er een bigfoot leven.
46. Het is erg koud : zou je je parka niet aantrekken?
47. Zou hij morgen terugkomen?
48. Zou dat een nieuwe rok zijn?
49. Zouden we ons dier mogen meenemen?
50. Zou dat een gouden horloge zijn?
51. Ik zou een nieuwe auto willen kopen.
52. Ik zou naar Amerika gaan.
53. We zouden met het vliegtuig kunnen reizen.
54. Ik zou de telefoon op de trap zetten.
55. Zouden alle winkels om 20 uur gesloten zijn?
56. Tot hoe laat zou de film duren?
57. Hij zou een toontje lager zingen.
58. D De mannen zouden naar de mooie vrouwen kijken.
59. Ik zou graag een nieuw recept proberen.
60. Ze zou vanavond naar de televisie kijken.
61. Ik zou morgen naar de markt gaan.
62. Mia zou met een andere man dansen.

63. Hij zou dat visgerecht niet graag eten.
64. Ik zou nieuwe dingen met het geld uit mijn spaarpot kopen.
65. Je zou naar Amsterdam vliegen.
66. Ik zou niet meer met die bediende werken.
67. De dief zou zijn handen voor de politie in de lucht steken.
68. Ik zou een longontsteking door het koude weer hebben.
69. De dokter zou het bloed van de zieke mensen onderzoeken.
70. We zouden vechten om te overleven.
71. Ik zou een contract voor vier jaar tekenen.
72. Na de lagere school zou hij naar het pensionaat gaan.
73. Ik zou een rol in die film spelen.
74. Aan de nieuwe wetten zou je wel wennen.
75. Volgend jaar zouden jullie een winkel in het centrum openen.
76. Hij zou zijn ouders een nieuwe fiets vragen.
77. Als ik jou was, kocht ik die auto.
78. Als ik jou was, zou ik die auto kopen.
79. Als ik jou zou zijn, zou ik die auto kopen.
80. Als ik niet ziek was, ging ik naar school.
81. Als ik niet ziek was, zou ik naar school gaan.
82. Als ik niet ziek zou zijn, zou ik naar school gaan.
83. Als ik geld had gehad, zou ik die auto hebben gekocht.

Het lidwoord
2 관사

In Nederland gaan kinderen van vier tot twaalf jaar naar **de** basisschool. Daarna gaan ze naar **een** middelbare school. Er zijn veel middelbare scholen. **Het** niveau is zeer verschillend. **De** duur van **de** opleiding is vier tot zes jaar.

Ⅰ. 종류

1. 정관사(Het bepaald lidwoord)

　　de : 통성(남성, 여성) 단수명사 및 모든 복수명사 앞
　　het : 중성단수명사 앞

2. 부정관사(Het onbepaald lidwoord)

　　een : 문법성과 관련 없이 모든 단수 명사 앞

※ 관사는 항상 명사와 함께 사용되며 명사의 앞에 위치하며 비강세형으로 발음한다.

　　　　de　　　　　　[də]
　　　　het　　　　　 [ət]
　　　　een(= 'n)　　 [ən]

1) 한정적(bepaald) 성분
화자와 청자가 문맥 혹은 상황에 대한 인식과 세계상에 대한 지식에서 확인 가능한 한정적인 경우에 정관사, 지시대명사로 표현한다.

　De computer is eindelijk aangekomen. (컴퓨터가 마침내 도착했다.)
　De zon schijnt niet meer. (더 이상 해가 비치지 않는다.)

2) 비한정적(onbepaald) 성분

화자와 청자 사이에 확인될 수 없는 경우나 화자는 확인 가능하지만 청자가 확인이 안되는 경우와 범주적인 경우로서 비한정적인 경우에 부정관사 혹은 관사없이 표현한다.

Er lag vanmorgen een brief uit Japan in de brievenbus.
(오늘 아침 우체통에 일본에서 온 하나의 편지가 있었다.)
Een collega heeft het hem verteld. (한 동료가 그것을 그에게 말해 주었다.)
Hans begrijpt een formule niet. (한스는 공식을 이해하지 못한다.)
Een olifant heeft twee lange tanden. (코끼리는 두 개의 긴 치아(상아)를 가지고 있다.)

II. 관사의 용법

관사는 항상 명사와 함께 쓰인다. 단수인 경우는 de, het, een을, 복수인 경우 de를 사용할 수 있다. 그러나 명사 앞에 항상 관사가 있을 필요는 없고 다음과 같은 일반적인 규칙에 따른다.

1) 정확히 무엇을 의미하는지 알 수 있는 경우에는 정관사를 사용한다.

Het niveau is zeer verschillend. (수준이 아주 다르다.)
De opleiding duurt zes jaar. (교육은 6년이 걸린다.)
De boeken liggen op tafel. (책들이 책상 위에 놓여 있다.)
De koffie is op. (커피가 다 떨어졌다.)

2) 무엇을 의미하는지 불분명한 경우에는 단수에서는 부정관사를 사용하며 이 경우 일반적 의미를 갖게 된다.

Ik wil volgend jaar weer een opleiding gaan doen. (나는 내년에 다시 교육을 받고자 한다.)
Ik moet nog een boek voor mijn studie kopen. (나는 공부를 위해 책 한 권을 더 사야만 한다.)

3) 산, 산맥, 숲, 강, 건물, 광장, 거리, 단체 이름 앞에는 정관사를 붙인다.

de Andes, *het* Zware Woud, *de* Everest, *de* Alpen, *de* Schelde, *de* Rijn, *de* Groote Markt, *het* Stadhuis, *het* Atomium, *de* Nieuwstraat, *de* NATO, *de* EG, *de* SP, *de* VN, *de* Benelux

4) 다음과 같은 경우 관사를 사용하지 않는다.

- ▶ 복수명사로서 무엇을 의미하는지 불분명한 경우 혹은 일반적인 의미를 갖는 경우

    In Nederland gaan *kinderen* van vier tot twaalf jaar naar de basisschool.
    (네덜란드에서 4세부터 12세까지의 어린이들은 초등학교에 다닌다.)

    Schoolboeken kun je bestellen bij een speciale boekwinkel.
    (교과서는 전문 서점에서 주문할 수 있다.)

- ▶ 고유명사인 인명, 국가명, 지명, 도시 명칭

    In *Nederland* moeten alle kinderen tot hun zestiende jaar naar school gaan.
    (네덜란드에서는 16세가 될 때까지 학생들은 학교에 다녀야 한다.)

- ▶ 물질명사, 추상명사

    Hij drinkt altijd *koffie* zonder *melk* en *suiker*. (그는 항상 우유와 설탕 없이 커피를 마신다.)
    Ik houd niet van *rode wijn*. (나는 적포도주를 좋아하지 않는다.)
    Geluk is niet te koop. (행복은 돈으로 살 수 있는 것이 아니다.)

- ▶ 직업

    Hij is *lid* van de voetbalvereniging. (그는 축구협회의 회원이다.)
    Zij is *lerares* Engels op het Callandcollege.
    (그녀는 Calland 대학교에서 영어를 가르치는 선생님이다.)

- ▶ 고유명사 앞에 붙은 가족 명칭

    Morgen komt *oom* Piet. (내일 Piet 삼촌이 오신다.)

- ▶ 월, 일명

    Hij komt met *kerstmis/nieuwjaar*. (그는 크리스마스(성탄절)/새해에 올 것이다.)
    Hij studeert eindelijk af in *juli*. (그는 마침내 7월에 졸업한다.)
    Zaterdag gaan we naar Amsterdam. (토요일에 우리는 암스테르담에 간다.)
    Driekoningen valt op 6 *januari*, geloof ik. (공현 대축일은 1월 6일이라고 믿는다.)

- ▶ 주격보어 명사

    Hij is *artiest*. (그는 예술가이다.)
    Hij is *student*. (그는 학생이다.)
    Hij is *Belg*. (그는 벨기에인이다.)

▶ 언어명(동사 *spreken*, *verstaan*, *begrijpen*, *studeren*와 연결될 때), 스포츠명, 학과목, 색상, 병, 놀이, 악기명에는 관사를 붙이지 않는다.

Hij heeft nooit *Nederlands* geleerd. (그는 네덜란드어를 배운 적이 없다.)
Hij kent wel *Frans*, maar geen Duits. (그는 프랑스어는 알지만, 독일어는 모른다.)
Ik hou meer van *Spaans* dan van Portugees. (나는 포르투갈어보다 스페인어를 더 좋아한다.)
Ik studeer Nederlands. (나는 네덜란드어를 공부한다.)
Hij wil niet dat je *Frans* spreekt. (그는 당신이 프랑스어를 하는 것을 원하지 않는다.)
Versta je *Frans*? (너는 불어를 알아 듣니?)
Nederlands is niet zo moeilijk. (네덜란드어는 그렇게 어렵지 않다.)
Hij speelt *tennis*. (그는 테니스를 한다.)
Mijn hobby is *windsurfen*. (내 취미는 윈드서핑이다.)
Rood is mijn lievelingskleur. (빨간색은 내가 가장 좋아하는 색이다.)
Dus hou je meer van *rood* dan van *groen*.
(그래서 당신은 초록색보다 빨간색을 더 좋아하는군요.)
Hij heeft *malaria*. (그는 말라리아를 앓고 있다.)
Ze heeft *koorts*. (그녀는 열이 있다.)
Ze spelen *verstoppertje* in de tuin. (그들은 정원에서 숨바꼭질을 한다.)
Hij speelt *gitaar*. (그는 기타를 연주한다.)

▶ 명사 + 수사

Neem *lijn* 10. (노선 10번을 타세요.)
Kijk op *bladzijde* 26. (26페이지를 보세요.)
Die vergaderen in *lokaal* 34. (그것은 34호실에 열립니다.)
Dat staat in *artikel* 211. (그것은 211조항에 있습니다.)

▶ 명사 *straat*, *bed*, *kantoor*, *school*, *huis*, *tafel*, *zee*, *tv*, *stal*, *weg*, *vakantie*, *zak*, *zolder*와 특정 전치사와 결합되는 경우

op : op tafel, op bed, op kantoor, op school, op straat, op stal, op tv, op zolder, op zee, op vakantie, op weg, op zak
aan : aan zee, aan tafel, aan huis
in : in bad, in bed, in huis
naar : naar huis, naar bed, naar kantoor, naar school, naar zee

Het boek ligt *op tafel*. (책이 책상 위에 있다.)

Hij ligt al *in bed*. (그는 벌써 침대에 누워 있다.)
Hij gaat *naar kantoor*. (그는 사무실에 간다.)
Hij staat nu *op straat* met vrouw en kinderen. (그는 지금 부인, 아이들과 함께 길에 서 있다.)
Ze is *in huis*. (그녀는 집에 있다.)
We willen *naar zee*. (우리는 바다에 가려 한다.)
Hij wil *naar huis*. (그는 집에 가고 싶어한다.)
Hij zit al *aan tafel*. (그는 벌써 식탁에 앉아 있다.)
Dat ligt *op zolder*. (그것은 다락에 있다.)
Wat is er vanavond *op tv*? (오늘 저녁에 TV에서 무얼 하지?)

연 | 습 | 문 | 제

Ⅰ. 알맞은 정관사를 넣으시오.

1. _____ konijn loopt door het bos.
2. _____ nest is leeg in de winter.
3. _____ boekentas van Peter is zwart.
4. _____ fiets van Paula is klein.
5. _____ vaatwasser staat niet in de badkamer.
6. _____ tapijt van de living is vuil.
7. _____ zandkasteel van Peter is groot en mooi.
8. _____ snoeischaar ligt in het tuinhuis.
9. _____ koffiezetapparaat staat in de keuken.
10. _____ hond blaft in de straat.
11. _____ antwoord is simpel.
12. Hij stapte _____ zitkamer binnen.
13. Het was als _____ decor van een toneel.
14. Daar is _____ post, zei ze.
15. Zijn tante had hem verteld over _____ incident.
16. Ze was voor _____ herfstvakantie naar Parijs gereisd.
17. Deze blouse is in _____ mode.
18. Ze kon zich _____ scène voorstellen.

19. _____ man wist niet meer wat hij moest doen.
20. Ze is bezig met _____ klaarmaken van de lunch.
21. _____ eten wordt koud.
22. _____ dienstmeisje luisterde aan De deur.
23. Hij zegt me _____ waarheid.
24. De boer werkt in _____ wei.
25. _____ Kramers brengen hun vakantie in Frankrijk door.
26. _____ trein komt om 10 uur aan.
27. Ik ken alle leden van _____ familie.
28. Ik wens je in _____ nieuwe jaar veel geluk.
29. _____ thema van deze TV-uitzending bevalt me veel.
30. Ik heb _____ stof voor mijn nieuwe jurk gekocht.
31. Mijn neef zoekt _____ laatste zegel van deze reeks voor zijn verzameling.
32. De jongens willen spelen maar ze hebben _____ voetbal verloren.
33. De directeur moet _____ thema van het proces-verbaal zo vlug mogelijk ontvangen.
34. In _____ bos staan wel twintig soorten bomen.
35. Aan het einde van een toneelstuk valt _____ doek.
36. _____ punt komt aan het einde van een zin.
37. Sommige groene jongens hebben heel wat kritiek op _____ jacht.
38. De juwelier zal _____ diamant op de ring zetten.

Ⅱ. 관사가 잘못된 곳을 고쳐라.

1. Hij heeft zwart haar.
2. Ik maak de kennis met de ouders van mijn vriend.
3. Hij staat voor school.
4. Ik heet je de welkom.
5. De vrouw is in rouw : haar man is overleden.
6. In het Frans moet je deze oefening vertalen.
7. Ik breng een bezoek aan mijn ouders.
8. In zomer vertrekken we naar Frankrijk voor één maand.
9. Er is middel om dit nummer te onthouden.
10. Ik ga naar de bed.

11. België is veel kleiner dan Amerika.
12. Al mensen kijken naar stadhuis.
13. Dat meisje is altijd in zwart gekleed.
14. Vaders verjaardag valt op een maandag dit jaar.
15. In winter zijn nachten langer dan in zomer.
16. Ik heb altijd ijskoude voeten.
17. Dit boek is uit Engels vertaald.
18. Leert u Frans?
19. We leren geschiedenis.
20. Kinderen zeggen waarheid.
21. Geel en rood geven samen oranje.
22. Zusje van Paul heeft blond haar.
23. Tussen Kerstmis en Nieuwjaar zijn kinderen met vakantie.
24. Kapitein Derijcker leest graag laatste boek van Marc Levy.
25. Penvriend van Peter is een Nederlander.
26. Ga je naar Ardennen of naar Brugge voor je vakantie?
27. Spreek je Frans of Engels?
28. In wiskunde is Laura sterkste op school.
29. Wil je suiker in je koffie?
30. Blauw van blouse is te donker.
31. Ouders die hun kinderen liefhebben, handelen zo niet.
32. Ik hou erg veel van moderne muziek.
33. We zijn naar Ardennen gefietst.
34. Gastvrijheid is een deugd.
35. Bedoeld artikel heb ik nog niet kunnen lezen
36. Woont hij nog altijd in Limburg?
37. Het probleem van de honger is vooral voelbaar in Afrika.
38. Met Kerstmis zullen we een kerstboom in ons huis zetten.
39. Hele partij koper is verkocht.
40. Is bier een gezonde drank?
41. Hier leren we Nederlands.
42. Eendracht maakt macht, zeggen we in België.
43. Wie houdt van cinema?

44. De voorstanders en tegenstanders van het eten van vlees voerden een harde discussie.
45. Dezelfde dag vloog hij naar Parijs.

Ⅲ. 밑줄친 곳에 de 혹은 het를 넣으시오

1. Ken je _____ verschil tussen een kameel en een dromedaris?
2. Hij maakte een verslag van _____ schoolreisje.
3. Ik lig in _____ zon op _____ balkon.
4. Plotseling rende _____ tijger op _____ hert af.
5. Na _____ pauze werd _____ film vervolgd.
6. Cora mag met haar tante naar _____ circus.
7. Kan je _____ structuur van deze zin verbeteren?
8. Op _____ water zie je _____ weerschijn van _____ zon.
9. We hebben vrijwillig _____ schoolplein aangeveegd.
10. _____ hek vormt _____ scheiding tussen _____ wei en _____ weg.
11. _____ gebouw wordt volledig gesloopt.
12. Ik vind dat _____ feest goed voorbereid is.
13. Op _____ laatste moment besloot ze alles te vertellen.
14. Ze gaat in _____ gras zitten.
15. Wat is er van _____ muur gevallen?
16. Jacob zet _____ glas melk op _____ tafel.

Ⅳ. 밑줄 친 곳에 알맞은 관사를 넣으시오.

1. In _____ woonkamer zit _____ hele gezin behalve moeder die in _____ keuken voor _____ fornuis staat. Ze maakt _____ eten klaar. Vader leest _____ krant. Hij vindt dat _____ nieuws slecht is. Peter staat op _____ terras : hij kijkt naar _____ tuin waar _____ hond achter _____ kat loopt. Moeder opent _____ koelkast om melk te nemen want _____ kinderen drinken geen koffie. Grootvader zit in _____ sofa en kijkt naar _____ televisie. Anna leest _____ laatste boek van haar lievelingsschrijver. Wat later zit iedereen aan tafel : _____ maaltijd is klaar.

Moeder heeft _____ zout vergeten. Het staat op _____ aanrecht. Om moeder te helpen zullen Anna en Peter _____ afwas doen en alles in _____ keukenkast zetten.

2. Het onderwijs in Nederland

In Nederland kunnen kinderen vanaf vier jaar naar _____ basisschool. Ze moeten onderwijs blijven volgen tot ze 16 jaar zijn. In Nederland zijn er bijzondere basisscholen en openbare basisscholen. _____ voorbeeld van _____ bijzondere school is _____ katholieke school of _____ islamitische school. Op openbare scholen is er geen sprake van _____ vast geloof. Aan _____ einde van _____ basisschool doen alle kinderen _____ toets. _____ resultaat van _____ toets is belangrijk voor _____ keuze van _____ volgende school. Alle kinderen gaan na _____ basisschool naar _____ middelbare school. Er zijn veel verschillende middelbare scholen. Na _____ middelbare school kunnen ze nog verder studeren. Sommige volgen nog _____ universitaire opleiding of _____ hogere beroepsopleiding.

3. De organisatie van Nieuwstuin

Ik ben op bezoek geweest bij _____ bedrijf Nieuwstuin. Het is _____ klein bedrijf dat _____ plaatselijke krant van _____ Tilburg drukt. _____ naam van _____ directeur is _____ Ferdinand Stollens. Vroeger was hij _____ journalist. Er zijn 34 werknemers. _____ werknemers werken op vijf verschillende afdelingen. _____ afdeling Stadsnieuws is _____ grootste afdeling. Hier werken negen journalisten. _____ andere afdeling is _____ afdeling Sport. _____ afdelingen hebben allemaal _____ chef. _____ chefs controleren _____ inhoud van _____ artikelen voor _____ krant. Ze vergaderen één keer per maand met _____ directeur.

3 명사
Het substantief

1. 문법성(Genus)

네덜란드어 명사(het naamwoord)는 통성(common gender: 남성 masculine/mannelijk. m., 여성 feminien. f. / vrouwelijk. v.)과 중성 (neutrale. n. /onzijdig. o.) 중 한 가지 문법성을 갖는다. 통성은 남성과 여성으로 구분되며 3 인칭 단수 인칭대명사인 경우 각각 남성은 *hij*로 여성은 *zij*로 받는다. 통성 단수 및 모든 복수 명사는 정관사 *de*를 취하고 중성 단수 명사는 *het*를 취한다. 이에 따라 명사를 편의상 **de**-명사와 **het**-명사로 구분하여 부른다.

Ⅰ. 종류 : de(통성), het(중성)

❖ de – 명사

단 수	복 수	
de bank	de banken	(은행)
de dag	de dagen	(날)
de kamer	de kamers	(방)
de school	de scholen	(학교)
de vader	de vaders	(아버지)

▶ 접두사 없는 동사의 파생어 : de hoop, de inbraak, de aanschaf, de aankoop, de opbouw, de overval, de band, de opslag, de uitvoer, de aanleg

▶ 직업명, 과일, 꽃, 병, 나무, 계절, 악기 : de boer, de arbeider, de ader, de roos, de peer, de zomer, de griep, de eik, de viool

   cf. het (echt)paar, het personeel, het kind, het stel, het gespuis,
      het (ere)lid, het koppel, het blokbeest, het (school)hoofd, het wijf,

het feestvarken, het individu

▶ -or로 끝나는 명사 : de professor, de reactor, de motor, de radiator, de curator

▶ 강, 산 : de Schelde, de Mount Everest

▶ 문자, 숫자 : de x , de 9

▶ -ing, -heid, -(n)is, -iteit 로 끝나는 명사

de schoonheid, de waarheid, de veiligheid, de wildernis, de regering, de opsomming, de verzekering, de kwaliteit, de elektriciteit, de basis, de begrafenis, de crisis, de gevangenis
(예외 het vonnis, het salaris, het geding)

▶ -ade, -ide, -ode, -ude : de tirade, de piramide, de periode, de prelude

▶ -age, -ine : de garage, de discipline, de kinine
(예외 het magazine)

▶ -de, -te, -se : de liefde, de lengte, de analyse, de schade, de waarde, de hoogte
(예외 het gedeelte, het gebeente, het einde, het witte, het gesteente)

▶ -tie : de administratie, de natie, de politie, de generatie

▶ -ica, -iek : de cosmetica, de politiek (예외 het publiek)

▶ -ij : de maatschappij, de uitgeverij

▶ '동사의 어간 + -st' 의 명사: de winst, de dienst, de komst

▶ -uur, -theek : de cultuur, de natuur, de apotheek, de hypotheek, de bibliotheek
(예외 het avontuur)

❖ **het – 명사**

단 수	복 수	
het boek	de boeken	(책)
het jaar	de jaren	(해(年))
het meisje	de meisjes	(소녀)
het uur	de uren	(시간)

　　　　　　　het verhaal　　　　　de verhalen　　(이야기)

- 모든 지소형명사 : het hondje, het boekje
- 강세없는 접두어(be-, ge-, ver-, ont-)로 시작되는 2음절 단어
  het ontslag, het verslag, het geluk, het beroep, het ontbijt,
  het verhaal, het verlies, het begin, het belang, het geloof
  (예외 de verkoop)
- 동사의 부정형이 명사인 경우 : het leven, het eten
- 풍향, 금속, 언어명, 놀이 : het zuiden, het goud, het Nederlands
- -asme, -isme, -ment, -um, -ject 로 끝나는 단어
  het enthousiasme, het stelsel, het centrum, het realisme, het project
  (예외 de datum)

Ⅱ. 이중성(Double gender) : 통성 혹은 중성 둘 다 될 수 있는 명사

1) 성에 따라 의미가 다른 경우

　　　　de blik (눈초리)　　　　het blik (주석)
　　　　de idee (사상)　　　　　het idee (생각, 아이디어)
　　　　de jacht (사냥)　　　　　het jacht (유람선)

2) 의미와 상관없이 두 성이 가능한 경우

　　　　de/het afval (폐기물), de/het order (명령),
　　　　de/het vergiet (여과기), de/het vuilnis (쓰레기),
　　　　de/het karwei (일거리),
　　　　de/het salon (객실), de/het schilderij (그림)

Ⅲ. 합성명사

1) 명사+명사

　　　　de bloempot (화분)　　　　de vulpen (볼펜)
　　　　de voordeur (앞문)　　　　het vagevuur (연옥)

    het postkantoor (우체국)   de telefooncel (전화박스)
    de bankrekening (은행계좌)   het tafelkleed (식탁보)

  ▶ 연결음 -s-

    de bedrijfsarts (회사 의사)   de stadsreiniging (시환경미화부)
    het groepswerk (단체 일)   het levenslied (감상적인 노래)

  ▶ 연결음 -e(n)-

    de boekenkast (책장)   de zonneschijn (햇빛)
    de rijstepap (쌀밥)   het spinneweb (거미줄)

  ▶ 연결음 -er-

    de kinderkamer (아이들 방)   het eierdopje (달걀껍질)

2) 형용사/부사/전치사 + 명사

 Erik reed op de snelweg. (에릭은 고속도로를 달렸다.)
 Karin nam een glas frisdrank. (카린은 찰량음료 한 잔을 마셨다.)
 Sanne had geen kleingeld. (산느는 잔돈이 없었다.)
 Ga je naar de vroegmis? (너 새벽미사에 가니?)

 Ik woon in een bovenhuis. (나는 윗층에서 산다.)
 Kom door de achterdeur. (뒷문으로 오너라)
 Is Frans je bijvak? (불어는 너의 부전공이니?)

※ 합성명사인 경우에는 마지막 명사의 성을 따른다.

   de bloempot [de pot]   de vulpen [de pen]
   de voordeur [de deur]   het vagevuur [het vuur]

  (예외 de heethoofd, het ogenblik, het toeval, het plakband, de stijfhoofd, het vierkant, het tijdstip, de biefstuk)

Ⅳ. 파생명사

1. 동사에서 파생된 명사

1) 동사의 원형으로 문법성은 항상 중성(het)이다.

Het maken van goede foto's is niet gemakkelijk. (좋은 사진을 찍는 일은 쉽지 않다.)

2) 동사의 어간

Ik heb deze week veel *uitgaven*. (< uitgeven) (이번 주 지출이 많았다.)
De automobilist had geen goed *zicht* op de weg. (< zien)
(운전자는 도로에서 시야가 좋지 않았다.)
De *opnamen* van het concert was uitsteken. (< opnemen) (연주회 녹음은 훌륭했다.)

3) '접두사 ge + 동사어간'

Hoor jij dat *geloop* (< lopen) op de gang? (복도에서 왔다갔다하는 소리 들리니?)
Al dat *gezeur* (< zeuren) over de slechte economie, het valt toch wel mee?
(나쁜 경제 상황에 대한 모든 불평불만, 마음에 드는가?)

4) '동사어간 + 접미사 -ing'

We hebben gisteren een prachtige *wandeling* (< wandelen) gemaakt.
(어제 우리는 멋진 산보를 했다.)

5) '동사어간 + 명사'로 된 합성어

Ik heb mooie gordijnen in m'n *werkkamer* (< werk + kamer).
(나는 내 작업실에 멋진 커텐이 달려있다.)
Er waren veel kinderen in de *speeltuin* (< spelen + tuin)
(놀이터에 많은 아이들이 있었다.)

2. 형용사에서 파생된 명사(* 형용사의 명사화편 참조)

1) 「관사(de/het) + 형용사 + -e/-en」

De dove (< doof) en *de blinde* (< blind) (농아(聾兒)와 맹아(盲兒))
Het leuke (<leuk) van die film is dat hij in Nederland speelt.

(그 영화의 좋은 점은 배경이 네덜란드라는 점이다.)
De overledene (<overleden) wordt morgen begraven. (사망자는 내일 묻힌다.)
Er zijn nog tien *wachtenden* (<wachtend) voor u.
(아직 너를 기다리는 사람이 10명 있다.)

2) 형용사 어미 없이 형용사가 보통명사 혹은 추상명사화

de gek (<gek) (미친 사람), het geheim (<geheim) (비밀), het kwaad (< kwaad) (악), het rood (< rood) (빨강색), het blauw (<blauw) (푸른색)

3) '형용사 + 접미사(–te, –heid)'

Kun je me even de *hoogte*, de *lengte* en de *breedte* zeggen? (< hoog, lang, breed).
(높이, 길이, 폭을 좀 말해 주겠니?)
Ik kan de *stilte* (< stil) hier niet verdragen. (나는 여기의 정적을 참을 수가 없다.)
De *schoonheid*(< schoon) van dat landschap is niet te beschrijven.
(그 경치의 아름다움은 설명할 수 없을 정도다.)

3. 사람을 의미하는 명사 접미사

-aar	eigenaar, luisteraar, zondaar, Brusselaar
-(d)er	bestuurder, tiener, aannemer, Edammer
-aard	gierigaard, lafaard
-erd	stommerd, lelijkerd
-ier	kruidenier, tuinier, scholier
-ist	fluitist, lokettist, bloemist
-ant	fabrikant, dilletant,
-ator/-ateur	organisator, restaurateur
-eur	directeur, monteur, acteur

4. 명사에 자주 나타나는 접미사, 접두사

-dom	eigendom, heiligdom, bisdom
-schap	vriendschap, eigenschap
-nis	erfenis, begrafenis, ergernis
-(en/n, er, ar)ij	vleierij, ambtenarij, lekkernij

-iteit	stommiteit, subtiliteit
-age	spionage, sabotage
-atie	reparatie, presentatie, delegatie
-theek	apotheek, bibliotheek, discotheek
-sel	voedsel, deksel, stelsel
ge-	het geblaf, het gedoe, het gepraat
mis-	het misverstand, de misdaad
on-	het ongeluk, de ontrouw, de onzin
wan-	het wanbeleid, het wangedrag

연습문제

I. ___ 에 알맞은 정관사를 넣으시오.

1. Vader werkt in _____ garage.
2. Ik eet _____ broodje van mijn broer op.
3. Ik woon in _____ noorden van België.
4. De secretaresse geeft hem _____ fotokopie.
5. De bediende weet _____ inlichting niet.
6. Hij zoekt naar _____ document.
7. Ken je _____ betekenis van dat woord?
8. Op een brief moet _____ datum staan.
9. Ik moet nog _____ betaling van mijn aankoop doen.
10. Ken je _____ verschil tussen een kameel en een dromedaris?
11. _____ konijn loopt door het bos.
12. _____ nest is leeg in de winter.
13. _____ boekentas van Peter is zwart.
14. _____ fiets van Paula is klein.
15. _____ vaatwasser staat niet in de badkamer.
16. _____ tapijt van de living is vuil.
17. _____ zandkasteel van Peter is groot en mooi.

18. _____ snoeischaar ligt in het tuinhuis.
19. _____ koffiezetapparaat staat in de keuken.
20. _____ hond blaft in de straat.
21. _____ antwoord is simpel.
22. Hij stapte _____ zitkamer binnen.
23. Het was als _____ decor van een toneel.
24. Daar is _____ post, zei ze.
25. Zijn tante had hem verteld over _____ incident.
26. Ze was voor _____ herfstvakantie naar Parijs gereisd.
27. Deze blouse is in _____ mode.
28. Ze kon zich _____ sce4ne voorstellen.
29. _____ man wist niet meer wat hij moest doen.
30. Ze is bezig met _____ klaarmaken van de lunch.
31. Hij maakte een verslag van _____ schoolreisje.
32. Ik lig in _____ zon op _____ balkon.
33. Plotseling rende _____ tijger op _____ hert af.
34. Na _____ pauze werd _____ film vervolgd.
35. Cora mag met haar tante naar _____ circus.
36. Kan je _____ structuur van deze zin verbeteren?
37. Op _____ water zie je de weerschijn van _____ zon.
38. We hebben vrijwillig _____ schoolplein aangeveegd.
39. _____ hek vormt _____ scheiding tussen _____ wei en _____ weg.
40. _____ gebouw wordt volledig gesloopt.

2. 명사의 복수형(Meervoudsvormen)

명사의 복수 어미

1. –s(모음 a, o, u로 끝날 경우 : –'s)

   1) 강세없는 –el, –em, –en, –er로 끝나는 단수 명사

appel - appels (사과)　　　bezem - bezems (빗자루)
jongen - jongens (소년)　　tafel - tafels (책상)
koekje - koekjes (과자)

2) -erd, -aard로 끝나는 남성 명사

sufferd - sufferds (바보)　　grijsaard - grijsaards (백발 노인)

3) -a, -o, -u로 끝나는 외래어 명사

firma - firma's (회사)　　auto - auto's (자동차)　　paraplu - paraplu's (우산)

4) 강세 없는 -e로 끝나는 여성명사

dame - dames (부인)　　actrice - actrices (여배우)　　studente - studentes (여학생)

5) 강세없는 -ie를 갖는 외래어

familie - families (가족)　　provincie - provincies (지역)　　studie - studies (공부)

6) 차용어

club - clubs (동호회)　　film - films (영화)　　telefoon - telefoons (전화기)
restraunt - restraunts (식당)　　auteur - auteurs (작가)

7) -ier, -oor을 갖는 명사

winkelier - winkeliers (가게 주인)　　kruidenier - kruideniers (향료 상인)
pastoor - pastoors (주임 신부)

8) 원래의 네덜란드어 명사

broer - broers (형제)　　oom - ooms (삼촌)
zoon - zoons (아들)　　bruidegom - bruidegoms (신랑)

9) 모든 지소형 명사

kindje - kindjes ('kind' 아이)　　boekje - boekjes ('boek' 책)
boompje - boompjes ('boom' 나무)

2. -(e)n(-ee로 끝나는 명사 : -ën)

1) 폐음절의 장모음 aa, ee, oo, uu인 경우 복수는 개음절이 되어 하나로 철자.

    maan - manen (달)   brood - broden (빵)
    peer - peren (배)   muur - muren (담)

2) 단수의 끝자음이 s인 경우 복수에서 z로 철자(s-z)

    huis - huizen (집)   prijs - prijzen (가격)   reis - reizen (여행)   grens - grenzen (경계)

예외 eis - eisen (요구)   kous - kousen (스타킹)   paus - pausen (교황)
        dans - dansen (춤)   koers - koersen (진로)   krans - kransen (화환)
        mens - mensen (사람)   pers - persen (압착기)   wens - wensen (소원)
        lans - lansen (창)   wals - walsen (왈츠)

3) 단수의 끝자음이 f인 경우 복수에서는 v로 철자(f-v)

    brief - brieven (편지)   neef - neven (조카)   graaf - graven (백작)
    golf - golven (파도)   wolf - wolven (늑대)

예외 fotograaf - fotografen (사진사)   paragraaf - paragrafen (단락)
        filosoof - filosofen (철학자)   elf - elfen (요정)

4) 폐음절에 단모음을 갖는 명사의 복수형은 끝자음을 중복

    bok - bokken (숫염소)   fles - flessen (병)   mus - mussen (참새)
    pot - potten (항아리)   straf - straffen (징계)   stuk - stukken (조각)

5) -ee로 끝나는 명사

    zee - zeeën (바다)   orchidee - orchideeën (난초과 식물)

6) 원래 단수에 -de를 갖는 명사로서 복수에서는 -de에 n을 붙인다

    bladzij(de) - bladzijden (페이지)   la(de) - laden (서랍)

7) -ien : koe - koeien (소)   vlo - vlooien (벼룩)

8) -heid > -heden

    schoonheid - schoonheden (아름다움)   moeilijkheid - moeilijkheden (어려움)

9) –or로 끝나는 외래어

　　professor - professoren (교수)　　　　lector - lectoren (강사)

　　*doctor (박사학위자) - doctoren 혹은 doctors
　　 doctor (의사) - doctors

3. 모음교체

dag - dagen (날)	god - goden (신)
hertog - hertogen (공작)	hof - hofen (정원)
oorlog - oorlogen (전쟁)	slag - slagen (치기)
staf - stafen (막대기)	weg - wegen (길)
bad - baden (목욕)	bedrag - bedragen (액수)
bevel - bevelen (명령)	blad - bladen (페이지)
dak - daken (지붕)	dal - dalen (계곡)
gat - gaten (구멍)	gebed - gebeden (기도)
gebod - geboden (계명)	gebrek - gebreken (결핍)
glas - glazen (잔)	graf - graven (무덤)
hol - holen (동굴)	lot - loten (운명)
pad - paden (오솔길)	schot - schoten (발사)
slot - sloten (자물쇠)	spel - spelen (경기)
vat - vaten (그릇)	verbod - verboden (금지)
verdrag - verdragen (계약)	gelid - geledern (이음매, 관절)
lid - leden (회원)	schip - schepen (배)
smid - smeden (대장장이)	stad - steden (도시)

4. –ën

melodie - melodieën (선율)　　symfonie - symfonieën (교향곡)
kolonie - kolonies/kolonieën (식민지)
provincie - provincies/provincieën (지방)
studie - studies/stdieën (공부)

5. –eren

been - beenderen (다리)　　blad - bladeren (나뭇잎)　　ei - eieren (달걀)
goed - goederen (재산)　　kalf - kalveren (송아지)　　kind - kinderen (아이)
lam - lammeren (양)　　lied - liederen (노래)　　rund - runderen (소)
volk - volkeren (민족)

6. ─lieden 혹은 ─lui

1) ─man으로 끝나는 단수명사

    zeeman - zeelieden/zeelui (선원)   koopman - kooplieden/kooplui (상인)

2) 오직 ─lieden만 취하는 명사

    edelman - edellieden (귀족)   raadsman - raadslieden (조언자)
    예외 muzelman - muzelmannen (회교도)   Noorman - Noormannen (노르만 사람)
    Engelsman - Engelsen (영국인)   buurman - buren (이웃)
    Fransman - Fransen (프랑스인)

7. 그리스어, 라틴어의 차용어

1) ─s 혹은 ─a

  ① -um으로 끝나는 단수명사

    album - albums (사진첩)   datum - datums (날짜)
    decennium - decennia (10년)   museum - musea/museums (박물관)

2) ─i

  ① -us로 끝나는 명사

    doctorandus - doctorandi/doctorandussen (네덜란드 대학교의 석사학위자)
    historicus - historici (역사가)   musicus - musici (음악가)
    nederlandicus - nederlandici (네덜란드학 학자)

  ② examen - examina/examens (시험)   tentamen - tentamina/tentamens (시험)

※ 집합의 의미가 있는 명사인 경우에는 복수형이 없다.

    het/de afval (폐기물)   de energie (에너지)   het speelgoed (장난감)   het nieuws (뉴스)
    de invoer (수입)   de bagage (수하물)   het fruit (과일)   de schade (손해)
    de uitvoer (수출)   het geld (돈)   de hersenen (두뇌)   de zeden (도덕)
    de inkomsten (수입)   de (on)kosten (비용)

※ 다음과 같은 명사들은 복수형이 없으며 다른 명사의 복수형을 사용한다.

    de hoop / verwachtingen (희망)   het aanbod / aanbiedingen (증정, 제공)

de vooruitgang / vorderingen (진보)   de dank / dankbetuigingen (감사)
de raad / raadgevingen (조언)   het genoot / genietingen (기쁨, 즐거움)
de arbeid, het werk / werkzaamheden (일)   de uitleg / verklaringen (설명)
het doel / doelstellingen, doeleinden (목표)   de informatie / inlichtingen (정보)
het gevoel / gevoelen (감정)   het nieuws / de nieuwsberichtingen (뉴스)
het geweld / de geweldadigheden (권력)

※ 칫수, 무게, 양, '회수(keer)', '배수(maal)' 앞에 특정의 정기수 혹은 "een paar, hoeveel, zoveel"이 나오는 경우에는 단수형을 취한다.

Het weegt 3 *kilo*. (그것은 3킬로그램이다.)
Geef me maar 2 *dozijn*. (2다스 주세요.)
Ik wil 2 *liter*. (나는 2리터를 원한다.)
Hoeveel *keer* heb ik dat nu al gezegd? (내가 그것을 벌써 몇 번이나 말했습니까?)
Dat was 10 *maal* meer dan vorig jaar. (그것은 작년 보다 10배 많았다.)
Het was nog 2 *meter*. (그것은 아직 2미터였다.)
Je krijgt nog 20 *dollar*. (당신은 20달러를 더 받았다.)
Het heeft 3 *uur* geduurd. (3시간이 걸렸다.)

3. 여성명사 어미(Vrouwelijke uitgangen)

-e (항상 어미에 강세가 있다)
  student - studente (남학생-여학생)   telefonist - telefoniste (남자 교환수-여자 교환수)
  echtgenoot - echtgenote (남편-아내) Engelsman - Engelse (영국 남자-영국 여자)
  Nederlander - Nederlandse (네덜란드 남자-네덜란드 여자)

-es   leraar- lerares (남교사-여교사)   onderwijzer - onderwijzeres (남성 교육자-여성 교육자)
  zanger- zangeres (남가수-여가수)   baron - barones (남작-여남작)

-esse   secretares - secretaresse (비서-여비서)

-euse   ouvreuse (여성 안내원)   masseur - masseurse (안마사-여성 안마사)

-in   Friesian - Friezin (프리스 지방의 남자-프리스 지방의 여자)
        Rus - Russin (러시아인-러시아 여자)   leeuw - leeuwin (사자-암사자)
        wolf - wolvin (늑대-암컷늑대)   boer - boerin (농부-여자 농부)
        god - godin (신-여신)   graaf - gravin (백작-여백작)
        keizer - keizerin (황제-여제)   neger - negerin (흑인-여성 흑인)
        vorst - vorstin (영주-여군주)   vriend - vriendin (친구-여자 친구)

-ster   kapper - kapster (남이발사-여미용사)   schrijver - schrijfster (작가-여자 작가)
        toneelspeler - toneelspeelster (연극배우-연극여배우)
        verkoper - verkoopster (판매원-여판매원)
        werker - werkster (노동자-여성노동자)   verpleger - verpleegster (남간호사-여간호사)

-trice acteur - actrice (배우-여배우)   directeur - directrice (사장-여사장)

연습문제

I. 괄호 속 명사의 복수형을 써넣으시오

1. Al die (huis) zijn nieuw!
2. In Nederland hebben alle grote (stad) zowel binnen- als buitenmaneges.
3. Er zitten vier (patiënt) in de wachtkamer.
4. Tien (brief) heb ik vandaag al geschreven.
5. De (lid) van deze vereniging zijn in vergadering.
6. In Noord-Holland zijn er talrijke (weg) om te wandelen.
7. Mijn grootvader was soldaat tijdens de twee laatste (oorlog).
8. Door sommige (bacterie) kunnen we ziek worden.
9. (Beo) zijn vogels die in Indonesië leven.
10. Mannen dragen (bermuda) in de zomer.
11. Het beslag voor pannenkoeken wordt gemaakt van meel, melk en (ei)
12. Winkels zijn 's avonds vaak beveiligd met tralies of (hek) voor het raam.
13. De generaal geeft (bevel) aan de soldaten.
14. Meneer Janssens heeft een ongeval gehad en hij is drie (minuut) bewusteloos geraakt.

15. Wees voorzichtig : het fietspad ligt bezaaid met (glasscherf).

Ⅱ. 괄호 속 명사의 단수형 혹은 복수형을 넣으시오.

1. Het boek kost twintig (euro).
2. Hij loopt 10 (kilometer).
3. Twee (lepel) siroop.
4. De vis is 20 (centimeter) lang.
5. Een jaar telt twaalf (maand).
6. Ze koopt drie (dozijn) eieren.
7. Twee (minuut)! Ik kom terug!
8. Het is 20 (uur).
9. Ik wacht al drie (kwartier).
10. Ze is vijftig (jaar).
11. Toen de film drie (kwartier) aan de gang was, begon ik te huilen.
12. In de twee volgende (jaar) zal ik een boek schrijven.
13. Dit spel wordt met vier (man) gespeeld.
14. Ik heb hem tien (jaar) geleden voor het eerst ontmoet.
15. Ik ga drie (keer) per week naar Brussel.
16. Ik heb tien (maand) bij deze advocaat gewerkt.
17. Ik ben kwaad : je bent (uur) weggeweest.
18. Deze arbeiders zijn erg moe : ze hebben 24 (uur) zonder pauze gewerkt.
19. De secretaresse moet Zwitserse (frank) omwisselen.
20. Ik heb haar al twee of drie (keer) gezien.
21. Hij werkt al vier (jaar)
22. Ik ben voor vier (uur) terug.
23. Een paar (regel) verder stond zijn naam.
24. De kasten zijn vierenveertig (centimeter) diep.
25. Ik heb drie (jaar) Nederlands gestudeerd.
26. De toren heeft een hoogte van zestig (meter).
27. Nog enkele (minuut) en we zijn thuis.
28. Het onderzoek heeft drie (uur) geduurd.
29. Ik ga twee (keer) per week naar de bioscoop.
30. In het museum staan vazen van duizenden (jaar) oud.

Ⅲ. 주어를 단수로 하여 문장을 다시 쓰시오.

1. Die auto's rijden te hard.
2. De kinderen spelen in de tuin.
3. We wonen in een flat.
4. Jullie geloven dat de bel ging?
5. Wij wilden nog een kopje koffie bestellen.
6. Scholen zijn gemeenschappen voor leerlingen.
7. De honden liggen onder de tafel.
8. We zullen erover spreken.
9. Jullie liepen naar het station.
10. De conducteurs controleren de kaartjes in de treinen.

Ⅳ. 괄호속 명사의 단수형을 써넣으시오.

1. In de bakkerij heb ik een vers _____ gekocht. (broden)
2. Aan de tafel stond er geen _____. (stoelen)
3. Er reed een _____ in de verkeerde richting. (auto's)
4. Jean is deze morgen gevallen en heeft zijn _____ gebroken. (benen)
5. In de kledingwinkel wist ik niet welke _____ ik wilde kopen. (bloezen)
6. Ik koop een boeket bloemen met twaalf rode tulpen en een witte _____. (rozen)
7. Die jongens hadden een waardevolle _____ gevonden in het bos. (stenen)
8. De postbode bracht deze morgen een aangetekende _____. (brieven)
9. Ik ben dol op fruit en eet iedere dag een _____. (bananen)
10. Ik heb deze morgen tijdens het afwassen een _____ gebroken. (glazen)

Ⅴ. 이태릭체 명사를 복수형으로 하시오.

1. Drie *functionaris* stonden hem op te wachten.
2. Een gezin van vier *persoon* wil de trein instappen.
3. Ik vond geen stapel boek maar twee *agenda*.
4. Ze heeft vijf *kaartje* gekocht.
5. De *vrouw* begrijpen ons niet.
6. In Disneyland-Paris is het verblijf voor *kind* gratis.

7. Ik moet nog twee *brief* schrijven.

8. De bediende heeft nogal veel *probleem* op kantoor.

Ⅵ. 합성명사를 고르시오.

Erik heeft een drukke werkweek gehad. Op maandag had hij een lunchafspraak met een zakenvriend. Met die vriend heeft hij een samenwerkingsproject voor het komende jaar besproken. Op dinsdag was er een belangrijke bestuursvergadering waar hij aan moest deelnemen. Op woensdag moest hij met zijn baas een aantal belastingformulieren doornemen en controleren. Op diezelfde dag was er een groepsgesprek met een paar vakbondsleden over mogelijke loonsverhogingen. Donderdag was een rustige dag. Erik kon de hele dag zijn administratie bijwerken. Op vrijdag had hij een telefoongesprek met een collega in Duitsland. Het gesprek ging over een datum voor een werkbezoek in mei. Aan het eind van de dag was er nog een verjaardagsborrel voor de secretaresse van zijn baas en daarna kon hij met de sneltrein van 6.30 uur naar huis.

4. 지소형(Diminutiefvorming, Het verkleinwoord)

Lucia Zijlstra woont in een **dorpje** in Friesland. Ze heeft een **baantje** bij een restaurant voor twee avonden in de week. Ze doet het werk graag, maar ze wil liever een vaste baan. Soms gaat ze met haar collega's na het werk een **borreltje** drinken in het café.

화자가 대상사물에 갖는 감정을 명사, 부사, 형용사, 수사, 동사의 어간, 전치사에 일정한 지소형 어미를 붙여 표현하며 가장 일반적인 의미는 작고 사랑스러움을 나타낸다.

Dat *meisje* is heel aardig. (그 소녀는 매우 친절하다.)
Hij gebruikt *zoetjes* in zijn koffie. (그는 그의 커피에 단 것을 넣어 마신다.)
Heb je even een *tientje* voor me? (10 유로만 빌려줄까?)
Zullen we nog even een *ommetje* gaan maken? (우리 산책 가지 않겠습니까?)
Mag het *ietsje* meer zien? (뭣 좀 더 보시겠나요?)

1) '형용사 + 지소형어미 + s'로 부사 지소형을 이룬다.

    eventjes (잠깐)   stilletjes (조용히)   netjes (깔끔하게)   zachtjes (부드럽게)
    warmpjes (포근하게)   stiekempjes (몰래)   strakjes (바로)   losjes (가볍게)
    knusjes (포근하게)   gezelligjes (아늑하게)

2) 형용사 + 지소형어미

    een witje (흰 것)   een kleintje (작은 것)   een nieuwtje (새 것)

3) 수사 + 지소형어미

    in m'n/je/z'n eentje (혼자서)
    Geef me (er) nog eentje! (하나만 더 주십시오!)

4) 동사의 어간 + 지소형어미 : een moetje (싫지만 해야하는 일)

5) 대명사 + 지소형어미 : een onderonsje (사적인 모임)

6) 전치사 + 지소형어미 :

    toetje (후식)   uitje (소풍)   ommetje (산책)   rondje (한바퀴)

Ⅰ. 지소형 어미

1. –je: 2. 3. 이외의 경우

    aap - aapje (원숭이)   boek - boekje (책)
    fornuis - fornuisje (가스레인지)   hand - handje (손)

2. –tje

1) 장모음 혹은 이중모음 + l, n, r

    ei - eitje (달걀)   stoel - stoeltje (의자)
    ui - uitje (양파)   schoen - schoentje (신발)
    vrouw - vrouwtje (부인)   deur - deurtje (문)

2) -el, -en, -er로 끝나는 단어

    kamer - kamertje (방)　　　　tafel - tafeltje (책상)
    deken - dekentje (덮개)　　　　jongen - jongentje (소년)

3. -etje

1) 단모음 + l, r, m, n, ng

    bel - belletje (종)　　　　kam - kammetje (빗)
    ster - sterretje (별)　　　　pan - pannetje (프라이팬)
    ding - dingetje (것)　　　　bloem - bloemetje (꽃다발)
    　　　　　　　　　　　　　　cf. bloempje (작은꽃)

2) 단모음 + b, g, p

    krab - krabbetje (게)　　　　rib - ribbetje (갈비, 늑골)
    vlag - vlaggetje (깃발)　　　　kin - kinnetje (턱)

4. -pje : m으로 끝나는 단어

    boom - boompje (나무)　　　　arm - armpje (팔)
    duim - duimpje (엄지손가락)

5. -kje : -ing로 끝나는 단어에 붙으며 -je 앞에서 g가 k로 바뀐다.

단, -ling으로 끝나는 단어는 -etje를 붙인다

    koning - koninkje (왕)　　　　wandeling - wandelingetje (산책)
    regering - regerinkje (정부)　　　leerling - leerlingetje (학생)

※ 특기 사항

1) 단모음을 갖는 일음절 중성명사 중 복수에서 장모음을 취하는 명사의 지소형 역시 장모음을 취한다.

    blad - blaadje(< bladeren) (꽃잎)　　　gat - gaatje(< gaten) (구멍)
    schip - scheepje(< schepen) (배)　　　glas - glaasje(< glazen) (잔)
    vat - vaatje(< vaten) (그릇)

cf.　dak - dakje(daken) (지붕)　　　spel - spelletje(spelen) (경기)
　　　　　dag - dagje/daagje(dagen) (날)　lot - lotje/lootje(loten) (제비)
　　　　　rad - radje/raadje(raden) (톱니바퀴)

2)　　oma - omaatje (할머니)　　　　　auto - autootje (자동차)
　　　paraplu - parapluutje (우산)　　　café - cafeetje (카페)

3) 서부 네덜란드에서 유머스러운 효과를 나타내기 위한 지소형어미 -ie (huisie jochie koekie meisie)가 사용하기도 한다. 또한 네덜란드 남부와 벨기에에서 구어체로 사용되는 -ke 혹은 -ske, -ken(huiske, meiske, slakske, Heineken)이 있으며 주로 여자 이름에 붙는다(Anneke, Aafke).

4) 지소형 명사의 문법성은 항상 중성(het-명사)이며 복수어미는 -s 이다.

　　　het meisje　　　　de meisjes (소녀)
　　　het kaartje　　　　de kaartjes (지도(카드))
　　　het dagje　　　　 de dagjes (날)

Ⅱ. 지소형의 의미 및 기능

1. 구체화('concretisiering') 기능

셀 수 없는 명사(물질명사)에 지소형어미가 붙어 셀 수 있는 명사가 되어 하나의 구체적인 물건을 나타낸다.

Wil je nog een *ijsje*? (아이스크림 하나 더 하겠니?)
Neem toch nog een paar *chocolaatjes*. (초코렛 몇 개 더 먹어라.)
Heb jij misschien een *krijtje* voor me? (혹시 분필 하나 갖고 있니?)

　　　advocaat　　　　een advocaatje (변호사)
　　　bier　　　　　　een biertje (맥주)
　　　chocola　　　　 een chocolaatje (쵸콜렛)
　　　gebak　　　　　een gebakje (음식)
　　　hout　　　　　　een houtje (나무)
　　　ijs　　　　　　　een ijsje (아이스크림)

kauwgom	een kauwgommetje (껌)
krijt	een krijtje (분필)
likeur	een liekurtje (술)
muziek	een muziekje (음악)
snoep	een snoepje (사탕)
worst	een worstje (소세지)

2. 화자의 대상 사물에 대한 작고 사랑스러움을 표시하며 호감이가거나 긍정적 감정(예 tuintje, plantje; schatje, engeltje, liefje, ventje, babytje ..)이나 겸손함(예 cadeautje, vraagje, probleemtje..)을 나타낸다.

Er stond een aantal mensen met *vlaggetjes* te zwaaien.
(작은 깃발들을 흔들고 있는 많은 사람들이 있다.)

We hebben een *fietsje* gekocht voor Jans derde verjaardag.
(우리는 Jan의 3번째 생일을 축하하기 위해 작은 자전거를 샀다.)

Er liep een *paardje* in de wei. (목초지에 말 한마리가 지나갔다.)

Zo, eerst eens even een *sigaretje*, en dan zien we wel weer verder.
(우선 담배를 하나 피우고, 다시 계속합시다.)

Wat een *smoeltje* heeft dat kind. (저 아이 인물이구만.)

3. 경멸적, 반어적 의미 : 화자(話者)의 대상사물에 대한 경멸적 감정을 나타내기도 한다.
   (예 studentje, leraartje, heertje, boertje..)

Zo'n *studentje* heeft toch niets interessants te vertellen.
(저런 학생은 이야기할 가치가 없다.)

Ben je nog steeds tevreden met dat *baantje* bij de PTT?
(당신은 아직 우체국에서 그런 일에 만족하는가?)

Zo *mevrouwtje*, zegt u het maar. (부인, 말씀하십시오.)

4. 원래의 지소의미가 퇴색되어 단어로 굳어진 것

broodje (빵)	kaartje (티켓)	koekje (과자)	lepeltje (차 숟가락)
neefje (조카)	nichtje (조카)	scheermesje (면도날)	schoteltje (접시)
viooltje (제비꽃)	broertje (남동생)	zusje (작은소녀)	mannetje (숫컷, 작은 남자)
wijfje/vrouwtje (암컷)			

5. 항상 지소형인 단어 :

  meisje (소녀)   lachertje (웃음거리)   dubbeltje (10센트짜리 동전)
  kwartje (25센트짜리 동전) op het nippertje (아슬아슬하게) allegaartje (엉망진창)
  tientje (10유로 지폐) toetje (후식)   zuurtje (드롭스)
  madeliefje (데이지)   dutje (낮잠)   klontje suiker (각설탕)
  visitekaartje (명함)

6. 어린아이들의 놀이명칭

  krijgertje spelen (치기 장난을 하다)
  verstoppertje/tikkertje spelen (숨박꼭질하다)
  touwtje springen (줄넘기하다)
  vadertje en moedertje spelen (소꿉놀이하다)

7. 숙어

  Hij kent dat op z'n duimpje. (그는 그것에 대해 속속들이 알고 있다.)
  Hou jij maar een oogje in het zeil. (망을 좀 봐라.)
  Dat is nou toch eerder een verzetje dan echt werk. (그것은 일이라기보다는 놀이이다.)
  Dat is nou het neusje van de zalm. (그것이 가장 맛있는 부분이다.)
  Boontje komt om zijn loontje. (사필규정)
  Dat was een doordenkertje. (그것은 생각해 볼만한 발언이었다.)
  Dat was een lachertje. (그것은 웃음거리였다.)
  Nemen we nog een slaapmutsje? (자기전에 한잔 합시다.)

8. 「형용사 + 지소형어미 + –s」= 부사

  Hij zit er *warmpjes* in. (그는 그 안에서 편하게 앉아 있다.)
  Schrijf dat nu eens *netjes*. (그것을 깔끔하게 써라.)

연 습 문 제

I. 지소형으로 만드시오.

1. boek, kast, stad, kleed, klok, kind, klomp,
2. koek, zin, vork, rivier, deel, dier, stroom
3. bezem, schoen, vriend, papier, voet, trap,
4. rand, woord, som, lepel, middel, zee, bal
5. lichaam, vraag, plek, auto, fiets, pen
6. deken, fornuis, bed, man, probleem, zon
7. kant, kopie, staat, werk, bril, oog, neus
8. duim, lamp, plant, bank, boom, taal
9. mens, soldaat, schrijver, tuin, wagen
10. regering, prijs

II. 지소형으로 바꿔 쓰시오.

1. Lucia woont in een (dorp) in Friesland.
2. Ze heeft een (baan) bij een restaurant.
3. Ga je mee een (borrel) drinken?
4. Nee, ik kan niet, ik heb vanavond een (eten) bij vrienden.
5. (Schat), wil je wat drinken?

III. 다음 ( ) 명사의 지소형을 말하고 문장을 해석하라.

Lucia Zijlstra woont in Stavoren. Dit is een klein (plaats) in het zuidwesten van Friesland. In de zomer gaan veel mensen een (dag) naar Stavoren. Het is er dan heel druk. Stavoren ligt aan de vroegere Zuiderzee. Het heeft een mooi (haven). Je kunt daar een (tijd) kijken naar alle schepen die binnenkomen. Er zijn goede watersportwinkels. Stavoren heeft veel (brug). Je kunt er ook een bekend beeld bekijken. 'Het (vrouw) van Stavoren'. Verder zijn er wat (cafés). Daar kun je een (kop) koffie drinken of een (brood) vis eten.

Ⅳ. 이태릭체 명사를 지소형으로 바꿔쓰시오.

Ik heb een *kaart* gekocht om Madurodam te bezoeken.

Wat is er veel te zien. Kleine *dorpen*, kleine *steden* en ook kleine *bomen*.

Een *kerk* met een *toren*. Ik zie *kanalen*. En daar varen *schepen*. Ze varen onder de *bruggen* door. In de verte staat een *molen*. In de *straten* lopen *mensen* met klein *armen* en *benen*. Ik zie ook de Amsterdamse *gevels*. Bij een *station* komt een *trein* aan. In de *haven* liggen *boten*. Veel bekende *gebouwen* zie ik in het klein.

Het adjectief
4 형용사

Een **oud** huis met een **zonnige** tuin. Het huis heeft een **ruime**, **lichte** woonkamer met een **houten** vloer en een **moderne** keuken. Op de **eerste** verdieping zijn twee **kleine** slaapkamers en twee **grote** slaapkamers. De badkamer is **nieuw**. Het huis ligt in een **rustige** buurt.

1. 형용사(Het bijvoeglijk naamwoord) 어미

형용사는 문장에서 술어적, 수식적, 부사적, 명사적으로 사용된다. 형용사가 수식적으로 사용되거나 명사적으로 사용될 때는 일정한 어미(-e, -s) 붙기도 한다.

① 술어적 Ze zijn *rijk*. (그들은 부유하다.)
   Ik vind haar *mooi*. (나는 그녀가 예쁘다고 생각한다.)

② 수식적 Een *lieve* vrouw (사랑스러운 여인)
   een *lief* kind (귀여운 아이)

③ 명사적 de *rijke* (부자), de *rijken* (부자들), een *rijke* (부자 한사람), het *kwade* (악)

④ 부사적 Hij loopt *snel* (그는 빠르게 걷는다)

1. ‒e를 붙이지 않는 경우

1) 술어적으로 사용될 때

   Mijn vriendin is *aardig*. (내 여자친구는 상냥하다.)
   Hij is heel *verstandig*. (그는 매우 영리하다.)

2) 수식적으로 사용되며 아래와 같은 경우

▶ 중성 단수명사(het-명사)를 수식하는 형용사로서 앞에 아무런 수식어가 오지 않거나 부정관사류 *een*, *elk*, *enig*, *geen*, *genoeg*, *ieder*, *menig*, *veel*, *welk*, *zo'n*, *zulk*가 오는 경우

    oud water (오래된 물)   mooi weer (좋은 날씨)
    een goed boek (좋은 책)   elk/ieder klein kind (모든 어린아이)
    genoeg wit papier (아주 흰 종이)
    enig[geen] bekend orkest (어느 정도 [전혀 알려지지 않은] 알려진 관현악단)
    welk duur restaurant (비싼 음식점)

▶ -en 끝나는 형용사

• 물질을 뜻하는 형용사

    een gouden ring (금반지)   een houten kerk (목조 교회)
    een eikenhouten kast (떡갈나무 장농)   diamanten armbanden (다이아몬드 팔찌)

※ 물질 형용사이지만 -en으로 끝나지 않는 형용사들도 있다.
    (예 nylon kousen)

• 강변화동사의 과거분사

    een geschreven brief (쓴 편지)   gebakken peren (구운 배)
    een gebroken spiegel (깨진 거울)   de gebarsten pot (깨진 항아리)

• 형용사: *eigen*, *(on)even*, *open*, *verleden*, *dronken*, *volwassen*, *verkouden*, *verlegen*, *(on)tevreden*

    de open deur (열린 문)   een tevreden persoon (만족한 사람)
    een verlegen man (부끄러운 남자)   even en oneven getallen (짝수와 홀수)
    een ervaren medewerker (경험있는 동료)

• -er로 끝나는 지역을 나타내는 명사가 수식어로 사용될 때

    Haarlemmer olie (하들렘산 오일)   een Groninger koek (호로닝언 케이크)

• 주로 외래어 형용사로 -a, -o, -e, -é, -i, -y로 끝나는 형용사

    extra kaas (추가 치즈)   een albino konijn (알비노 토끼)
    het lila gordijn (보라색 커튼)   een stupide opmerking (바보같은 발언)
    beige (베이지색의)   plastic (플라스틱의)
    aluminium (알루미늄의)

- 직업 혹은 직책, 능력을 나타내는 사람(특히 남자) 앞에 형용사가 올 경우

    de waarnemend burgermeester (부시장)
    een bekwaam musicus (뛰어난 음악가)
    een beroemd schrijfster (유명한 작가)

▶ 합성어로 간주되는 경우

    het academisch ziekenhuis (대학병원)   het menselijk lichaam (인체)
    het centraal station (중앙역)   het stedelijk museum (시립박물관)
    het koninklijk gezin (왕가)   het medisch onderzoek (건강검진)
    het dagelijks leven (일상생활)

▶ 품사명

    het bijvoeglijk naamwoord (형용사)   het wederkerend werkwoord (재귀동사)

2. -e를 붙이는 경우

1.에서 설명한 이외에 형용사가 부가어적으로 사용될 때에는 -e를 붙인다.

    de jonge man (젊은 남자)   goede morgen (좋은 아침)
    het jonge meisje (어린 소녀)   deze jonge mensen (이 젊은 사람들)
    een grote tuin (큰 정원)   oude bomen (오래된 나무들)
    het warme continent (따뜻한 대륙)

※ 어미 -e를 붙일 때 철자상 주의.

1) 폐음절의 두 개로 철자된 장모인 경우 –e 붙어 개음절이 되므로 하나로 철자

    laat - late (늦은)   groot - grote (큰)
    heet - hete (뜨거운)

2) 폐음절에서 단모음은 끝자음을 중복한다.

    plat - platte (납작한)   dof - doffe (둔감한)
    net - nette (깔끔한)   dun - dunne (얇은)

3) s/z, f/v

    doof - dove (귀머거리의)   lief - lieve (사랑스러운)   vies - vieze (까다로운)
    braaf - brave (착한)   boos - boze (나쁜)   dwaas - dwaze (어리석은)

> 예외 kies-kiese (민감한)　　vals-valse (거짓의)　　overzees - overzeese (해외의)
> 　　　Parijs-Parijse (파리의)　Fries - Friese (프리스 지방의)　Chinees-Chinese (중국의)

3. '형용사 + –s' : 형용사의 속성을 갖고 있는 것

| iets, wat, niets, veel, allerlei, weinig, een heleboel | + 형용사 + –s "~것" |

　　iets nieuws (새로운 것)　　　niets sterks (전혀 강하지 않는 것)
　　iets goeds (좋은 것)　　　　veel moois (아주 멋진 것)
　　weinig belangwekkends (별로 흥미롭지 못한 것)

4. 형용사의 명사화

```
de/een + 형용사 + e  : 사람(단수)
de     + 형용사 + en : 사람(복수)
het    + 형용사 + e  : 추상명사
```

　　de blinde (눈 먼 사람)　　　de rijke (부자)
　　de blinden (눈 먼 사람들)　　de zieken (환자들)
　　het goede (선(善))　　　　　het kwade (악(惡))
　　het schone (미(美))

　　een zieke '환자 한 사람, 어떤 환자' 명사적 용법

5. 형용사의 부사적 용법

네덜란드어 형용사는 부사적으로도 사용되며 어미 -e를 붙이지 않는다.

　Hij is *druk* bezig. (그는 매우 바쁘다.)
　Dat is *extra* voordelig. (그건 정말 유익하다.)
　Het is hier *lekker* fris. (이곳 날씨가 기분좋게 시원하다.)
　Dat was *vrij* duur. (그것은 아주 비싸다.)

Hij was *nogal* boos. (그는 꽤 화가 났다.)
Dat was *tamelijk* slecht. (그것은 상당히 나빴다.)
Hij was *enorm* blij. (그는 매우 기뻤다.)
een *vreselijk* vervelende kerel (매우 역겨운 사람)
een *erg* goede indruk (아주 좋은 인상)
een *geweldig* mooie wagen (아주 아름다운 자동차)

2. 형용사의 비교급, 최상급(De comperatief, De superatief)

Frankrijk is **groter** dan Nederland. De bevolking groeit tegenwoordig **sneller** dan vroeger. Eric vindt voetballen leuk maar tennissen vindt hij een **leukere** sport. Amsterdam is de **grootste** stad van Nederland. De tekst over politiek is de **moeilijkste** tekst van dat boek. Alle kamers in dat huis zijn tamelijk groot maar de woonkamer is **het grootste**. Parijs is ver van Amsterdam. Barcelona is nog **verder** maar Casablanca is **het verste**.

형용사의 비교급 어미는 -er, 최상급 어미는 -st이다. 비교급 어미를 붙일 때 다음과 같은 사항을 유의해야 한다.

1. 폐음절의 장모음, 폐음절 단모음, 자음 s-z, f-v 철자

원급	비교급	최상급	
groot	groter	grootst	(큰)
doof	dover	doofst	(귀머거리의)
vies	viezer	viest	(더러운)
dik	dikker	dikst	(뚱뚱한)
mooi	mooier	mooist	(예쁜)

2. ㄱ로 끝나는 형용사의 비교급어미는 -der이다.

puur	puurder	puurst	(청결한)

zuiver	zuiverder	zuiverst	(순수한)
ver	verder	verst	(먼)
duur	duurder	duurst	(비싼)
lekker	lekkerder	lekkerst	(맛있는)

3. 불규칙 형태

goed	beter	best	(좋은)
erg	erger	ergst	(심한)
wenig	minder	minst	(적은)
veel	meer	meest	(많은)
dikwijls	vaker	vaakst	(자주)
dichtbij	dichterbij	dichtstbij	(가까운)
graag	liever	liefst	(좋아하는)

4. 영어에서 처럼 *meer, meest*는 잘 사용하지 않으나 국적을 나타내는 형용사 혹은 동사의 과거분사가 형용사로 사용될 경우에 *meer, meest*를 사용하기도 한다.

1) meer Hollands   meest Hollands
   meer geïnteresseerd   meest geïnteresseerd

2) 한 사람의 두 가지 성격을 비교하거나 강조할 때

   Dat is meer lang dan breed. (그것은 넓기보다는 길다.)
   Hij was meer dood dan levend. (그는 살아있는 것보다 죽은 것 같았다.)

3) 과거분사형에

   Dat is de meest gelezen krant. (그것이 가장 많이 읽히는 신문입니다.)
   Dat is het meest beluisterde programma. (그것이 가장 많이 청취되는 프로그램입니다.)

4) 형용사 moe

   moe   meer moe   meest moe (피곤한)

5. 비교급, 최상급 형태 역시 형용사의 어미 변화에 따른다

een *oudere* heer (더 나이 많은 남자)   de *hogere* standen (고관)
hoogst interessant verhaal (아주 재미있는 이야기)
de *belangrijkste* man (가장 중요한 남자)
Geef mij maar de *goedkoopsten* (van allen) (가장 싼 걸로 주세요)

6. 비교의 종류

1) 동등비교

| zo / even / net zo / niet zo | + 원급 + als |

Hij is bijna *even groot als* vader. (그는 키가 거의 그의 아버지만큼 크다.)
Dit papier is *zo wit als* sneeuw. (이 종이는 눈처럼 희다.)
Ik vind deze sportbroek *even mooi als* die. (나는 이 스포츠 바지가 그 바지만큼 맘에 든다.)
Johan springt *net zo ver als* Bea. (요한은 베아만큼 멀리 뛴다.)
Niet *zo groot als* Piet. (피트만큼 키가 크지 않은.)

2) 상대비교

비교급 + dan + 주격 (* 항상 강세형)
minder + 형용사원급 + dan + 주격

Hij eet *meer dan* zijn zuster. (그는 그의 여동생보다 많이 먹는다.)
Annie is *groter dan* haar vader. (안니는 그녀의 아버지보다 키가 크다.)
Hij is *ouder dan* ik. (그는 나보다 나이가 더 많다.)
Hij is *minder aardig dan* zijn broer. (그는 그의 형보다 덜 친절하다.)
Hij kan het *beter dan* ik. (그는 나보다 잘 할 수 있다.)
Hij beweert dat zijn werk *beter* is *dan het jouwe*.
(그는 자기 작품이 너의 것보다 낫다고 주장한다.)

3) 절대비교

> '접두사 aller- + 최상급형태'
> '부사 hoogst, uiterst, best + 원급'
> 'het + 최상급+(-e)'

een alleraardigste man (가장 매력적인 사람)
een allerbeste vriend (가장 친한 친구)
Dat was een hoogst interessant verhaal. (그것은 가장 재미있는 이야기였다.)
Het is uiterst belangrijk. (그것은 가장 중요하다.)
's Winters is het weer het koudst. (겨울이 날씨가 가장 춥다.)
Zij zingt het best(e). (그녀가 노래를 가장 잘 부른다.)

4) 「hoe + 비교급, hoe/des te + 비교급」 '...하면 할수록...'

Hoe langer hoe blauwer (갈수록 푸르러진다.)
Hij werd *hoe langer hoe brutaler*. (그는 갈수록 건방졌다.)
Hoe langer ik aan dat artikel werk, *hoe beter* het wordt.
(내가 기사를 길게 쓰면 쓸수록, 더 나아진다.)
Hoe kleiner radiootjes zijn, *des te duurder* zijn ze.
(라디오가 작아질수록 더 비싸다.)

5) naarmate '-에 비례하여, -하는대로'; steeds '점점 더, 여전히'

Naarmate je meer leest, weet je meer. (네가 더 읽을수록 더 알게 된다.)
De armen worden *steeds* armer en de rijken steeds rijker.
(가난한 사람들은 점점 더 가난해지고, 부유한 사람들은 점점 더 부유해진다.)
Dat duurt *steeds* langer. (그것은 더 오래 걸린다.)

6) 「op + 소유형용사 + 형용사 + -st」 '가장 ~하게'

Op z'n vroegst volgende week maandag (다음 주 중 가장 빠른 월요일)
's Zondags kleedt zij zich *op z'n best*. (일요일마다 그녀는 옷을 가장 잘 입는다.)
In die jurk is ze *op haar mooist*. (그녀는 그 원피스를 입을 때 가장 예쁘다.)
Je had het *op z'n minst* (= ten minste/minstens) kunnen vragen.
(너는 최소한 그것을 물어 볼 수는 있었다.)

7) 「om het + 형용사 + –st(e)」 '가장 ~하게'

Laten we *om het hardst(e)* roepen. (가장 크게 불러보자.)

8) aller– '가장 ~한'

Dat is *alleraardigst*. (그것은 가장 귀엽다.)
Ze is een *allerliefst* meisje. (그녀는 가장 아름다운 소녀이다.)
Hij is een *allerleifste* jongen. (그는 가장 멋있는 소년이다.)

9) 「ten + 형용사 + –ste」 '가장 ~하게'

Ik raad het *ten stelligste* af. (나는 그것을 강력하게 추천한다.)
Ten eerste had ik hem nooit gezien. (우선, 나는 그를 전혀 본 적이 없다.)
Dat is *ten strengste* verboden. (그것은 강력히 금지된다.)
Ik betreur dat *ten zeerste*. (나는 그것을 매우 후회한다.)

10) best '최고의'

Het is eigenlijk een *beste* jongen. (그는 정말로 최고의 소년이다.)
(Voor) mij (is het) *best*. (나에게 그건 최고야.)
Hij is een bovenste *beste* kerel. (그는 가장 멋진 녀석이다.)
Met hem gaat het *best*. (그는 아주 잘 지내고 있다.)

11) –stens '가장 ~하게'

Ik moet ten minste (= *minstens*) 5 bladzijden hebben. (나는 최소 5장은 가져야 한다.)
Je krijgt ten hoogste (= *hoogstens*) 2 jaar. (너는 최대 2년이 주어진다.)

※ 합성어로 의미가 강조된 형용사/부사

Hij was doodstil. (그는 꼼짝하지 않았다.)
Het was oervervelend/rotvervelend. (그는 매우 지루했다.)
Hij is aartslelijk. (그는 아주 못생겼다.)
Ik ben het kotsbeu. (나는 그것이 가장 질색이다.)
Hij was doodmoe. (그는 기진맥진했다.)
Hij is smoorverliefd geworden. (그는 아주 지쳤다.)
Dat boek is spotgoedkoop. (그 책은 엄청 싸다.)

Het is hier stikdonker. (여기는 칠흑같이 어둡다.)
In zo'n regen word je kletsnat/doornat. (그런 빗속에서 너는 흠뻑 젖었다.)
een wondermooi landschap (아주 아름다운 경치)
een snikhete dag (몹시 더운 날)
de doodgewone opmerking (아주 평범한 발언)
Hij was dolblij. (그는 매우 기뻤다.)
Hij was stomdronken (그는 몹시 취했다)
Hij was steendood. (그는 초죽음이 되었다.)
Hij voelde zich doodziek. (그는 몸이 극도로 좋지 않음을 느꼈다.)
Ze was kerngezond. (그녀는 아주 건강했다.)
Ze was hoogzwanger. (그녀는 만삭이었다.)

7. 주요 형용사 접두사 및 접미사

1) 부정의 의미

on-	onbekend, onbeleefd
niet-, non-	niet-democratisch, non-actief
in- (ir-, im-)	inactief, irreëel, immoreel
a-	asociaal, atonaal

2) 강조의 의미

aarts-	aartslui, aartsgierig
oer-	oerdom, oeroud, oersaai
door-	doornat, doorslecht
in- (intens)	intriest, ingemeen
over-	overbeleefd, overactief

8. 주요 형용사 파생접미사

-aal, -eel	muzikaal, klassikaal, cultureel
-achtig	regenachtig, roodachtig, twijfelachtig,
-baar	breekbaar, tastbaar, kwetsbaar, betaalbaar.
-ief, -iek	facultatief, energiek, periodiek

-ig, -erig	nattig, plagerig, dweperig
-isch	kritisch, tragisch, komisch, biologisch
-lijk	gevaarlijk, zakkelijk, fatsoenlijk, lichamelijk
-loos	draadloos, werkeloos, dakloos
-matig	doelmatig, kunstmatig
-s	winters, Luthers, Texels
-zaam	leerzaam, werkzaam, achtzaam, eerzaam

연습문제

Ⅰ. ( ) 형용사의 알맞은 형태를 넣어라.

1. Je broer komt met een (laat) trein.
2. Frans Hals was in zijn tijd al een (beroemd) schilder.
3. Het (rood) lampje brandt.
4. Is dat geen (nieuw) foto?
5. Die (oud) dame was bijzonder vriendelijk.
6. Ik heb een (lang) gesprek met hem gehad.
7. (Koud) bier is in de zomer erg lekker.
8. Nederlands is geen (moeilijk) taal.
9. Maak jij altijd zulke (ver) reizen?
10. Volendam is maar een (klein) stadje.
11. (Hoog) bomen vangen veel wind.
12. (Oud) nieuws is geen nieuws.
13. (Oud) jenever smaakt zoeter dan (jong) jenever.
14. De niet (verkocht) kaartjes kan je vanaf (aanstaand) maandag terugbrengen.
15. Ik ken je (nieuw) telefoonnummer nog niet uit mijn hoofd.
16. Ik wil een (ander) huis en een (ander) baan.
17. Ik denk dat het (slecht) weer nog wel een paar dagen zal aanhouden.
18. Er is een wereld van verschil tussen (Engels) en (Italiaans) koffie.
19. Ik hou meer van (geel) dan van (rood) tulpen.
20. Een (nieuw) fiets kost tegenwoordig al gauw achthonderd euro.

21. Moeder kwam naar buiten met zeven (groen) glazen en een fles cola.
22. Die vrouw heeft een (kostbaar) peignoir gekocht.
23. Mijn moeder is heel tevreden over haar (nieuw) auto.
24. Ze heeft haar (bruin) laarzen aangetrokken.
25. Dat belooft weinig (goed).
26. Shakespeare ? Wat een (beroemd) man!
27. De directeur droeg een (bruin) jas.
28. De rustige stem van de man had iets (bijzonder).
29. Zo'n (oud) huis heb ik nooit gezien!
30. Het meisje was niet mooi maar haar gezicht had iets (aantrekkelijk).
31. Ze zitten te eten in een (gezellig) restaurant.
32. De vloer is van (rood) tegels.
33. De (hoog) ramen zien uit op een tuin.
34. De familie wil een huis met een (groot) tuin kopen.
35. De architect heeft het (nieuw) plan gegeven.
36. Hij heeft ons een (lang) verhaal over zijn vakantie gedaan.
37. Ik heb (goed) nieuws voor u!
38. Houd je van die (hard) rockmuziek?
39. Dat huis is met (dubbel) ruiten voorzien.
40. Er staan geen (modern) meubels in de garage.
41. Het stadhuis is een (gigantisch) gebouw.
42. De herfst geeft de bossen een (oranjegeel) gloed.
43. De balletdanseres maakte (gracieus) bewegingen.
44. Cindy en Carla zijn twee (goed) vriendinnen.
45. Een auto-expert raamt de schade van (verongelukt) wagens.
46. Zijn die huizen (mooi)?
47. Heeft u geen (wit) papier voor mij?
48. Dat is iets (ongelooflijk).
49. In het hoogseizoen is het in vakantieplaatsen erg (druk).
50. Veel (goed) is er niet te zien.
51. Die film geeft een (realistisch) beeld van het leven in Afrika.
52. Wij hebben een (lekker) recept voor appeltaart.
53. De rechter nam een (rechtvaardig) beslissing.
54. Een (open) haard geeft soms roet.

55. In haar levensgeschiedenis kwam niets (belangrijk) voor.
56. Hij heeft zijn (draagbaar) schrijfmachine meegenomen.
57. Dat is een (dom) zaak.
58. De pianist begon een (langzaam) melodie te spelen.
59. Het was onmogelijk te zeggen wat achter dat (bleek) masker verborgen lag.
60. De (scherp) stem sneed door de kamer.
61. Ik woon in een (hoog) gebouw.
62. Ik heb een (mooi) uitzicht op de Grote Markt.
63. We zullen een (lang) vakantie hebben.
64. De zeeman met die (groot) snor kwam gisteren thuis.
65. Goed trainen blijft een voorwaarde voor een (goed) prestatie.
66. We wensen onze vrienden een (gelukkig) nieuwjaar.
67. Mijn zus kocht een (leuk) jurk.
68. We zingen een (mooi) lied.
69. Welk land heeft dit jaar de (Olympisch) Spelen georganiseerd?
70. Ik lust die (duur) pruimen graag.

Ⅱ. 알맞는 형용사 형태를 넣어라.

1. Een (oud) houthakker en zijn vrouw woonden in een (klein) huisje in een (groot) bos. Ze zaten samen bij een vuur van (zwaar) blokken hout. Het begon al (donker) te worden. Daar kwam een (mooi) fee het hutje binnen. Ze zei dat de houthakker en zijn vrouw drie wensen mochten doen en ging weg. De houthakker en zijn vrouw waren (blij) : Nu zouden ze (rijk) worden. Wat zullen ze wensen?
De vrouw hing een pannetje met aardappelen boven het vuur. Ik wou dat we daar een (lekker) worst bij hadden, riep ze. En daar lag een (heerlijk) (vers) worst in de pan. Dat was de eerste wens!
Ik wou dat die (dik) worst aan je neus hing, riep de man boos. Dat was de tweede wens!
De (arm) vrouw begon te schreien. Ze wilde niet altijd met een worst aan haar neus lopen. Nu moest haar (boos) man wensen dat de worst weer in de pan kwam. Dat was de derde wens!
(Rijk) waren de (arm) mensen niet geworden. Maar ze hadden toch een (lekker) worst bij hun eten!

Ⅲ. druk, stenen, ruim, klein, groot, houten, jong, nieuw, aardig 중 적당한 형용사를 골라 알맞은 형태로 넣으시오.

Het huis is erg _____: We hebben vier slaapkamers. We hebben ook een _____ woonkamer met een _____ vloer. De keuken is wel een beetje _____. Dat vind ik niet zo erg. Ik hoef niet zoveel ruimte in de keuken te hebben. We hebben een _____ vloer in de keuken. De badkamer is helemaal _____. Die hebben ze vorige week pas gemaakt. In de buurt wonen veel ouders met _____ kinderen. We hebben hele _____ buren. Maar ze hebben twee _____ kinderen, die veel lawaai maken.

Ⅳ. 괄호 속의 형용사를 원급 even ... (als)/net zo ... (als) 혹은 비교급 혹은 최상급 중 골라 알맞게 고쳐 넣어라.

Nederland is één van de _____ (goed) schaatsenlanden in de wereld. De schaatsers Rintje Ritsma en Falko Zandstra zijn in Nederland _____ (bekend) als de voetballer Ruud Gullit en Marco van Basten. Bij internationale wedstrijden zijn de Nederlandse schaatsers vaak _____ (goed) als de schaatsers uit Noorwegen. De Noren zijn vaak _____ (snel) dan de Nederlanders op de korte afstand. De Nederlandse schaatsers schaatsen het _____ (snel) op de langere afstanden. Falko Zandstra vindt de 500 meter de _____ (moeilijk) afstand. Hij is het _____ (goed) op de _____ (lang) afstand: de tien kilometer. De training voor de 500 meter is _____ (zwaar) als de training voor de tien kilometer. Vóór een belangrijke wedstrijd moet je _____ (veel) rust nemen dan normaal. Dan moet je ook _____ (weinig) vet eten, maar _____ (veel) groente en fruit dan normaal.

Ⅴ. 원급, 비교급 혹은 최상급형태를 넣으시오.

1. De Everest is de (hoog) berg van de wereld.
2. De Golden Gate Bridge is de (lang) brug in Amerika.
3. Wie is het (snel)? De slak of de haas?
4. The Empire State Building in New York was het (groot) gebouw van de wereld.
5. Venus is de (warm) planeet.
6. Wie is het (rijk)? Madonna of de lerares Nederlands?
7. Vaticaanstad is de (klein) staat van de wereld.

8. David Beckham is één van de (bekend) voetbalspelers.
9. Dit is mijn (oud) dochter.
10. 'Titanic' is een van de (romantisch) films die ik ken.
11. Obama is één van de (beroemd) presidenten.
12. Wie is het (groot) jij of ik?
13. Dat was het (leuk) idee dat ik ooit heb gehoord.
14. Mensen die een hoge bloeddruk hebben, moeten vaak minder zout eten of proberen wat (rustig) te leven.
15. Hij zag er (groot) uit dan ze had gedacht.
16. Een decimeter is even (lang) als tien centimeter.
17. De bedienden carpoolen want dat is veel (goedkoop) dan wanneer iedereen met zijn eigen auto rijdt.
18. Het is ook (goed) voor het milieu.
19. Ik eet minder suiker om (slank) te worden.
20. Ze is het (gevoelig) meisje dat ik ken.
21. Van Gogh heeft de (schoon) werken in Arles geschilderd.
22. Bij een modeshow kunnen mensen de (allernieuw) kleren bekijken.
23. We zijn lid van een organisatie voor een (schoon) milieu.
24. De kinderen willen steeds de (spannend) passages van het verhaal horen.
25. Zeg me eens wat je (sterk) vak is op school.
26. Arthur is (groot) dan ik, maar hij is ook ouder.
27. Ik zou het (lief) in een hotel logeren.
28. Wat is de (kort) route naar het station?
29. Zijn vrouw is de (goed) kokin van Londen.
30. Ze is nu (gelukkig) dan een jaar geleden.
31. De kist was (zwaar) dan ik had gedacht.
32. Het wordt steeds (koud).
33. Wat is tegenwoordig de (verkocht) auto in Europa?
34. De Kilimanjaro is de (hoog) berg van Afrika.
35. Van Gogh heeft de (schoon) werken in Arles geschilderd.
36. Ik herinner me de details van de zaak steeds (goed).
37. De ouders waren even (bang) als hun kinderen.
38. De herfst is even (heerlijk) als de lente.
39. Onze dochter is volgens ons de (mooi) baby van de wereld.

40. Een reis naar Frankrijk is even (leuk) als een reis naar Nederland.
41. Vandaag blijf ik het voor het (groot) gedeelte van de dag thuis.
42. Hij is een van de (gevaarlijk)mensen die ik ken.
43. Het is de (gemakkelijk) weg naar de zee.
44. Alle jongens hadden lang haar maar dat van Hugo was het (lang).
45. Tom is de (goed) voetballer van de school.
46. Zijn (gelukkig) ogenblikken waren wanneer hij met zijn vriendinnetje was.
47. Alle vertrekken waren hoog, maar niet zo (groot) als hij had gedacht.
48. Zijn gezicht leek (oud) dan zijn benen, met drie rimpels in het voorhoofd.
49. Toen ging het (vlot).
50. De hitte op het strand was (erg) dan in een sauna.

Ⅵ. 형용사의 틀린 곳을 고치시오.

1. Welk belachelijkes mopje heeft je collega nog vandaag op kantoor verteld?
2. De vergadering van heden was vervelenden.
3. Dankzij zijn heldhaftig moed werd de baby in veiligheid uit de brand gered.
4. We beschouwen deze diplomaat als een groote man omdat hij de onrechtvaardigheid bestrijdt.
5. Onze oom is een grote man. Hij is twee meter lang.
6. De klanten ontvangen een gratise kalender als ze iets kopen.
7. 's Vrijdags koopt ze vers groenten op de markt.
8. De gestolenen goederen werden in een opslagplaats te Brussel teruggevonden.
9. De producten die je gebruikt om je huis schoon te maken zijn schadelijke voor de natuur.
10. Ze wil alleen in zijden beddenlakens slapen.
11. Ze vieren hun veertigste verjaardag. De jarigen krijgen mooie cadeautjes.
12. Weet je dat de groenen met de regering zullen moeten werken?
13. Wil je een groot of een klein kopje koffie? Een kleine.
14. De slimste moeten toch ook studeren.
15. De gezonde mensen moeten de zieken helpen.
16. Welke appels wil je kopen? De dikst.
17. Twee kinderen zitten te lezen; de grootsten helpt de kleinst.
18. Alle aanwezige bij de bruiloft zullen een foto krijgen.

19. Jullie hebben de gemakkelijke testen afgemaakt; nu moeten jullie de moeilijksten proberen.

Ⅶ. 알맞은 형용사의 형태를 넣어라.

Mijn zus draagt een (groen) jurk en ik een (wit). Haar haar is (rood) maar het mijne is (blond). Mijn broer heeft een (zwart) spijkerbroek gekocht. Daarop draagt hij een (blauw) jasje en een (beige) overhemd. Moeder draagt liever een (bruin) jurk met (bruin) schoenen. Mijn broertje heeft een korte (blauw) broek met een (lila) overhemd.

Ⅷ. 알맞는 형용사 파생접미사(-loos, -zaam, -baar, -lijk, -s, -ig, -achtig, -ief, -isch, -aal)를 붙이시오.

1. De koningin droeg tijdens de doop van haar kleinkind een bruin_____ jurk.
2. De toespraak van de rector bij de opening van het schooljaar duurde einde_____ .
3. De rechtsachter gaf de spits een stomp in zijn rug. Dat was niet sport_____ .
4. Is er een psych_____ reden voor jouw frequente absentie van de lessen?
5. Erik is al tien jaar bij hetzelfde bedrijf werk_____ .
6. Ik moest van de conrector drie dagen het schoolplein schoonmaken, omdat ik een sigarettepeuk op de tegels uitdrukte. Dat von ik geen rede_____ straf.
7. Wij hadden vroeger een draag_____ televisie die je mee kon nemen naar de slaapkamer.
8. Goh, wat ben je vandaag zomer_____ gekleed. Heb je het niet koud?
9. Ik vond zijn gedrag op dat feestje gisteren nogal theatr_____ .
10. De gasten kregen op de bruiloft een water_____ soep geserveerd.

5 대명사
Het voornaamwoord

1. 인칭대명사(Het persoonlijk voornaamwoord)

Mira en Bert wonen in Utrecht. **Ze** kennen elkaar al tien jaar. Bert werkt op een middelbare school. **Hij** is docent economie. Mira werkt in een ziekenhuis. **Het** is een ziekenhuis voor kinderen. **Zij** is fysiotherapeute.

    Bert :   **Ik** ben mijn woordenboek kwijt.
               Heb **jij** het gebruikt?
    Mira: Nee, **ik** heb het niet gehad.
    Bert :   **Ik** ben mijn pen kwijt.
               Heb jij **hem** gezien?
    Mira: Nee, ik heb **hem** niet gezien.

Estella Damen komt uit Ghana. **Ze** woont al enkele jaren met **haar** man, Bernard en twee kinderen in Nederland. **Ze** hebben **hun** kleinkinderen nog nooit gezien. Het huis waarin **zij** wonen is niet van hen. **Het** is van oom.

		주격		소유격		목적격	
		강세형	비강세형	강세형	비강세형	강세형	비강세형
단수	1	ik	'k	mijn	m'n	mij	me
	2	jij	je	jouw	je	jou	je
	3	hij	ie[1]	zijn	z'n	hem	'm
		zij	ze	haar	d'r	haar	ze, d'r, 'r
		het	't	zijn	-	het	't
존칭		u	-	uw	-	u	-

[1] 구어체에서만 나타난다.

		주격		소유격		목적격	
		강세형	비강세형	강세형	비강세형	강세형	비강세형
복수	1	wij	we	ons/onze	-	ons	-
	2	jullie	-	jullie	je	jullie	-
	3	zij	ze	hun	-	hen, hun	ze
	존칭	u	-	uw	-	u	-

1. 네덜란드어의 대명사형에는 강세형(volle vorm)과 비강세형(gereduceerde vorm)이 있으며 특별한 강조 혹은 대조가 아닌 경우에는 대부분 비강세형을 사용한다.

   1) ie (<hij)는 구어체에서 나타나며 문두에는 나타나지 않고 주어와 정동사의 도치 혹은 종속접속사 다음에 사용할 수 있다.

   Komt *ie* nog? (그가 아직 오고 있니?)
   Ik vind dat *ie* akkoord gaat. (나는 그가 동의한다고 생각한다.)

   2) 3인칭 복수로 사람을 지칭하지 않을 경우 비강세형 ze(<zij), 'm(<hem), ze를 의무적으로 사용한다.

   Die vuilniszakken? *Ze* staan al buiten. (그 쓰레기봉투? 그것들 다 밖에 있어.)
   Die rok draag ik vandaag niet. Ik heb *'m* vorige week nog aangehad.
   (나는 그 치마를 오늘 입지 않을 거야. 나는 저번 주에도 그것을 입었었다.)

   3) 강세형은 강조 혹은 대조의 경우에 사용한다.

   ▶ 강조 : **Ik** kom uit Rotterdam. En waar kom **jij** vandaan?
      (나는 로테르담에서 왔어. 그리고 너는 어디서 왔니?)

   ▶ 대조 : **Zij** kunnen dat misschien wel doen, maar **wij** toch niet.
      (그들은 아마도 그것을 잘 할 것이야. 하지만 우리는 그렇지 못해.)

   ▶ 문장의 기능을 가질 때 :
      Wie is nu aan de beurt? Ik. (다음 차례는 누구니? 나야.)
      Wie heb je dat gegeven? Hem. (너는 그것을 누구에게 줬니? 그에게.)

   ▶ 전치사 다음 : Ik heb aan **haar** gedacht. (나는 그녀를 생각해왔어.)

   ▶ 비교급의 dan 다음 : Hij is groter dan **jij**. (그는 너보다 키가 더 커.)

▶ 명령문에서 : Kom **jij** eens hier. (너는 여기로 와.)

2. 주격 2인칭 단수 jij (je), 복수 jullie, 존칭 u

일반적으로 친한 사이에는 친소형(vertrouwelijkheidsvorm) *jij/je*를, 처음 보는 사람, 나이가 많은 사람, 지위가 높은 사람인 경우 존칭(beleefdheidsvorm) *u*를 사용한다.

Waar komt **u** vandaan? (너는 오늘 어디에서 왔니?)
U bent een leerling. (너는 학생이야.)

3. 3인칭 인칭 대명사

1) 무생물을 지칭하는 경우 *hij*는 일반적으로 통성(common gender) 명사를 받고 *het*는 중성 명사를 받는다. 생물을 지칭하는 경우 생물학적 성에 따르나 현대 네델란드에서는 성구별 없이 *hij*로 받는 경향이 있다. 그러나 분명하게 여성, 암컷으로 알려진 경우에는 *zij(ze)*로 받는다.

Ik heb een eigen kamer (*de*-word). **Hij** is niet erg groot.
(나는 내 방을 가지고 있어. 그 방은 크지 않아.)
Ik heb een mooi boek over Rembrandt (*het*-word). **Het** ligt op tafel.
(나는 렘브란트에 관한 멋진 책을 가지고 있어. 그것은 탁자 위에 있어.)
Wij hebben een poes (*de*-word). **Ze** heet Mimi.
(우리는 고양이 한마리를 가지고 있다. 그것을 미미라고 부른다.)
Waar is dat meisje(*het*-word)? **Ze** is net weggegaan.
(그 소녀는 어디 있니? 그녀는 막 떠났어.)
De tafel staat buiten. **Ze/Hij** staat buiten.
(탁자는 밖에 놓여 있다.)

그러나 네델란드에서 *-ing*, *-schap*, *-heid*로 끝나는 명사는 항상 ze로 받는다.

De regering is gevallen. **Ze** is gevallen. (그 정부는 무너졌다.)
De wetenschap gaat verder. **Ze** blijft niet stilstaan.
(학문은 계속된다. 그것은 멈추지 않는다.)
De waarheid, **ze** wordt gevreesd. (진실, 그것이 두려워졌다.)

2) het

- 계사 zijn 의 주어로 사용된다. 주격보어는 단수명사 혹은 복수 명사일 수 있다.

    Het zijn kinderen. (아이들이다.)
    Het is een kind. (아이다.)
    Wie is dat? **Het (Dat)** is de baas van Hans. (그는 누구니? 한스의 상사이다.)
    cf. 이 경우 het 대신 지시대명사 dit, dat도 사용되기도 한다.
        (*지시대명사편 참조)

    Dat zijn de kinderen van de buurman. (그들은 이웃사람의 아이들이다.)
    Dat is een minister. (그는 장관이다.)
    Dat ben ik. (그건 나다.)

- 강조적인 지시로 사용되는 dit/dat와 달리 het는 문두에 오지 못한다.

    Dat ben ik. (그게 저예요.)
    Ik ben het. (그게 저예요.)

- 앞 문장 전체를 지시하며 내용적으로 앞 문장의 동사 내용을 지시한다.

    Wat is er aan de hand? Ik zou *het* niet weten. (무슨일이죠? 나는 그걸 잘 모르겠어요.)
    Hij komt nu. Ik vind *het* mooi. (그는 지금 온다. 나는 그가 오는 것을 좋게 생각한다.)

- 비인칭 주어

    Het regent. (비가 온다.)
    Het sneeuwt. (눈이 온다.)

- 다음과 같은 관용표현

    Ik heb het goed/slecht. (기분이 좋다/나쁘다.)
    Ik heb het koud/warm. (춥다/덥다)
    Zijn hart heeft het begeven. (그의 마음이 좋지 않다.)
    Ik heb het druk. (나는 바쁘다.)
    Ik ben het met je eens. (나는 너의 생각에 동의한다.)
    Ik heb het over de geschiedenis. (나는 역사에 대해 얘기한다.)

4. 2인칭 단수 je, 3인칭 복수 ze는 일반주어로 사용되기도 한다.

Zoiets doet men toch niet. (사람들은 그런 것들을 하지 않는다.)
→ Zoiets doe *je* toch niet.
Men wil hier een speelplaats aanleggen. (사람들은 여기에 놀이터를 짓기를 원한다.)
→ *Ze* willen hier een speelplaats aanleggen.

5. 인칭대명사 목적격

1) 3인칭 복수 목적격

▶ 사람을 지시

hen : 직접목적격, 전치사 다음의 목적격
hun : 간접목적격

Heb je dat geld aan *hen* gegeven? (너는 그들에게 돈을 줬니?)
De directeur heeft *hen* ontslagen. (감독은 그들을 해고했다.)
Ik heb *hun* dat nieuws verteld. (나는 그들에게 그 뉴스를 말해줬다.)

▶ 사물 및 사람을 지시 : ze 직접목적격, 간접목적격

Hij heeft *hen/ze* later in de stad gezien. (그는 나중에 그들을 시내에서 보았다.)
Ik heb de informatie aan *hen/ze* gegeven. (나는 그들에게 그 정보를 줬다.)
→ Ik heb *hun/ze* de informatie gegeven.
Ik kan de sleutels niet vinden. (나는 열쇠를 찾을 수 없다.)
→ Heb jij *ze* gezien? (너는 그것들을 본 적 있니?)

▶ 3인칭 단수 hij/hem, zij/haar, 복수 zij/hen/hun 대신 지시대명사 die가 자주 사용된다.

Is Bob er nog niet? Nee, *die*(=hij) komt niet.
(Bob은 아직 안왔니? 그래, 그는 오지 않고 있어.)
Ik weet het niet maar *die*(=zij) weten het wel.
(나는 그것을 몰라, 하지만 그들은 그것을 잘 알아.)
Heb je Marie gesproken? (너는 Marie에게 말을 했니?)
Nee, *die*(=haar) heb ik vandaag helemaal niet gezien.
(아니, 나는 오늘 하루종일 그녀를 못 봤어.)

연습문제

I. 괄호 속 명사를 인칭대명사로 받으시오.

1. Volgende week gaat Cindy met (moeder) op reis.
2. Ik bel (mijn vader) elke week op.
3. Volgende dinsdag gaat (mijn vader) op reis.
4. Ik bel (mijn moeder) nog vandaag.
5. (Mijn vader en mijn moeder) komen niet vaak.
6. Ze geeft (de schriften) aan de leerlingen.
7. De lerares gaat (met de leerlingen) naar de dierentuin.
8. Wie vervangt (de juf) vandaag?
9. Ik heb (Rita) gezien.
10. Ik vertelde (de meisjes) een mop.

II. 인칭대명사를 넣어라

Bert: Mira, heb _____ mijn blauwe overhemd gezien?
Mira: Ja, _____ hangt buiten. _____ heb _____ gisteren gewassen.
Bert: Dank _____.
Mira: _____ heb een nieuwe trui gekocht. Hoe vind je _____?
Nert: Mooi, _____ past goed bij de broek die _____ aanhebt.
Mira: Ja, en _____ heb ook nog nieuwe schoenen gekocht. Mooi, hè.
Bert: Nou, eerlijk gezegd vind _____ _____ niet zo mooi.
Mira: Dat is jammer. Maar ja, _____ hoeft _____ niet aan.

III. 알맞는 소유대명사를 넣어라.

Klant: Kunt u _____ haar knippen?
Karin: Ja, natuurlijk. Kan ik _____ jas aannemen?
Klant: Zeg maar 'jij', hoor.
Karin: Goed, als jij dat ook doet. Kan ik _____ jas aannemen?
Klant: Graag.
Karin: Je kunt hier vast gaan zitten. Ik zal je _____ nieuwe boek met voorbeelden

geven. Misschien staat daar nog een idee voor _____ haar in.

(even later)

Karin: Zo, wat zijn _____ wensen?

Klant: Ik wil graag dat je _____ haar knipt, zoals op de foto bij deze vrouw. _____ haar ik heel leuk geknipt!

Karin: Goed, Dat kan. Even kijken, waar is _____ schaar?

(tegen andere kapster)

Els: Mag ik _____ schaar even lenen?

Els: Ja, alsjeblieft.

(even later)

Klant: Hoe vaak zien jullie _____ vaste klanten ongeveer?

Karin: Ongeveer één keer in de twee maanden.

Klant: Dat is vaak. Mijn dochter en ik laten _____ haar meestal één keer per drie maanden knippen.

Karin: Dat kan. _____ haar groeit misschien niet zo snel. Sommige mensen moeten _____ haar bijna elke maand laten knippen.

Ⅳ. 밑줄 친 곳에 인칭대명사의 알맞은 형태를 넣으시오.

1. Mijn moeder reist nooit per vliegtuig. _____ heeft vliegangst.
2. Is Piet ziek? _____ was vandaag niet op college.
3. Heb jij Peter de afgelopen dagen nog gezien? Nee, ik heb _____ al een hele tijd niet gezien; ik zou niet weten waar _____ uithangt.
4. Weet jij of Maria vanavond ook komt? Ik weet 't niet. Ik denk dat _____. niet komt want _____ heeft overmorgen een belangrijk tentamen. Maar ik kan het niet met zekerheid zeggen want ik heb _____ niet gesproken.
5. De gebruiker van dit boek hoeft niet per se bij het begin te beginnen. _____ kan in principe zelf de volgorde van gebruik bepalen.
6. Mag ik jullie iets vragen? Zouden _____ 's avonds en 's nachts wat stiller kunnen zijn? Als ik in bed ligt, kan ik _____ bijna verstaan als _____ met elkaar praten.
7. Volgende week zondag gaan we verhuizen. Denk je dat Ron _____ dan zou kunnen helpen? _____ beginnen om een uur of elf en ik denk dat we voor vieren klaar zijn.

8. Erik heeft _____ vakantie in juli gepland. (Erik)
9. _____ ouders zijn allebei overleden, maar die van haar man leven nog. (een vrouw)
10. Wonen _____ kinderen nog bij jullie thuis of zijn zeal het huis uit? (jullie)
11. _____ leraar Geschiedenis kan fantastisch vertellen. (wij)
12. Weet je dat de lichten van _____ auto nog aan zijn? (jij)
13. Wim is van plan _____ huis te verkopen en naar het buitenland te gaan.

2. 소유대명사 (Het bezittelijk voornaamwoord)

Ik heb **mijn** broer al lang niet meer gezien. (나는 내 동생을 오랫동안 보지 못했다.)
Is dat **jouw** tas? Nee, dat is **mijn** tas niet. (너의 가방이니? 아니 내꺼 아니야.)
Weten jullie dat **jullie** zwemles vandaag niet doorgaat? (너희들은 오늘 수영강습 없는 거 아니?)
Willen jullie **je** tassen opruimen? (너희들 가방 좀 치워주겠니?)
Ik heb **m'n** tas op het werk laten staan. (나는 내 가방을 사무실에 놓고 왔다.)
Hij heeft **z'n** kleinkinderen nog nooit gezien. (그는 그의 손자들을 한 번도 본적이 없다.)
Zij heeft **d'r** kleinkinderen nog nooit gezien. (그녀는 그녀의 손자들을 한 번도 본적이 없다.)

1) 1인칭 복수

> ons + het - 단수명사
> onze + de - 명사/복수명사

예 | ons huis   onze huizen (우리 집)
     ons boek   onze boeken (우리 책)
                  onze vriend (우리 친구)
                  onze school (우리 학교)

In *ons* huis staan veel dingen uit Korea. (우리집의 많은 물건들은 한국에서 왔다.)
Ze hebben *onze* kinderen nog nooit gezien.
(그들은 우리의 아이들을 한 번도 본적이 없다.)

2) 소유격 어미 : -s, -'s, -'(apostrof)

Bernards ouders wonen in Amsterdam. (Bernard의 부모들은 암스테르담에 산다.)
Estella's ouders wonen in een dorpje 100 kilometer van Utrecht.
(Estella의 부모님들은 위트레흐트에서 100킬로미터 떨어진 마을에서 산다.)
Hans' ouders wonen in Leiden. (Hans의 부모님들은 레이든에 산다.)

cf. 철자에 주의
 -s : 자음, -e, -é 다음에 (예 Jans huis, Miekes huis, Renés huis)
 -'s : 모음 다음에 (예 Otto's huis, Harry's huis)
 -' (apostrof) : s, x, z 다음에 (예 Els' huis, Max' huis, Liz' huis)

3) 구어체에서 '명사+소유대명사비강세형(m'n, z'n, d'r)+명사'로 표현가능

de vriend van vader = vader z'n vriend (아버지의 친구)
de auto van moeder = moeder d'r auto (어머니의 자동차)
het boek van kinderen = de kinderen hun boek (아이들의 책)

4) 소유 표현은 소유대명사의 명사적 용법으로도 표현할 수 있다.

나의 것	de/het mijne	(die/dat) van mij
너의 것	de/het jouwe	(die/dat) van jou
당신의 것	de/het uwe	(die/dat) van u
그의 것	de/het zijne	(die/dat) van hem
그녀의 것	de/het hare	(die/dat) van haar
그것	de/het zijne	–
우리의 것	de/het onze	(die/dat) van ons
너희들의 것	–	(die/dat) van jullie
그들의 것	de/het hunne	(die/dat) van hen

Hier staat mijn auto. Waar staat *de jouwe*? (여기에 내 자동차가 있다. 너의 자동차는 어디 있니?)
Dit is *de mijne* en dat is *de hunne*. (이것은 나의 것이고 저것은 그들의 것이다.)
Daar is mijn boek. Waar is *het zijne*? (여기에 나의 책이 있다. 그의 것은 어디에 있니?)

Is die van jou, Bernhard? (그것 너의 것이지, Bernhard?)
 Nee, *die* is niet *van mij*. (아니, 그것은 나의 것이 아니야.)

연습문제

I. 밑줄친 곳에 *mijn, jouw, zijn, haar, de mijne, het jouwe, die van hem, die van ons* 등의 소유 표현 형태를 넣어라.

1. Hij heeft _____ jas over een stoel gehangen.
2. Heb je _____ agenda niet bij je vandaag?
3. Ze heeft _____ kinderen vanmorgen met de fiets naar school gebracht, omdat _____ auto kapot is.
4. We zijn gisteren op bezoek geweest bij _____ buren. Die hebben een nieuwe t.v. gekocht en willen _____ oude wel aan ons verkopen.
5. Hebben jullie _____ boeken soms in het lokaal laten liggen?
6. Hij heeft alles verkocht! _____ meubels, _____ boeken, _____ fiets, _____ huis. Alleen _____ kleren en _____ geld neemt hij mee op ____ reis naar Korea.
7. Heb je een computer nodig? Neem die van _____ maar, ik gebruik hem toch niet. De _____ is kapot, hè?
8. Wil je _____ woordenboek gebruiken? Dat is best, maar het _____ is al wat verouderd. Je kunt beter het woordenboek van Bart nemen, want het _____ is van 2011, dus daarin staan de nieuwste woorden.
9. Als jullie met vakantie gaan, wil ik _____ planten wel water geven, maar ik heb geen zin om op _____ poezen te passen. Ik heb er zelf al twee en ik ben bang dat die van _____ met die _____ beginnen te vechten.
10. Mark en Sasia laten _____ kinderen dit weekend logeren bij _____ ouders, want ze willen _____ keuken, _____ slaapkamer en balkon schilderen.
11. Jan zegt tegen Sonia : 'Ik heb _____ plan met Peter besproken'.
12. Hij keek op _____ horloge hoe laat het was.
13. De kinderen gooien _____ schooltassen op de grond.
14. Anna en _____ vriendjes praten over _____ vakantie.
15. _____ hond blaft niet veel.
16. Morgen moeten ze naar _____ nieuwe school in Antwerpen.
17. We hebben _____ feest op 15 april.

18. De meeste mensen van _____ dorp doen _____ boodschappen in de stad.
19. Mijn broer en ik hebben een nieuwe DVD gekocht. Het is _____ DVD.
20. Dit is de nieuwe auto van vader. Dit is _____ auto.
21. Kijk, is dit de agenda van Jan? Nee, van Johanna : _____ naam staat erop.
22. Vader spreekt met _____ dochter.
23. Wil je _____ huis bezoeken?
24. Jan en Peter eten _____ ontbijt samen.
25. Hebben jullie _____ lessen geleerd, vraagt vader.
26. Alle bedienden moeten _____ advies geven.
27. Kathy, eet vlug _____ fruit, we moeten nu vertrekken.
28. O. Ik heb _____ lessen niet geleerd, zucht Maria.

Ⅱ. 소유대명사의 명사적 용법으로 표현하시오.

1. Is dat hun wagen? Ja, het is _____.
2. Zijn dat de postzegels van An? Ja, het zijn _____.
3. Is dat de krant van de journalist? Ja, het is _____.
4. Zijn dat de tekeningen van Jan? Ja, het zijn _____.
5. Zijn dat de auto's van je vader? Ja, het zijn _____.
6. Is dat de winkel van Peter en Gerda? Ja, het is _____.
7. Is dat het geld van An? Ja, het is _____.
8. Zijn dat hun glazen? Ja, het zijn _____.
9. Is dat je schrift? Ja, het is _____.
10. Is dat mijn horloge? Ja, het is _____.

3. 지시대명사 (Het aanwijzend voornaamwoord)

Verkoper: Goeiemiddag, meneer, kan ik u helpen?
Klant: Ik zoek een broek en een jasje.
Verkoper: Welke maat hebt u?
Klant: Maat 52.

Verkoper:	**Dit** zijn de jasjes in uw maat. Hoe vindt u **dit** jasje met **die** broek?	
Klant:	Mooi! Hoe duur is **die** broek?	
Verkoper:	**Die** kost 98 euro.	
Klant:	Mag ik hem even passen?	
Klant:	Ja, hoor, **dat** mag.	

1. 지시형용사 : 지시대명사가 수식적으로 사용될 때

deze + *de*-명사 및 복수명사	'이것'	die + *de*-명사 및 복수명사	'그것'
dit + *het*-단수명사	'이것'	dat + *het*-단수명사	'그것'

예 | de auto   deze auto   deze auto's (이 자동차)
     het boekje   dit boekje   deze boekjes (이 책)

     de auto   die auto   die auto's (그 자동차)
     het boekje   dat boekje   die boekjes (그 책)

Vind je *dit* boek beter dan *dat* boek? (너는 저 책보다 이 책이 더 낫다고 생각하니?)

Zullen we *deze* tafel maar kopen? (우리는 이 테이블을 살까?)

Wat vind je van *deze* schoenen? (너는 이 구두를 어떻게 생각하니?)

Die jas is veel mooier dan *deze*. (저 재킷이 이것보다 더 좋아.)

2. 인칭대명사 대신 앞에 나온 명사를 지시할 경우

deze, die : *de*-명사 및 복수명사
dit, dat : *het*-단수명사

Welke kamer wil je hebben? *Deze* of *die*? (너는 어떤 방을 원하니? 이방, 그방?)

Als het je niet uitmaakt, heb ik het liefst *deze*.
(만약에 네가 결정하지 못하면 나는 이것을 갖겠다.)

Wat vind je van die nieuwe huizen aan de Mauritskade?
(너는 Mauritskade의 새 집들을 어떻게 생각하니?)

     O, *die* vind ik verschrikkelijk. (오, 그 집들 끔찍하다고 생각해.)

Wat vind je van mijn nieuwe huis? (너는 나의 새로운 집이 어땠니?)

     O, *dat* vind ik heel mooi. (오, 그 집 매우 아름답다고 생각해.)

3. dat는 앞 문장에서 표현된 동사의 행위를 지시하기도 한다.

Heb je gehoord dat John ziek is? (너는 존이 아프다는 소식을 들었니?)
Ja, *dat* heb ik gehoord. (응 그 얘기 들었어.)

Zal ik vanavond spaghetti maken? (오늘 저녁에 스파게티 만들까?)
Dat lijkt me een goed idee. (그것 좋은 생각이야.)

4. 계사 zijn 동사와 결합하는 주어인 경우 dit, dat만 가능하다.

이 경우 zijn의 정동사형은 주격보어에 따라 단수, 복수 둘 다 가능하다.

Dit is een mooi broek. (이것은 아름다운 바지야.)
Dit zijn de broeken in uw maat. (이것은 너의 치수에 맞는 바지들이야.)
Dat is een leuk jasje. (그것은 좋은 셔츠야.)
Dit zijn de jasjes in uw maat. (이것은 너의 치수에 맞는 셔츠야.)

5. '같은, 동일한'

> hetzelfde : het – 명사
> dezelfde : de – 명사

1) 부가어적

Ik heb *hetzelfde* boek gekocht. (나는 똑같은 책을 샀다.)
We spreken over *dezelfde* persoon. (우리는 똑같은 사람에 대해 말하고 있다.)
We hebben toch *dezelfde* buren. (우리도 똑같은 이웃을 가지고 있다.)

2) 독립적

We hebben ook een encyclopedie, maar het is *dezelfde* als de jouwe.
(우리도 백과사전을 가지고 있다. 하지만 너의 것과 같은 것이다.)

3) 문장전체 혹은 상태, 행위를 지시 경우 hetzelde를 사용.

We zeggen toch eigenlijk allebei *hetzelfde*.
(사실 우리는 둘다 같은 것을 말하고 있다.)

6. '그런(such a)'

> zo'n + de/het – 명사
> zulk + het 단수명사
> zulke + de – 명사

예 | zo'n man　　　　　zulke melk
　　zo'n vraagstuk
　　zo'n mens　　　　 zulke mensen
　　zo'n weer
　　zo'n glas　　　　　zulk glas

Ga jij met *zo'n* mensen uit eten? (너는 그런 사람들과 함께 외식을 하니?)
Zo'n donker hout is heel mooi. (그런 어두운 나무는 매우 아름답다.)

7. '자신, 스스로' : zelf

1) 인칭대명사 혹은 명사에 붙어 강조를 뜻함.(*인칭대명사편 참조)

De schrijver *zelf* sprak die kritiek tegen. (작가가 직접 그 비판에 대해서 반박했다.)
= De schrijver sprak die kritiek *zelf* tegen.
Hemzelf heb ik niet gezien. (나는 그 사람 자체를 보지 못했다.)
Hij heeft dat boek *zelf* geschreven. (그는 그 책을 직접 썼다.)

2) 고유의 재귀동사의 재귀대명사에 붙을 수 있다.

Zij bewondert *zichzelf* graag in de spiegel. (그들은 거울 속에 비친 자신을 보고 더 놀랐다.)

cf. 부사 zelfs '심지어 ... 까지도'
　　Zelfs zijn vrienden ontzag hij niet. (그는 그의 친구들까지도 사정을 봐 주지 않았다.)
　　De koningin heeft me *zelfs* gegroet. (여왕은 심지어 나에게 까지도 인사를 했다.)

※ **지시사(De verwijswoorden)** : 명사를 지시하는 지시사로서 문장에서 취하는 관사, 인칭대명사, 소유대명사, 지시대명사, 관계대명사의 형태는 다음과 같다.

명사		정관사	인칭대명사 주격	인칭대명사 목적격	소유대명사	지시대명사	관계대명사
단수	남성	de	hij	hem	zijn	deze/die	die
	여성	de	ze 혹은 zij	haar	haar	deze/die	die
	중성	het	het	het	zijn	deze/die	dat
복수	남성	de	ze 혹은 zij	ze/hen/hun	hun	deze/die	die
	여성	de	ze 혹은 zij	ze/hen/hun	hun	deze/die	die
	중성	de	ze 혹은 zij	ze	hun	deze/die	die

연습문제

Ⅰ. die, dat를 골라 넣으시오.

1. _____ eieren zijn klein.
2. _____ huis heeft twee ramen en twee duren.
3. Deze stad is groot, maar _____ is klein.
4. _____ mes is voor het brood.
5. De bibliotheek is in _____ straat.

Ⅱ. deze, dit를 골라 넣으시오.

1. _____ man heeft vier kinderen.
2. Dat is toch niet meer van _____ tijd.
3. Je boek ligt niet in _____ kast.
4. _____ winkel is ook van de slager.

Ⅲ. 밑줄친 곳에 알맞은 지시대명사를 넣어라.

Jandy: Hoi! Nicoline, wat ben jij aan het doen?
Niciline: Ik ben een broek aan het maken. Kijk, ___1___ blouse heb ik een paar dagen geleden genaaid.
Andy: Maak je vaak je kleren zelf?

Nicoline: Ja, ___2___ is veel goedkoper; maar ik vind het ook leuk om te doen. Maak jij ook je kleren zelf?

Andy: Nee, ___3___ kan ik niet.

Niconine: ___4___ dacht ik eerst ook. Ken je Reland? ___5___ naait al zijn kleren zelf. Hij heeft me geholpen. Kijk, ___6___ is een goed boek over kleren maken. In ___7___ boek staan heel duidelijke tekeningen.

Andy: Mag ik even kijken? O, ___8___ broek lijkt me leuk. Kun jij ___9___ niet voor me maken?

Nicoline: Nee, probeer het zelf maar. Je mag het boek wel van me lenen.

Andy: ___10___ is een goed idee. Dan ga ik ___11___ weekend naar mijn jus. ___12___ heeft een naaimachine.

Ⅳ. zelfs, zelf 중 알맞은 것을 넣으시오.

1. _____ het water in de rivier begon te bevriezen.
2. Hij was _____ nergens als leerling ingeschreven.
3. Spijbelen is bijna altijd een teken dat er iets misloopt met de jongen _____.
4. De televisie is uitgevallen; kunnen we die _____ repareren?
5. Hij kan _____ een foto van zijn vriendin tonen.
6. Hij verandert niet van mening en doet wat hij _____ wil.
7. Hij heeft honderd boeken en _____ nog meer.
8. Koning Karel regeerde niet _____ over het hele land.
9. De reis _____ verliep vrij voorspoedig.
10. De dag _____ komen we hem feliciteren.

Ⅴ. deze, die, dit, dat, zulk, zulke, zo'n, dezelfde, hetzelfde, zelf, zelfs 중 알맞은 것을 골라 넣어라.

1. Wilt u _____ krant hier lezen?
2. _____ diefstal gebeurt alle dagen.
3. Ze woont in _____ straat als mijn broer.
4. Ze maakt _____ juwelen en ze tekent graag.
5. Wil je het boek? Nee, ik heb al _____.
6. Vader vindt deze auto mooier dan _____.

7. Ik kan _____ wijn niet drinken.
8. Ze wil _____ geschiedenis niet meer horen.
9. Zij keek naar haar zus, terwijl _____ de brief zat te lezen.

4. 대명사적 부사(Het voornaamwoordelijk bijwoord)

hier, daar, er, waar, ergens, nergens, overal

Fatos Durmus komt uit Istanbul. Ze heeft **er** gewerkt bij een chemisch bedrijf. **Daar** hadden ze een groot huis. Nu woont ze met haar man en twee kinderen in Arnhem. **Hier** wonen ze in een flat. Ze moesten **er** wel **aan** wennen.

텍스트나 대화중 전치사와 연결되는 지시대명사(deze, die, dit, dat) 혹은 인칭대명사(het), 관계대명사(*die, dat*), 부정대명사, 의문대명사(wat)가 사람이 아니고 사물 혹은 행위를 뜻하는 경우 소위 대명사적 부사 혹은 부사적 대명사라 불리우는 「**hier, daar, er, waar, ergens, nergens, overal** + 전치사」로 바꿔 표현한다.
여기서 *hier*와 *daar*는 지시성이 강조되는 경우로 *hier*는 *deze, dit*와 같이 지시성이 가까운 경우이며, *daar*는 *die, dat*와 같이 지시성이 먼 경우이다. *er*는 인칭대명사 *het*와 같이 지시성이 강조되지 않는 중립의 경우이다. *waar*는 사물을 뜻하는 의문대명사 *wat*, 선행사가 사물인 관계대명사의 경우이고, *ergens, nergens, overal*은 부정대명사 *iets, niets, alles*와 전치사가 연결되는 경우이다.

Ⅰ. 형태

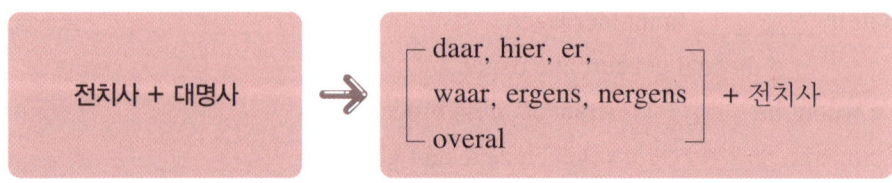

전치사 + 지시대명사(deze, dit) : **hier** + 전치사

전치사 + 지시대명사(die, dat) : **daar** + 전치사
전치사 + 인칭대명사(het) : **er** + 전치사
전치사 + 관계대명사(die, dat, wat) : **waar** (*관계대명사편 참조)
전치사 + 의문대명사(wat) : **waar** + 전치사 (*의문대명사편 참조)
전치사 + 부정대명사(iets/niets/alles) : **ergens/nergens/overal** + 전치사
(*부록 '특정전치사를 취하는 주요 동사' 참조)

Ⅱ. 용법

1. 사물을 지시

Ken jij dat T.V. programma? (너는 그 TV 프로그램을 아니?)
→ Ik heb *er* nooit *naar* gekeken, maar *er* al wel veel *over* gehoord.
(나는 그 프로그램을 본 적 없어, 하지만 나는 벌써 여러번 그것에 대해 들었다.)

Fatos weet veel *over de gewoonten* van haar land.
(파토스는 그녀의 조국의 관습에 대해 잘 안다.)
→ Ze vertelt *daar* graag *over*. (= over de gewoonten van haar land)
(그녀는 그것에 대해 기꺼이 말할 수 있다.)

Ze houdt *van culturele programma's op de televisie*.
(그녀는 TV 문화 프로그램을 좋아한다.)
→ Ze kijkt *er* vaak *naar*. (= naar culturele programma's op de televisie)
(그녀는 그 프로를 자주 본다.)

De computer *waarmee* ik de laatste twee jaar gewerkt is stuk.
(내가 지난 2년 동안 작업했던 컴퓨터가 고장났다.)

Waarvoor heb je die sleutel nodig? (너는 그 열쇠가 어디에 필요하니?)
Dat slaat op niets → Dat slaat *nergens op*. (그것은 전혀 이치에 닿지 않는다.)
Dat blijkt uit alles → Dat blijkt *overal uit*. (그것은 모든 것에서 밝혀진다.)

Hij luistert toch niet naar je goede raad. (그는 너의 좋은 충고를 듣지 않는다.)
→ Hij luistert *er* toch niet *naar*.
Hij wil naar dat programma kijken. (그는 그 프로그램을 보길 원한다.)
→ Hij wil *ernaar* kijken.
Hij streeft naar perfecties. → *Daar* streeft hij *naar*. (그는 완벽을 추구한다.)
De hond sprong uit de doos. → Hij sprong *eruit*. (개는 상자 밖으로 뛰어 나왔다.)

Hij wist niets van die zaak. → Hij wist *er* niets *van*. (그는 그 일에 대해 아무것도 알지 못했다.)
Kom uit die kast! → Kom *eruit*. (옷장에서 나왜!)

2. 행위를 지시

In Arnhem wonen ze in een flat. (그들은 Arnhem의 한 아파트에 살고 있다.)
 → Ze moesten *daar* wel *aan* wennen. (= aan het wonen in een flat)
 (그들은 아파트 생활에 적응해야 했다.)

Fatos gaat verhuizen naar Arnhem. (파토스는 Arnhem으로 이사갈 것이다.)
 → Ze heeft *er* weinig zin *in*. (= in verhuizen naar Arnhem)
 (그녀는 그럴 생각이 별로 없다.)

3. 구어체에서 사람을 지시할 때도 사용되는 경우가 있다.

Fatos: Heb je Hans al gezien? (너는 한스를 본 적 있니?)
Amina: Nee, ik wacht al een uur op hem. (아니, 나는 벌써 그를 한 시간이나 기다리고 있어.)
 (= Nee, *daar* wacht ik al een uur *op*.)

4. 다음과 같은 전치사는 부사적 대명사와 결합할 때 철자가 다르다.

met → **mee** : Hij heeft nog nooit met die bal gespeeld. (그는 그 공을 갖고 논 적이 없다.)
 Hij heeft *er* nog nooit *mee* gespeeld.

tot → **toe** : Dat dient *hiertoe*. (그것은 여기에 쓰인다.)

※ 전치사 *naar*, *van*, *uit*는 장소, 방향, 동작을 뜻하는 경우이지만 다음과 같이 변형하여 사용하기도 한다.

 naar → **naaartoe** : 목적지('...로')를 뜻할 경우
  Hij rijdt met de wagen naar Amsterdam. (그는 차를 타고 암스테르담으로 가고 있다.)
  Hij rijdt *er* met de wagen *naartoe/heen*

 van → **vandaan** : 출발지('...로부터')를 뜻할 경우
  Ik kom net van de schouwburg. → Ik kom *er* net *vandaan*.
  (나는 막 극장에서 오는 길이다.)

 van → **af** : 동작, 움직임의 출처('..에서')을 뜻할 경우

Hij viel van de stoel. → Hij viel *eraf*. (그는 의자에서 떨어졌다.)
Haal die sticker van mijn auto. → Haal die *eraf*.
(나의 차에서 그 스티커를 떼어라.)

uit → **vandaan** : 출신('... 로부터')를 뜻할 경우
Ik kom niet uit Seoul. Ik kom *er* niet *vandaan*.
(나는 서울 출신이 아니다.)

5. 'hier, daar, er, waar + 전치사'에서 대명사적 부사 *hier*, *daar*, *er*, *waar*는 전치사와 분리 혹은 비분리하여 사용하기도 한다.

Ze heeft pas een nieuwe baan. (그녀는 이제서야 새로운 직업을 갖게 되었다.)
Daar/Hier is ze erg blij *mee*. (그녀는 그것을 기뻐하고 있다.)
Daarmee/Hiermee is ze erg blij.

6. er, daar, hier와 전치사의 위치

1) er, hier, daar는 정동사 다음에 위치하고 전치사는 동사술어 혹은 전치사구 앞에 위치한다.

Hij kijkt *daar* niet *naar*. (그는 그것을 쳐다보지 않는다.)
Hij heeft *er* nog vaak met zijn broer *over* gesproken.
(그는 그의 형제와 함께 자주 그것에 대해 이야기 한다.)
Hij is *daar* absoluut *van* overtuigd. (그는 그것에 대해 절대적으로 확신하고 있다.)
Dat is *er* niet *mee* in strijd. (그것은 이것과 충돌되지 않는다.)
Ik ben *er* niet *van* onder de indruk. (나는 그것에 감동받지 않는다.)

2) 전치사는 부사 혹은 형용사 다음에 위치한다.

Hij is *er* niet zeker *van*. (그는 그것에 대해 확신하지 않는다.)
Hij is *er* boos *op*. (그는 그것에 화가 났다.)
Hij is *er* heel erg tevreden *over*. (그는 그것에 대해 매우 만족한다.)

7. 전치사 *zonder*, *tijdens*, *volgens*, *gedurende*, *betreffende*, *niettegenstaande*, *ondanks*, *wegens*, *behalve*, *sinds*, *sedert*, *vanwege*는 부사적 대명사와 결합이 불가능하다.

5. ER

In de nacht van woensdag op donderdag is **er** bij het filiaal van Albert Heijn op de Hogeweg ingebroken. **Er** werd geen geld gestolen, omdat de kassa's op dat tijdstip leeg waren, maar **er** werd voor ongeveer 3.000 euro aan goederen ontvreemd. Ook werd **er** voor minstens 10.000 euro aan schade veroorzaakt. **Er** zijn nog geen sporen gevonden die naar de identiteit van de daders zouden kunnen leiden.

er는 문장에서 다음과 같은 지시기능과 문법적 기능을 갖고 있다.

Ⅰ. 지시 기능

1) 장소부사 (비강세) (= lokaal ER)

    Woon je al lang in Amsterdam? (너는 암스테르담에 오래 살고 있니?)
      Ja, heel lang. Ik ben *er* namelijk geboren. (응, 매우 오래 살았어. 나는 그곳에서 태어났어.)
    Sarah studeert vaak in de bibliotheek. (사라는 자주 도서관에서 공부한다.)
      Daar zit ze tegenwoordig bijna iedere dag. Ze woont *er* bijna.
      (거기에 그녀는 거의 매일 앉아 있다. 그녀는 거기서 거의 살고 있다.)

    Wanneer was jij voor de laatste keer in Parijs?
    (너는 최근에 마지막으로 파리에 언제 갔다 왔니?)
      Eens even denken.... Ik was *er* voor de laatste in '82 of was het '83?
      (잠깐 생각해볼께. 내가 마지막으로 갔던게 82년인가 83년인가?)

    Zie ik het goed? Zitten Eric en Tim in dat café?
    (내가 잘 보고 있는 거지? 에릭과 티마는 그 카페에 앉아 있잖아?)
      Dat zou wel kunnen want ze komen *er* zeker twee keer per week.
      (그럴꺼야. 왜냐하면 그들은 일주일에 두 번은 꼭 그곳에 가니까.)

    ※ 장소를 강조하려면 er는 문장의 앞에 올수가 없고 그 대신 daar로 바꿔 쓸 수 있다.
        Er ben ik nog nooit geweest. (×)
        Daar ben ik nog nooit geweest. (O)

2) 'er+수량(數量)' (= partitief ER) : 수량을 언급하는 명사 혹은 구(수사, weinig, veel,

genoeg, enkele, wat, verschillende, verscheidene, nog, voldoende.)가 앞에 나올 때 그 명사 혹은 구를 er로 표현하여 그 수량중의 일부를 뜻함.

Ik heb 2 platen gekocht. (나는 접시 두 개를 샀다.)
  → Ik heb *er* 2 gekocht.
Ik wil veel artikels schrijven. (나는 많은 논문들을 쓰고 싶다.)
  → Ik wil *er* veel schrijven.
Je hebt genoeg oefeningen. (너는 충분한 훈련을 했다.)
  → Je hebt *er* genoeg.

Hoeveel kinderen heeft Fatos? (파토스의 아이들은 몇명이니?)
  Ze heeft *er* twee. (=kinderen) (그녀는 2명의 아이들이 있다.)
Heeft Fatos ook broers? (파토스는 또 남자 형제가 있니?)
  Nee, ze heeft *er* geen. (아니, 그녀는 남자 형제가 없다.)
Heb je nog sigaretten? (너는 아직도 담배를 가지고 있니?)
  Ja, ik heb *er* nog drie. (=drie sigaretten) (응, 나는 3개의 담배를 가지고 있어.)
Ik heb geen auto, maar mijn zus heeft *er* wel één.
(나는 자동차가 없어, 하지만 나의 여동생은 차 한대가 있어.)
Mag ik een boterham van jou? Ik heb *er* geen meer.
(내가 너의 샌드위치를 먹어도 될까? 나는 샌드위치를 갖고 있지 않아.)
Hier, neem maar een appel van mij, ik heb *er* toch veel.
(자, 나의 사과를 가져가, 나는 사과를 많이 갖고 있어.)
Er is *er* één jarig. (생일인 사람이 한 사람 있다.)

3) 대명사적 부사(=pronominale adverb ER)

  a. 'er + 전치사' 와 결합하여 언급된 사물을 인칭대명사로 지시할 때:

  | 전치사 + hem/haar (ze)/het/ze → .er + 전치사 |

  ∗ 단, 전치사 *met*는 *mee*로, *tot*는 *toe*로 전환

  Hij is met de hond gaan wandelen. (met hem) (그는 개와 함께 산책한다.)
    → Hij is *ermee* gaan wandelen.

  De bomen stonden om het huis heen. (om het heen) (나무들이 집 둘레에 서 있었다.)
    → De bomen stonden *eromheen*.

  Wanneer ik een nieuwe cd heb gekocht, luister ik *er* de hele avond *naar*.

(=een nieuwe cd) (내가 새로운 CD를 산 날 나는 그날 저녁 내내 그 CD를 들었다.)

Sarah maakt graag boswandelingen. *Daar* **houdt Eric niet** *van*, **dus ze moet dat helaas altijd alleen doen.** (=boswandeling)
(사라는 숲속을 걷는 것을 좋아한다. 에릭은 그것을 싫어한다. 그래서 그녀는 항상 혼자서 숲속을 산보한다.)

Wat vond je van die film? (너는 그 영화에 대해서 어떻게 생각하니?)
Ik zit *er* **nog** *over* **na te denken.**(= die filem)
(나는 지금 그것에 대해 앉아서 생각하고 있다.)

b. 목적절, 주어절, 부사절, 간접의문문, 'te +부정형' 등을 지시

Ik reken *erop* **dat je komt.** (나는 네가 오는 것을 믿는다.)
Ik reken *erop* **je vanavond te zien.** (나는 오늘 저녁에 너를 볼 수 있을거라 믿는다.)
Zorg *ervoor* **dat je op tijd ben.** (시간에 맞게 오도록 해.)
Ik denk *erover* **een nieuwe cursus te gaan volgen.**
(나는 새런 강좌를 수강할까 생각하고 있다.)

※ 특히 출처, 목적지를 뜻하는 경우에는 대명사적 부사로 표현한다.

Kom nu maar uit de hoek. → **Kom** *er* **nu maar** *uit*. (구석에서 나와라.)
Haal die plaat maar uit de hoes. → **Haal ze** *er* **maar** *uit*. (음반을 재킷에서 꺼내라.)

그러나 장소나 공간을 뜻할 경우 대명사적 부사 대신 장소부사로 표현하는 경우가 일반적이다.

Hij zit al de hele ochtend achter in de tuin te lezen.
(그는 아침 내내 정원에 앉아서 독서를 한다.)
→ **Hij zit** *er* **al de hele ochtend te lezen.**
Ben jij al vaak in de Ardennen gaan wandelen?
(너는 Ardennen으로 자주 산책하러 갔니?.)
→ **Ik ga** *er* **bijna elk weekend wandelen.**
Ze ligt op het terras te zonnen. (그녀는 테라스에서 누워 일광욕을 한다.)
→ **Ze ligt** *er* **te zonnen.**

II. 문법적 기능

1. 형식 주어

1) 능동문에서 실질 주어가 비특정의 의미를 나타내는 부정관사나 부정수사(*veel*), 복수형, 부정대명사(*iets*, *niemand*, *iemand*) 혹은 의문사(*wie*, *wat*, *hoeveel*)인 경우 형식주어 er를 사용한다.

Er staat een baan voor haar in de krant. (=een baan) (신문에 그녀를 위한 직장이 실려 있다.)
Er is vanavond een mooie film op de televisie. (오늘 저녁에 TV에 좋은 영화를 한다.)
Er is nog melk. (우유가 아직 있습니까?)
Er zitten vandaag weinig studenten in de kantine. (오늘 구내 매점에 학생들이 별로 없다.)

Er staat een politieauto voor de deur. (문 앞에 경찰차가 있다.)
Er klopt iemand. (누군가 노크를 한다.)
Er was niemand thuis. (집에 아무도 없다.)
Er zitten muizen in de kelder. (지하실에 쥐가 있다.)
Er is niets aan de hand. (아무 일도 없다.)
Er komt vanavond een klant. (오늘 저녁에 고객이 온다.)
Er waren niet veel mensen. (사람들이 많지 않았다.)
Er ontstond een enorme chaos. (큰 혼란이 있었다.)
Er zijn nog geen klanten gekomen. (고객이 아무도 오지 않았다.)
Wie heeft er klopt? (누가 노크를 했나?)
Klopt er iemand? (누군가 노크를 하니?)

2) 수동문에서 행위를 나타내는 동사의 형식주어(*수동태편 참조)

Er wordt tegenwoordig minder gerookt. (요즘은 담배를 덜 피운다.)
Werd er nog gedanst? (아직도 춤을 추니?)
Er wordt veel gefietst in Amsterdam. (암스테르담에는 자전거를 많이 탄다.)
Er wordt teveel gepraat in de klas. (교실에서 많은 이야기를 한다.)
Er is gezegd dat dat niet kan. (그것은 말할 수 없는 것이다.)
Er moet meer worden gewerkt. (더 많이 일을 해야 한다.)

3) 관용구 : ER + 형용사 + UITZIEN '... 처럼 보인다'

Jullie woonkamer ziet *er* gezellig *uit*. (너희들의 거실은 아늑해 보인다.)

Wat zie je *er* moe *uit*! Ga snel naar bed! (너 참 피곤해 보인다. 빨리 가서 재)
Simone ziet *er* sportief *uit*. (시몬은 운동을 좋아하는 것처럼 보인다.)

Ⅲ. 문장에서 ER의 복합 기능

ER가 한 문장에서 1. 형식주어(er+ onbepaald onderwerp:) 2. 수량(er + hoeveelheid) 3. 대명사적 부사(er + voorzetsel) 4. 장소부사(plaats) 기능이 복합적으로 사용되기도 한다.

Hij heeft in de krantenwinkel vijf boeken gekocht. (그는 신문 파는 곳에서 5권의 책을 샀다.)
 → Hij heeft er vijf boeken gekocht. (4)
 → Hij heeft er in de krantenwinkel vijf gekocht. (2)
 → Hij heeft er vijf gekocht. (4+2)

Ik heb vijf brieven in de kast gestopt. (나는 우체통에 편지 5통을 넣었다.)
 → Ik heb er vijf in gestopt. (2+3)

Ik heb in Amsterdam veel klanten. (암스테르담에는 많은 고객들이 있다.)
 → Ik heb er veel.(2+4)

Er zijn gisteren vijf genodigden gekomen. (어제 초대한 사람들 5명이 왔다.)
 → Er zijn er gisteren vijf gekomen. (1, 2)

Hij zei dat er gisteren vijf genodigden gekomen zijn.
(그는 어제 초대한 사람 5명이 왔다고 말했다.)
 → Hij zei dat er gisteren vijf gekomen zijn. (1+2)

Gisteren zijn er vijf gekomen.(1+2) (어제 다섯 명이 왔다.)

Er wordt rekening gehouden met je vraag. (너의 부탁이 참작되었다.)
 → Er wordt rekening mee gehouden.(1+3)

Er zitten in dat hok twee fazanten. (그 우리 안에 공작새 2마리가 앉아 있다.)
 → Er zitten er twee in. (1, 2+3)

Ⅳ. ER의 위치

1. 문법적 기능을 갖는 er 가 형식주어 혹은 수동문의 가주어로 사용되었을 경우 er 는 문두에 위치한다. 그러나 문두에 다른 문장 성분이 올 경우 er 는 정동사 다음에 위치한다.

    Er ligt een krant op tafel. (탁자위에 신문이 놓여있다.)
    Er wordt op school veel gelachen. (학교에서 많이 웃었다.)
    Vandaag is *er* een goede film op TV. (오는 TV에서 좋은 영화를 방영한다.)

    종속절에서는 종속접속사 다음에 위치한다.

    Erik zegt dat *er* een krant *op* tafel ligt.
    Peter gaat graag naar school omdat *er* veel gelachen wordt.
    Karin, kijk jij eens even of *er* vandaag een goede film op tv is.

2. er가 장소 부사, 수량, 대명사적 부사로 사용되는 경우 정동사 다음에 위치한다.

    Is Erik in Amsterdam geweest? Hij is *er* vaak geweest.
    (에릭은 암스테르담에 갔다온 적이 있느냐? 그는 그곳에 자주 갔다왔다.)
    Heeft Erik kinderen? Hij heeft *er* twee.
    (에릭은 아이들이 있느냐? 그는 아이들이 둘 있다.)
    Houdt Erik van voetbal? Ja, hij houdt *ervan*.
    (에릭은 축구를 좋아하나? 그렇다. 그는 축구를 좋아한다.)

    주어가 문두에 오지 않을 경우에 er는 주어 다음에 위치한다.

    Is Erik in Amsterdam geweest? Gisteren is hij *er* geweest.
    Heeft Erik kinderen? Sinds 2000 heeft hij *er* twee.
    Houdt Erik van voetbal? Ja, Natuurlijk houdt hij *ervan*.

    그리고 종속절에서는 주어 다음에 위치한다.

    Is Erik in Amsterdam geweest? Erik zegt dat hij *er* gisetren is geweest.
    Heeft Erik kinderen? Erik vertelt dat hij *er* twee heeft.
    Houdt Erik van voetbal? Ja, ik geloof dat hij *ervan* houdt.

3. 문장의 정동사가 재귀대명사인 경우 er는 주절이나 종속절에서 모두 재귀대명사 뒤에 위치한다.

Peter en Karin, gaan jullie graag naar opa en oma?
(페이터, 카린! 너희들 할아버지, 할머니댁에 잘 가니?)

Nee, ik verveel *me* **er** altijd. (아니, 그곳에 가면 따분해.)

O ja, ik verheug *me* **erop**, naar oma en opa te gaan.
(오 그래, 나는 할아버지 할머니댁에가면 즐거운데.)

Ha, ze zegt dat ze *zich* **erop** verheugt, maar ze vindt er niks aan!
(그러게 말야, 사람들은 할아버지 할머니댁은 즐거운 데라고 말하는 데 그들은 그렇게 생각하지 않아.)

4. 간접목적어 혹은 직접목적어를 포함한 문장에서 er 는 주절 이나 종속절에서 모두 간접목적어나 직접목적어 뒤에 위치한다.

Erik, heb ik jou gisteren in Amsterdam gezien?
(에릭, 난 어제 암스테르담에서 널 봤어.)

Nee, je kan *me* **er** niet gezien hebben, want ik was in Utrecht.
(아니야, 넌 거기서 날 보지 못했어, 난 위트레흐트에 있었으니까.)

O, nou, ik dacht echt dat ik *je* **er** zag lopen. Je hebt zeker een dubbelganger.
(헌데, 난 네가 그곳에서 걸어가는 것을 보았다고 생각하는데. 분명 너의 도플갱어가 있는거야.)

Ja, zal wel. Zeg, hoeveel kopieën van dit rapport moet Van Buren hebben?
(그럴 수 있겠지, 잔말 말고, 판 뷔런은 이 보고서의 복사본 몇부가 있어야된데?)

Je moet *hem* **er** vier geven. (4부를 줘야해.)

Okee. Herinner jij Janine aan die afspraak voor vanmiddag?
(알았어, 너 오늘 오후 야니와 약속기억하고 있지?)

Jo, ik zal *haar* **eraan** herinneren. (알아, 그녀와 약속 기억하고 있어.)

연습문제

I. 다음 문장에 나오는 er, daar, hier, waar의 용법을 설명하라.

1. Er komt vanavond bezoek.
2. Er staat een schaal met appels op tafel. Wilt u er één?
3. Nee, dank u, ik heb er al één gehad.

4. Er zijn weinig huizen te huur.
5. Dank je voor al je hulp. Ik heb je er niet eens om hoeven te vragen.
6. Het ziet er naar uit dat we sneeuw krijgen.
7. Er is gisteren brand geweest. Hebt u erover in de krant gelezen?
8. Je mag wat fruit hebben, of houd je er niet van?
9. Wat denk je ervan? Ik ben er tegen.
10. Er is nog een stuk papier over. Waar zullen we het voor gebruiken?
11. Hier is het boek waar ik nu vijfentwintig hoofdstukken van heb gelezen.
12. Heb je maar een handdoek? Er moeten er twee zijn.
13. Hij nam zijn fiets, sprong erop, en reed weg.
14. U hebt gelijk, het zou leuk zijn om in een restaurant in de stad te eten. Daar had ik niet aan gedacht.
15. U leest de krant van vandaag. Staat er iets interessants?
16. Nee, er is vrijwel niets gebeurd. er staat niets in, behalve een paar dingen over de regering.
17. Ik kan er niets meer van zeggen, omdat ik er nog helemaal niets van weet.
18. Je moet erom denken, dat het erg gevaarlijk kan zijn.
19. Ik reken erop, dat u mij morgen opbelt.
20. Denk erom, dat je het geld meebrengt.

Ⅱ. 밑줄 친 부분을 er로 바꿔쓰시오.

1. Moeder zit altijd in haar nieuwe fauteuil.
2. Hij praat niet over zijn werk.
3. Hij is niet naar de stad gegaan.
4. Ik heb over de zaak horen spreken.
5. Onze buren hebben de hele avond over hun vakantie verteld.
6. Ik wacht op de bus.
7. Hij praat met zijn vrouw over zijn werk.
8. De hond zit onder de tafel.
9. Ik heb lang aan zijn woorden getwijfeld.
10. Ik denk nog steeds aan mijn vakantie.
11. We gaan samen naar de stad.
12. De directeur heeft een probleem met de nieuwe bediende.

13. Wat denk je over die nieuwe uitzending?
14. Ik wil niet op de piano van mijn broer spelen.
15. Wat weet je over dat nieuws?
16. We zullen zeker morgen naar het park gaan.
17. De secretaresse werkt met de nieuwe computer.
18. Kinderen drinken graag uit de fles.
19. Morgen moet ik opnieuw met deze kant spreken.
20. De secretaresse wil het op de muur hangen.

Ⅲ. 다음 문장에 나타나는 er, hier, daar가 어떻게 사용되는지 설명하시오.

'Hier' in Nederland heeft bijna iedereen een kat of hond in huis. Soms hebben Nederlanders er zelfs meer dan één. Sommige mensen hebben er geen. Ze hebben er dan geen tijd voor. Of ze kunnen er niet tegen. In Mauretanië is dat heel anders. Daar heb ik 32 jaar gewoond; ik heb er nog nooit een kat of hond in huis gezien. We zien dieren niet als vrienden. Dat gebeurt hier wel vaak. Er zijn in Nederland zelfs mensen die net zoveel van honden houden als van mensen. Dat is in Mauretanië onmogelijk. Daar hebben we dieren om voor ons te werken. We eten ook dieren, net als hier.

6. 관계대명사(Het betrekkelijk voornaamwoord)

Marian gaat naar een feestje van Petra, **die** jarig is. Ze heeft een boek over Korea gekocht **dat** Petra graag willen hebben. Petra gaat namelijk op vakantie naar Korea.

Op het feestje ontmoet Marian iemand met **wie** ze vroeger samengewerkt heeft. Helaas moet ze de volgende dag weer vroeg opstaan. Ze kan dus niet lang blijven, **wat** Petra erg jammer vindt.

관계 대명사는 두 문장을 연결하는 접속사의 기능과 대명사의 기능을 갖는 문법요소를 말한다. 문장 Marian gaat naar een feestje van Petra, die jarig is.는 Marian gaat naar een feestje van Petra. Petra is jarig. 두 문장이 합쳐진 문장이다. 이 두 문장에서 명사 Petra가 공통적으로 나오는 데, 뒤 문장의 Petra를 관계대명사 *die*로 바꾸어 하나의 문장으로 변환시킨 것이다. 이 경우 *die*는 바로 앞에 **Petra**를 가리키고, **Petra**는 관계대명사 *die*의 선행사가 된다. 그리고 네덜란드어의 관계절에서 정동사는 맨 뒤에 위치한다.

Ⅰ. 선행사가 있는 경우

1. 선행사가 사람인 경우

1) 전치사가 없는 경우

> die : 선행사(het antecedent)가 통성명사 단수와 복수명사인 경우
> dat : 선행사가 중성 단수명사인 경우

Naast ons wonen nieuwe mensen. Ze hebben vier honden.
(우리 옆에 새로 이사온 사람들이 산다. 그들은 개 5마리를 가지고 있다.)
→ De nieuwe mensen *die* naast ons wonen, hebben vier honden.
(우리 옆집에 사는 새로 이사온 사람들은 강아지 5마리를 가지고 있다.)

Robert is nog nooit ziek geweest. Hij heeft nu griep.
(로버트는 절대 아픈적이 없다. 그는 지금 감기에 걸렸다.)
→ Robert, *die* nog nooit ziek geweest is, heeft nu griep.
(아픈적이 없던 로버트가 지금 감기에 걸렸다.)

Petra staat samen met een meisje op de foto. Het is haar zusje.
(페트라는 사진에서 한 소녀와 서 있다. 소녀는 그녀의 여동생이다.)
→ Het meisje *dat* samen met Petra op de foto staat, is haar zusje.
(사진에서 페트라와 함께 서 있는 소녀는 그녀의 여동생이다.)

Dat zijn mensen *die* je absoluut niet kunnen vertrouwen.
(그들은 네가 전혀 믿을 수 없는 사람들이다.)

Het jongetje *dat* je daar ziet, heeft een rol in een televisieserie.
(네가 거기서 보는 젊은이는 텔레비전 드라마에서 역할을 맡고 있다.)

2) 전치사가 있는 경우

> 전치사 + wie

Ze praat met Robert. Ze heeft vroeger met Robert samengewerkt.
(그녀는 로버트와 말한다. 그녀는 전에 로버트와 함께 일했다.)

→ Ze praat met Robert, *met wie* ze vroeger heeft samengewerkt.
(그녀는 그녀가 전에 함께 일했던 로버트와 말을 하고 있다.)

Marian heeft met een vrouw gesproken. Ik ken de vrouw niet.
(마리안은 부인과 이야기를 나누었다. 나는 남편을 모른다.)

→ De vrouw *met wie* Marian gesproken heeft, ken ik niet.
(마리안과 이야기를 나누었던 부인을 나는 모른다.)

Ik heb mijn boek aan Jan geleend. Ik heb hem al een tijdje niet meer gezien.
(나는 얀에게 내 책을 빌려줬다. 나는 그를 한동안 보지 못했다.)

→ Ik heb Jan, *aan wie* ik mijn boek geleend heb, een tijdje niet meer gezien.
(나는 나의 책을 빌려줬던 얀을 한동안 보지 못했다.)

Petra staat samen met een jongetje op de foto. Het is haar broertje.
(페트라는 사진에 소년과 함께 있다. 그는 그녀의 남동생이다.)

→ Het jongetje *met wie* Petra op de foto staat, is haar broertje.
(사진에서 페트라와 함께 있는 소년은 그녀의 남동생이다.)

→ Het jongetje *waarmee* Petra op de foto staat, is haar broertje.
(사진에 페트라와 함께 서 있는 소년은 그녀의 남동생이다.)

※ 선행사가 사람인 경우 구어체에서 관계대명사적 부사(전치사+wie → waar+전치사)가 사용되나 문어체에서는 사용되지 않는다.

De vrouw *aan wie* hij die bloemen gaf, was niet zijn echtgenote.
(그가 꽃을 준 여자는 그의 아내가 아니다.)

Dat zijn mensen *met wie* ik nooit op vakantie zou willen.
(그들은 내가 휴가때 만나지 싶지 않은 사람들이다.)

2. 선행사가 사물인 경우

1) 전치사가 없는 경우:

> die : 선행사(het antecedent)가 통성명사 단수와 모든 복수명사인 경우
> dat : 선행사가 중성 단수명사인 경우

Ik lees veel kranten. Deze kranten schrijven veel over het buitenlandse nieuws.
(나는 많은 신문들을 읽는다. 이 신문들은 외국 소식이 많이 실려 있다.)

→ De kranten *die* ik lees, schrijven veel over het buitenlandse nieuws.
(내가 읽은 신문은 외국 소식이 많이 실려 있다.)

Hij heeft werk. Het werk is niet interessant.
(그는 일을 한다. 그 일은 흥미롭지 않다.)

→ Het werk *dat* hij heeft, is niet interessant. (그가 하는 일은 흥미롭지 않다.)

De televisie *die* ik gisteren gekocht heb, heeft zeventig kanalen.
(내가 어제 산 TV는 70개의 채널을 가진다.)

2) 전치사가 있는 경우

> waar + 전치사(* met는 mee로, tot는 toe로)

선행사가 사물이고 관계대명사가 전치사와 결합될 때 **관계대명사적 부사** 'waar + 전치사' 형태를 사용하며 waar와 전치사는 붙여쓰거나 띄어쓰기도 한다.

met die/dat	➡	**waarmee** (waar...mee)
in die/dat	➡	**waarin** (waar...in)
voor die/dat	➡	**waarvoor** (waar...voor)

We hebben een computerprogramma voor adressen. We hebben nog nooit met dit programma gewerkt.
(우리는 주소를 위한 컴퓨터 프로그램을 갖고 있다. 우리는 아직 그 프로그램으로 작업한 적이 없다.)

→ We hebben een computerprogramma voor adressen, *waar* we nog nooit *mee* gewerkt hebben. (우리는 절대 사용해 본적이 없는 주소를 위한 컴퓨터 프로그램을 갖고 있다.)

Het treintje *waarmee* hij nu speelt, heeft hij van zijn moeder gekregen.
(지금 그가 가지고 노는 장난감 기차는 그가 그의 엄마로부터 받은 것이다.)

De stoel *waarop* je zit, heeft meer dan 3000 euro gekost.
(네가 앉아 있는 의자는 값이 300유로 이상이다.)

(= De stoel *waar* je *op* zit, heeft meer dan 3000 euro gekost.)

De computer *waarmee* ik de laatste twee jaar gewerkt heb, is stuk.
(네가 지난 2년 동안 사용했던 컴퓨터는 고장났다.)

(= De computer *waar* ik de laatste twee jaar *mee* gewerkt heb, is stuk.)

Het gebouw *waarin* dat museum gevestigd is, wordt gerenoveerd.
(그 박물관이 들어 있는 건물은 개조되었다.)
(= Het gebouw *waar* dat museum *in* gevestigd is, wordt gerenoveerd.)

※ 관계대명사 **waarbij** : 기간(duur)을 표현할 때 사용.

Ik hou van voetbal **waarbij** veel doelpunten vallen.
(나는 많은 골을 넣는 축구를 좋아한다.)
Als je die film bekijkt, moet je nadenken.
(네가 그 영화를 본다면 너는 신중해 생각해야 한다.)
→ Het is een film **waarbij** je moet nadenken. (그것은 너를 생각하게 만드는 영화이다.)
Tijdens die vergadering werd niet veel gezegd. (회의하는 동안 말이 얼마 없었다.)
→ Die vergadering **waarbij** niet veel werd gezegd.

※ 장소를 나타내는 관계대명사적 부사 waar 는 전치사가 필요없다.

Het dorp **waar** ik vroeger woonde, telt nu al 6.000 inwoners.
(내가 전에 살았던 마을은 지금 6000명의 주민들이 살고 있다.)

3) 선행사가 부정대명사(*iets, niets, alles, datgene, veel, weinig*), 형용사 최상급의 명사형 (*het eerste, het mooiste, het interessantste, het enige, het laatste..*)인 경우 : **wat**

Hij heeft niets in zijn huis **wat** waardevol is. (그는 집에 가치있는 것이 아무것도 없다.)
Alles **wat** daar hangt is door Monet geschilderd.
(거기에 걸려 있는 모든 것은 모네가 그린 것이다.)
Dat is het leukste **wat** me de afgelopen drie jaar is overkomen.
(그것은 3년전에 나에게 일어났던 가장 기쁜 것이다.)

Ⅱ. 선행사가 없거나 선행사를 포함하는 경우

wie (= degene die, de persoon die, de personen die ", Hij, die "…..하는 사람")

Wie eens steelt, is altijd een dief. (한 번 훔치는 사람은 항상 도둑이다.)
Wie komen wil, moet nu betalen. (올 사람은 지금 돈을 내야 한다.)
Wie in de buurt van Rotterdam woont, ruikt soms de stank van de chemische industrie. (로테르담의 인근에 사는 사람은 때때로 화학산업의 고약한 냄새를 맡는다.)

wat (= datgene wat, dat wat, het ding/beest dat, de dingen/beesten die "..하는 것")

Wat je zegt is allemaal onzin. (네가 말하는 것은 모두 허튼 소리이다.)

Wat ik vooral onthouden heb van die film, is dat hij zo ontzettend lang duurt.
(내가 특히 그 영화에 대해 기억하는 것은 영화가 매우 길다는 것이다.)

※ 관계 대명사의 소유격의 옛날 형태가 아직 사용되기도 한다.

> wiens : 선행사가 남성(= van wie/waarvan 혹은 wie z'n)
> wier : 선행사가 여성(= van wie/waarvan 혹은 wie d'r/hun)
> welks : 선행사가 사물(= waarvan)

De man *wiens* boek ik geleend heb, is ziek. (내가 빌렸던 책의 주인은 아프다.)
(= De man *van wie* ik het boek geleend heb, is ziek.)
(= De man *wie z'n* boek ik geleend heb, is ziek.)

Het huis *welks* dak ingestort is, is later verkocht.
(지붕이 붕괴된 그 집은 나중에 팔렸다.)
(= Het huis *waarvan* het dak ingestort is, is later verkocht.)
(= Het huis *waar* het dak *van* ingestort is, is later verkocht.)

※ 제한적 용법 및 계속적 용법
- 제한적 : Mijn broer die in Amerika woont, schrijft elke week een brief.
  (미국에 살고 있는 내 동생은 매주 편지를 쓴다.)
  '여러 형제중 미국에 있는 형제'
- 계속적 : Mijn broer, die in Amerika woont, schrijft elke week een brief.
  (내 동생은 미국에 살고 있는데 그는 매주 편지를 쓴다.)
  '형제가 한 명으로 미국에 살고 있다는 정보'

연습문제

I. 알맞은 관계대명사를 넣으시오.

1. Het apparaat _____ ik gekocht heb is al stuk.

2. De secretaresse _____ daar werkt, is vriendelijk.
3. Ken je de vrouw _____ daar loopt?
4. Ik zie een kind _____ met zijn vriend speelt.
5. Ik houd niet van brood _____ niet vers is.
6. Het huis _____ ik huur, is te duur.
7. Ik koop de boeken _____ je wil lezen.
8. De gevaren _____ we hebben doorstaan, zijn voorbij.
9. Dit is het stadhuis _____ hij me beschreven had.
10. Hoe vindt u de film _____ we gezien hebben?
11. Het huis _____ ik zie.
12. De mensen _____ praten.
13. Ik presenteer het onderwerp _____ ik heb gekozen.
14. De stroom is een waterloop _____ in de zee uitmondt.
15. _____ goed is voor een, is niet altijd goed voor de ander.
16. Ik zal in het huis _____ ik heb gekocht wonen.
17. De kip _____ ik heb gegeten is heel lekker.
18. De taal _____ ik spreek is het Nederlands.
19. De roman _____ ik lees is heel spannend.
20. Het is Tom _____ geld aan de bedelaars gaf.
21. _____ dat zegt, kent onze problemen niet.
22. _____ belangstelling heeft om mee te gaan, moet even bellen.
23. _____ geen huisvesting heeft, heeft geen plek om te wonen.

Ⅱ. 알맞은 관계대명사 혹은 관계대명사적 부사를 넣으시오.

1. De leerling _____ ik een huiswerk heb ontvangen, is niet tevreden.
2. Het boek _____ ik u het lezen aanraad, is fantastisch.
3. Dat is de bal _____ ik gespeeld heb.
4. De vrouw _____ ik een geschenk heb gekregen, heet Sonia.
5. De dingen _____ hij gesproken heeft, interesseren me niet.
6. Elke villa _____ je hier een foto ziet, heeft drie slaapkamers.
7. De hond _____ ze €100 betaald hebben, is al ziek!
8. De trein _____ het kind speelt, maakt veel lawaai.
9. Ken je die vrouw _____ de zoon in Amerika leeft?

10. De tuincomplexen _____ we gesproken hadden, zijn heel mooi!
11. Ik ken de jongen _____ je spreekt.
12. Het boek _____ Harry Potter de held is, heb ik niet gelezen.
13. Ik heb niet gehoord _____ de directeur praat.
14. De auto _____ ik naar Ruisbroek moet gaan is in goede staat.
15. De fiets _____ je rijdt is van mijn broer.
16. De vakantie _____ we dromen kost te veel voor ons.
17. De bedienden _____ je rekent, komen morgen om je te helpen.
18. De secretaresse _____ je ruzie maakt, is toch een vriendelijke persoon.
19. De bediende _____ je het hebt, zal nu voor een andere dienst gaan werken.
20. De documenten _____ je zo lang hebt gezocht, zijn zeker bij de directeur.
21. Kijk de nieuwe pen _____ ik schrijf, zegt Peter tegen Jan.
22. De tram _____ ik stond te wachten was te laat.
23. De tafel _____ de kat slaapt staat in de tuin.
24. Daar komt de bus _____ Els elke dag naar de universiteit rijdt.
25. De zomer is het seizoen _____ de mensen met vakantie gaan.
26. Het huis _____ de ruiten gebroken zijn staat te koop.
27. Is Brussel een stad _____ het zeer aangenaam te wonen is?
28. Mijn zusje lijkt veel op de hond _____ ze vanmorgen heeft gespeeld.
29. Na een operatie heb je soms een looprekje nodig _____ je je kan vasthouden.
30. De kaart _____ alleen de grote steden staan is niet volledig voor mijn huiswerk.

Ⅲ. 두 문장을 관계대명사로 연결하시오.

1. Het vliegtuig is geland. Het vliegtuig komt uit America.
2. De jongen loopt daar. De jongen is mijn neef.
3. Mijn oom en tante wonen in Amerika. Mijn oom en tante hebben twee kinderen.
4. Henk heeft een fiets. De fiets is erg duur.
5. Ze hebben twee kinderen. De kinderen spreken alleen Engels.
6. June is een meisje. June leert Nederlands.
7. Vader heeft een auto gekocht. De auto rijdt heel snel.
8. Hij heeft een zusje. Zij heet June.
9. Zij heeft een broer. Hij heet Jim.

10. Wij gaan naar het museum. Het museum is in Leeuwarden.
11. Ze gaan naar een stad. De stad ligt in het Noorden.
12. Zie je die koeien? De koeien lopen in de wei.
13. De muziek is heel mooi. Jij speelt de muziek.
14. De man rookt een pijp. De man is al een beetje oud.
15. De fiets staat in de schuur. De fiets is nieuw.

7. 의문대명사(Het vragend voornaamwoord), 의문부사(Het vragend bijwoord)

Meneer Kim wil een cursus Engels doen. Hij belt met het Taleninstituut en vraagt om informatie

K: Hebt u ook een cursus Engels voor beginners?
S: Ja, hoor?
K: **Wanneer** begint dit?
S: Over twee weken.
K: Op **welke** dag wordt de cursus gegeven?
S: Op maandag van zeven tot negen uur 's avonds.
K: Kunt u mij een formulier sturen?
S: Natuurlijk. **Wat** is uw naam?
K: Kim Choen Soo
S: **Waar** woont u?
K: Paramaribostraat 11, Leiden

wie(누구) : 사람을 지칭

Wie zijn er op dat congres geweest? (그 회의에 누가 다녀갔나요?)
Wie heeft dat gedaan? (누가 그것을 했는가?)
Ik zou graag willen weten *wie* dat gedaan heeft. (나는 누가 그것을 했는지 알고 싶다.)
Van *wie* zijn deze kleren? (이 옷은 누구의 옷이냐?)

※ 의문대명사 wie의 옛날 소유격 형태가 흔히 사용되기도 한다.

wiens, wie z'n (누구의) : 단수 남성,중성명사

Wiens kleren zijn dit? (이건 누구의 옷이니?)

(= Van welke mannelijke persoon zijn deze kleren?)

(= Wie z'n kleren zijn dit?)

wier, wie d'r (누구의) : 여성, 복수명사

Wier tas is dit? (이 가방은 누구의 것이니?)

(= Van welke vrouwelijke persoon is deze tas?)

(= Wie d'r tas is dit?)

wat(무엇) : 사물을 지칭

Wat is er aan de hand? (무슨 일이야?)

Wat heb je vanmorgen gedaan? (너는 오늘 아침에 무슨 일을 했니?)

* **의문대명사적 부사** : 의문대명사 *wat*와 전치사가 연결되는 경우에는 '*waar*+ 전치사' 형태로 바꿔 써야 한다. 이 경우 *waar*와 전치사는 분리할 수도 있다.

Met wat heb je het vlees gesneden? (너는 그 고기를 무엇으로 잘랐니?)

→ *Waarmee* heb je het vlees gesneden?

Waar heb je het vlees *mee* gesneden?

Voor wat heb je dat nodig? (너는 그것이 무엇에 필요하니?)

→ *Waarvoor* heb je dat nodig?

Waar heb je dat *voor* nodig?

Uit wat gaan we deze heerlijke wijn drinken?
(우리는 이 좋은 와인을 무엇으로 마시나?)

→ *Waaruit* gaan we deze heerlijke wijn drinken?

Waar gaan we deze heerlijke wijn *uit* drinken?

Naar wat zitten jullie te kijken? (너희들은 앉아서 무엇을 보고 있니?)

→ *Waarnaar* zitten jullie te kijken?

Waar zitten jullie *naar* te kijken?

welk(e) : 어느 쪽, 어느 것 ('which')

1) 독립적으로 사용될 때

> welke : de – 명사 및 모든 복수명사를 대신
> welk : het – 단수명사를 대신

Er gaat een trein om 8.05 uur en één om 8.35 uur.
(8시 5분과 8시 35분 기차가 있다.)
Welke neem je? (너는 어떤 기차를 탈거니?)

Welke vind je de mooiste? Deze of die? (너 어떤 것이 가장 아름답니? 이거니, 저거니?)

2) 부가어적으로 사용될 때

> welke : de – 명사, 모든 복수명사
> welk : het – 단수명사

Aan *welk* meisje heb je die brief geschreven? (너는 그 편지를 어떤 소녀에게 썼니?)
Welk huis heeft je broer gekocht? (너의 남동생은 어떤 집을 샀니?)

wat voor een (+ 단수 명사), wat voor (+ 단수 명사 혹은 복수 명사) : 종류

Wat voor een/*Wat voor* auto ga je kopen? (어떤 종류의 자동차를 살려고 하니?)
Wat voor bier vind jij het lekkerst? (너는 어떤 맥주가 가장 맛있다고 생각하니?)
Van *wat voor* hout is deze tafel gemaakt? - Van beukenhout.
(너는 어떤 나무로 탁자를 만들거니? – 너도밤나무로 만든 것.)
Van *wat voor* thee houd je het meest? - Van citroenthee.
(너는 어떤 차를 가장 좋아하니? – 레몬티를 가장 좋아해.)

※ 의문 부사(Het vragend bijwoord)

waarom	*Waarom* ga je naar Seoul? (너는 서울에 왜 가니?)
wanneer	*Wanneer* kom je op Schipol aan? (너는 스키폴에 언제 도착하니?)
sinds wanneer	*Sinds wanneer* blijf je hier? (너는 여기에 언제부터 머물렀니?)
waar	*Waar* woont u? (너는 어디 사니?)

waar .... heen	*Waar* ga je *heen*? (너는 어디에 가니?)
waar .. naartoe	*Waar* ga je *naartoe*? (너는 어디 가니?)
waar....vandaan	*Waar* komt u *vandaan*? (너는 어디서 왔니?)
hoe	*Hoe* weet je dat? (너는 그것을 어떻게 아니?)
hoelang	*Hoelang* blijf je in Leiden? (너는 레이든에 얼마동안 머무를 거니?)
hoeveel	*Hoeveel* heeft het gekost? (그것은 얼마하니?)
hoe vaak	*Hoe vaak* ga je naar de film? (너는 영화를 얼마나 자주 보니?)
Hoe laat	*Hoe laat* begint de cursus? (그 강좌는 몇 시에 시작하니?)

hè, toch, niet waar : 확신이 가지 않고 의심이 가는 물음에 사용되는 부사로 hè, niet waar 는 문장의 맨 뒤에 위치하며 toch는 문장 안에 위치한다.

P: Jullie komen vanavond bij mij eten, *niet waar*?
(너희들은 오늘 밤 나에게 올거지, 그렇지 않아?)

B: Ja, dat hadden we *toch* afgesproken? (응, 우린 약속했지?)
Je bent het *toch* niet vergeten, *hè*? (너는 그것을 잊어버리지 않았지, 그렇지?)

P: Nee, hoor. Ik wil alleen even een tijd afspreken. (그래, 시간 약속을 하고 싶어.)

B: Zeven uur. Is dat goed? (7시. 좋지?)

P: Prima. Tot avond. (좋아. 저녁에 봐.)

연습문제

I. 알맞는 의문사를 넣어라.

_____	heet u?	- Van den Berg.
_____	is uw adres?	- Paramariboostraat 12.
_____	is uw postcode en woonplaats?	- 1105 AZ Amsterdam.
_____	is uw telefoonnummer?	- 020 638346.
_____	bent u geboren?	- Op 23 April 1966.
_____	nationaliteit hebt u?	- De Duitse nationaliteit.
_____	woont u in Nederland?	- Drie jaar.
_____	taal wilt u leren?	- Engels.
_____	niveau hebt u?	- Halfgevorderd.

_____ wilt u deze taalcursus volgen?   - Omdat ik Engels nodig heb voor mijn werk.

_____ uur per week kunt u aan   - Ongeveer 5 uur per uur.
het huiswerk besteden?

Ⅱ. 의문대명사 *wie*, *wiens*, *wie d'r*, *wat*, *wat voor*, *welk(e)* 혹은 부정대명사적 부사 *waar*를 골라 넣으시오.

1. Pardon mevrouw, zou u me kunnen zeggen op _____ etage de meubelafdeling is?
2. Weet jij _____ weer het wordt, dit weekend?
3. Van _____ is dat boek?
4. Je wil mijn auto lenen, maar _____ wil je hem eigenlijk voor gebruiken?
5. Met _____ zou je het liefst op vakantie willen gaan?
6. Aan _____ was die brief gericht?
7. _____ van deze drie honden is eigenlijk van u?
8. Zou jij aan John kunnen vragen _____ hij die informatie voor nodig heeft?
9. Ik heb een nieuwe jas gekocht. _____ vind je ervan?
10. Ik wil weten wanneer het Scheepvaarthuis gebouwd is en wie de architect was. _____ zou ik dat in kunnen opzoeken?

Ⅲ. 알맞은 의문사를 골라라.

1. Niemand weet precies *hoe/waarom/wie* het komt dat Jan en zijn vrouw nu al een dochter hebben gekregen.
2. De vriend van Jan begrijpt niet *hoe/waarom/waarmee* Jan zo sip kijkt.
3. Jan weet niet *wat/welk/welke* naam hij aan zijn dochter moet geven.
4. Zo heeft hij een tante in Soest *waarvan/overwie/aan* wie hij moet denken als hij naam 'Suus' hoort.
5. Uiteindelijk heeft Jan zijn dochter een naam gegeven, *waaraan/waarover/waar* hij eigenlijk niet zo lang over na hoeven denken.

8. 부정대명사(Het onbepaald voornaamwoord)

In Nederland zijn er **verschillende** kranten. **Alle** kranten schrijven over het binnenlandse en buitenlandse nieuws. In Nederland hebben **veel** huishoudens een abonnement op een krant. **Sommige** mensen delen de krant met de buren of kopen de krant **een paar** dagen per week. Ze hebben te **weinig** tijd om **elke** dag de krant te lezen.

ieder(e), elk(e) '각자(each), 모두(everyone)'

Ieder van ons moet sterven. (우리 모두는 죽어야 한다.)
Elke (iedere) Nederlander die ouder is dan 18 jaar heeft actief en passief kiesrecht. (18세 이상 모든 네덜란드인은 선거권과 피선거권을 갖고 있다.)
Elke (iedere) taal is een zeer complex regelsysteem.
(개개의 언어는 아주 복잡한 규칙체계이다.)

iedereen '모두(everyone)'

Iedereen vindt dat er snel een oplossing gevonden moet worden.
(해결책이 조속히 찾아져야 한다고 모두가 생각한다.)
Iedereen is gekomen, niemand is thuisgebleven.
(모두가 왔고 아무도 집에 머무르지 않았다.)

alles '모든 것(every thing)'
: 독립적으로만 사용되고 사물을 뜻함

Hij koopt *alles*. (그는 모든 것을 산다.)
Alles is beter dan afwachten. (어떤 것도 기다리는 것보다 낫다.)
Ik heb vandaag *alles* bij elkaar wel tien uur gewerkt.
(나는 전부해서 10시간 일했다.)

※ 부정대명사적 부사

| 전치사 + (n)iets → **(n)ergens** + 전치사 |
| 전치사 + alles → **overal** + 전치사 |

Dat slaat op niets → Dat slaat *nergens* op (그것은 전혀 이치에 닿지 않는다)

Dat blijkt uit alles → Dat blijkt *overal* uit (그것은 모든 것에서 다 드러나고 있다)

al, alle '모든(all)'

1)
```
alle + 보통명사의 복수
al + de/die/deze + 보통명사의 복수
al + 소유대명사(mijn/onze ..) + 보통명사의 복수
al + wie
```

Al die boeken zijn nat geworden. (그 책들은 모두 젖었다.)
(= Die boeken zijn allemaal nat geworden.)

Alle kinderen zijn boven aan het spelen. (모든 어린 아이들은 위층에서 놀고 있다.)
(= De kinderen zijn allemaal boven aan hetspelen.
= *Al* de kinnderen zijn boven aan het spelen.)

Al haar vrienden hebben haar een cadeautje gegeven.
(모든 그녀의 친구들은 그녀에게 선물을 주었다.)
(= Haar vrienden hebben *allemaal* haar een cadeautje gegeven.)

Al wie deelneemt, krijgt een prijs. (참여하는 사람 모두 상을 받는다.)

2)
```
alle + 수사 + de/die/deze + 명사의 복수
alle + 수사 + 소유대명사(mijn/onze ...) + 명사의 복수
```

Alle vijf de apotheken zijn in het weekend gesloten.
(다섯 개의 약국 모두가 주말에 문을 닫는다.)

Alle drie haar honden zijn grijs. (그녀의 세마리 개 모두 회색이다.)

3)
```
al + het/dit/dat + 중성 단수명사
al + 소유대명사(mijn/onze ...) + 단수명사
```

Is *al* het bier al op? (거기 맥주 벌써 다 떨어졌어.)
Al dat geld is gestolen. (그 돈 모두 도난당했다.)
Ze hebben *al* hun goud verkocht. (그들은 그들이 갖고 있던 금을 다 팔았다.)

4)
> alle + 단수추상명사
> al + de/die/deze + 단수명사
> al + 소유대명사 + 단수명사

Alle moeite was tevergeefs. (모든 수고가 다 수포였다.)
(=*Al* de moeite was tevergeefs.)
Al mijn moeite was tevergeefs.

allemaal '모두(everybody)'
: 술어적으로만 사용되며 *alle(n)*, *al de*와 같은 의미를 갖고 있으며 정동사 뒤에 위치한다.

De docenten vinden *allemaal* dat je gelijk hebt. (선생님들 모두가 네가 옳다고 생각한다.)
(= Alle docenten vinden dat je gelijk hebt.)
Ik heb ze *allemaal* gesproken. (나는 그들 모두에게 말했다.)
(= Ik heb ze *allen* gesproken.)

allen '모두(everybody)'
: 독립적으로만 사용되며 사람을 지칭한다.

Ik wil *allen* die gekomen zijn hartelijk bedanken.
(나는 온 사람 모두에게 진심으로 감사드리고자 한다.)

beide(n) '둘 다(both, two, either)'
: *beide*는 alle 처럼 명사 앞 혹은 독립적으로 사용되며 *beiden*은 allen처럼 사람을 뜻함.

Beide kinderen zijn boven aan het spelen. (두 아이들 모두 위층에서 놀고 있다.)
Beiden zijn naar de bioscoop gegaan. (= Ze zijn allemaal gegaan)
(둘 다 영화 보러 갔다.)
Hij heeft ze *beiden* (혹은 allebei) zien weggaan.
(그는 그들 둘 다 떠나는 것을 보았다.)
Wat is er met de kopjes gebeurd? *Beiden* zijn stuk. (= Ze zijn allebei stuk.)
(컵에 무슨 일이 있었니? 컵이 둘 다 망가졌네.)
Zij heeft ze *beide* (혹은 allebei) kapot gemaakt. (그녀는 그것 둘 다 망가뜨렸다.)

allebei '둘 다(both)'

: 'allemaal' 처럼 항상 정동사 뒤에 위치 독립적으로 사용된다.

De kinderen zijn *allebei* boven aan het spelen. (아이들 둘 다 윗층에서 놀고 있다.)

iemand '어떤이(somebody)', **niemand** '아무도(nobody)', **iets** '어떤 것(something)', **niets** '아무것도 ~ 아니다(nothing)'

iemand, niemand는 사람을, iets, niets는 사물을 지시한다.

Heeft er nog *iemand* voor me gebeld? (나에게 전화한 사람이 있나?)
Nee, er heeft *niemand* gebeld. (아니, 아무도 전화하지 않았어.)
Ik heb *niets* gemerkt. (나는 아무것도 알아차리지 못했다.)

heel/hele '모든(whole)'

: 전체로서 한 단위를 뜻함

```
heel            + 관사/지시대명사 + 명사

⎡관사  ⎤
⎢ ø   ⎥ + heel (hele) + 명사
⎣지시대명사⎦
```

De *hele* klas doet eraan mee. (모든 수업을 함께 하고 있다.)
Heel de klas doet eraan mee. (모든 수업을 함께 하고 있다.)
Heel Seoul doet mee aan die actie. (서울 전체가 그 행사에 함께 하고 있다.)

wie/hoe/wat/wanneer ..... ook ...... '누구라도 / 어떠하더라도 / 무엇이라도 / 언제라도'

Wie er *ook* aanbelt, ik doe niet open.
(누가 초인종을 누르더라도 나는 문을 안 열어준다.)
Wanneer je *ook* komt, je kunt altijd blijven slapen.
(네가 언제 오든지 항상 잠을 잘 수 있다.)
Wat ik *ook* probeerde, hij wilde zijn bord niet leegeten.
(내가 무슨 노력을 했든 그는 음식을 다 먹으려 하지 않았다.)
Ik wil dat je *hoe dan ook* het geld teruggeeft.
(나는 네가 여하튼 돈을 갚기를 원한다.)

men, je, ze, we '사람들은(one, men, people, they)'
: 일반 주어로 사용된다.

Men is nooit te laat om te leren.
(배움에는 결코 늦음이란 없다.)

Men houdt tegenwoordig geen rekening met je kennis.
(사람들은 오늘날 너의 지식에 대해 전혀 고려하지 않는다.)

Je weet nooit wat ze wil zeggen.
(너는 사람들이 뭘 말하려 하는지 결코 알지 못한다.)

sommige '어떤(some)'
verscheidene, diverse, verschillende '여러가지, 다양한(several, diverse)'
: 사물 혹은 사물을 지시

▶ 부가어적으로 복수형 명사 앞에 오는 경우

Ik heb *verscheidene/verschillende/diverse* docenten gesproken, maar niemand kon me iets interessants vertellen.
(나는 여러 선생님들께 말씀드렸다. 하지만 누구도 나에게 흥미로운 것을 말해주지 않았다.)

Sommige mensen vinden het heel erg.
(어떤 사람들은 그것을 매우 언짢게 생각한다.)

De buren hebben er al *verscheidene/verschillende/diverse* keren over geklaagd.
(이웃들은 여러번 그것에 대해 불평했다.)

▶ 독립적으로 사용되어 부정대명사로서 주로 사물을 지시하며 부사적적 대명사 er가 동반된다.

Heb je wel eens een vallende ster gezien?
(너는 유성을 본 적 있니?)

Ja, ik heb *er* al *verschillende* gezien.
(네, 나는 그것을 여러번 본적 있어요.)

▶ 형용사로 사용되는 경우 : verschillend(e), divers(e), verscheiden(e) '여러가지, 다양한'

We hebben veel *verschillende* nationaliteiten in onze klas.
(우리는 우리 반에 매우 다양한 국적이 있다.)

De flora en fauna op de Galapagoseilanden zijn zeer *divers*.
(갈라파고스섬에 있는 식물군과 동물군은 정말 다양하다.)

9. 부정 수사(Hert onbepaald telwoord)

wat, een paar '몇몇(a few)'

: 사물 혹은 사람을 지시하며 복수형이 뒤따른다.

Ik heb *een paar* mensen uitgenodigd. (나는 몇몇 사람들을 초대했다.)
Ik heb *wat* mensen uitgenodigd. (나는 몇몇 사람들을 초대했다.)
Is er nog *wat* melk? (우유가 아직 있니?)
Ik denk dat ik voor dat feestje *wat* flessen rode wijn en *wat* frisdrank koop.
(나는 파티를 위해서 레드와인 몇 병과 몇가지 청량음료를 사는 것을 생각하고 있다.
Mag ik u *een paar* vragen stellen? (몇가지 질문을 드려도 되나요?)
Mag ik u *wat* vragen stellen? (질문을 좀 드릴까요?)
Ik moet voor dat tentamen nog *een paar* boeken lezen.
(나는 시험을 위해서 몇가지 책을 더 읽어야 한다.)
Een paar goede schoenen kost tegen de tweehonderd euro.
(몇몇 좋은 신발값은 200유로이다.)
Ik koop iedere week *een paar* tijdschriften. (나는 매주 몇가지 잡지를 구입한다.)

※ wat는 구어체에서 주로 사용되며 물질, 추상명사와 같은 셀 수 없는 명사인 경우에는 단수형이 온다. een paar 다음에는 단수 명사가 올 수 없다.

Heb je nog *wat* geld over? (너는 아직 돈이 남아 있니?)
Er was *wat* onduidelijkheid over de taakverdeling.
(업무 분담이 몇가지 불분명한 것이 있었다.)

enkele '몇몇(a few)'

: 부가어적으로 사용되며 뒤에 복수형이 옴. een paar, wat 보다 더 일반적으로 사용되며 사람 혹은 사물을 지시한다.

Hij is al voor *enkele* tentamens geslaagd. (그는 이미 몇 개 시험을 통과했다.)
Ze heeft het al aan *enkele* mensen verteld. (그녀는 이미 그것을 몇몇 사람들에게 말했다.)

사람 혹은 사물을 뜻하는 주어로서 독립적으로 사용되기도 한다. 사람인 경우 *enkelen*, 사물인 경우에는 *enkele* 로 정동사는 복수형을 취한다.

In die boekhandel verkopen ze antieke boeken'. *Enkele* zijn zeer kostbaar.
(그 서점에서 그들은 고서들을 판다. 몇몇 책들은 매우 비싸다.)

De studenten hadden hard voor het tentamen geleerd. *Enkelen* hadden de hele nacht doorgehaald.
(학생들은 시험을 위해 열심히 공부했다. 몇몇 학생들은 밤을 새워 공부했다.)

enige '몇몇(a few)'
: wat 보다 형식적인 표현인 경우 사용되며 사물 혹음 사물을 지시한다. 뒤에 단수 혹은 복수형이 올 수 있다.

Er was *enige* onduidelijkheid over de taakverdeling.
(업무분담에 몇몇 불분명한 점이 있었다.)

Het plan werd met *enig* enthousiasme ontvangen.
(그 계획은 어느 정도의 열정으로 받아들여졌다.)

enig(e)는 의문문에서 주로 사용된다 ('any').

Heb jij *enig* idee hoe laat het is? (너는 몇시라고 생각하니?)
Zie jij *enige* overeenkomst? (너는 어떤 유사성을 봤니?)
Zijn er nog *enige* kaarten over? (아직 티켓이 좀 남아 있니?)

※ enkele, enige가 형용사로 사용될 경우 enkele은 '단일의(single)'을, enige는 '유일한(only)'를 뜻한다.

Ik kan geen *enkele* oplossing bedenken. (나는 어떤 해결책도 생각해 낼 수 없다.)
Was dat de *enige* keer? (그게 유일한 기회였니?)
Dat is de *enige* zin die ik verstaan heb. (그게 내가 이해하는 유일한 문장이다.)

veel '많은(many, much)'
: 다음에는 대부분 복수형이 오며 앞에 관사가 오지 않는 경우는 어미 -e를 붙이지 않는다.

Veel mensen zijn het met haar eens. (많은 사람들이 그 여자와 의견을 같이한다.)
Zijn *vele* pogingen zijn allemaal mislukt. (그의 많은 시도 모두가 실패로 돌아갔다.)
Ik heb vroeger *veel* geld verdiend met kranten bezorgen.
(나는 전에 신문 배달을 하여 많은 돈을 벌었다.)

원급	비교급	최상급
veel (많은)	meer	meest
weinig (적은)	minder	minst

* 전체적인 양보다 개별적 양을 의미할 경우 vele이 사용되기도 한다.

Ik kan *vele* redenen noemen om het plan door te zetten.
(나는 그 계획을 주장할 많은 근거를 들 수 있다.)

Na *vele* onderhandelingen zijn ze tot een overeenkomst gekomen.
(많은 협상 후에 그들은 합의에 도달했다.)

velen '많은 사람들(many people)'
: 독립적으로 사용되며 보통 앞에 문장이 선행한다.

Werknemers hebben recht op minimaal 20 vakantiedagen. *Velen* gaan met vakantie in de zomermaanden.
(사용자들은 최소한 20일 휴가를 받을 권리가 있다. 많은 사람들은 여름에 휴가를 간다..)

Die professor was beroemd om zijn controversiële colleges. *Velen* kunnen zich hem nog goed herinneren.
(그 교수는 논쟁적인 강의로 유명했다. 많은 사람들은 아직도 그를 좋게 기억한다.)

weinig '적은, 얼마되지 않는(little, a few, or a bit)'
: 단수, 복수 앞에 가능하며 weinig 앞에 관사가 없는 경우는 어미 -e를 붙이지 않는다

We hebben *weinig* regen gehad deze lente. (이번 봄에 비가 거의 오지 않았다.)
Er waren slechts *weinig* mensen op het strand.
(모래 사장에는 얼마되지 않은 사람들 뿐이었다.)

De *weinige* momenten die ze samen hebben doorgebracht.
(그들이 시간을 함께 보내던 얼마되지 않은 순간들)

Het *weinige* daglicht was de oorzaak van hun tekort aan vitamine D.
(얼마되지 않은 햇빛은 비타민 D 부족의 이유다.)

De *weinige* boeken die ik nog heb, wil ik absoluut niet kwijtraken.
(내가 갖고 있는 얼마되지 않은 책들은 내가 절대 잃어버리고 싶지 않은 것들이다.)

Ze hebben te *weinig* tijd om de krant te lezen. (그들은 신문을 읽을 시간이 거의 없다.)

menig(e) '많은(quite a few, many)'
: 부가어적으로만 사용되며 복수명사 혹은 인명 앞에 오며 단수 취급한다.

Menige universiteit maakt zich zorgen over de bezuinigingen in het onderwijs.
(많은 대학들이 교육에 대한 비용삭감에 대해 걱정하고 있다.)

Menig succes was te danken aan het goede onderwijssysteem.
(많은 성공은 좋은 교육 더분이다.)

menigeen '많은 사람들(many a man, many a one)'
: menig의 독립적 형태

Menigeen had twijfels over de kwaliteit. (많은 사람들이 질적인 것에 대해 의심을 한다.)
Menigeen bleef tot het einde wachten. (많은 사람들이 끝까지 기다렸다.)

※ enkele, een paar, sommige, verschillende 다음에는 복수형이 온다.

Ik koop iedere week een paar *tijdschriften*. (나는 매주 몇몇 잡지를 샀다.)
Sommige *kranten* hebben kleurenfoto's op de voorpagina's.
(몇몇 신문들이 앞 표지에 컬러 사진을 실었다.)
Ze zijn geabonneerd op verschillende *bladen*. (그들은 다양한 잡지들을 정기 구독한다.)
Er zijn enkele goede buitenlandse *bladen*. (몇몇 외국의 좋은 잡지들이 있다.)

연 | 습 | 문 | 제

Ⅰ. 알맞는 것을 골라 넣어라.

> *enkele   een paar   sommige   verschillende   weinig   veel   alle*

Klant : Ik zoek het tijdschrift 'Automobiel'
Verkoper : Sorry meneer, dat tijdschrift heb ik niet meer. Ik heb hier wel nog
 _____ andere tijdschriften over auto's.
 Wat zoekt u precies?
Klant : Een tijdschrift over auto's met _____ informatie over _____
 nieuwe auto's.
Verkoper : Dan zijn deze twee tijdschriften misschien iets voor u. Hier staan
 _____ nieuwe types in.
Klant : Mag ik even kijken? Jammer, maar ik vind dat er te _____ nieuwe
 types instaan.
Verkoper : Dit zijn helaas _____ tijdschriften die ik op dit moment heb.
Klant : Bedankt. Ik kijk nog wel even verder.

Ⅱ. alle, al 중 알맞는 것을 골라 넣으시오.

1) Zijn _____ die jasjes in de uitverkoop?
2) Ik bied u dit cadeau aan namens _____ mijn collega's.
3) Hij heeft _____ acht de vragen foutief beantwoord.
4) _____ grote banken verhoogden op hetzelfde moment hun rentetarieven.
5) Om te voorkomen dat die epidemie zich uitbreidt moeten _____ varkens in dat gebied worden afgemaakt.

Ⅲ. 다음 문장에서 틀린 곳을 고치시오.

1. Daar kwam iemand : het was een oude man.
2. Ik heet Juliaan en de anderen noemden hun naam.
3. Ken je hier in de omgeving de een en ander.
4. Alles gingen naar boven om de hangkast te ontdekken.
5. De een wil dit, de andere niet.
6. Ze wil allen controleren.
7. Elke van die kinderen moet een brief schrijven.
8. Dat is een receptenboek en niets ander.
9. We zoeken iemand die goed Nederlands kent.
10. In de stad was er weinige te zien.
11. Ze hadden nooit meer iets van hem gehoord.
12. Ze wist niet of hij nog leefde of ergens in een gevangenis was omgekomen.
13. In Parijs ken ik iemand : ik zal alleen zijn.
14. Hoe was het mogelijk dat iemand anders dat had gedacht!
15. Hoor! Er tikte iemand tegen het raam.
16. Een vagebond slaapt elke nacht weer nergens anders.
17. Een vegetariër is niemand die geen vlees eet.
18. Niemand heeft vieze woorden op het bord geschreven!
19. Hij zou zijn leraar nooit vergeten.
20. Het spijt me maar niemand mag hier binnen.

부정대명사, 부정수사 예문

1. Daar kwam iemand : het was een oude man.
2. Ik heet Juliaan en de anderen noemden hun naam.
3. Ken je hier in de omgeving de ene en andere?
4. Allen gingen naar boven om de hangkast te ontdekken.
5. De ene wil dit, de andere niet.
6. Ze wil alles controleren.
7. Elk van die kinderen moet een brief schrijven.
8. Dat is een receptenboek en niets anders.
9. We zoeken iemand die goed Nederlands kent.
10. In de stad was er weinig te zien.
11. Ze hadden nooit meer iets van hem gehoord.
12. Ze wist niet of hij nog leefde of ergens in een gevangenis was omgekomen.
13. In Parijs ken ik niemand : ik zal alleen zijn.
14. Hoe was het mogelijk dat niemand anders dat had gedacht!
15. Hoor! Er tikte iemand tegen het raam.
16. Een vagebond slaapt elke nacht weer ergens anders.
17. Een vegetariër is iemand die geen vlees eet.
18. Iemand heeft vieze woorden op het bord geschreven!
19. Hij zou zijn leraar nooit vergeten.
20. Het spijt me maar niemand mag hier binnen.
21. Steeds meer mensen gaan naar de wintersportgebieden : de meesten gaan naar Oostenrijk.
22. Velen luisteren graag naar muziek.
23. Altijd heeft ze voor anderen gewerkt, nu denkt ze een beetje aan zichzelf.
24. Bij velen is dat bekend.
25. Op dat feest hebben we andere mensen leren kennen.
26. Velen gaan met vakantie naar Frankrijk of Spanje.
27. Ze stond op en allen volgden haar voorbeeld.
28. Mijn broers hebben beiden hun militaire dienst achter de rug.
29. Laat je niet deprimeren door de pech van anderen.

30. Hij heeft al enkele weken niets meer van zich laten horen.
31. Iemand heeft het me gezegd, maar ik weet niet meer wie.
32. De twee clowns haalden allerlei capriolen uit.
33. Kinderboeken kunnen we verdelen in verschillende categoriën : leesboeken, stripboeken en prentenboeken.
34. Ik zou graag wat meer zakgeld willen.
35. Zo'n overgevoelige jongen heb ik nog nooit gezien.
36. Er is een groot contrast tussen die zusjes : de één is verlegen en de ander is brutaal.
37. De directeur van de school heeft een dossier over elke leerling.
38. Veel mensen bezitten een T.V.
39. De meeste kinderen houden niet van witloof.
40. Degenen die regelmatig met de lotto spelen hebben meer kans te winnen.

Het bijwoord
6 부사

1. 네덜란드 형용사는 부사로도 사용한다.

   hier (여기에)   daar (거기에)   ergens (어딘가)   nergens (어느 곳에도 없는)   er (거기에)
   gisteren (어제)   vandaag (오늘)   morgen (내일)
   dikwijls (자주)   soms (가끔)   binnenkort (곧)
   zeer (아주)   nogal (꽤)   bijna (거의)
   zeker (분명히)   juist (정확히)   misschien (아마도)
   open/openlijk (공개적으로)   rijk/rijkelijk (풍부하게)   waar/waarlijk (진실로)
   vaak (자주)   vaker (더 자주)   het vaakst (가장 자주)

2. 부사의 비교급, 최상급

원급	비교급	최상급	
goed	beter	het best	(좋은)
graag	liever	het liefst	(기꺼이)
veel	meer	het meest	(많은)
weinig	minder	het minst	(적은)

3. 주요 부사 및 부사어미

   goed 'good', **wel** 'well'

   Hij kijkt naar de leraar en luistert goed. (그는 선생님을 보고 (말씀을) 잘 듣는다.)
   Hij zal morgen wel komen. (그는 내일에는 올 것이다.)
   Hij doet het niet, maar ik wel. (그는 그것을 하지 않지만, 나는 한다.)
   Die jongen leest goed; we verstaan alles.
   (그 소년은 잘 읽는다; 우리는 모든 것을 이해한다.)
   In dat bed slaap je goed. (그 침대에서 너는 잘 잔다.)

Er waren wel honderd mannen. (백 명은 족히 있었다.)

Hij is goed gekleed. (그는 옷을 잘 입는다.)

Ze zal wel de uitleg in het woordenboek vinden.
(그녀는 사전에서 설명을 잘 찾을 것이다.)

Het was wel leuk dat uitstapje. (그 소풍은 꽤 재미 있었다.)

Met mij gaat het goed, maar met hem niet. (나는 잘 지내지만, 그는 잘 지내지 못한다.)

Is dat woord goed geschreven? (그 단어는 옳게 써졌니?)

Komt je broer vandaag wel aan of is het morgen?
(너의 남동생은 오늘 도착하는 거지 아니면 내일 오니?)

Dat koekje was toch wel lekker, niet waar? (그 과자는 정말 맛있어, 그렇지 않니?)

Is dat succes goed voor Paul? (그 성공은 Paul에게 잘된거지?)

Ja, wees gerust, Peter belt wel op. (그래 진정해 Peter가 전화할꺼야.)

Het was een goed dessert, hé! (그것은 맛있는 디저트야, 그렇지!)

Paula is toch wel wat te nieuwsgierig. (Paula는 다소 호기심이 많다.)

De leraar stelt wel twintig vragen in een uurtje. (선생님은 한시간 가량에 20문제도 낸다.)

Heeft Jan niet goed gewerkt vandaag? (Jan은 오늘 일을 잘못했지?)

Hij zal wel weer strafwerk krijgen! (그는 다시 징계를 받을 것이다.)

ergens '어딘가에(somewhere)' , **nergens** '어느 곳에도 ~ 아닌(nowhere)'

Nergens in kranten, weekbladen of televisiejournaals zal je iets terugvinden over die gebeurtenissen. (신문, 주간지, TV뉴스 어디에서도 이 사건에 관한 것을 찾을 수 없다.)

Nu woont de familie in een appartement ergens in Brussel.
(지금 가족은 브뤼셀 어딘가의 아파트에서 산다.)

Hij is nog nergens geweest dan in de stad waarin hij geboren is.
(그는 그가 태어난 도시 이외에 어떤 곳을 아직 가본 적이 없다.)

Het boek was nergens te vinden. (그 책은 어디에서도 찾을 수 없다.)

Ik heb mijn sleutels wel ergens laten liggen. (나는 내 열쇠들을 어딘가에 두었다.)

Dat kind is weer verdwenen. Het is nergens te vinden.
(그 아이는 다시 사라졌다. 어디에서도 찾을 수 없다.)

Margriet is in 1953 ergens in de buurt van Rotterdam overleden.
(Margriet는 1953년 로테르담 근처 어딘가에서 죽었다.)

Uw sleutels? Hier ergens moeten ze zijn. (당신의 열쇠들? 여기 어딘가에 있을 것입니다.)

Mijn broer woont nu ergens in Amerika. (내 남동생은 지금 미국 어딘가에서 산다.)

Ik heb dat document gezocht maar ik heb het nergens gevonden.
(나는 그 문서를 찾았지만 아무데서도 찾을 수 없었다.)

ooit '언젠가(ever)', **nooit** '결코 ~ 아닌(never)'

Hij gaat nooit met de boot weg. (그는 결코 보트로 가지 않는다.)
De vader van Peter is praktisch nooit thuis. (피터의 아버지는 실제로 거의 집에 없다.)
Niemand had ooit zo snel gelopen. (아무도 이전에 그렇게 빨리 달린 적이 없다.)
Ze had met hem over haar jeugd gepraat.
(그녀는 그와 함께 자기의 젊은 시절에 대해 얘기한 적이 없었다.)
Ik heb nooit één enkel woord van dank gekregen.
(나는 감사의 말 한마디도 들어보지 못했다.)
Heb je daar ooit iets over gehoord? (너는 이전에 그것에 대해 들은 적 있니?)

wel, eens, maar, even, toch

Edison en zijn team hebben wel 1000 uitvindingen gedaan.
(에디슨과 그의 팀은 천가지를 발명했다.)
De professor was eens druk aan 't werk in zijn studeerkamer.
(교수는 한 때 연구실에서 연구로 인해 바빴다.)
Er zullen wel veel fouten in die oefening zijn. (그 연습문제들에서 많이 틀릴 것이다.)
Kom me eens helpen! (한 번만 내게 와서 도와줘!)
Wacht nog eens even, ik ben bijna klaar. (아직 조금만 기다려 줘, 거의 끝나가.)
Zeg me eens wat je wil eten. (나한테 네가 먹고 싶은 걸 한 번 말해봐.)
Ik krijg soms wel geld, maar ik zou ook graag iets bijverdienen.
(나는 약간 돈을 받지만, 또한 부업으로 무엇인가 벌고 싶어.)
De rijkswacht heeft hem wel een kwartier achtervolgd.
(경찰이 15분간 그의 뒤를 쫓았다.)
Mijn broek is vuil, wil je hem eens in de wasmachine stoppen?
(내 바지는 더러워, 바지를 한 번 세탁기에 넣어줄래?)
Vertel me eens hoeveel zakgeld je per week krijgt!
(일주일에 용돈을 얼마나 받는지 한 번 말해봐!)

zelf '자신의(self)', **zelfs** '심지어(even)'

Kan ik met de directeur spreken? Natuurlijk, zelfs dadelijk.
(내가 사장님과 말할 수 있을까? 당연하지, 지금 바로라도.)
We hebben deze keer zelfs 10 gekregen. (우리는 이번에 10점까지도 받았다.)
De kamer twee is vrij. Ik heb hem zelf gesloten.
(2호실이 비어있다. 나는 그 방을 내가 직접 잠궜다.)
De leraar heeft het zelf gezegd. (선생님께서 그것을 직접 얘기했다.)

Ja, we kunnen u logeren. We hebben zelfs twee kamers vrij.
(응, 우리는 너를 재워줄 수 있다. 우리는 심지어 방 2개가 비어 있다.)

De handelaar had zelfs veel monsters in zijn tas om die je te tonen.
(상인은 당신에게 보여주기 위해 가방 안에 많은 샘플, 견본품들까지 갖고 있다.)

Waarom komen jullie niet zelf? (왜 너희들이 직접 오지 않니?)

Die man blijft altijd op zijn kamer : hij eet er zelfs in.
(그 사람은 항상 방에만 있다. 그는 심지어 방안에서 식사도 한다.)

Ik maak mijn werk altijd zelf. (항상 나의 일은 내가 직접한다.)

※ 주요 부사어미

-s	onverwachts (뜻밖에) (te)vergeefs (헛되이)
op z'n +명사+s	op z'n Hollands (홀랜드식으로) op z'n Wims (빔방식으로)
-jes	eventjes (잠깐) frisjes (시원하게) netjes (말끔히) zachtjes (부드럽게) stilletjes (조용히)
-gewijs	groepsgewijs (그룹으로) verhoudingsgewijs (비례로)
-halve	gemakshalve (편의상) veiligheidshalve (안전상)
-lijks	dagelijks (날마다) jaarlijks (해마다)
-lings	blindelings (맹목적으로) beurtelings (차례대로)
-waarts	stadswaarts (시내쪽으로) bergopwaarts (산위로)
-weg	domweg (어리석게) gewoonweg (단순하게)

연습문제

I. ooit 혹은 nooit를 넣으시오

1. Ik heb me _____ voor de schilderkunst geïnteresseerd.
2. Heb je _____ die man gehoord.
3. Guusje komt _____ op tijd klaar met zijn huiswerk.
4. Ik woon hier graag en ik heb me _____ zo op mijn gemak gevoeld.
5. We vergissen ons bijna _____ .
6. Dat onderhoud met de directeur zal ik _____ vergeten.
7. Heb je _____ een baby gezien die niet mooi was?

8. Vader was toen _____ optimistisch.
9. Zal Engeland _____ een republiek worden?
10. Heb je _____ in de Verenigde Staten willen gaan wonen?

Ⅱ. 올바른 문장을 만드시오.

1. kinderen gaan vandaag dierentuin De de naar
2. op We uur hebben een de half gewacht trein
3. zullen gaan naar We Brussel eens nog
4. uur heeft me Mijn om vriend gebeld 3
5. heeft pas huis ons Vader geschilderd
6. vakantie De op niet Pasen met zal gaan familie
7. tante Piet nu Elsa bij logeert
8. gedronken hadden Die heren wijn heel wat
9. dat Ze wordt weer duurder zeggen alles
10. De zijn de kust lekker heel mosselen aan

Ⅲ. zelf 혹은 zelfs의 사용이 틀린 곳을 고치시오.

1. Ik vermoed dat je die brief niet zelf geschreven hebt.
2. Ik vind zijn baan niet slecht, hij wordt zelf goed betaald.
3. Ik wil zelf mijn kleren kopen.
4. Als ik naar de bioscoop wil gaan, moet ik dat geld zelf verdienen.
5. De reis zelf verliep vrij voorspoedig.
6. Zelf de excentriciteiten van Jan zijn moeilijk te aanvaarden.
7. De leerlingen waren zelf verbaasd nadat hun leraar geen commentaar over hun slechte gedrag had gemaakt.
8. Zelf op een warme herfstdag wil hij een haardvuur hebben.
9. In zijn huidige stemming is hij zelf bereid om zijn vriend een kans te geven.
10. Zelf had hij geen kinderen.

7 수사
Het telwoord

Mevrouw Driessen gaat boodschappen doen. Ze moet opschieten, want het is al **tien** voor **zes** en de supermarkt sluit om **zes** uur. Op haar lijstje staan de volgende dingen: **1/2** liter melk, **250** gram champignons, **drie** tomaten, **twee** ons vlees en een pak rijst.

Ⅰ. 기수(Hoofdtelwoorden)

0	nul		19	negentien
1	één		20	twintig
2	twee		21	eenentwintig
3	drie		22	tweeëntwintig
4	vier		23	drieëntwintig
5	vijf		30	**dertig**
6	zes		31	eenendertig
7	zeven		32	tweeëndertig
8	acht		40	**veertig**
9	negen		50	vijftig
10	tien		60	zestig
11	elf		70	zeventig
12	twaalf		80	**tachtig**
13	**dertien**		90	negentig
14	**veertien**		100	honderd
15	vijftien		101	honderd (en) één
16	zestien		102	honderd (en) twee
17	zeventien		103	honderd (en) drie
18	achttien		111	honderd (en) elf

112	honderd (en) twaalf	300	driehonderd
113	honderd dertien	335	driehonderd vijfendertig
114	honderd veertien	900	negenhonderd
115	honderd vijftien	999	negenhonderd negenennegentig
120	honderd twintig		
130	honderd dertig	1000	duizend
200	tweehonderd		

1001	duizend (en) één
1013	duizend dertien
1200	twaalfhonderd (= duizend tweehonderd)
1352	dertienhonderd tweeënvijtig
	(= duizend driehonderd tweeënvijftig)
2300	drieëntwintighonderd (= tweeduizend driehonderd)
5000	vijfduizend
5342	drieënvijftighonderd tweeënveertig
30 000	dertigduizend
35 657	vijfendertigduizend zeshonderd zevenenvijftig
100 000	honderdduizend
1 000 000	één miljoen
2 000 000	twee miljoen
10 000 000	tien miljoen
1 000 000 000	één miljard

1) 13부터 20까지는 1자리를 먼저 읽고 10자리를 읽는다.

   dertien, vijftien, zestien, achttien, negentien

2) 21에서 100 이하는 -en-으로 읽고 붙여 쓴다.

eenentwintig,	tweeëntwintig	negenentwintig
eenendertig	....	negenendertig
eenenveertig	......	negenenveertig
vijfendertig		

3) 1,000 단위를 읽는 방법
2200 : 1) tweeduizend tweehonderd
       2) tweeëntwintighonderd

Ⅱ. 서수(Rangtelwoorden) : 기수 1에서 19까지는 -de, 20 이상은 -ste를 붙인다.

1ste	eerste	11de	elfde
2de	tweede	12de	twaalfde
3de	derde	14de	**veertiende**
4de	vierde	18de	achttiende
5de	vijfde	20ste	twintigste
6de	zesde	21de	eenentwintigste
7de	zevende	40de	**veertigste**
8ste	**achtste**	80de	**tachtigste**
9de	negende	100ste	honderste
10de	tiende	101ste	honderdeerste
		102de	honderdtweede
		200de	tweehonderste
		1000ste	duizendste

Ⅲ. 분수(Breukgetallen) : 분모(noemer)는 기수, 분자(teller)는 서수

1/2, 0.5	een half
	Je moet een half uur wachten.
	Hij heeft een halve taart opgegeten.
	= Hij heeft de helft van die taart opgegeten.
3/2, 1.5	Anderhalve kilo is voldoende.
	Het heeft anderhalf uur geduurd.
$2\frac{1}{2}$	twee en een half
1/4, 0.25	een kwart, een vierde
	Ik wil een kwart kilo(= een half kilo).
3/4	drie kwart, drie vierde
	Geeft u me maar drie kwart.

1/5	een vijfde
3/8	drie achtste
1/20	een twintigste
5,8%	vijf komma acht procent

Ⅳ. 가감승제

❖ 더하기(optelling)

4+3 =7
vier plus/en drie is zeven.
Om 7 te krijgen moet je bij vier drie optellen.
7 is de som van 4 en 3.

❖ 빼기(aftrekken)

12-7=5
twaalf min zeven is rijf.
Om 5 te krijgen moet je van twaalf zeven aftrekken.
5 is het verschil van 12 en 7.

❖ 곱하기(vermenigvuldigen)

3×3 =9
3 maal/keer drie is negen
Om 9 te krijgen moet je van 3 met 3 vermenigvuldigen.

❖ 나누기(delen)

8÷4 =2
acht gedeeld door vier is twee
Om 2 te krijgen moet je 8 door 4 delen.
2 is het quotiënt van 8 en 4.

Ⅴ. 시간

uur (시)	minuut (분)	seconde (초)
groot wijzer (시침)	kleine wijzer (분침)	

Een klok hangt aan de wand of staat op de kast.
(시계는 벽에 걸려 있거나 책장 위에 있다.)

Een uurwerk of (pols)horloge heb je om je pols of draag je.
(너는 시계를 손목에 차거나 갖고 다닌다.)

Hoe laat is het?	몇 시입니까?
1 : 00	Het is een uur
6 : 00	zes uur
6 : 05	vijf over zes
6 : 10	tien over zes
6 : 15	kwart over zes
6 : 20	twintig over zes / tien voor half zeven
6 : 30	half zeven
6 : 40	tien over half zeven
6 : 45	kwart voor zeven
6 : 55	vijf voor zeven
6시 정각	6 uur, 6 uur precies, klokslag 6
	Ik wil dat je er stipt om 6 uur bent.
	(나는 네가 6시 정각에 그곳에 있었으면 좋겠다.)
	(= precies, op tijd)
6시 경	omstreeks/rond/tegen zes uur
12.00	12 uur; middag
24.00	middernacht
오전	voormiddags (v.m.)
오후	namiddags (n.m.)
아침8시	om acht uur 's ochtends/'s morgens
오후1시	om een uur namiddags
저녁6시	om zes uur 's avonds
밤11시	om elf uur 's nachts
30 min.	een half uur
15 min.	een kwartier
45 min.	drie kwartier
90 min.	anderhalf uur

Na tienen moet je niet meer opbellen. (10시 이후에 너는 더 이상 전화를 걸면 안된다.)
Ik zie je dan om een uur of negen. (= ongeveer) (나는 너를 약 9시 정도에 본다.)
Het loopt al tegen achten aan. (= het is bijna 8 uur) (거의 8시가 되었다.)

Ⅵ. 년도 및 날자

1783   zeventien(honderd) drieëntachtig
1302   dertienhonderd (en) twee
1066   duizend zesenzestig
1952   negentien tweeënvijftig
2002   tweeduizend twee
2015   tweeduizend vijftien

Wanneer ben je geboren?

1/5/95 = 01.05. '95   1 mei vijfennegentig
                           de eerste mei
                           op 1 mei

※ 서수에는 항상 정관사 de가 앞에 붙는다.

De hoeveelste vertrek je dan? de tweeëntwintigste.
(너는 언제 출발하니? 22일에.)

※ 편지 상단에는 서수로 쓰지 않는다.

Amsterdam, 3 augusts 2014
Wij nodigde u uit voor bijeenkomst op 11 februari 2008.
(우리는 2008년 2월 11일 회의에 당신을 초대한다.)

※ een '하나' 라는 수를 강조할 때 één로, 강조하지 않을 경우 부정관사처럼 een으로 적는다.
Ze koopt één pak rijst. (그는 한 봉지의 쌀을 산다.)
Ze koopt een pak rijst.

Ⅶ. 수사 + (e)n/-tje(s)

Met z'n hoevelen waren we? (몇 사람이 있었나?.)

> We waren   met twee. (우리는 둘이었다.)
> = met z'n tweeën
> = met ons tweeën
> = met z'n tweetjes

Voeg daar maar een paar *nullen* aan toe. (거기에 0을 몇 개 더 추가해라.)
Ze waren *met duizenden*. (그것들은 수천개였다.)
Hij deed het *op z'n eentje*. (그는 그것을 혼자 했다.)
Ze waren *met z'n achten*. (그들은 8명이었다.)
Ze waren slechts *met hun drieën*. (그들은 오직 3명이었다.)
Ze sneed de taart *in twee(ën)*. (그녀는 케이크를 두 조각으로 잘랐다.)
Er zijn *honderden* slachtoffers gevallen. (몇 백명의 희생자가 발생했다.)
Duizenden kandidaten werden afgekeurd. (수 천명의 지원자들이 탈락되었다.)
Het gaat om een *miljoenenfraude*. (그것도 백만유로 뇌물사건이다.)
Ze waren de *enigen/de laatsten/de eersten*. (그들이 유일했다 / 마지막이었다 / 첫번째였다.)

Ⅷ. 년령 대(代) : 수사 + er

een tiener (10대 사람)
een veertiger (40대 사람)
een zestigplusser (60대 이상)

❖ 숫자 다음에 오는 단위

1) 단수형과 복수형이 둘 다 가능하다. 그러나 숫자 다음에 시간 혹은 나이를 나타내는 *uur*, *jaar*, 돈을 나타내는 *euro*, *cent*, *franc*, 거리 혹은 무게를 나타내는 단어 *meter*, *kilometer*, *gram*, *ons*, *kilo*, *liter*가 올 경우에는 단수형을 취한다.

Ze woont al *tien jaar* in Nederland. (그녀는 벌써 10년간 네덜란드에서 산다.)
De les duurt *twee uur*. (수업은 2시간이 걸린다.)
Het boek kost *twintig euro*. (그 책은 20유로이다.)

De woonkamer is *vijf meter* breed. (거실은 넓이가 5m이다.)
In de tank van mijn auto kan *veertig liter* benzine.
(내 차의 연료통에는 40리터의 기름을 넣을 수 있다.)
Ik wil graag *drie kilo* appels. (나는 3킬로의 사과를 원한다.)
Hij is pas *zestien jaar*. (그는 겨우 16살이다.)

Twee kilo bloem (2kg의 꽃)
Drie pond suiker (3파운드의 설탕)
Twee ons vlees (2온스의 고기)
Vijf liter wijn (5리터의 와인)

2) 숫자 다음에 오는 1) 이외의 다른 단위어들은 복수형을 취한다.

We gaan *drie weken* op vakantie. (우리는 3주간 휴가를 간다.)
Deze baby is *zes maanden* oud. (이 아기는 생후 6개월 되었다.)
Het bezoek aan de dokter duurde maar *tien minuten*.
(의사 방문은 10분 걸렸다.)

2 minuten (분), 3 seconden (초), 4 dagen (일), 5 weken (주), 7 maanden (개월), 4 eeuwen (세기), 2 graden (도)

3) 배수 keer, maal는 단수

Ik zeg het, maar twee *keer*. (나는 그것을 두 번씩이나 말하고 있다.)

Ⅸ. 부정수사(Onbepaalde telwoorden)(*부정수사 편 참조)

1. 기수 : een paar (몇 개의), enig (몇몇), enkel (몇몇), genoeg (충분한), menig (많은), sommige (몇몇), veel (많은), verscheidene (여러 가지의), verschillende (여러 가지의), wat (약간), weinig (적은)

2. 서수 : hoeveelste (몇 번(째)), laatste (최후의), middelste (중간의), zoveelste (다수의)

3. 돈, 기간(tijdsduur)은 대개 단수를 사용

   Dat kost 200 *euro* (6 dollar, 2 cent). (그것의 가격은 200유로이다.)
   Het duurde 5 *uur*. (5시간이 걸렸다.)
   Hij wachte 3 *kwartier*. (그는 45분을 기다렸다.)
   Hij is voor 2 *jaar* vertrokken. (그는 2년 전에 떠났다.)

X. 일(日), 요일(曜日), 계절(季節), 월(月)

❖ 일(日)

De hoeveelste is het vandaag? (오늘 며칠인가요?)
Het is vandaag de zesentwintigste mei. (오늘은 5월 26일이야.)
(= Het is vandaag zesentwintig mei)

5 September 2015 (2015년 9월 5일)
5/9/2016 de vijf de september tweeduizend zestien

Wanneer bent u jarig? Op zeventien juli. (너 생일 언제야? 7월 17일.)
Op welke datum valt...? (~은 어떤 날짜야?)
Kerstmis valt op 25 December. (크리스마스는 12월 25일이야.)

❖ 요일(曜日)

Welke dag is het vandaag? (오늘 무슨 요일이니?)
Het is vandaag (오늘은 ~이다)
zondag (일) / maandag (월) / dinsdag (화) / woensdag (수) / donderdag (목) / vrijdag (금) / zaterdag (토)

's zondags (일요일에), *'s maandags* (월요일에), *'s woensdags* (수요일에), *dinsdags* (화요일에), *donderdags* (목요일에), *vrijdags* (금요일에), *zaterdags* (토요일에)

vorig/afgelopen zaterdag (지난 토요일)

❖ 계절(季節)

de lente(= het voorjaar) (봄), de zomer (여름), de herfst(= het najaar) (가을), de winter (겨울)

❖ 월(月)

Welke maand is het? (몇월 달입니까?)

januari (1월)   februari (2월)   maart (3월)   april (4월)   mei (5월)   juni (6월)
juli (7월)   augustus (8월)   september (9월)   oktober (10월)   november (11월)
december (12월)

※ 주요 표현:

vanochtend (오늘 아침에)   overmorgen (모래)
vanmorgen (오늘 아침에)   overmorgenochtend (모래 아침)
vanmiddag (오늘 오후에)   overmorgenmiddag, overmorgenavond
                                  (모래 오후에, 모래 저녁에)
vanavond (오늘 저녁에)   gisteren (어제)
gisterochtend (어제 아침에)   vannacht, vanmiddag, vanavond
                                  (오늘밤에, 오늘 오후에, 오늘 저녁에)

morgen (내일)   eergisteren (그저께)
morgenochtend (내일 아침에)   eergisterochtend (그저께 아침에)
morgenmiddag (내일 오후에)   eergistermiddag, eergisteravond
                                   (그저께 오후에, 그저께 저녁에)

volgende week/maand (다음 주/달)
volgend jaar (다음 해)
vorige/verleden week/maand (지난 주/달)
vorig/verleden jaar (지난 해)
in het weekend (주말에)
op een avond/dag/middag (저녁/낮/오후에)

※ 시간 지칭(Tijdsaanduiding)

van- + X   vanmorgen = vanochtend (오늘 아침)
                die morgen = die ochtend (그날 아침)
                vanmiddag (오늘 오후)
                die middag (그날 오후)

's- + X + s   's morgens (아침에)   's middags (정오에)   's namiddags (오후에)
                's avonds (저녁에)   's nachts (밤에)

verleden ← **heden** → toekomst
(과거 ← 현재 → 미래)

eergisteren ← gisteren ← **vandaag** → morgen → overmorgen
(그저께 ← 어제 ← 오늘 → 내일 → 모레)

2 weken geleden ← vorige week ← **deze week** → volgende week → over 2 weken
(voor 2 weken ← verleden week → **deze week** → toekomende week → over 2 weken)
(2주 전 ← 지난 주 ← 이번 주 → 다음 주 → 2주 후)

2 jaar geleden ← vorig jaar ← **dit jaar** → volgend jaar → over 2 jaar
(voor 2 jaar ← verleden jaar ← **dit jaar** → toekomende jaar → over 2 jaar)
(2년 전 ← 지난 해 ← 올해 → 내년 → 2년 후)

Je moet volgende week komen. (너는 다음 주에 와야만 한다.)
Je moet over een week komen. (너는 일주일 후에 와야만 한다.)
Je moet binnen de 2 weken iets laten weten. (너는 2주내에 무언가를 알려주어야 한다.)
Je moet binnen de 3 dagen betalen. (너는 3일내에 비용을 지불해야 한다.)

op klaarlichte dag (대낮에, 한낮에)
midden in de nacht (한 밤중에)

de vorige dag ← **die dag** → de volgende dag
(전 날(어제)) (그 날) (다음 날(내일))
= de dag daarvoor (그 전 날) = de dag daarop (그 다음 날)
= de dag voordien = de dag daarna

de vorige week ← **die week** → de volgende week
(지난 주) (그 주) (다음 주)
= de week daarvoor (그 전 주) = de week daarop (그 다음 주)
= de week voordien = de weekdag daarna

het vorig jaar ← **dat jaar** → het volgend jaar
(전 해) (그 해) (다음 해)
= het jaar daarvoor (그 전 해) = het jaar daarop (그 다음 해)
= het jaar voordien = het jaar daarna

연습문제

I. 알맞은 형태의 수사를 네덜란드어로 말하시오.

1. Peter komt de (21)
2. We zijn op vakantie tot en met (27.12)
3. Ze trouwt op (15.02.2010).
4. In (1991) waren we in Frankrijk.
5. Op (07.03) begint de vakantie.
6. Op (27.04.1997) was ik met verlof.
7. Vandaag viert hij zijn (25) verjaardag.
8. De (12.07.1995) was ik aan zee.
9. Wanneer ben je geboren? Op (17.08.1953)
10. En jij? De 29.09. 1942

II. 밑줄 친 곳에 알맞은 단어를 넣으시오?

1. Heb je _____ geslapen?
2. Na de lente komt de _____.
3. Ik ben _____ om zeven uur opgestaan.
4. Hij komt als een dief in de _____.
5. Ik ga _____ bij mijn tante eten; ze verwacht me rond twaalf uur.
6. _____ kijk ik naar de televisie.
7. De dag na _____ noemen we morgen.
8. In de _____ vallen de bladeren van de bomen.
9. _____ ga ik naar huis om te eten.
10. Tijdens de _____ is de kat in de tuin gebleven.
11. De eerste maand van het jaar is _____.
12. In _____ beginnen de bomen hun blaadjes te verliezen.
13. In juli en _____ zijn de kinderen met vakantie.
14. Tijdens de maand _____ vieren we onze moeders.
15. De lente begint op 21 _____.
16. We maken grapjes in _____.

17. In _____ zijn er geen blaadjes meer aan de bomen.
18. De winter begint op 21 _____ .

Ⅲ. 네덜란드어로 알맞은 형태로 말하시오.

1. In de winter vriest het soms tot min (15)?
2. Rubens was (63).
3. Schoenen kosten ongeveer (55).
4. Drieëntwintig plus vierenvijftig is (77).
5. Een raadpleging bij de dokter kost ongeveer (22).
6. De mist beperkt het zicht tot (45).
7. Catherine trouwt volgende week; ze is al (33).
8. De snelheid op de routes is beperkt tot zeventig kilometer en je snelheid was (82).
9. Mijn grootmoeder heeft een heel goede gezondheid en ze is (94).
10. Mijn vader is afkomstig uit een groot gezin; hij heeft (8) broers en zussen.
11. Toen ik nog op school zat, viel ik gewoon bij het begin van de (3) les in slaap.
12. Vermeer is een schilder uit de (17) eeuw.
13. Het is vandaag de (13) december.
14. Hans heeft (2) zesde van de taart gegeten.
15. De tennisspeler staat op de (125) plaats op de wereldranglijst.
16. De ruïne dateert van de (8) eeuw.
17. We waren met ons (12) aan tafel.
18. Ik heb er maar een stuk of (4) gelezen.
19. (2) oplossingen zijn goed.
20. (4/5) van de kiezers stemden voor onze burgemeester.
21. De (3) Wereld heeft geld en voeding nodig.
22. (100) kijkers zagen het ongeval op de televisie.
23. Albert de (2) heeft drie kinderen.
24. Was er een (3) persoon?
25. Jan keek zeker wel voor de (20) maal op de klok.

Ⅳ. 알맞은 수를 네덜란드어로 말하시오.

1. Vier plus vier is _____ .

2. Negen min acht is _____.
3. Twee plus drie is _____.
4. Tien plus vier is _____.
5. Zes plus zes is _____.
6. Negentien min nul is _____.
7. Achttien min zeven is _____.
8. Vijftien plus vijf is _____.
9. Zes plus zeven is _____.
10. Vier plus vier min twee plus tien is _____.

Ⅴ. 다음 수를 네덜란드어로 읽으시오.

98 898   1 111 222   5,65   9,432   1 000   85
1 013   25 646   2 345 693 346

Ⅵ. 다음 전화번호를 아라비아 숫자 혹은 네덜란드어로 읽으시오.

1. nul drieënveertig, acht vijf nul twee acht vijf één
2. nul zevenenzeventig, vier zes zes drie drie drie twee
3. nul zevenenvijftig, nul zes vijf vier drie zeven één
4. nul éénendertig, acht vier zeven nul negen één nul
5. nul zesentwintig, drie vijf één één zes één zes
6. 0 7 5 / 7 7 1 8 2 2 3
7. 0 1 6 / 2 5 1 4 1 8 9
8. 0 4 1 / 6 3 3 7 5 6 0
9. 0 3 1 / 3 4 7 3 9 7 4
10. 0 3 4 / 8 4 1 4 8 6 9

Ⅶ. 알맞는 형태를 골라라.

1. A: Goede middag, zegt u het maar.
   B: Mag ik twee (kilo / kilo's) bananen van u?
   A: Alstublieft, Anders nog iets?
   B: Ja, Drie (ons / onzen) boontjes, graag.

A: Dat was het?
   B: Eh, nee, ik wil ook nog vier (liter / liters) melk. Die pak ik zelf wel even. Dat is alles.
   A: Goed, Dat is twaalf (euro / euro's) en 45 (cent / centen).

2. Ik woon nu drie (jaren / jaar) in Nederland. De eerste paar (weken /week) verstond ik helemaal niets van het Nederlands. Na ongeveer vijf (maand /maanden) kon ik een eenvoudig gesprek redelijk volgen. Vorig (jaar / jaren) leerde ik eigenlijk pas echt Nederlands spreken.

Ⅷ. 밑줄 친 곳을 채워라.

1. Kerstmis valt in _____ .
2. Nieuwjaarsdag valt in _____ .
3. Ik heb vakantie in _____ .
4. Pinksteren valt in _____ .
5. Koninginnedag is altijd in _____ .
6. Ik ben in _____ jarig.
7. Pasen valt bijna altijd in _____ .
8. In Nederland begint de zomer in _____ .

Negatie, Ontkenning
8 부정사

Toon: Heb je ook zin in soep?
Jan: **Nee**, vandaag **niet**. Ik heb eigenlijk ze **geen** brood mee, maar eten ze in de kantine.
Toon: Dan kun je beter naar huis gaan.
Jan: **Nee**, dat kan **niet**. Ik heb een belangrijke vergadering vanmiddag.
Toon: Nou, dan moet je wel iets eten.
Jan: Misschien heb je gelijk. Neem voor mij ook maar soep mee, maar **geen** tomatensoep.

nee 부정적인 대답을 할 때

Hebt u een technicus nodig? *Nee*, ik heb geen technicus nodig.
(기술자가 필요하십니까? 아니, 필요 없습니다.)

Volgt u nog een cursus? *Nee*, ik volg op dit moment geen cursus.
(너 아직 그 강좌 수강하고 있니? 아니, 나 요즘 강좌 못 듣고 있어.)

geen 1. [een / ø + (수사) + (형용사) + 명사]를 부정하며 부정하는 명사 앞에 위치

1) 부정관사를 취한 명사를 부정

Hans is een Nederlander. Hans is *geen* Nederlander.
(Hans는 네덜란드인이다. Hans는 네덜란드인이 아니다.)

Milaan is een grote stad. Leiden is *geen* grote stad.
(Milaan은 큰 도시이다. Leiden은 큰 도시가 아니다.)

2) 관사없는 단수 명사 및 복수명사를 부정

Hans spreekt Koreaans. Hans spreekt *geen* Koreaans.
(Hans는 한국어를 말한다. Hans는 한국어를 말하지 않는다.)

Hij is student economie. Hij is *geen* student filosofie.
(그는 경제학과 학생이다. 그는 철학과 학생이 아니다.)

>　　Hij heeft twee koffers. Hij heeft *geen* twee koffers.
>　　(그는 여행용 가방이 2개 있다. 그는 여행용 가방 2개가 없다.)
>　　Er waren *geen* belangrijke personen aanwezig.
>　　(중요한 사람은 아무도 참석하지 않았다.)

　3) 다음과 같은 표현은 부정사 geen을 사용하여 부정한다.
　　　dorst hebben (목마르다)　　: Ik heb *geen* dorst. (나는 목마르지 않다.)
　　　honger hebben (배고프다) : Ik heb *geen* honger. (나는 배고프지 않다.)
　　　haast hebben (급하다)　　: Ik heb *geen* haast. (나는 급하지 않다.)
　　　slaap hebben (자다)　　　 : Ik heb *geen* slaap. (나는 자지 않는다.)

niet geen으로 부정하는 이외의 경우를 부정한다. 문장 전체를 부정하는 경우와 문장성분을 부정하는 경우로 구분할 수 있다.

　1. 문장부정(zinsnegatie)

　　1) 동사구내 마지막 요소(과거분사, 종속문내의 정동사, 분리동사의 분리전철, 부정법)의 앞에 위치

　　　▶ 과거분사 앞 : Ik heb het nog *niet* gelezen. (나는 그것을 아직 읽지 않았다.)
　　　　　　　　　　 Hij is hier gisteren *niet* geweest. (나는 어제 여기 있지 않았다.)

　　　▶ 종속문내의 정동사 앞
　　　　Ik denk dat hij morgen *niet* komt. (나는 그가 내일 오지 않을거라 생각한다.)

　　　▶ 분리전철 앞
　　　　Hij komt volgende week *niet* mee. (그는 다음 주에 함께 오지 않을 것이다.)
　　　　Hij geef *niet* op. (그는 포기하지 않는다.)

　　2) 정동사만을 포함한 문장에서 주로 정관사(de, het), 지시대명사(deze, dit, die, dat), 소유대명사(zijn, haar, mijn 등)가 붙은 명사, 고유 명사, 대명사 뒤에 위치한다.

　　　Ik lees dat boek *niet*. (그는 그책을 읽지 않는다.)
　　　Ze komt morgen *niet*. (그녀는 내일 오지 않는다.)
　　　Dat ben ik *niet*. (그건 내가 아니다.)
　　　Paolo vindt de weg *niet*. (Paolo는 길을 찾지 못한다.)
　　　Els en Paolo zien Peter *niet*. (Els와 Paolo는 Peter를 보지 못한다.)

Ik ken hem *niet*. (나는 그를 알지 못한다.)

3) 부사적 대명사와 연결되는 전치사 앞에 위치

Hij heeft er gisteren *niet* aan gedacht. (그는 어제 그것을 생각하지 않았다.)
Leg het daar *niet* op. (그것을 거기에 올려 놓지 마라.)
Hij heeft er *niet* over gesproken. (그는 그것에 대해 말하지 않았다.)

4) 동사와 결속된 전치사구, 장소/방법/수단/목적 등의 전치사구인 경우 전치사구 앞에 위치

Hij wacht *niet* op z'n broer. (wachten op) (그는 그의 남동생을 기다리지 않는다.)
Hij heeft *niet* aan je boek gedacht. (denken aan)
(그는 너의 책을 생각하지 않았다.)
Ik ga morgen *niet* naar mijn werk. (gaan naar) (나는 내일 출근하지 않는다.)

Hij woont *niet* in Brussel. (그는 브뤼셀에 살지 않는다.)
Hij heeft *niet* op zijn stoel gezeten. (그는 그의 의자에 앉지 않았다.)
Hij heeft *niet* met krijt geschreven. (그는 분필로 쓰지 않았다.)
Hij is niet *met* de auto gekomen. (그는 차로 오지 않았다.)

그러나 동사와 결속되지 않은 전치사구(주로 장소, 시간을 나타내는 전치사구)가 있는 경우 부정사 niet 는 동사구앞에 위치한다.

Hij heeft in de klas *niet* gerookt. (그는 교실에서 담배를 피지 않았다.)
Hij heeft hem na de lezing *niet* kunnen spreken.
(그는 독서 후에 그에게 말을 할 수 없었다.)
Hij heeft tijdens de les *niet* gepraat. (그는 수업 중 말을 하지 않았다.)
Je hebt op school *niet* gewerkt. (너는 학교에서 일하지 않았다.)
Je kunt haar na 08.00 *niet* bereiken. (너는 8시 이후에는 그녀와 연락할 수 없다.)

5) 술어적으로 사용된 형용사 앞

Die man is *niet* klein. (이 남자는 작지 않다.)
Hans is *niet* ziek. (Hans는 아프지 않다.)
Ik vind dat *niet* mooi. (나는 그것이 아름답다고 생각하지 않는다.)

6) 다음과 같은 부사 앞

>Jij zingt *niet* vaak. (너는 자주 노래하지 않는다.)
>Hij zegt het *niet* altijd. (그는 그것을 항상 말하지 않는다.)
>Ze is *niet* onmiddelijk gekomen. (그녀는 바로 오지 않았다.)
>Hij is *niet* thuis. (그는 집에 없다.)
>Het is *niet* links/rechts. (그것은 왼쪽/오른쪽이 아니다.)
>Hij is *niet* binnen/buiten/boven/beneden. (그는 안/밖/위층/아래층에 없다.)
>Het is *niet* genoeg/voldoende. (충분하지 않다.)
>Hij is *niet* veel veranderd. (그는 많이 변하지 않았다.)
>Ze komen *niet* graag. (그들은 기꺼이 오지 않는다.)
>Hij heeft dat *niet* vlug gedaan. (그는 그것을 빨리 하지 않았다.)
>Je spreekt *niet* duidelijk. (너는 분명하게 말하지 않는다.)
>Hij doet het *niet* goed/slecht. (그는 그것을 잘하지 못한다/잘못하지는 않는다.)
>Die pen schrijft *niet* dik/dun. (그 펜은 두껍게/얇게 써지지 않는다.)
>Hij komt *niet* geregeld/regelmatig. (그는 규칙적으로 오지 않는다.)

2. 문장성분 부정(zinsdeelnegatie) : 문장내의 한 문장성분을 부정할 때 그 문장성분 앞에 위치한다.

>*Niet* alle leerlingen gaan op schoolreis. (모든 학생들이 수학여행에 가지는 않는다.)
>Ik versta u *niet* helemaal. (나는 당신을 전혀 이해하지 못하는 것은 아니다.)
>Ik kom *niet* morgen, maar overmorgen. (나는 내일이 아니라, 모레 온다.)
>De staking werd door de vakbonden *niet* erkend.
>(파업은 노동조합에 의해 승인되지 않았다.)

>>cf. Hij heeft vaak *niet* gezongen. (그는 자주 노래하지 않았다.)
>> (= Het is vaak gebeurd dat hij niet zong.)
>>Hij heeft *niet* vaak gezongen. (그는 노래를 자주는 하지 않는다.)
>> (= Het is *niet* vaak gebeurd dat hij zong).
>>Hij heeft het helemaal *niet* begrepen. (그는 그것을 전혀 이해하지 못했다.)
>> (= Hi heeft er niets van begrepen.)
>>Hij heeft het *niet* helemaal begrepen. (그는 그것을 전부는 이해하지 못했다.)
>> (= Hij heeft niet alles begrepen.)

>>Hij heeft in de klas *niet* gerookt. (그는 교실에서 담배를 피지 않았다.)

Hij heeft *niet* in de klas gerookt. (그는 담배를 교실에서 피지 않았다.)
(= maar wel ergens anders.)

niemand   iemand의 부정

Heb je iemand gezien? → Ik heb *niemand* gezien.
(너 누군가를 봤니? → 나 아무도 못봤어.)
Is er al iemand gevonden voor die functie? (이 직책 맞는 누군가를 찾았니?)
Nee, ze hebben nog *niemand* gevonden.
(아니, 아직 아무도 못 찾았어.)

niets   iets의 부정

Heeft hij iets gezegd? → Hij heeft *niets* gezegd.
(그는 무엇인가를 말했니? → 그는 아무것도 말하지 않았어.)
Hebben ze nog iets met elkaar? (그들은 아직도 서로 얘기할 것이 있니?)
Nee, ze hebben elkaar *niets* meer te vertellen.
(아니, 그들은 서로 이야기할 것이 더 이상 없어.)

nooit   1) ooit의 부정

Denk je ooit aan hem? → Ik denk *nooit* aan hem.
(너 이전에 그를 생각한 적 있니? → 나는 전혀 그를 생각한적이 없다.)
Ze komt *nooit* te laat. (그녀는 늦게 온 적이 없다.)

2) wel eens의 부정

Heeft hij wel eens problemen? → Hij heeft *nooit* problemen.
(그도 한 번쯤은 어려움은 있지? → 그는 결코 어려움이 없다.)

nergens   ergens의 부정

Heb jij mijn boek ergens gezien? Ik heb het *nergens* gezien.
(너는 내 책을 어딘가에서 본 적이 있니? 나는 그것을 아무데서도 본 적이 없어.)

A noch B / noch A noch B (= A niet en B ook niet)   '~에서도, ~에서도 ~ 않다'

Ik ben *noch* op de radio *noch* op de televisie iets over dat ongeluk gehoord.
(나는 그 불행에 대한 것을 라디오에서도 TV에서도 듣지 못했다.)
We hebben gewandeld *noch* gefietst. (우리는 돌아다니지도 자전거를 타지도 않았다.)

nog를 포함한 문장의 부정

1) geen + 명사구 + meer

Heeft hij gisteren nog een boek gekocht? (그는 어제도 책을 샀니?)
Nee, hij heeft gisteren *geen boek meer* gekocht.
(아니, 그는 어제 더 이상 책을 사지 않았어.)
Heeft hij nog andere opmerkingen? (그는 아직 다른 의견이 있니?)
Nee, hij heeft *geen andere opmerkingen* meer.
(아니, 그는 더 이상 다른 의견이 없어.)
Heeft hij nog wat geld over? (그는 아직도 약간의 돈이 있니?)
Nee, hij heeft *geen geld meer*. (아니, 그는 더 이상 돈이 없어.)

2) niet meer

Heeft hij gisteren nog gelezen? (그는 어제도 책을 읽었니?)
Nee, hij heeft gisteren *niet meer* gelezen. (아니, 그는 어제 더 이상 읽지 않았어.)
Heb jij nog aan hem gedacht? (너는 아직도 그를 생각하니?)
Nee, ik heb *niet meer* aan hem gedacht. (아니, 나는 더 이상 그를 생각하지 않아.)
Herinner jij je nog wat we toen gedaan hebben?
(너는 아직도 우리가 그때 한 것을 기억하니?)
Nee, dat kan ik me *niet meer* herinneren.
(아니, 나는 그것을 더 이상 기억할 수 없어.)

al을 포함한 문장의 부정

1) nog geen + 명사구

Heeft hij al een boek gekocht? (그는 이미 책 한 권을 샀니?)
Nee, hij heeft *nog geen boek* gekocht. (아니, 그는 아직 책을 안 샀어.)
Heb je al melk gedronken? (너는 벌써 우유를 마셨니?)
Nee, ik heb *nog geen melk* gedronken. (아니, 나는 아직 우유 안 마셨어.)
Is het al vijf uur? (벌써 5시니?)
Nee, het is *nog geen vijf*. (아니, 아직 5시 안 되었어.)

2) nog niet

Heeft hij dat boek al gekocht? (그는 그 책을 이미 샀니?)
Nee, hij heeft dat boek *nog niet* gekocht. (아니, 그는 그 책을 아직 안 샀어.)

Heb je je melk al opgedronken? (너는 우유를 벌써 마셨니?)
　　Nee, ik heb mijn melk *nog niet* opgedronken.
　　(아니, 우유를 아직 안 마셨어.)
Heeft ze het hem al gevraagd? (그녀는 그것을 벌써 그에게 질문했니?)
　　Nee, ze heeft het hem *nog niet* gevraagd.
　　(아니, 그녀는 아직 그것을 그에게 질문하지 않았어.)

연 습 문 제

Ⅰ. 다음 문장을 부정문으로 바꾸시오.

1. Ik heb mijn boek.
2. Hij spreekt Nederlands.
3. Ik woon ver van Amsterdam.
4. Ik heb een boek voor jou.
5. Mijn moeder werkt thuis.
6. Er is plaats in de bus.
7. Ik heb een afwasmachine.
8. Ik ben goed in talen.
9. Deze lijm plakt goed.
10. We hebben een telefoon.
11. In de koelkast is er iets om te drinken.
12. Ze knipt het licht aan.
13. De film begint om 8 uur.
14. Natuurlijk kregen de kinderen een nieuwe les.
15. Mijn vader kon in slaap komen.
16. Haar jurk is bruin.
17. Ze verdient veel.
18. Het is 8 uur.
19. Hij heeft het zo druk.
20. Ik drink groene thee.

II. nee, niet 혹은 geen 중 선택하시오.

Dokter : U hebt een erg hoge bloeddruk.
Jan : Daarom voelde ik me de laatste tijd (nee/niet/geen) goed!
Dokter : We zullen uw bloeddruk behandelen. U mag in elk geval (nee/niet/geen) zout meer in uw eten gebruiken.
Jan : Mag ik verder alles eten?
Dokter : (Nee/Niet/Geen), dat mag u (nee/niet/geen).
Jan : Wat mag ik dan wel en (nee/niet/geen) eten?
Dokter : Sommige dingen zijn voor u (nee/niet/geen) goed. U mag bijvoorbeeld (nee/niet/geen) kaas eten. Daar zit veel zout in. U kunt beter ook (nee/niet/geen) soep meer eten. En verder mag u ook (nee/niet/geen) koekjes en zo. Als u mijn advies volgt, hebt u over een tijdje (nee/neit/geen) problemen meer.
Jan : Moet ik ook minder eten?
Dokter : (Nee/Niet/Geen), dat hoeft (nee/niet/geen). Hebt u verder nog vragen?
Jan : (Nee/Niet/Geen), ik heb (nee/niet/geen) vragen meer. Alles is duidelijk.
Dokter : Volgende week wil ik uw bloeddruk weer controleren. Als uw bloeddruk (nee/niet/geen) gedaald is, dan zal ik u medicijnen geven.

Het voegwoord
9 접속사

De meeste huishoudens gooien tegenwoordig hun oude kranten **en** ander papier niet meer bij het gewone vuilnis, **maar** houden het apart. Ze zetten het papier één keer in de maand aan de straat, **zodat** mensen van een club **of** vereniging het kunnen komen ophalen. Die gooien al het papier in een vrachtwagen **en** brengen het naar een papierfabriek. Ze willen het papier graag ophalen, **want** ze kunnen zo wat extra geld verdienen. De papierfabriek maakt van het oud papier weer nieuwe produkten.

1. 등위접속사(Nevenschikkende voegwoorden)
: 주어와 정동사의 어순에 영향을 받지 않는다.

병렬 en

De Vries *en* zijn vrouw zaten op de veranda. (Vries와 그의 아내는 베란다에 앉았다.)
Ze praatten over de gebeurtenissen van die dag *en* dronken thee.
(그들은 그 날의 사건들에 대해 얘기했고, 차를 마셨다.)

대립 of, maar, doch

Je komt morgen *of* je komt vandaag. (너는 내일 오거나 오늘 온다.)
Ik heb al geschreven, *maar* ik heb nog geen antwoord gekregen.
(나는 이미 편지를 했지만, 아직 답장은 받지 못했다.)
Ze hebben ruzie *maar* ze werken toch samen.
(그들은 다툼이 있었지만, 그럼에도 함께 일했다.)
Hazepeper is vies van kleur *maar* heerlijk van smaak.
(삶은 토끼고기는 색깔이 더러워 보이지만 맛은 훌륭하다.)

이유 **want**

    Het regent, denk ik, *want* hij doet zijn jas aan.
    (내 생각에는 비가 온다. 왜냐하면 그가 그의 코트를 입고 있기 때문이다.)

    Ze maken ruzie *want* ze zijn op dezelfde jongen verliefd.
    (그들은 같은 남자아이를 좋아하기 때문에 다툼이 있다.)

    Je gaat naar bed *want* het is al laat. (너는 시간이 너무 늦었기 때문에 자러 간다.)

결과 **dus**

    Ze hadden geen geld, *dus* ze konden het niet kopen.
    (그들은 돈이 없었다. 그래서 그들은 그것을 살 수 없었다.)

아래의 등위접속사들 역시 문장과 문장 혹은 구와 구, 단어와 단어를 연결하기도 한다.

---

alsook (또한), dan (wel) evenals (~와 같이), hetzij … hetzij… (~든지 ~든지), of … of … (~나 ~~나), (net)(zo) als (~만큼 ~한), noch(… noch) (~도 ~도 아닌), zowel .. als (~마찬가지로, ~처럼), (net) zo min .. als (~만큼 작은), evenmin … als (~처럼 똑같이-않은), evenveel … als (~처럼 똑같이 많은)

    Of de benzine is op, *of* de carburateur is verstopt; in ieder geval wil de motor niet starten. (기름이 떨어졌거나 기화기가 막혔거나; 어떻든 엔진이 작동되지 않는다.)

    Het ligt aan *hetzij* de benzinetoevoer, *hetzij* de ontsteking.
    (고장은 주유공급기나 점화장치에 있다.)

    In dit dorp is het erg rustig. Ze hebben hier *noch* een snackbar, *noch* een kroeg, *noch* een discotheek. (이 마을은 꽤 조용하다. 이곳에는 스낵바도, 술집도, 디스코테크도 없다.)

2. 종속접속사(Onderschikkende voegwoorden): 통사적으로 서로 다른 문장요소를 연결하는 접속사들로 정동사의 위치는 문장의 맨 뒤에 위치한다.

1) 간접적 발화(indirect rede)

    dat Hij zegt *dat* hij morgen komt. (그는 그가 내일 온다고 말한다.)
          De politie vermoedt *dat* hij de dader is. (경찰은 그가 범인이라고 추정한다.)
          Ik vrees *dat* het gaat regenen. (비가 올까 걱정된다.)
          Ik veronderstel *dat* hij niet op de hoogte stelt. (나는 그가 잘 알고 있지 않다고 가정한다.)

of   Hij vraagt *of* je morgen komt. (그는 네가 내일 올 것인지 묻는다.)

Je kunt proberen *of* deze keer lukt. (너는 이번에 잘 될 것인지 시도해 볼 수 있다.)

Hij twijfelt eraan *of* An het werkelijk begrepen had.
(그는 실제로 안이 그것을 이해했는지 의심한다.)

Ik vraag me af *of* dat wel de moeite loont. (나는 그것이 어려울까 우려스럽다.)

Kunt u me zeggen *of* de bus hier stopt? (여기에 버스가 서는지 말해줄 수 있나요?)

※ 간접화법에서의 시제 일치

Hij zei : "Ik moet even naar buiten." (그가 말했다 : "나는 밖에 나가야만 해.")
  → Hij zei *dat* even naar buiten moest. (그는 밖에 나가야 한다고 말했다.)
Hij zei : "Ik zal later komen." (그가 말했다 : "나는 나중에 올게.")
  → Hij zei *dat* hij later zou komen. (그는 그가 나중에 올 것이라 말했다.)
Een week geleden heeft ze gezegd : "Mijn man komt niet."
(일주일 전에 그녀는 말했다 : "내 남편이 오지 않았어.")
  → Een week geleden heeft ze gezegd *dat* haar man niet komt/kwam.
    (일주일 전에 그녀는 그녀의 남편이 오지 않았다고 말했다.")
Hij had gezegd : "Ik ben ziek geweest." (그는 말했다 : "나 아팠어.")
  → Hij had gezegd *dat* hij ziek geweest was. (그는 그가 아팠었다고 말했다.)

2) 시간

> sinds (~이후), sedert (~아래), terwijl (~동안), zodra (~하자마자), zolang (~동안), als (~때), nu (~때), toen (~때), wanneer (~때), telkens als (~마다), tot(dat) (~까지), voor(dat) (~전에), eer(dat) (~전에), alvorens (~하기 전에), (voor)aleer (~전에), nadat (~후에)

als   *Als* ik op die smalle weg rijd, ben ik bang voor tegenliggende verkeer.
(그 좁은 길에서 운전할 때 마주오는 차들이 무섭다.)

terwijl   *Terwijl* iedereen feest viert, zit Brenda alleen thuis.
(모두가 축제를 즐기는 동안, Brenda는 혼자 집에 앉아 있다.)

Hij eet terwijl hij de krant leest. (그는 신문을 읽으면서 식사를 한다.)

toen   *Toen* ik klein was, woonde ik in een dorp in het oosten van Korea.
(내가 어렸을 때, 나는 대한민국의 동쪽 마을에 살았다.)

Toen we gisteren naar huis reden, was het geld op de weg.
(우리가 어제 집으로 차를 타고 갈 때 길위에 돈이 있었다.)

Toen ik op de middelbare school zat, zat ik 's avonds laat huiswerk te maken.
(내가 중학교 다닐 때 저녁 늦게까지 숙제를 했다.)

sedert　*Sedert* hij getrouwd is, is hij veel dikker geworden.
(그가 결혼한 이후, 그는 더 뚱뚱해졌다.)

nu　*Nu* de kinderen het huis uit zijn, gaan ze veel op reis.
(아이들이 출가했으니, 그들은 여행을 많이 간다.)

Nu het regent, kunner we niet fietsen.
(비가 오니 우리는 자전거를 탈 수 없다.)

※ nu로 이끌리는 절에는 현재, 현재완료, 과거, 과거완료시제가 올 수 있다. "...하는 순간에, ... 할 때는, ..하는 이상"

Nu hij heeft bekend, zal hij wel veroordeeld worden.
(그가 알려졌으니, 그는 유죄선고를 받게 될 것이다.)

Nu zijn spaargeld op was, moest hij wel een baantje gaan zoeken.
(그의 저금이 바닥이 나서, 그는 직장을 찾아야만 했다.)

Ze voelde zich heel erg opgelucht, *nu* ze haar baas de waarheid had gezegd.
(그녀는 사장에게 진실을 말하자, 아주 마음이 편안해졌다.)

eer　*Eer* hij kwaad is, moet er heel wat gebeuren.
(그가 화나기 전에 많은 일들이 일어나야 한다.)

Ik zou nog *liever* mijn tong afbijten, *eer* ik dat zou zeggen.
(나는 그것을 말하기 보다는 차라리 내 혀를 자르겠다.)

nadat　*Nadat* hij alles opgeschreven had, liet hij het me lezen.
(그는 모든 것을 적은 후, 나에게 그것을 읽게 했다.)

Nadat u rechts hebt voorgesorteerd, komt u bij een tunnel.
(당신이 우회전 차선으로 들어 오면 터널에 닿을 것이다.)

zolang　*Zolang* er nog leven is, is er hoop.　(아직 살아 있는 한, 희망은 있다.)

Die vogels blijven in het zuiden *zolang* de winter duurt.
(겨울동안 새들은 남쪽에 머무른다.)

Zolang hij zo'n pijn heeft, zal er van slapen niet veel komen.
(그가 고통이 있는 한 잠이 오지 않을 것이다.)

(voor) zover *(Voor) zover* ik weet, komt hij niet. (내가 알고 있는 한, 그는 오지 않는다.)

zodra *Zodra* ik mijn salaris heb, ga ik een nieuwe fiets kopen.
(월급을 받자마자, 나는 새 자전거를 살 것이다.)

sinds *Sinds* Hans een auto heeft, fietst hij niet meer naar z'n werk.
(한스는 자동차을 가진 이래 더 이상 자전거로 출근하지 않는다.)

Sinds dat café gesloten was, was het veel rustiger in de straat.
(카페가 문을 닫은 이래 거리가 더 조용해졌다.)

voor(dat) *Voordat* u de tannel inrijdt, moet u uw lichten aundoen.
(터널 안으로 들어가기 전에 라이트를 켜야 한다.)

* **toen**으로 이끌리는 절은 항상 과거(과거, 현재완료, 과거완료) 시제만 올 수 있다. **als**, **wanneer**로 이끌리는 절은 현재 및 미래 시제만 오며 **wanneer**는 문어체에서 더 많이 사용한다.

3) 조건, 가정

> als (만약), in geval (~경우에), mits (만약), tenzij (하지 않는한), gesteld dat (만약), indien (만약), wanneer (~할 때에), zo (~라면)

als *Als* het acht uur is, wil ik even naar het journaal kijken.
(8시가 되면, 나는 뉴스를 보려한다.)

Ik wil graag een foto maken *als* je haar de ring overhandigt.
(네가 그녀에게 반지를 건네주면, 내가 사진을 찍겠다.)

Als het nog twee dagen vriest, kunnen we op natuurijs schaatsen.
(얼음이 이틀 더 언다면, 우리는 천연얼음위에서 스케이트를 탈 수 있다.)

We gaan alleen wandelen *als* het mooi weer is.
(날씨가 좋으면 우리는 산책만 할 것이다.)

Als je met de auto gaat, ben je er binnen een uur.
(네가 차로 간다면, 한 시간 내로 도착할 것이다.)

indien *Indien* u binnen veertien dagen betaalt, brengen wij u geen kosten in rekening.
(당신이 14일내로 돈을 지불한다면, 우리는 당신에게 어떤 비용도 부과하지 않을 것이다.)

Wij zullen uw rekening voor het notabedrag crediteren *indien* u het apparaat

in de orginele verpakking terugstuurt.
(당신이 그 기구를 원래 포장대로 되돌려 보내주면 우리는 환불해 줄 것입니다.)

mits Ik wil je mijn auto wel lenen, *mits* je er heel voorzichtig mee bent.
(네가 아주 조심해서 탄다면 내 차를 빌려 주겠다.)

Mits je iedere dag naar huis belt, mag je dit jaar wel alleen op vakantie.
(네가 매일 집에 전화한다면, 너는 올해 방학에 혼자 있어도 좋다.)

tenzij *Tenzij* je van de drank afblijft, wil ik je niet meer in huis hebben.
(네가 술을 멀리하지 않는다면, 나는 너를 더이상 집에 둘 수 없다.)

Hij leent geen boeken uit, *tenzij* je een borgsom betaalt.
(네가 보증금을 지불하지 않는다면, 그는 어떤 책도 빌려 주지 않을 것이다.)

4) 관계

> naarmate (~함에 따라), naargelang (~ 따라), hoe (hoe…) (~하면할수록), hoe(…des te) (~하다)

naarmate, naargelang

Zij wordt mooier *naarmate* ze ouder wordt.
(그녀가 나이가 들어감에 따라, 그녀는 더 아름다워진다.)

Naarmate er geld is, kunnen we nieuwe computers kopen.
(돈에 따라 우리는 새 컴퓨터들을 살 수 있다.)

hoe (hoe...), hoe(...des te)

Hoe langer ik hem ken, *hoe meer* ik van hem houd.
(내가 그를 알면알수록, 나는 그를 더 좋아하게 된다.)

Hoe langer ik hem ken, *des te meer* ik van hem houd.

Hoe langer ik hem ken, *des te meer* houd ik van hem.

※ 어순(語順)에 주의!

> hoe 비교급, hoe 비교급
> hoe 비교급 + 주어 ...... + 정동사, hoe 비교급 + 주어 ...... + 정동사
> hoe 비교급 + 주어 ..... + 정동사, des te 비교급 + 주어 .... + 정동사
> hoe 비교급 + 주어 .... + 정동사, des te 비교급 + 정동사 + 주어 ....

5) 양보

| al, hoewel, alhoewel, ofschoon　　(비록 ~이지만) |

al　　*Al* ga je niet akkoord, ik doe 't niet.
　　　　(네가 반대 할지라도, 나는 그것을 하지 않을 것이다.)

hoewel　*Hoewel* ik niet heel intelligent ben, heb ik mijn studie met gemak kunnen voltooien.　(나는 그렇게 똑똑하지 않지만, 공부를 쉽게 끝낼 수 있었다.)

　　　　We namen de tent mee, *hoewel* we van plan waren in een hotel te logeren.
　　　　(우리는 호텔에서 묵을 계획이었지만 텐트를 가지고 갔다.)

ofschoon

　　　　Ofschoon hij mij miljoen biedt, verkoop ik mijn huis niet.
　　　　(그가 내게 백만을 주더라도 나는 내 집을 팔지 않는다.)
　　　　(= Al biedt hij mij een miljoen, ik verkoop mijn huis niet.)

6) 비교

| alsof, of　　(마치 ~인것처럼) |

alsof　Hij keek *alsof* hij me niet begreep, maar hij begreep me heel goed.
　　　　(마치 그는 나를 이해하지 못하는 것처럼 보였지만 나를 아주 잘 이해했다.)
　　　　(= Hij keek als begreep hij me niet, maar hij begreep me heel goed.)

of　　Het lijkt wel *of* je alles weet.　(너는 마치 모든 것을 아는 것처럼 보인다.)

even/net zo ... als, zoals

　　　　Kun je die appeltaart niet *zo* bakken *als* je moeder het doet?
　　　　(너는 너의 어머니가 하는 것 만큼 사과파이를 구울 수 없니?)
　　　　En *zoals* zij soep kookt, kan nienand soep koken!
　　　　(그녀가 수프를 끓이는 것만큼 아무도 수프를 끓일 수 없다.)

7) 원인

| aangezien, daar, doordat, omdat　(~ 때문에) |

aangezien

Aangezien je het toch al wist, moest ik je niets meer vertellen.
(네가 그것을 이미 알았기 때문에 나는 너에게 더이상 말해선 안되었다.)

doordat

Hij had veel schulden *doordat* hij ver boven zijn stand leefde.
(그는 그의 생활수준 이상으로 생활했기 때문에 빚이 아주 많았다.)

omdat *Omdat* zijn ziekte besmettelijk is, kan hij geen bezoek ontvangen.
(그의 병은 전염성이 있었기 때문에 아무도 그를 방문할 수 없었다.)

doordat

Doordat de stroom uitgevallen was, kon hij zijn favoriete televisieprogramma niet zien.
(정전이 되었기 때문에, 그는 가장 좋아하는 TV 프로그램을 볼 수 없었다.)

8) 결과

> zodat (그래서), zo … dat (너무 해서 ~하다)

zodat De winkel was gesloten, *zodat* ik geen brood kon kopen.
(상점이 문을 닫았다. 그래서 빵을 살 수 없었다.)

Hij heeft zijn arm gebroken, *zodat* hij niet kan gaan werken.
(그는 팔이 부러져서 일을 하러 갈 수 없다.)

zo … dat

De toren van Pisa staat *zo* scheef, *dat* er geen bezoekers meer op mogen.
(피사의 사탑은 너무 기울어져서 방문객들이 그 위를 올라갈 수 없다.)

De goochelaar deed het *zo* snel, *dat* je het niet kon zien.
(마술사가 너무 빨리 했기 때문에 사람들은 그것을 볼 수 없었다.)

Hij riep *zo* hard *dat* de buren kwamen kijken.
(그는 너무 크게 불렀기 때문에 이웃 사람들이 보러 왔다.)

9) 목적

opdat Je moet veel studeren, *opdat* je zou slagen.
(너는 성공하기 위해서 많이 공부해야 한다.)

Iedere maand spaar ik 50 euro *opdat* ik naar Korea ga.
(나는 한국에 가기 위해 매달 50유로씩 저축한다.)

10) 한계

> behalve dat, behalve als (~ 외에), laat staan … (… zeker niet) (~는 커녕), voor zover (~하는 한), zonder dat (~ 없이), zover (~하는데까지), ondanks dat (~에도 불구하고)

behalve

Behalve dat ik het met zijn ideeën niet eens ben, vind ik hem ongemanierd en grof. (내가 그의 생각과 일치하지 않은 것 외에도 나는 그를 버릇 없고 무례하다고 생각한다.)

zonder dat

Je kunt geen vreemde taal spreken *zonder dat* je de woorden beheerst.
(너는 단어들을 숙달하지 않고는 어떤 외국어도 할 수 없다.)

ondanks dat

Ondanks dat er veel problemen waren, voerde Heleen haar plan uit.
(많은 문제들이 있었음에도 불구하고, Heleen은 계획을 실행했다.)

* 종속접속사 omdat와 등위접속사 want

omdat 인과 관계를 표시하며 진술, 주장한 내용과 직접적인 관련을 갖는 이유를 제시할 때 사용되는 접속사.

Hij kon die avond niet weg *omdat* zijn moeder plots ziek geworden was.
(그의 엄마가 갑자기 편찮으셔서 그는 오늘 저녁 나갈 수 없었다.)

Ik ben te laat opgestaan *omdat* mijn wekker het niet deed.
(알람시계가 울리지 않아서 나는 너무 늦게 일어났다.)

want 진술에 대한 책임을 나타낸다. 진술 혹은 주장이 왜 그런지 설명할 때 사용되는 접속사.

Lies is niet thuis, *want* het licht is uit.
(리스는 집에 없다, 왜냐하면 불이 나갔기 때문이다.)

(cf. Lies is niet thuis, ~~omdat~~ het licht is uit.)

화자가 어떤 일 혹은 어떤 상황을 설명할 경우에는 omdat 사용은 불가능하며 want를 사용한다.

Ze was er die avond niet, *want* ik heb ze nergens gezien.
(그날 저녁 그는 거기에 없었다. 왜냐하면 나는 그녀를 어느 곳에서도 보질 못했기 때문이다.)
Ze was er die avond niet, ~~omdat~~ ik heb ze nergens gezien.

※ 의문사 waarom에 대한 대답인 경우 omdat만 사용된다.

Waarom volg je de cursus? ~~Want~~ ik hou veel van Nederlands.
(왜 너는 이 수업을 듣니? 네덜란드어를 아주 좋아하기 때문이다.)
Omdat ik veel van Nederlands hou.

※ 전치사가 접속사역할을 하는 경우 전치사 다음에 dat가 생략된 것으로 본다.

Hij mag lang wachten *tot* z'n vriendin komt.
(그는 그의 여자친구가 올 때까지 기다릴 것이다.)

※ 접속사역할을 하는 의문부사 혹은 관계부사

We zien wel *wanneer* je komt. (우리는 물론 네가 언제 오는지 알고 있다.)
Wanneer je die baan zou opzeggen, zou je je een stuk prettiger voelen.
(네가 그 직장을 그만두면 너는 기분이 좀 더 좋을 것이다.)
Weet jij *waar* Dwarsgracht ligt, en *hoe* je er kunt komen?
(너는 Dwarsgracht가 있는 곳을 아니? 그리고 그곳에 어떻게 갈 수 있는지 아니?)

※ 비교를 뜻하는 접속사로 구 혹은 단어를 연결

dan   Zijn huis staat schever *dan* mijn huis.
(그의 집은 우리집보다 기울어져 있다.)

als   Hij gedraagt zich *als* een oude man.
(그는 마치 노인처럼 행동한다.)

3. 부사적 접속사(voegwoordelijke bijwoorden) : 부사이면서 문장 혹은 구를 연결하는 역할

1) 병렬

> bovendien (더군다나), daarenboven (게다가), eveneens(= ook) (또한), ook (또한), zelfs (조차)

Ik wil niet meegaan. Ik heb *daarenboven* geen geld.
(나는 함께 가고 싶지 않아. 더군다나 나는 돈도 없어.)

2) 대립

> daarentegen (그와 반해서), desondanks (그럼에도 불구하고), echter (그러나), evenwel (그렇지만), integendeel (그와 반대로), niettemin (그럼에도 불구하고), nochtans (그럼에도 불구하고), toch (그럼에도)

Hij heeft een sportwagen. Zijn broer *daarentegen* heeft niet eens een fiets.
(그는 스포츠카를 가지고 있다. 그에 반해서 그의 동생은 자전거도 가지고 있지 않다.)

Dat boek was niet zo interessant. Ik heb het *niettemin* gekocht.
(그 책은 별로 재미가 없다. 그럼에도 나는 그 책을 샀다.)

Piet was er die avond ook. Hij had me *nochtans* gezegd dat hij niet zou komen.
(Piet은 그날 저녁에도 거기에 있었다. 그럼에도 불구하고 그는 오지 않을거라고 말했었다.)

Ik heb mijn toestemming gegeven. Ik heb hem *evenwel* gewaarschuwd voor de gevolgen. (나는 동의를 했다. 하지만 나는 그에게 결과에 대해 경고했다.)

3) 결과

> bijgevolg (따라서), daardoor (그로 인해), dus (따라서)

Ik heb veel tijd. *Dus* kan ik je helpen.
(나는 시간이 많다. 그래서 나는 너를 도울 수 있다.)

Zijn vrouw is ernstig. Hij zal *bijgevolg* vaak afwezig zijn.
(그의 부인은 위중하다. 그래서 그는 자주 결석할 것이다.)

4) 시간

> daarna (그 후에), daarvoor (그 전에), dan (그 때), toen (그 때)

* dan은 현재시제, toen은 완료, 과거시제에만 사용

Jij was *toen* nog niet geboren. (너는 그 때 아직 태어나지 않았다.)

Ik heb hem *toen* maar alles verteld. (나는 그 때 그에게 모든 것을 이야기했다.)

Ik kon *toen* niet komen, want ik had het te druk.
(나는 그 때 올 수 없었다, 왜냐하면 내가 너무 바빴기 때문에)

We hebben eerst wat gepraat en *toen* zijn we gaan slapen.
(우리는 먼저 이야기를 좀 나누고 자러 갔다.)

Ik kan niet komen want ik ben *dan* niet vrij.
(나는 그 때 한가하지 않기 때문에 갈 수가 없다.)

5) 기타

> althans (어떤 경우에도), immers (틀림없이), trouwens (어쨌든), tenminste (적어도), anders (그렇지 않으면), daarom (그래서), overigens (그 밖에), toch (그럼에도 불구하고), weliswaar (비록 ~일지라도)

Natuurlijk weet ik het. Ik heb het je *toch* verteld.
(당연히 나는 그것을 안다. 그럼에도 나는 너에게 말해주지 않았다.)
Hij zal het nooit meer doen. *Althans*, dat zegt hij.
(그는 그것을 더 이상 하지 않을 것이다. 어쨌든 그가 그렇게 이야기하고 있다.)
Ida zou zes flessen wijn meenemen; *trouwens*, er is genoeg drank in haar huis.
(Ida는 와인 6병을 가지고 갈거다. 그것 말고도 그녀의 집에는 술이 많다.)

4. 상관 접속사

> nauwelijks .... of '...하자 마자'
> (ook) al .... toch '비록 ...이지만'
> niet alleen ... maar ook '...뿐만 아니라 ...도'

Dit werk is *niet alleen* maar aangenaam, *maar ook* nuttig.
(이 일은 즐거울뿐만 아니라 유익하기도 하다.)
Al ben ik arm, ik ben gelukkig *toch*. (비록 가난하지만 나는 행복하다.)
Nauwelijks waren we vertrokken *of* het begon te regenen.
(우리가 떠나자마자 비가 내리기 시작했다.)

연습문제

I. 다음 두 문장을 괄호 속의 접속사로 연결하시오.

1. Ik ging weg. Zij maakte de kamers schoon. (terwijl)
2. Ik heb een boek gekocht. Ik heb het niet gelezen. (maar)
3. Hij werkt niet. Hij is ziek. (omdat)
4. Zij belde op. Ik was teruggekomen. (voordat)
5. Ik had meer geld verdiend. Het zou niet nodig zijn om een tweehands auto te kopen. (als)
6. Ik druk mij vrij goed in het Nederlands uit. Ik moet altijd oppassen om fouten te voorkomen. (hoewel)
7. Hij werd rijk. Hij werkte in Rotterdam. (toen)
8. Ik geloof het. Die schoteltjes liggen in de ijskast. (dat)
9. Is het boek interessant? Heb je het niet kunnen lezen? (of)
10. Wij weten het niet. Wij hebben het niet gehoord. (want)

II. 알맞는 접속사를 고르시오.

1. _____ deze regeling je niet bevalt, kan je altijd een protest indienen. (*als*, *toen*, *terwijl*, *zodra*)
2. _____ hij daar de films kan maken die hij wil maken, besloot hij daar te blijven. (*hoewel*, *als*, *doordat*, *omdat*)
3. Ajax won gemakkelijk, _____ iedereen wel verwacht had. (*alsof*, *als*, *zoals*, *wanneer*)
4. In die fabriek hebben de arbeiders urenlang niet kunnen werken. _____ de elektriciteit was uitgevallen. (*mits*, *doordat*, *tenzij*, *hoewel*)
5. _____ het beeld slecht wordt, moet je een klap op het toestel geven. (*wanneer*, *toen*, *terwijl*, *zoals*)

Ⅲ. 알맞은 것을 골라 넣으시오.

> *want, zodat, doordat, hoewel, als, dat, om .... te, en, of*

Men gooit steeds meer weg en men gebruikt te weinig dingen opnieuw. Er ontstaat een enorme vuilnisberg ___1___ iedereen zoveel weggooit. Het is bekend ___2___ dit een groot probleem is. ___3___ we ons gedrag niet veranderen, wordt dit probleem steeds groter. We kunnen hier op verschillende manieren iets aan doen. ___4___ we boodschappen doen, kunnen we een boodschappentas meenemen, ___5___ we geen plastic zakken nodig hebben.

Ook kunnen we artikelen kopen zonder extra verpakkingen, bijvoorbeeld tandpasta zonder doosje. ___6___ wij zelf veel kunnen doen, kunnen we niet het hele probleem oplossen. De industrie speelt ook een belangrijke rol, ___7___ zij maakt alle verpakkingen van de producten. De industrie kan het aantal verpakkingen verminderen ___8___ betere materialen voor de verpakkingen gebruiken. ___9___ iedereen bewuster omgaat met verpakkingen, zal het milieu daar voordeel van hebben. Het is echter niet zeker ___10___ deze maatregelen voldoende zijn.

Misschien moeten we nog veel meer doen ___11___ het probleem op ___12___ lossen.

Ⅳ. 문장을 만드시오.

1. Cindy, graag, krijgt, iets, ook, geld, bijverdienen. wel, soms, ze, zou, maar
2. maar ze directrice ook is heel beetje ouderwets. De een is vriendelijk.
3. vanavond blijft gaan thuis we allemaal Niemand en uit.
4. ik durfde vertellen. Ik maar willen niet. die had graag hem geschiedenis
5. buurt. wonen die de in ze goed mensen Ik want ken
6. vrij niet talen. ben sterk andere goed in in Ik Engels maar
7. er een graag Ze in geen maar ijsje eten, ze zou café. dat hebben
8. niet het gras Het vandaag regent en maaien. weer ik kan
9. een en deur moment openen. gingen ze auto de Op ze hoorden dat
10. en restaurant zijn vrouw thuis. blijft werkt Peter een in

Ⅴ. 알맞은 접속사를 넣으시오.

1. Anna kwam te laat _____ onderweg reed ze een lekke band.
2. Ik zou graag een bromfiets kopen, _____ zoals altijd heb ik geen geld.
3. Peter gaat niet naar bed, _____ het is nog vroeg.
4. Peter is 30 jaar oud _____ Mia is 25.
5. Vanavond ga ik naar de bioscoop _____ naar het restaurant.
6. Ik heb het warm _____ koud.
7. Mieke gaat vandaag niet fietsen, _____ het regent.
8. Ze zullen zeker niet naar Brussel _____ naar Gent rijden.
9. De kinderen spelen in de tuin _____ ze kijken naar de televisie.
10. Mijn vader is aan het afwassen _____ mijn moeder kookt.
11. Piet is vandaag niet op school _____ hij ziek is.
12. _____ ik het hem verboden heb, heeft hij het toch gedaan!
13. _____ ik geslapen heb, voel ik me veel beter.
14. Hij vroeg hem _____ hij nog steeds zo vreselijk vals zong.
15. Voor een sollicitatiegesprek moet je netjes gekleed zijn _____ je een goede indruk maakt.

Ⅵ. ( ) 접속사로 두 문장을 연결하시오.

1. Het is mooi weer. We gaan fietsen. (als)
2. We gaan fietsen. We pompen de banden op. (voordat)
3. We fietsen. We komen bij een leuk café. (totdat)
4. We drinken koffie. We fietsen terug. (nadat)
5. Het is zomer. We fietsen elk weekend. (zolang)

Ⅶ. 알맞은 접속사를 고르시오.

1. Sanne luistert naar muziek *terwijl/nadat* ze op haar hometrainer zit.
2. Ze sport elke dag *want/zodat* haar conditie heel goed is.
3. Erik sport ook veel *hoewel/maar* hij heeft er minder tijd voor.
4. Peter speelt voetbal *en/of* Karin gaat elke dinsdag volleyballen.
5. Deze week speelt ze niet *want/omdat* ze haar enkel verstuikt heeft.
6. Ze gaat weer trainen *zolang/zodra* de enkel weer beter is.

7. *Als/Toen* ze een wedstrijd speelt, gaat Erik altijd kijken.
8. Peter speelt elke week een wedstrijd, *tenzij/hoewel* het regent.
9. *Omdat/Sinds* het seizoen begonnen is, heeft hij al twaalf wedstrijden gespeeld.
10. Peter is met voetbal begonnen *toen/wanneer* hij vijf jaar was.

Ⅷ. zodat, sinds, omdat, als, voordat, nadat, toen, hoewel, maar, zodra 중 골라 넣으시오.

1. _____ Erik voor een nieuwe firma werkt, moet hij vaak op zakenreis.
2. _____ Erik vandaag naar Utrecht gaat, zet hij even de vuilnisbak aan de straat.
3. Op weg naar Utrecht stopt hij bij een benzinepomp, _____ de tank bijna leeg is.
4. _____ hij getankt heeft, rijdt hij de autoweg op.
5. Een half uur is het verkeer rustig, _____ bij Amersfoort komt hij in een file.
6. Er is een ongeluk gebeurd, _____ de linkerweghelft geblokeerd is.
7. "_____ dit lang duurt", denkt Erik, "kom ik te laat op mijn afspraak."
8. "_____ ik hier vorige week reed, was het ook al een chaos."
9. _____ Erik in Utrecht is, rent hij naar zijn afspraak.
10. Ze zitten nog op hem te wachten, _____ Erik een half uur te laat is.

Ⅸ. 밑줄 친 곳에 althans, bovendien, trouwens, immers, overigens, tenminste 중 알맞는 것을 골라 넣으시오.

1. Maria: Hans, kun je de woonkamer en de werkkamer even stofzuigen? Je hebt gisteren _____ beloofd dat jij het deze week zou doen?
2. Hans: Ik heb nu geen tijd om te stofzuigen. Ik moet de afwasmachine nog ontruimen en _____ moet de hond nog uitgelaten worden.
3. Maaria: Die afwasmachine kan Peter ook wel even doen. De hond kan wel wachten. Die is _____ een uurtje geleden al buiten geweest.
4. Karin: Mam, er is uitverkoop in die schoenenwinkel in de Breestraat. _____, dat zei Mariam. Gaan we vanmiddag even kijken?
5. Maria: Nee, ik heb vanmiddag werk te doen. _____ heb jij helemaal geen nieuwe schoenen nodig. Je hebt toch net vorige maand die bruine gekregen?

X. toen, dan을 골라 넣으시오.

____1____ ik jong was, gingen we vaak naar het strand. Meestal gingen we eerst zwemmen en ____2____ lekker in de zon liggen. Zullen we zaterdag naar het strand gaan? ____3____ kunnen jullie zien waar we vroeger speelden. En ____4____ gaan we lekker naar het café. Een keer ben ik bijna verdronken. Er waren ____5____ heel hoge golven. Ben je wel eens te ver in zee gezwommen? ____6____ weet je wel wat ik bedoel. Er was ____7____ geen strandwacht, dus als er iets gebeurde, ____8____ kon niemand je helpen. Maar een paar jaar later, ____9____ er een Duitse toerist verdronken was, hebben ze een strandwacht met reddingsboten ingezet. Typisch, eerst moet er een ongeluk gebeuren, en ____10____ doen ze er pas iets aan.

XI. ( ) 접속사로 두 문장을 연결하시오.

1. Peter had het hoofdstuk goed geleerd. Hij had een onvoldoende voor de test (echter).
2. Karin kan niet goed tennissen. Ze slaat ballen altijd in het net (integendeel).
3. Peter heeft een wiskundeknobbel. Johan heeft meer verstand van talen (daarentegen).
4. Sanne doet vier keer per week yoga. Ze heeft veel last van haar rug (toch).
5. Het regende op Sylbia's bruiloft. Het was een prachtige dag (niettemin).
6. Erik vergat het zout in de pastasaus. Het eten smaakte prima (desondanks).

XII. omdat, doordat, want, daardoor, daarom 중 골라 넣으시오.

1. Er was gisteren dichte mist in het westen. _____ is dat ongeluk met de vrachtwagen op de A2 gebeurd.
2. Als het zo mistig is, moet je voorzichtig rijden _____ je kunt maar een paar meter voor je op de weg zien.
3. Ik rijd niet graag in slecht weer. _____ ga ik bij mistig weer meestal met de trein naar werk.
4. Ik ben een keer in de berm gereden _____ het ijzeld en de weg gald was.
5. _____ ik voor een kat op de weg moest remmen, raakte ik in de slip.
6. Gelukkig werkte de motor nog. _____ kon ik weer op de weg komen.
7. Ik ben heel langzaam naar huis gereden. _____ de weg was spekglad.
8. Ze vroegen thuis of ik spoken had gezien, _____ mijn handen nog trilden van de schrik.

접속사 예문

1. Frans is mijn moedertaal, ik schrijf en spreek het perfect.
2. Nederlands spreek ik goed maar het schrijven is niet altijd gemakkelijk.
3. Ik ben in België geboren en later heb ik in Frankrijk gewoond.
4. Potloden? Er zijn er van betere kwaliteit, maar die zijn duurder.
5. We gaan naar de Ardennen of we blijven thuis.
6. Ik kom morgen want ik wil je over mijn werk spreken.
7. De leraar zegt niets, maar denkt zoveel meer.
8. Ik vertrek naar Brussel maar ik moet alles achterlaten.
9. Ik heb vier talen geleerd want ik wil veel reizen.
10. Schaaf de komkommer in dunne plakjes of snijd hem tot blokjes.
11. In de klas let ik altijd goed op, want anders begrijp ik de les niet.
12. Ik leg mijn etui op de bank en ik neem mijn schrift.
13. Onze juf is streng, maar ze kan ook lief zijn.
14. Vanavond moet ik niet vroeg naar bed, want het is mijn verjaardag.
15. Jan is de oudste jongen, maar hij is niet de grootste.
16. Het regent, dus gaan we niet wandelen.
17. Hij is moe, want hij werkt altijd te veel.
18. Is dat boek rood of is het blauw?
19. Ik zie de stoelen niet, maar ik zie de tafel.
20. Wat doe je? Werk je of lees je?
21. Thuis was ik af, terwijl mijn broer afdroogt.
22. Ze knipte het licht aan, omdat het licht van het vuur onvoldoende was.
23. De klepel slaat tegen de klok, waardoor luide klanken ontstaan.
24. Al had hij broers en zusjes, hij was toch meestal alleen.
25. Floris wilde eerst overleggen met zijn vriend, voordat hij een beslissing nam.
26. De juf zei dat iedereen weer op zijn plaats moest gaan zitten.
27. Het treinongeval gebeurde doordat het zo veel regende.
28. Als je iemand te veel geeft of helpt, wordt hij vaak ondankbaar.
29. Waar kan ik die brief uithangen, zodat hij hem kan lezen.
30. Hij zat altijd zonder geld, hoewel hij goed betaald werd.
31. Toen ik ziek was, kwam Peter als afgevaardigde van mijn collega's.
32. Hij besefte pas wat hij gedaan had, toen het te laat was.

33. Als de golven een schip beuken, is de zee gevaarlijk.
34. Toen ik klein was, bestond die straat nog niet.
35. De jongen krijgt een beloning als hij een goed rapport heeft.
36. Toen ik door het stoplicht reed, kreeg ik een bekeuring.
37. Als iemand een bekeuring krijgt, heeft hij een fout gemaakt in het verkeer.
38. Als u iets beknopt vertelt, vertelt u het kort en toch duidelijk.
39. Bartje keek beteuterd toen zijn ballon klapte.
40. Als je beleefd bent, krijg je snoepjes, zegt moeder.
41. Toen uw vader gestorven was, kochten de buren zijn huis.
42. Mijn vriend komt als hij vakantie heeft.
43. Als het leven duurder wordt, vragen de arbeiders meer geld.
44. Toen ik thuiskwam, begon ik te studeren.
45. Toen ik zes jaar was, verzamelde ik postzegels.
46. Als de kinderen op school zitten, doet moeder boodschappen.
47. Vader zal terug gaan werken als hij beter is.
48. Ze at niets toen ze ziek was.
49. Toen ik tussen de middag wilde eten, ging ik naar het restaurant.
50. Kunt u me zeggen als het licht op groen staat?
51. De directeur heeft er eerst met de secretaresse over gesproken, en daarna met al de bedienden.
52. Je kan zeker niet goed werken na een slechte nacht.
53. Je mag gaan spelen nadat je je huiswerk hebt gemaakt, zegt moeder.
54. Ik heb de meeste moeilijkheid om in slaap te vallen, dus ik moet de hele nacht blijven zitten.
55. We gaan naar de bioscoop nadat Peter aangekomen is.
56. We speelden basket en daarna gingen we een douche nemen.
57. Hoe heeft hij gereageerd nadat hij dit artikel had gelezen?
58. Pol en Jan zijn na de wedstrijd onmiddellijk naar huis gegaan omdat ze moe waren.
59. Eerst zagen we Sonia en daarna haar broer.
60. De kinderen vochten enkele minuten, daarna kwamen de moeders eraan.
61. Hij vroeg hem of hij nog steeds zo vreselijk vals zong.
62. De jongens stapten met hun fiets naar de schuur waar de fietsen van de anderen stonden.

63. De zon leek op een rode bal toen ze naar het dorp vertrokken.
64. Ze begreep dat haar man hun buren liever niet tegen kwam.
65. Hij had haar niet gezien omdat de antieke bank hoge leuningen had.
66. De man trok beide gordijnen open en stapte opzij zodat de anderen naar buiten konden zien.
67. Hij kon zich niet herinneren wanneer hij met zijn ouders had gepraat.
68. Ze blijft hier als u het goed vindt.
69. Hij wist wat er gedaan moest worden.
70. Het regent hard terwijl ik zit te schrijven.
71. Ik was tien jaar toen wij naar Canada vertrokken.
72. Ik hoop dat mijn ouders morgen komen.
73. Ofschoon Elsa koorts heeft, gaat ze toch naar school.
74. Ik zal een nieuwe auto kopen omdat de mijne oud is.
75. Moeder bakt pannenkoeken als de kinderen rustig zijn.
76. Hij ging vlug weg zodat hij nog op tijd zou zijn.
77. Terwijl de kinderen in de tuin spelen, praten de ouders in de zitkamer.
78. Nadat hij naar de televisie had gekeken, ging hij naar bed.
79. Voor naar Brussel te vertrekken, moet ik andere kleren aantrekken.
80. Daar het slecht weer is, blijven we thuis.
81. Rood licht is het signaal dat je moet stoppen.
82. Het was al bijna helemaal donker toen wij Londen bereikten.
83. De dag voordat u hier kwam, hebben we Pieter gezien.
84. De woorden komen snel als hij praat.
85. Dat is één van de redenen waarom ik hem zo aardig vind.
86. Omdat hij niets anders te doen had, is hij zijn vriend gaan bezoeken.
87. Hoewel mijn bed gemakkelijk genoeg lag, sliep ik niet goed.
88. Misschien werd dit veroorzaakt doordat een hond de hele nacht onder mijn raam jankte.
89. Nadat je vlees op is, krijg je een dessert.
90. Hij keek me aan alsof hij me niet kende.
91. Als de brug opengaat, laat de brugwachter de slagbomen neer.
92. Ik ben soms bang dat hij gek is.
93. Omdat zij zelf armoede had gekend, wilde ze nu op haar beurt helpen.
94. Toen de koningin ons dorp bezocht, maakte ze een ritje in een open rijtuig.

95. Margaretha vroeg de meester of ze uitstel kon krijgen.
96. Mensen mogen niet parkeren op een plaats waar een parkeerverbod geldt.
97. Hun kindermeisje is ziek zodat ze niet kunnen komen.
98. Hoewel ik de trein miste, was ik toch noch op tijd op kantoor.
99. Kun je thuis niet weg zonder dat je ouders het zien?
100. Nadat ik geslapen heb, voel ik me veel beter.
101. Ik maak mijn boekentas niet te zwaar, omdat het heel slecht voor de rug is.
102. De koning vindt het spijtig dat hij maar één kind heeft.
103. Je kunt niet zien wat dat schilderij voorstelt.
104. Ik weet waar hij deze ring heeft gekocht.
105. Weet uof er een goed hotel is op de Grote Mark?
106. Ik weet wanneer hij terugkomt.
107. Weet u de bus naar Oostende vertrekt?
108. Hij kon de wekker niet horen, omdat hij dopjes in zijn oren had.
109. Ofschoon ik het hem verboden heb, heeft hij het toch gedaan!
110. Zijn vader betaalt zijn boete zodat hij er nog goed afkomt.
111. Ik heb niet kunnen komen omdat ik ziek was.
112. Je zal zeker beter worden als je je vakantie buiten de stad doorbrengt.
113. Hij heeft ons uitgenodigd, alhoewel hij wist dat we afwezig waren.
114. Moeder hoopt, dat haar zoon vanavond telefoneert.
115. Hij kon niet studeren, omdat de buren te veel lawaai maakten.
116. Zeg me waarom hij van Parijs houdt.
117. Weet je hoe hij een logement gevonden heeft?
118. Hij heeft me verteld wat hij over zijn kamer denkt.
119. Heeft hij gezegd wanneer hij naar huis terugkomt?
120. Als het dak lekt, moet de huisbaas het laten herstellen.
121. Ik zat rustig naar de televisie te kijken, toen de hond begon te blaffen.
122. Toen we zeilden, waaide er een gunstige wind.
123. Toen de vlammen gedoofd waren, bleef het hout gloeien.
124. Als je in het voorjaar hooikoorts hebt, moet je steeds niezen.
125. Als het apparaat kapotgaat, kun je het terugsturen naar de fabrikant.
126. Als je niet komt, verwittig ons dan.
127. De fans juichten toen er een doelpunt werd gemaakt.

128. Ze zal het wel doen, als ze tijd heeft.
129. Als het mooi weer is, flaneren er veel mensen langs het strand.
130. Ik kom morgen als ik tijd heb.
131. Toen de directeur de zaak ging bepraten, bleek dat het uiteindelijk niet ging.
132. Toen ze de tunnel inreden, stak ze haar grote lichten aan.
133. Als de schapen naar de boerderij gaan, komen ze die straat door.
134. Toen Pol weg was, ging Claudia slapen.
135. Als de directeur de kantoren aan de klanten laat zien, is het om hun vertrouwen te wekken.
136. Toen de anderen thuis waren gekomen, zei Peter dat Jan ziek was.
137. Als ik bezig ben, moet u de deur gaan openen, zegt de directeur tegen zijn secretaresse.
138. Als de automobilisten vertrekken, moeten ze goed uitkijken.
139. Als je vanaf het terrein rechts de weg oprijdt, ga je in de richting van het dorp.
140. Toen de hond uit zijn bad kwam, was hij zo wit als pas gevallen sneeuw.
141. Piet is vandaag niet op school omdat hij ziek is.
142. Die onderneming heeft bijna geen geld meer wegens de crisis.
143. Hij is geschikt voor die job omdat die bij zijn opleiding aansluit.
144. Ik heb al mijn werk 's morgens afgemaakt zodat ik vrije tijd heb in de namiddag.
145. Stefie studeert haar woordenschat elke dag zodat ze voor het examen niet te veel hoeft te werken.
146. Ik moet de afspraak verschuiven omdat dit tijdstip me niet past.
147. Wegens hun onvriendelijke ontvangst hebben ze veel klanten verloren.
148. Ik heb mijn baas niet begrepen omdat hij me geen uitleg heeft gegeven.
149. Voor een sollicitatiegesprek moet je netjes gekleed zijn zodat je een goede indruk maakt.
150. Die leerlinge is gek geworden omdat ze teveel woordenschat moest studeren.
151. Het gaat morgen vriezen. Althans, dat staat in de krant. (= Het gaat morgen vriezen. Dat staat althans in de krant.)
152. Het gaat morgen vriezen. Tenminste, dat staat in de krant. (= Het gaat morgen vriezen. Dat staat tenminste in de krant.)
153. Ik kan niet komen, ik heb te veel huiswerk. Bovendien, m'n fiets heeft een lekke band.

154. Ik heb niet zoveel zin om die film te zien. Overigens, hij heeft slechte kritieken gekregen.
155. Je moet bij die winkel geen wijn kopen. Trouwens, die winkel verkoopt helemaal geen wijn. (= Die winkel verkoopt trouwens helemaal geen wijn.)
156. We kunnen morgen geen jurk voor je kopen. Immers, het is morgen zondag. (= Het is morgen immers zondag.)
157. Hoewel het vanmorgen slecht weer was, ben ik toch met de auto naar m'n werk gaan. Ofschoon ik langzaam reed, ben ik in een scherpe bocht van dew eg gevolgen. Ik kwam in de greppel terecht, terwijl ik maar 40 kilometer per uur reed. Ondanks dat het me een uur kostte de auto weer op de weg te krijgen, kwam ik toch nog heelhuids op m'n werk aan.
158. Erik is vandaag vroeg naar zijn werk gegaan, omdat/aangezien/daar het slecht weer was. En doordat de weg glad was, moest hij heel voorzichtig en langzaam rijden. Hij kon maar 40 kilometer per uur rijden, zodat hij toch nog te laat op zijn werk kwam.
159. Peter heeft vandaag op zijn werk een belangrijke afspraak. Daarna gaat hij met collega lunchen. Hij wil een nieuw project met zijn collega bespreken, dus neemt hij zijn map met papieren mee. Op het station ziet hij dat zijn trein vandaag uitvalt. Daarom zal hij te laat voor zijn afspraak komen. Peter is woedend. Er hangt immers veel van die afspraak af. Hij laat zich ehter niet ontmoedigen. Hij neemt gewoon een taxi. Toch is hij nog een minuut of vijf te laat voor de afspraak. Het is evenwel geen probleem, de collega's drinken eerst nog koffie. Bovendien is de voorzitter er zelf ook nog niet, dus Peter schenkt zichzelf opgelucht een kop koffie in.

Voorzetsels, Achterzetsels
10 전치사, 후치사

Ⅰ. 전치사

à
drie à vier weken (3~4 주)
à vijf percent (5%로(비율))

aan
Zouden jullie er de voorkeur aan geven het examen volgende week af te leggen? (너희들은 시험을 다음 주로 미루는 것 좋아하겠지?)
Twijfelt u er soms aan of u later een baan zult vinden?
(당신은 후에 직장을 구할 수 있는지 가끔 의심하시죠.)
Denk je er nu eens aan dat je hem nog moet bezoeken?
(그를 그래도 한 번 방문해야 한다는 생각을 하는지?)
Ik heb er behoefte aan dat je hem nog moet bezoeken.
(나는 네가 그를 찾아가봐야 할 필요가 있다고 본다.)
Ze geeft veel geld uit aan kleren. (그는 옷에 돈을 너무 지출한다.)
Ze besteedt veel tijd aan dat werk. (그녀는 그 일에 많은 시간을 투자하고 있다.)
Hij heeft niet deelgenomen aan die wedstrijd. (그는 그 경기에 참가하지 않았다.)
Hij schrijft zich in aan de universiteit. (그는 대학교에 등록했다.)
Dat was alles. Ik denk niet dat ik daar nog iets kan aan toevoegen.
(그게 다였다. 나는 거기에 무언가를 더할 수 있을거라 생각하지 않는다.)
Ik blijf trouw aan mijn principes. (나는 나의 원칙에 충실하고 있다.)
Tracht je aan te passen aan de anderen. (다른 사람에게 너를 맞추려고 노력해라.)
Ik erger me eraan dat hij zich altijd zo gedraagt.
(그가 항상 그렇게 행동하는 것이 나를 화나게 한다.)
Dat heb je aan niemand anders dan aan jezelf te wijten.
(너는 그것을 네 자신이 아닌 다른 사람의 탓으로 돌리지 마라.)
Hij lijdt aan een ongeneeslijke ziekte. (그는 불치병에 고생하고 있다.)

| | Hij is aan de beurt. (그의 차례이다.)
| | Wat geef je aan je moeder als ze jarig is? (넌 어머니 생신때 무엇을 드리니?)
| | Je moet aan je toekomst denken. (너는 너의 미래에 대해 생각해야 한다.)
| | De bus stopt aan de kant van de weg. (그 버스는 길가에 정차한다.)

achter   Mijn ring is achter de kast gevallen. (내 반지는 장농 뒤로 떨어졌다.)
             Achter ons huis staat een schuur. (우리 집 뒤에 헛간이 있다.)

af   Van dit huis af tot aan die hoek staan vier bomen.
             (이 집부터 코너까지 네 그루의 나무들이 서 있다.)
             Van tien uur af hebben we gewerkt. (우리는 10시부터 일을 했다.)
             afgezien van mijn broer (내 동생은 별도로 하고)

aldus   aldus de minister-president (수상에 따르면)

als   als kind (아이로서, 자식으로서)
             Ik wil als asbak gebruiken. (나는 쓰레기통으로 사용하고 싶다.)

behalve Ik ga altijd met de fiets naar school, behalve als het heel slecht weer is.
             (나는 항상 학교에 자전거를 타고 간다. 날씨가 매우 나쁠 때를 제외하고.)
             Ik ken Korea niet, behalve dat ik er wel eens een boek over heb gelezen.
             (내가 한국에 대한 책을 한 번 읽은 것을 제외하고, 나는 한국을 모른다.)

beneden Beneden mij woont familie Lee. (우리 집 아랫층에 이씨네 가족이 산다.)

binnen   De meisjes stonden in een kring en binnen de kring stonden twee stoelen.
             (그 소녀는 원을 그리며 서 있었고, 그 원 안에는 두 개의 의자가 있었다.)
             Binnen een uur kan de dokter hier zijn.
             (한 시간 안에 의사가 도착할 수 있을 것이다.)

bij   Zij blijft bij haar mening. (그녀는 그녀의 의견을 고수한다.)
             Hij stond te wachten bij het station. (그는 역에서 서서 기다렸다.)
             Bij zijn vertrek dronken we een glas wijn. (그가 떠날 때 우리는 와인 한 잔을 마셨다.)
             Hij was aanwezig bij de geboorte van zijn dochter.
             (그는 그의 딸이 출생할 때 자리에 있었다.)

Ik blijf bij mijn mening (내 생각에는 변함이 없다)

Deze kamer is 6 bij 5. (이 방은 가로 6 세로 5이다.)

Ik heb mijn boek niet bij me. (나는 내 책을 가지고 있지 않다.)

Ik heb me aangesloten bij die vakbond. (나는 그 노동조합에 가입했다.)

boven Boven ons woont een gezin met vier kinderen.
(우리 집 위에 아이가 넷 딸린 가족이 산다.)

Deze film is voor kinderen boven twaalf jaar.
(이 영화는 12세 이상의 아이들을 대상으로 한다.)

Ik verkies Jan boven Mark. (나는 Mark보다 Jan을 선택한다.)

Ik geef de vookeur aan lezen boven lesgeven.
(나는 가르치는 것보다 읽는 것을 좋아한다.)

Dat gaat mijn verstand te boven. (그것은 나의 이해 능력을 넘어선다.)

buiten Deze verkeersmaatregel geldt niet buiten het centrum.
(이 교통규칙은 시내 중심 밖에서는 적용되지 않는다.)

Buiten het strandseizoen is het stil aan zee. (휴가철 외에는 바다가 조용하다.)

door De discussie wordt geleid door de voorzitter.
(토론은 의장에 의해 진행된다.)

De gasten liepen door de tuin. (손님들은 정원을 지나갔다.)

Hij kijkt door het raam. (그는 창문을 통해 본다.)

De wind gaat door de jas heen. (바람이 겉옷을 통해 지나간다.)

gedurende Gedurende het hele jaar kun je hier buiten zwemmen.
(당신은 여기 야외에서 1년 내내 수영할 수 있다.)

in Ik geloof in hem. (나는 그의 존재를 믿는다.)

Hij is in de kamer. (그는 방 안에 있다.)

In de zomer gaat hij met vakantie. (여름에 그는 휴가를 떠난다.)

Hij heeft een brief in het Nederlands geschreven.
(그는 네덜란드어로 편지를 썼다.)

Ik heb trouwens ook geen zin in een ijsje. (나는 정말로 아이스크림 생각이 없다.)

Ik heb geen trek in taartjes. (나는 케이크를 먹고 싶은 생각이 없다.)

Hij stelt veel belang in je onderzoek. (그는 당신의 연구에 매우 관심이 있다.)

Die uitgever is geïnteresseert in je boek. (그 출판인은 너의 책에 관심이 있다.)
Dirk verdiept zich in astrologische problemen. (Dirk는 천문학 문제에 빠져 있다.)
Hij werd in zijn zoon teleurgesteld. (그는 그의 아들에게 실망했다.)
Hij was altijd al goed in de wiskunde. (그는 항상 수학을 잘했다.)
Hij oefent zich in hoogspringen. (그는 높이뛰기 연습을 한다.)
Hij is erin geslaagd hem te overtuigen. (그는 그를 확신시키는데 성공했다.)
Je moet hem goed in het oog houden. (너는 그를 주의깊게 주시해야 한다.)
Ze barstte in lachen uit. (그녀는 웃음을 터트렸다.)
Je moet trachten in vrede te leven met de anderen.
(너는 다른 사람들과 평화롭게 살도록 노력해야 한다.)
Hij is in een goede bui / in een goed humeur / in een goede luim.
(그는 기분이 좋다.)
Na de dood van zijn vader was hij 6 weken in de rouw.
(그의 아버지가 돌아가시고 난 후에 그는 6주간 슬픔에 빠졌다.)
In geval van nood kan ik je helpen. (도움이 필요할 때 난 너를 도울 수 있어.)
Hij is een student in de rechten. (그는 법대생이다.)

langs   Hij wandelt graag langs het water. (그는 강가를 따라 즐겨 산보한다.)

met   Wie gaan er allemaal met ons mee? (누가 우리와 함께 가겠는가?)
Tegenwoordig doen ze dat werk met de machine.
(오늘날 사람들은 그 일을 기계로 한다.)
Het water sloeg met kracht tegen het schip. (물결이 힘차게 배를 때렸다.)
Hij verdient veel geld met schilderen. (그는 그림으로 돈을 많이 번다.)
Ken jij dat meisje met die blauwe hoed? (너는 파란 모자를 쓴 저 소녀를 아니?)
Ga je ermee door zo belachelijk te doen? (넌 그런 터무니 없는 짓을 계속 할꺼니?)
Wil je er eens mee ophouden zoveel commentaar te geven!
(그런 비판 그만둘 수 없겠니!)
Begin met die oefening en dan met de andere.
(먼저 연습문제를 시작하고 난 다음 다른 문제를 하라.)
Zijn jullie klaar met deze oefeningen? (너희들 연습문제를 다 풀었니?)
Ben je blij met die geschenkjes? (너는 그 선물들이 마음에 드니?)
Ben je tevreden met je cadeau? (너는 너의 선물들이 만족스럽니?.)
Neem je er genoegen mee dat hij zoiets tegen je zegt?
(그가 너에게 그렇게 말한 것에 만족하니?)

Hij is het er mee eens dat je ook komt. (그는 네가 오는 것에 동의한다.)
Hij heeft medelijden met die arme mensen.
(그는 그 가난한 사람들에게 동정심을 갖고 있다.)
Hij dreigt met chantage. (그는 공갈협박을 하고 있다.)
Hij heeft kennis gemaakt met je vader. (그는 너의 아버지와 인사를 했다.)
Hij gaat er niet mee akkoord dat je thuis blijft.
(그는 네가 집에 머무르는 것에 동의하지 않을 것이다.)
Je moet hem niet met zijn broer vergelijken.
(너는 그를 그의 형제와 비교하면 안 된다.)
Hou er rekening mee dat hij geen geld bij zich heeft.
(그가 돈이 없다는 것을 유념해라.)
Gelukkig is hij die zich tevreden stelt met wat hij heeft.
(자신이 가진 것에 만족하는 사람은 행복하다.)
Bemoei je daar niet mee, het zijn jouw zaken niet.
(네 일이 아니니까 간섭하지 마라.)
Hij ging met hem mee naar Amsterdam. (그는 그와 함께 암스테르담으로 갔다.)
Dat is in strijd met zijn principes. (그것은 그의 원칙에 위배된다.)
Ze waren met z'n drieën. (그들은 모두 세명이었다.)

na   Na dat grote huis gaat u links af. (그 큰 집을 지나 왼쪽으로 가라.)
Na een half uur begon het te regenen. (30분 후에 비가 오기 시작했다.)

naar   Ik luister naar de radio. (나는 라디오를 듣는다.)
Kom, we gaan naar huis. (자, 우리 집으로 간다.)
We hebben de hele dag naar tv gekeken. (우리는 하루 종일 TV를 봤다.)
Ik verlang naar de vakantie. (나는 휴가를 고대한다.)
Het stinkt/ruikt naar rotte eieren. (썩은 계란 냄새가 난다.)
Hij streeft ernaar dat einddoel toch te bereiken.
(그는 그 목표에 도달하려고 노력한다.)
Hij solliciteert naar een nieuw job. (그는 새로운 직업에 지원했다.)
Hij is al jaren op zoek naar die persoon. (그는 벌써 몇년째 그 사람을 찾고 있다.)
Het ziet ernaar uit dat we onweer krijgen.
(뇌우가 내릴 것 같이 보인다.)

naast   Naast de school ligt een hotel. (학교 옆에 호텔이 있다.)

Naast een goed verstand is voor deze functie ook een goede gezondheid vereist. (이 직책에는 건전한 정신과 함께 좋은 건강이 요구된다.)

om In dit boek gaat het om de invloed van het christendom op de westerse cultuur.
(이 책은 기독교가 서양에 미친 영향에 대한 것이다.)
Er loopt een man om het huis. (한 남자가 집 근처를 거닌다.)
De voorstelling begint om acht uur en eindigt om negen uur.
(공연은 8시쯤 시작해서 9시쯤 끝난다.)
Ze kwam hier om te vragen of ze mij kon helpen.
(그녀는 그녀가 나를 도울 수 있는지 물어보기 위해 여기 왔다.)
Hij smeekt om hem te helpen. (그는 자신을 도와달라고 간청했다.)
Ach kindje, daar moet je nou toch niet om huilen.
(아이고 얘야, 그것 때문에 울어서는 안된다.)
Hij treurt niet om gedane zaken. (그는 지나간 일에 대해서 후회하지 않는다.)
Ik ben er blij om dat je een nieuwe baan hebt.
(나는 네가 새로운 직장을 가게 되어 기쁘다.)
Ik heb geen zin om dat te doen. (나는 그것을 하고 싶지 않다.)
Ik verzoek jullie om te zwijgen. (나는 너희들에게 침묵할 것을 요구한다.)
Hij bekommert zich niet om zijn kinderen. (그는 그의 자식들을 걱정하지 않는다.)
Maak je daar toch geen zorgen om. (그것에 대해 걱정하지마.)
Het gaat erom dat je alles kent. (중요한 것은 네가 모든 것을 안다는 점이다.)
Ik zie je om twee uur. (나는 너를 2시에 보겠다.)

omtrent Wat weet je omtrent die man? (그 사람에 대해 무엇을 아니?)

ondanks Ondanks het slechte weer hebben we buiten gezwommen.
(나쁜 날씨에도 불구하고 우리는 야외에서 수영했다.)

onder Het land lijdt onder de staking. (그 나라는 파업을 겪고 있다.)
We zaten onder een boom en dachten aan vroeger.
(우리는 나무 아래에 앉아서 과거를 회상했다.)
Hij heeft ongeluk gehad. Hij is onder de tram gekomen.
(그는 사고를 당했다. 그는 전차에 치었다.)
Onder de gasten ontdekte ik een oude schoolvriend.
(손님들 중에서 나는 오랜 학교 동창을 발견했다.)

Kinderen onder de zes betalen half geld. (6세 이하의 아동은 반값을 낸다.)
Hij lijdt er onder dat je niet meer tegen hem spreekt.
(네가 그에게 말을 하지 않아서 그가 힘들어하고 있어.)
Dat blijft onder ons, zeg het niet verder.
(그것은 우리들만 알고 있고, 더 이상 이야기하지 마라.)
Hij was onder de indruk van je prestatie. (그는 너의 솜씨에 감명받았다.)

op   Wij wachten op de trein. (우리는 기차를 기다린다.)
Er lopen veel mensen op straat. (거리에 많은 사람이 다닌다.)
Op zondag gaat hij naar de kerk. (일요일에 그는 교회에 간다.)
Ze schreef haar brief op papier. (그녀는 종이에 편지를 썼다.)
De heer Kim werkt op een kantoor. (김씨는 사무실에서 일한다.)
Ik reken er op dat je me zult helpen. (나는 네가 나를 돕기를 기대한다.)
Je lijkt helemaal niet op je vader. (너는 너의 아버지를 전혀 닮지 않았다.)
Hij loopt op succes. (그는 성공하고 있다.)
Ik vertrouw erop dat je dat geheim zult bewaren.
(나는 네가 약속을 지킬 것이라 믿는다.)
Hij heeft geen enkele invloed op zijn zoon. (그는 그의 아들에게 영향력이 없다.)
Let erop dat je geen fouten maakt. (실수하지 않도록 주의해라.)
Hij heeft recht op een advocaat. (그는 변호사 자격을 갖고 있다.)
Je kunt geen beroep doen op de politie. (너는 경찰에서 호소할 수 없다.)
Ik vestig er de aandacht op dat je donderdag examen hebt.
(나는 네가 목요일에 시험이 있다는 것에 관심이 간다.)
Hij wil niet antwoorden op mijn vraag. (그는 나의 질문에 대답하고 싶지 않아 한다.)
Hij is verliefd op een medestudente. (그는 동급 여학생과 사랑에 빠졌다.)
Hij is er trots op dat hij het tot een goed einde heeft kunnen brengen.
(그는 그것이 성공적인 결말을 가져올 수 있음에 자랑스러워 하고 있다.)
Hij is jaloers op zijn vrouw. (그는 그의 부인을 질투한다.)
Hij is boos/kwaad op zijn kindereen. (그는 그의 아이들에게 화가 난다.)
Ik bereid me er op voor dat ik morgen verantwoording zal moeten afleggen.
(나는 내일 책임을 다 할 준비가 되어 있다.)
Ik verheug me op de komende vakantie. (나는 다가오는 휴가가 기대된다.)
Ik leg me toe op wiskunde. (나는 수학에 집중하고 있다.)
Hij voelde zich niet op z'n gemak. (그는 편안함을 느끼지 못했다.)

Ik wil het doen op voorwaarde dat ik tijd genoeg krijg.
(나는 내가 시간을 충분히 가질 수 있다는 조건하에 그것을 하고자 한다.)

Hij stond op het punt te vertrekken. (그는 막 떠나려고 하던 참이었다.)

Hij was er niet van op de hoogte dat alles veranderd was.
(그는 모든 것이 바뀐 것을 몰랐다.)

Op die manier kan ik ook. (그 방법으로 나도 할 수 있다.)

Dat is een uitzondering op de regel. (그것은 규칙에서 예외이다.)

Met het oog op de toekomst moeten we daar rekening mee houden.
(미래를 위해 우리는 그 점을 고려해야 한다.)

over Over een maand vertrek ik naar Nederland.
(한 달 후에 나는 네덜란드로 떠난다.)

Het is kwart over zes. (6시 15분이다.)

Hij schrijft een boek over vogels. (그는 새들에 관한 책을 쓴다.)

Mijn directeur is een man van over de vijftig.
(우리 사장은 50이 넘은 사람이다.)

Waarover praten jullie? Wij praten over de toekomst.
(너희들은 무엇에 관해 이야기하니? 우리는 미래에 대해 이야기해.)

De tranen liepen over zijn gezicht. (눈물이 그의 얼굴에서 흘러내렸다.)

Wie heeft deze steen over de muur gegooid? (누가 벽에 이 돌을 던졌나?)

Ze ging over Den Haag naar Leiden. (그는 Den Haag에서 경유하여 Leiden으로 갔다.)

Hij is er verbaasd over dat je dat kent. (그는 네가 그것을 아는 것에 놀랐다.)

Ik kan je daarover geen inlichtingen geven.
(나는 너에게 그것에 대한 정보를 줄 수 없다.)

Denk nog eens goed na over wat je gezegd hebt.
(네가 말한 것에 대해 다시 한 번 잘 생각해 보라.)

Die keizer heerste over een grondgebied, 50x groter dan Nederland.
(그 황제는 네덜란드보다 50배나 더 큰 지역을 통치했다.)

Hij beschikt niet over de nodige informatie. (그는 필요한 정보를 갖고 있지 않다.)

Hij klaagt over je gedrag. (그는 너의 행동에 대해서 불평한다.)

Hij spreekt nooit over het verleden. (그는 과거에 대해서 전혀 이야기하지 않는다.)

Waar heeft hij het over? (그는 무엇에 대해 얘기하는 것이냐?)

Hij is tevreden over je. (그는 당신을 마음에 들어 한다.)

Daar kan ik niet over oordelen. (나는 그것에 대해 판단할 수 없다.)

Hij verheugt er zich over dat je dat wil doen.
(그는 네가 그것을 하고 싶어하는 것에 대해 기뻐한다.)
Hij maakt zich zorgen over zijn kinderen. (그는 그의 자녀들을 걱정하고 있다.)
Hij schaamt zich erover dat hij zoiets heeft kunnen doen.
(그는 그가 그렇게 할 수 있었다는 것을 부끄러워 한다.)
Hij verbaast zich erover dat je hem helpen. (그는 네가 그를 돕는다는 것에 놀란다.)

per De zon schijnt hier maar twee maanden per jaar.
(여기는 태양이 1년에 두 달만 비친다.)
In Nederland wonen er per vierkante kilometer meer dan vierhonderd mensen. (네덜란드에는 평방제곱미터 당 400명 이상의 사람이 산다.)
Ik stuur u de boeken per post. (나는 너에게 우편으로 책들을 보냈다.)
Deze appels kosten vijf euro per stuk. (이 사과들은 개당 5유로이다.)

sedert Sedert zijn vertrek naar het buitenland heb ik niets meer van hem gehoord.
(그가 해외로 떠난 이래로 나는 그의 소식을 더 이상 듣지 못했다.)

sinds Sinds zondag regent het al. (일요일 이후로 계속 비가 내린다.)

te De vergadering wordt gehouden te Amsterdam.
(회의는 암스테르담에서 열린다.)
Zij begint te lachen. (그녀는 웃기 시작한다.)
Het adres was moeilijk te vinden. (그 주소는 찾기 힘들다.)
Je moet eten om te leven. (너는 살기 위해 먹어야 한다.)

tegen Wie zich tegen ons verzet, wordt gedood.
(우리에게 저항하는 자는 죽음을 당할 것이다.)
Er staat een fiets tegen de boom. (자전거가 나무에 기대 서 있다.)
Ik ben vanavond tegen acht uur thuis. (나는 오늘 저녁에 8시 경에 집에 있을 것이다.)
Dokter, hebt u een middel tegen hoofdpijn? (의사 선생님, 두통 약이 있으신가요?)
Zij is vriendelijk tegen iedereen. (그녀는 모두에게 친절하다.)
De voordelen wegen niet op tegen de nadelen. (장점이 단점을 보상해주지 못한다.)
Dat is niet bestand tegen de kou. (그것은 추위에 저항력이 없다.)
Ik verzet me ertegen dat jullie een mondeling examen krijgen.
(나는 네가 구두 시험 보는 것을 반대한다.)

Ik kan er niet tegen dat je hem zo plaagt.
(나는 네가 그를 그렇게 놀리는 것을 참을 수 없다.)

Ik heb er bezwaar tegen dat je rookt in de klas.
(나는 네가 교실에서 흡연하는 것에 반대한다.)

In Guatemala komen de Indianen in opstand tegen het regime.
(과테말라에서 인디언들이 정권에 대한 봉기를 일으켰다.)

Hij wil zich niet verdedigen tegen die aanval.
(그는 그 공격에 대해 방어하고자 하지 않는다.)

Hij belegt zijn geld tegen 7%. (그는 7% 비율로 돈을 맡긴다.)

tegenover

Tegenover ons huis staat een grote boom. (우리집 건너 맞은편에 큰 나무가 있다.)

tijdens Tijdens zijn vakantie heeft hij veel gewandeld.
(휴가 동안 그는 산보를 많이 했다.)

tot Hij is toegelaten tot de universiteit. (그는 대학에 합격했다.)

Zij liep met mij tot de ingang. (그녀는 입구까지 나와 함께 걸었다.)

Hoe lang blijf je? Tot de volgende week.
(얼마나 오래 머무십니까? 다음 주까지 입니다.)

We lazen vandaag tot bladzijde 25. (우리는 오늘 25페이지까지 읽었다.)

Hij is lid van een vereniging tot behoud van de natuur.
(그는 자연보호 단체의 회원이다.)

Dat project heeft veel bijgedragen tot de ontwikkeling van de landbouw.
(그 프로젝트는 농업 발전에 큰 기여를 했다.)

Waar dient zoiets toe? (그런 것은 어디에 쓰이는가?)

Dat gaf aanleiding tot heel wat problemen. (그것은 많은 문제들을 발생시켰다.)

Hij is ertoe bereid met je samen te werken. (그는 당신과 일할 준비가 되어 있다.)

Hij werd verkozen tot president. (그는 대통령으로 당선되었다.)

Hij is benoemd tot directeur. (그는 감독으로 임명되었다.)

De onderhandelingen hebben ertoe geleid dat deze mensen nu in vrede
 kunnen leven. (그 협상은 이 사람들이 평화롭게 살 수 있도록 이끌었다.)

Hij werd opgeleid tot verkoper. (그는 판매원으로 교육받았다.)

Als hij niet wil, kan je er hem ook niet toe dwingen.
(그는 원하지 않는다면 너는 그를 강요할 수 없다.)

Je kunt je wenden tot de administratie. (관리처에 문의해 보십시오.)

Hij behoort niet tot die groep. (그는 그 그룹에 속해 있지 않다.)

Bij deze voorzetsels beperken wij ons tot de belanglijkste.
(이 전치사들 중 우리는 가장 중요한 전치사에만 국한하고 있다.)

Die poging tot verzoening heeft niet veel geholpen : ze hebben nog steeds ruzie.
(화해 시도는 큰 도움이 되지 않았다 : 그들은 아직도 싸우는 중이다.)

Tot mijn spijt kan ik je niet helpen. (미안하지만 도울 수 없습니다.)

Steeds tot uw dienst, mevrouw. (필요하시다면 언제나 돕겠습니다, 부인.)

tussen U kunt kiezen tussen een plaats bij het raam of bij de deur.
(당신은 창가 자리와 문쪽자리 중 선택할 수 있습니다.)

Tussen de fabriek en de school worden huizen gebouwd.
(공장과 학교 사이에 집들이 지어지고 있다.)

Je kunt de dokter bezoeken tussen acht en negen uur.
(당신은 8~9시 사이에 진료받을 수 있습니다.)

Het aantal inwoners van deze stad ligt tussen de tien- en elfduizend.
(그 도시 거주자 수는 1만에서 1만 1천 명 사이이다.)

De betrekkingen tussen deze twee landen zijn de laatste tijd erg slecht.
(이 두 국가간의 관계는 최근에 매우 나쁘다.)

uit Hij pakte een kopje uit de kast. (그가 찬장에서 작은 컵 하나를 꺼냈다.)

Anna keek uit het raam. (안나는 창문 밖을 내다 보았다.)

Dit is een gebouw uit vorige eeuw. (이것은 이전 세기에 지어진 건물이다.)

Deze man komt uit Korea. (이 남자는 한국에서 오셨다.)

Ik heb het gedaan uit angst. (나는 그것을 무서워서 했다.)

De cursus bestaat uit drie delen. (그 과정은 3개의 부분으로 이루어져 있다.)

Hij komt eigenlijk uit Japan. (그는 사실 일본에서 왔다.)

Je moet dat uit het hoofd leren. (너는 그것을 외워야만 한다.)

Hij deed het uit liefde. (그는 그것을 사랑하는 마음에서 했다.)

van Ik geniet van het leven. (나는 인생을 즐긴다.)

Van boven zit de jurk goed, van onderen is hij te lang.
(그 원피스 위는 좋은데 아래가 너무 길다.)

We gaan van de zomer naar Korea. (우리는 이번 여름에 한국에 간다.)

Dit is het huis van mijn ouders. (이것이 내 부모님의 집이다.)

Die bank is van hout. (그 벤치는 나무벤치이다.)

Een jongen van een jaar of acht deed de deur open.
(8살 가량의 남자아이가 문을 열었다.)

Ik krijg van jou twintig euro. (나는 너로부터 20유로를 받았다.)

Toen een steen op haar hoofd viel, schreeuwde ze van pijn.
(돌이 그녀의 머리에 떨어지자, 그녀는 아파서 소리를 질렀다.)

Dat gaf haar een gevoel van tevredenheid. (그것은 그녀에게 만족감을 줬다.)

Ik ben er echt van onder de indruk dat jullie zo veel kennen.
(당신이 그렇게나 많이 안다니 감명깊다.)

Ik ben er zeker van dat u goede resultaten zult behalen.
(당신이 좋은 결과를 얻을 것임을 나는 확신한다.)

Ben je op de hoogte van die vliegtuigkaping?
(당신은 그 비행기 납치에 대해 잘 알고 있습니까?)

Hij wil van die gegevens geen gebruik maken.
(그는 그 자료를 이용하지 않으려 한다.)

Hij is er zich bewust van dat zijn Nederlands beneden alle peil is.
(그는 자기의 네덜란드어 실력이 수준 이하라는 점을 알고 있다.)

Hij heeft genoeg van je beledigingen. (그는 당신에게 충분히 모욕당했다.)

Hij is lid geworden van de voetbalclub. (그는 축구클럽의 회원이 되었다.)

Het hangt ervan af of het regent of niet.
(그것은 비가 오느냐 안오느냐에 따라 달려 있다.)

Hij geniet van zijn vakantie. (그는 그의 휴가를 즐긴다.)

Hij is ervan overtuigd dat je hem niet begrijpt.
(그는 당신이 그를 이해하지 못하고 있음을 확신한다.)

Hij heeft er spijt van dat hij dat gezegd heeft.
(그는 그것을 말했던 것을 후회하고 있다.)

Die oefeningen maken deel uit van de cursus.
(그 연습은 강좌의 일부를 구성하고 있다.)

We gaan ervan uit dat je een basiskennis hebt.
(우리는 당신이 기본적인 지식은 갖추고 있다는 것에서 출발한다.)

Je beschuldigt mij toch niet van die diefstal?
(당신은 이 도난에 대해 저를 비난하지 않습니까?)

Ik hou er niet van dat je praat tijden de les.
(나는 당신이 수업시간 도중에 이야기하는 것을 좋아하지 않는다.)

Hij is van plan morgen te komen.
(그는 내일 올 계획이다.)

Ik zie het nut van die oefeningen niet in.
(나는 그 운동이 뭐가 도움이 되는지 모르겠다.)

Nederland ligt ten westen van Duitsland. (네덜란드는 독일의 서쪽에 있다.)

vanaf, van...af

Van dit huis af staan vier bomen. (이 집부터 네 그루의 나무가 있다.)

Vanaf tien uur hebben we gewerkt. (우리는 10시부터 일했다.)

vanwege Vanwege het vele werk heb ik uw brief nog niet kunnen beantwoorden.
(많은 업무 때문에 나는 아직 당신의 편지에 답을 할 수 없었다.)

Vanwege de regering wordt er geld beschikbaar gesteld voor de bouw van een school. (정부 때문에 학교 건축 자금이 마련되었다.)

via We reizen via Parijs naar Amsterdam.
(우리는 파리를 경유하여 암스테르담으로 여행한다.)

Ik hoorde via mijn vriend dat u een nieuwe baan hebt.
(나는 내 친구를 통해 당신이 새로운 직장을 얻었다는 소식을 들었다.)

volgens Volgens mij kunnen ze dat geld aan arme mensen geven.
(내 생각으로 그들은 가난한 사람들에게 줄 수 있다고 본다.)

Volgens de krant wordt de benzine volgende maand een euro duurder.
(신문에 따르면, 다음 달에 휘발유 가격이 1유로로 비싸진다.)

voor We zorgen voor brood. (저희는 빵을 마련할 것이다.)

Er staat een boom voor het huis. (그 집앞에 나무 한 그루가 있다.)

Hoe laat is het? Het is vijf vóór acht. (몇시 입니까? 7시 55분입니다.)

Ik heb wat vlees voor de kat gekocht. (나는 고양이에게 줄려고 약간의 고기를 샀다.)

Ik kom voor de boodschappen die moeder besteld heeft.
(저는 어머니 심부름으로 장을 보러 왔어요.)

In dit hoofdstuk speelt hij voor koning. (이 막에서 그는 왕을 연기한다.)

Zij heeft dat huis voor wenig geld kunnen huren.
(그녀는 적은 돈으로 그 집을 빌릴 수 있었다.)

De kinderen zijn erg verstandig voor hun leeftijd.
(그 아이들은 나이에 비해 매우 똑똑하다.)

Hij is beloond voor bewezen diensten. (그는 제공한 서비스에 대해 보상 받았다.)

Hij is bang voor de toekomst. (그는 미래가 두렵다.)

Hij is gezakt voor dat examen. (그는 시험에 떨어졌다.)

Hij is geslaagd voor dat examen. (그는 시험에 통과했다.)

Ik ben er niet verantwoordelijk voor als er een ongeval gebeurt.
(사고가 나도 제겐 책임이 없습니다.)

Ik heb veel belangstelling voor de recente ontwikkeling van de wetenschap.
(나는 학문의 최근 발전에 대해 관심이 많다.)

Hij interesseert zich niet voor je resultaten. (그는 너의 결과에는 관심이 없다.)

Zorg er voor dat die kinderen geen problemen hebben.
(이 아이들에게 아무 문제 없도록 보살펴라.)

Waarschuw hem voor de gevolgen. (그에게 결과에 대해 경고해줘라.)

Hij schaamt zich voor zijn ouders. (그는 자신의 부모를 부끄러워한다.)

Lezen is heel nuttig voor de verrijking van je Nederlands.
(너의 네덜란드어 실력을 향상 시키는데 읽기는 매우 유익하다.)

Bernard was niet geschikt voor die job. (Bernard는 그 일에 적합하지 않다.)

Hij heeft zich opgegeven voor de cursus Koreaans.
(그는 한국어 강좌에 등록했다.)

Hij schrijft zich in aan de universiteit voor de richting dierengeneeskunde.
(그는 수의과 대학에 등록했다.)

wegens Wegens het slechte weer gaat die wedstrijd niet door.
(날씨가 좋지 않아 경기가 진행되지 않는다.)

zonder Wilt u koffie met of zonder melk?
(우유를 넣은 커피를 원하세요? 아니면 우유를 뺀 커피를 원하세요?)

Hij is al een half jaar zonder werk. (그는 벌써 반 년동안 실직상태이다.)

Zij reed zonder dat ze wist waar ze heen wilde.
(그녀는 그녀가 어디로 가는지는 모르고 계속 운전했다.)

De man antwoordde mij zonder mij aan te kijken.
(그 남자는 나를 쳐다보지도 않고 내게 대답했다.)

Ⅱ. 후치사

heen Hij rende door de menigte heen. (그는 군중속으로 뛰어갔다.)

Hij keek om zich heen. (그는 주위를 둘러보았다.)
De kinderen renden om de tafel heen. (아이들은 탁자 주변을 뛰어 다녔다.)
Het vliegtuig vloog over de stad heen. (비행기는 그 도시 위로 비행했다.)
We hebben langs elkaar heen gepraat. (우리는 서로 직접 이야기했다.)

※ 분리전철과 전치사 혹은 대명사적 부사의 전치사와의 관계

: 전치사는 명사와 함께 하나의 구를 이루거나 대명사적 부사의 일부를 구성하며, 분리전철은 동사의 일부를 구성한다. 전치사는 분리전철 앞에 위치한다.

Hij bereidt er zich op voor. (그는 그것을 위해 준비한다.)
　　　　　　　 전치사 분리전철

Hij werkt er aan mee. (그는 그 일에 함께 하고 있다.)
　　　　　 전치사 분리전철

분리동사와 동사의 전치사 목적어 사이에는 의미상의 차이가 있다.

opschieten (잘 되어가다, 진전하다)　　schieten op (서두르다)
oprichten (설립하다)　　　　　　　　richten op (...를 겨누다)
opleggen (부여하다)　　　　　　　　leggen op (...위에 놓다)

Ik kan niet met hem opschieten. (나는 그와 잘 어울릴 수 없다.)
Hij heeft een bedrijf opgericht. (나는 한 회사를 설립했다.)
Hij richtte het geweer op de olifant. (나는 총을 코끼리에게 겨누었다.)
Hij kan niet alles doen wat hem werd opgelegd.
(그는 그에게 부여된 것 모든 것을 다 할 수는 없다.)
Leg dat maar op tafel. (그것을 탁자 위에 놓아라.)

연습문제

Ⅰ. 알맞는 전치사를 넣어라.

1. Zullen we _____ het avondeten even gaan wandelen?
2. Hij heeft zijn vader _____ de oorlog niet gezien.
3. _____ haar operatie lag ze nog twee weken in het ziekenhuis.

4. We zaten allemaal nog _____ tafel.
5. Hij heeft _____ de film zitten praten.
6. _____ mijn moeder is hij een schurk.
7. We blijven vandaag _____ het weer thuis.
8. Ik lees op het ogenblik een boek _____ Korea.
9. We rijden nu _____ het postkantoor.
10. Hij woont _____ het station.

Ⅱ. 알맞은 전치사를 넣어라.

Het huis van de familie Janssens telt drie verdiepingen. __1__ het huis ligt een kleine tuin. __2__ is het bureau van meneer Janssens. __3__ woont hij met zijn gezin.

In de huiskamer staat __4__ links een bankstel en __5__ een grote eettafel met acht stoelen. Er staan boekenkasten __6__ tegen de muren. __7__ één van die kasten staat een televisie. __8__ de televisie staan de telefoon en een aquarium. __9__ dat aquarium zitten tropische vissen. Er ligt een wit tapijt __10__ de grond. __11__ de muren hangen moderne schilderijen. Het ziet er gezellig uit.

Ⅲ. 알맞는 전치사를 넣어라.

1. De boeken staan _____ de kast.
2. De lamp hangt _____ het plafond.
3. Het bed staat _____ de slaapkamer.
4. Mevrouw Janssens ligt _____ bed.
5. De wijn zit _____ het glas.
6. De jas hangt _____ de stoel.
7. De bus staat _____ de halte.
8. Er ligt geld _____ de tafel.
9. De foto's staan _____ het boek.
10. Meneer Janssens zit _____ tafel.
11. Er ligt een tuin _____ het huis.
12. De stoel staat _____ de grond.
13. Er hangt een lamp _____ de muur.

14. De stoelen staan _____ de tafel.
15. Brussel ligt _____ België.

Ⅳ. 알맞는 전치사를 넣어라.

Angelina Jolie heeft ___1___ de handen van koningin Elizabeth een belangrijk ereteken ontvangen. Tijdens een korte ceremonie ___2___ Buckingham Palace prees de Queen de Hollywoodster ___3___ haar inspanningen om seksueel geweld ___4___ vrouwen ___5___ oorlogsgebieden tegen te gaan. Angelina bracht ook Brad Pitt en hun zes kinderen mee, die allemaal een kort woordje ___6___ de Queen mochten wisselen. Niet aanwezig ___7___ de ceremonie was Kate. Zij is bijna drie maanden zwanger en ziet daar enorm ___8___ af. Ze heeft verschillende afspraken afgezegd en logeert nu ___9___ zoontje George ___10___ haar ouders waar goed ___11___ haar gezorgd wordt. Artikel verscheen ___12___ de Belgische pers.

Ⅴ. 알맞은 전치사를 넣어라.

1. _____ welk land is het automerk Volkswagen afkomstig? (...Duitsland)
2. _____ welke republiek behoort Alaska? (...de Verenigde Staten van Amerika)
3. _____ welke Nederlandse stad ligt een belangrijke wereldhaven? (...Rotterdam)
4. _____ welk eiland bevindt zich de vulkaan Etna? (...Sicilië)
5. _____ welke naam kennen we de 'Big Apple'? (...New York)
6. _____ welke ontdekkingsreiziger dankt Amerika zijn naam? (...Amerigo Vespucci)
7. _____ welke Engelse sport wordt een ovale bal gebruikt? (...rugby)
8. _____ welk materiaal worden de sari's van Indiase vrouwen gemaakt? (...zijde)
9. _____ welk woord beginnen veel Schotse achternamen? (...Mac)
10. _____ welke godsdienst werd de Tempel van de Tand in Kandy (Sri Lanka) gebouwd? (...het Boeddhisme)
11. _____ welke oorlog werd de atoombom tegen Japan gebruikt? (...de Tweede Wereldoorlog)
12. _____ welke mooie stad spreekt de journalist? (...Brugge, het Venetië van het Noorden)

전치사 예문

1. Hij komt om 9 uur.
2. Ze praten op de hoek van de straat.
3. Ik ga te voet naar school.
4. Els houdt van Piet.
5. Ze kijken naar de televisie.
6. Mijn vriend komt met de fiets.
7. Hij spreekt altijd over zijn werk.
8. De vertaling uit het Nederlands naar het Frans is niet altijd gemakkelijk.
9. Ik ben kwaad op mijn zoon.
10. De secretaresse antwoordt op de brieven.
11. De trui is van wol.
12. Maria is tevreden : ze heeft een negen voor taal.
13. Dit document is op A4-formaat gepubliceerd.
14. Van jaar tot jaar wordt het verkeer steeds moeilijker in de grote steden.
15. De dief heeft voor 10.000 euro aan juwelen gestolen.
16. Piet beschouwt zijn leraar als zijn weldoener.
17. Ik zal een aanklacht wegens laster indienen.
18. De mensen komen in massa naar het festival.
19. Mijn vriend is met / op vakantie in juli.
20. Zijn verklaringen zijn voor een groot deel onjuist.
    Mijn zus zit al aan tafel.
    Hij benoemde zijn zoon tot zijn opvolger.
    Vandaag leest men in de krant over fraude en inflatie.
    Oma wandelt met de kinderen.
    Ze spelen tegen andere ploegen.
    Ik interesseer me voor Walt Disney.
    Sommige magazines verschijnen om de 14 dagen.
21. Nu is het kalm en rustig op straat.
22. Ik ben niet aan het werk.
23. Is de bediende klaar met zijn werk?

24. Iedereen treurde over zijn dood.
25. Hij wil zijn zaak in orde maken.
26. Hij benoemde zijn zoon tot zijn opvolger.
27. Een zebra ontsnapte uit de zoo.
28. Ik stapte langzaam door de gang.
29. Hij komt om acht uur.
30. Morgen vertrekt hij naar Amsterdam.
31. Het verhaal vindt in de bloemenwinkel plaats.
32. Goedemorgen, zegt de bloemist tegen de postbode.
33. Pas op voor de hond!, zegt ze.
34. Hij is niet van mij, hoor.
35. Ik heb hem om tien uur gezien.
36. Ik stond bij het raam.
37. De labrador stond op de hoek van de straat.
38. Naar mijn mening is hij van huis weggelopen.
39. Een medaille hangt aan zijn halsband: hij heet Rex.
40. Ik heb hem iets te drinken gegeven.
41. Mijn man is op kantoor tot vier uur.
42. Na zijn werk zal hij de hond naar het dierenasiel brengen.
43. Bedankt voor het pakket en tot morgen.
44. Mijn vriend en ik hebben elkaar in jaren niet gezien.
45. Ze brengt in de zomer elke dag op het strand door.
46. De Olympische Spelen vinden plaats om de vier jaren.
47. Ik kijk de résultaten van de wedstrijd aandachtig na.
48. De kinderen moeten altijd vroeg naar bed gaan.
49. Ben je al lang in dit boek aan het lezen?
50. Sonja wordt door haar moeder gestraft.
51. Steeds meer vrouwen houden het bij één kind.
52. Mijn vriend Peter wandelt elke dag naar het centrum van onze stad.
53. Vader begint om zeven uur te werken.
54. Sinds zijn ongeval wil hij niet meer buiten lopen.
55. Na het conflict zullen de ministers de olieprijzen bespreken.

56. Peter en Maria zijn gek in op elkaar.
57. Tijdens de les wiskunde babbelen de studenten niet veel met elkaar.
58. Olga woont in een zeer rustige streek.
59. Moeder gaat onder de parasol zitten als de zon te fel brandt.
60. Het verhaal gaat over zijn ongeval.
61. Ik houd van walnoten maar ik ben allergisch voor noten.
62. Sinds Jeroen haar heeft leren kennen, is zijn leven veranderd. Hij is dol op haar!
63. Marjan is altijd aardig behalve wanneer mensen onbeleefd zijn.
64. Mijn vriendin is benieuwd naar mijn mening over haar nieuwe gedicht.
65. De Nederlandse schrijver Kader Abdolah is bekend dankzij zijn poëtische manier van schrijven.
66. Floortje kleedt zich extravagant ongeacht wat mensen over haar zeggen.
67. De populariteit van deze politieke leider is enorm blijkens de laatste peilingen.
68. We gaan een wandelingetje op het strand maken ondanks het slechte weer.
69. Albert is berucht vanwege zijn herhaaldelijk agressieve uitingen.
70. Ik vind hem buitengewoon vriendelijk niettegenstaande zijn eigenaardige karakter.
71. De kinderen hebben de straat overgestoken zonder te kijken.
72. De directeur vraagt aan de bediende of hij vanavond later zou kunnen werken.
73. Zet je cassette op en luister naar het nieuwe liedje van Peter.
74. Stort het bedrag op mijn rekening.
75. Het aantal gasten voor dit huwelijk is beperkt tot 25.
76. Mijn moeder beschikt over een goede gezondheid.
77. Sonia interesseert zich voor wiskunde.
78. Je kunt suiker in thee oplossen.
79. Wat je wil weten is te bevragen bij de receptioniste.
80. Peter smeekt zijn moeder om hem een nieuwe fiets te kopen.
81. Deze oefening past bij bovenstaande tekst.
82. Dat boek heeft als onderwerp de geschiedenis van ons land.
83. Magellaan deed de eerste reis rond de wereld.
84. Ik neem de trein van Brussel naar Amsterdam.
85. Wil je wel je broer met rust laten!

86. Vandaag ging de regen gepaard met hevige wind.
87. We werken op dit ogenblik met ons boek van verleden jaar.
88. De arbeiders hebben tot plicht vlug te werken.
89. Nu maken we een oefening bij de voorzetsels.
90. Ik heb dat nieuws in de krant gelezen.
91. Heeft u een antwoord op deze vraag gegeven, vraagt de directeur.
92. België is arm aan grondstoffen.
93. Vele kinderen zijn bang voor honden.
94. Mijn grootvader praat vaak over zijn jeugd.
95. De bediende heeft met zijn klant getelefoneerd.
96. Vandaag is mijn zusje naar Spanje gevlogen.
97. Petra is goed in Nederlands.
98. Mijn vader las ons elke dag een citaat uit de bijbel voor.
99. Het dienstmeisje kijkt altijd door het sleutelgat.
100. U moet het absoluut doen : het gaat om uw leven.
101. Tofoe verdient heel wat lof omdat het voedingsmiddel goed is voor een gezond dieet.
102. Inderdaad tofoe is rijk aan eiwitten en vitaminen.
103. Tofoe wordt gemaakt van gestremde sojamelk.
104. Sojabonen behoren tot de zeldzame voedingsstoffen die isoflavonen of fyto-oestrogenen leveren.
105. Die gelijken qua chemische structuur sterk op oestradiol.
106. Soja is een plantaardige stof en dus hoeven we niet te vrezen voor een verhoging van ons cholesterolgehalte.
107. Wetenschappers toonden aan dat de isoflavonen in soja de bloeddruk kunnen stabiliseren maar je moet één glas sojamelk per dag verbruiken.
108. Bij sommige mensen beperkt tofoe de opstapeling van vetten en triglyceriden in de lever met 20%.
109. De calorische waarde van soja is vergelijkbaar met die van mager vlees.
110. Opgepast : na verloop van tijd kan er een kruisintolerantie voor soja ontstaan. Kortom, tofoe heeft zijn plaats in een gevarieerd en evenwichtig menu.
111. Binnenkort ben ik van plan naar Normandië te gaan. Een groot evenement vindt

op 6 juni plaats: Armada 2013. Ik verheug me over dat evenement dat om de vijf jaar plaatsvindt. Zo'n bijeenkomst is niet te missen. De mooiste zeilboten uit de hele wereld komen door het estuarium van de Seine aan en varen op de rivier tot de stad Rouen. Daar blijven ze tien dagen lang aan de kade aangemeerd. De grootste schepen van de Franse marine nemen deel aan het evenement. De Franse matrozen dragen een baret met een rode pompon. Wat hebben ze stijl naarin hun uniform! De pompon van een matroos met de linkse wijsvinger te kunnen aanraken brengt geluk, zegt men. Ik interesseer me voor schepen en aan boord van elk schip kan je alles bezoeken en bewonderen. Ik hou van de zee en dat doet me dromen!

11 감탄사
Het uitroepend voornaamwoord

zo'n   'such (a)': 단수 명사 앞에 사용. 복수 명사 앞의 경우에는 'zulke'

    Zo'n schattige hond! (참 귀여운 개구나!)
    Zo'n rotweer! (정말 끔찍한 날씨구나!)

wat, hoe   'what', 'how': 형용사 앞에서만 사용된다.

    Wat leuk! (멋지구나!)
    Hoe leuk! (얼마나 멋진가!)
    Wat vervelend! (따분하구나!)
    Hoe vervelend! (따분하구나!)
    Hoe warm is het! (얼마나 따뜻한가!)
    Wat gek dat hij het helemaal vergeten had! (그가 그것을 전부 잊었다니 어리석구나!)
    Wat een ongeluk op één dag! (불운한 하루구나!)
    Hoe vlug kan je fietsen! (너는 자전거를 빨리 달리는구나!)
    Hoe mooi is dit schilderij! (그림이 참 멋지다!)
    Wat fouten in je oefening! (연습문제 이렇게 틀렸어!)

wat(een)   'what a': 단수, 복수 명사 앞에 사용 가능

    Wat een schattige hond! (예쁜 강아지구나!)
    Wat een rotweer! (끔찍한 날씨구나!)
    Wat een mooie schilderijen! (아름다운 작품이구나!)
    Wat een slimme studenten! (영리한 학생이구나!)
    Wat een vraag! (궁금하구나!)
    Wat jammer dat je niet kon komen. (네가 오지 못하는게 유감이다.)
    Wat een lief kind. (예쁜 아이구나.)

Wat is het heet vandaag! (오늘 참 덥구나!)
Wat is dat gemakkelijk! (간단하구나!)

zulk, zulke 'such, such a': 불가산 명사와 복수 명사앞에서 사용된다.

Zulk lekker bier! (맛있는 맥주구나!)
Zulke goede wijn! (좋은 와인이구나!)
Zulke mooie druiven! (좋은 포도구나!)

※ 주어와 정동사가 도치된 과거 혹은 과거완료 문장이 강한 후회의 의미를 갖는 감탄문으로도 사용된다. (*과거완료 참조)

Had ik maar een nieuwe auto! (새 자동차를 샀어야 했는데!)

연 | 습 | 문 | 제

Ⅰ. 감탄문으로 만드시오.

1. is Wat dat ! gemakkelijk
2. ! is Wat dat een ezel
3. ! is warm het Hoe
4. gek had dat het vergeten ! hij Wat helemaal
5. op een ongeluk ! dag één Wat
6. je vlug fietsen ! Hoe kan
7. hij Zal ! vlug terugkomen maar
8. is ! Hoe schilderij dit mooi
9. ! Had auto maar ik nieuwe een
10. oefening in je ! fouten Wat

12 간투사
Het tussenwerpsel, De interjecte

O, wat vreselijk. (슬픔, 동정)
Au, wat doet dat zeer. (아픔)
Bah, wat vies. (정도가 심함)
Brr, ik wou dat die wind eens ging liggen. (추위)
Hè, wat is dat jammer. (실망)
O, dat had ik niet gedacht. (놀람)
O/ha/hoera wat leuk. (기쁨)
Goddank, we zijn weer gewonnen. (안도)
O/mm, wat lekker. (즐김)
ja, nee (질문에 대한 대답)
st (조용!, 쉿)
hé, zeg (주위를 환기)
wat?, hè? (반복을 요청)
niet waar?, hè? (동의를 요청)
dag/goeiemorgen/hallo/welterusten/slaap lekker/tot ziens (헤어질 때 인사)
hartelijk gefeliciteerd (축하)
pardon/sorry/neem me niet kwalijk/neemt u me niet kwalijk (사과)
alsjeblieft/alstublieft. dank u/dank u wel/dank je/dank je wel/hartelijk dank
(주고 받을 때의 인사)

13 문장, 어순
Zin, Woordvolgorde

Mario komt uit Duitsland. Daar studeert hij economie. Hij studeert nu economie in Rotterdam en blijft een jaar in Nederland. Hij heeft in Duitsland al een cursus voor gevorderen. Hij wil goed Nederlands leren spreken en schrijven.

하나의 텍스트(tekst)는 문장들(zinnen)로 구성된다. 그리고 문장(zin)은 문장성분들(zinsdelen)으로 구성된다. 문장성분(zinsdeel)은 한 개 이상의 단어들(woorden)로 구성된다. 네덜란드어 문장의 주요 문장성분과 어순(woordvolgorde)은 다음과 같다. 어순이라 함은 문장성분들간의 상호 순서를 말하며 또한 문장성분을 이루는 구성요소들(zinsdeestukken)의 순서를 뜻하기도 한다.

Ⅰ. 문장 성분(Zinsdeel)

네덜란드문장을 이루는 주요 문장성분들은 다음과 같다.

1. 동사술어(Het werkwoordelijk gezegde)

정동사 및 정동사와 연결되는 동사들 혹은 재귀 대명사 및 분리전철이 동사술어를 구성한다..

1) 한 개의 동사를 포함한 문장

　정동사(De persoonsvorm: PV) : 문장에는 한 개 이상의 동사가 올 수 있다. 한 개의 동사를 갖는 문장에서는 그 동사가 인칭, 수, 법. 시제에 일치하는 정동사가 된다.

　　　　　Hij **wil** goed Nederlands leren. (그는 네덜란드어를 배우길 원한다.)
　　　　　Wij **volgen** een cursus voor de beginners. (우리는 초보자를 위한 과정을 듣는다.)
　　　　　Zijn deze boeken nieuw? (이 책은 새 것입니까?)
　　　　　Daar **studeerde** hij economie. (그곳에서 그는 경제학을 배웠다.)

동사가 분리 동사이거나 재귀동사인 경우 분리전철과 재귀대명사는 동사술어에 포함된다.

- a. 동사가 분리될 때 두 요소가 함께 술어에 속한다.

    Houd direct **op** met dat stomme gelach!
    (어리석은 웃음을 즉시 멈추어라!)

- b. 재귀동사인 경우 재귀대명사도 동사술어에 속한다.

    Ik vergis **me**, wij vergissen **ons**.
    (나는 실수한다. 우리는 실수한다.)

2) 두 개 이상의 동사를 포함하는 문장

한 문장에 두 개이상의 동사가 오면 한 개의 동사는 정동사가 되고 나머지 동사는 과거 분사형 혹은 단순 부정형 혹은 te-부정형을 취하여 정동사와 함께 동사술어를 구성한다.

- a. 정동사 + 과거 분사형(Voltooid deelwoord)

    Waarom **hebben** zij al een cursus in Duitsland **gedaan**?
    (왜 그들은 독일에서 그 과정을 이미 끝냈습니까?)
    De cursus **is** al in september **begonnen**. (강좌는 이미 9월에 시작했다.)
    Wij **hebben** de cursus al **gevolgd**. (우리는 이미 그 과정을 들었습니다.)

- b. 정동사 + 단순 부정형

    Hij **zal** zeker zijn best **doen**. (그는 틀림없이 그의 최선을 다할 것이다.)
    Wij **moeten** de informatie **opsturen**. (우리는 정보를 보내야만 한다.)
    In de vacantie **gaat** hij een extra cursus **doen**.
    (그는 방학때 별도의 강좌를 들을 것인가?)
    Willen jullie nog wat oefeningen **maken**? (너는 훈련을 좀 더 하고 싶니?)
    Hij **wil** goed Nederlands **leren spreken** en **schrijven**.
    (그는 유익한 네덜란드어를 말하고 쓰는 것을 배우길 원한다.)

- c. 정동사 + te-부정형(infinitief)

    Moet je hard werken? Nee, ik **hoef** niet hard **te werken**.
    (너는 열심히 일해야 하니? 아니, 나는 열심히 일하지 않아도 돼.)
    De was **hangt te dragen**. (빨래가 걸려 있다.)
    Ik **lig** een boek **te lezen**. (나는 책을 읽고 있다.)

3) 동사관용구(een werkwoordelijke uitdrukking)도 동사술어에 속한다.

Toen er een agent aankwam, **kozen** ze **het hazenpad**.
(경찰이 도착했을 때, 그들은 빨리 도망쳤다.)
  kozen het hazenpad = vluchten　(도망가다)
Hij **stelde** haar van het nieuws **op de hoogte**. (그는 그녀에게 기사 정보를 주었다.)
  stelde op de hoogte = inlichten　(정보를 주다)

※ 네덜란드어 문장에서 의문사 없는 의문문인 경우를 제외하고 단문에서 정동사는 항상 문장의 두번째 자리에 위치한다.

2. 명사술어(Het naamwoordelijk gezegde)

명사술어는 계사(koppelwerkwoord) *zijn*, *worden*, *heten*, *blijven*, *schijnen*, *lijken*, *blijken*, *voorkomen*와 연결되는 명사 혹은 형용사로 주어에 대한 정보를 뜻한다.

De wedstrijd werd **een mislukking**. (그 대회는 실패했다.)
De man schijnt **eerlijk**. (남자는 정직한 것처럼 보인다.)
Mijn vader is **vijftig jaar**. (내 아버지는 50세이다.)
Ik word **kwaad** van al dat gepest. (나는 모든 괴롭힘에 화가 난다.)

3. 주어(Het onderwerp, subject)

Ik volg een cursus voor halfgevorderen. (나는 중급자 코스를 밟고 있다.)
Hoeveel lessen per week hebben **jullie**? (너는 일주일에 수업이 얼마나 되니?)
De **cursus** duurt twaalf weken. (강의는 12주가 걸린다.)
De **lessen** beginnen in september, januari en April.
(그 강의는 9월, 4월, 1월에 시작한다.)

4. 직접목적어(Het lijdend voorwerp)

Hij maakt **zijn huiswerk**. (그는 그의 숙제를 했다.)
De jongens gooiden **sneeuwballen**. (소년이 눈뭉치를 던졌다.)
Razend gooide de leraar **een krijtje** door de klas.
(선생님은 화를 내면서 분필을 교실에서 던졌다.)

5. 간접목적어(Het meewerkend voorwerp)

간접목적어는 전치사 'aan' 혹은 'voor'와 결합할 수 있다. 전치사 aan 혹은 voor를 생략하나 첨가해야할 경우 간접목적어와 직접목적어는 위치를 변화시키기도 한다.

Hij geeft haar het cadeau. (그는 그녀에게 선물을 준다.)
= Hij geeft het cadeau aan haar.

6. 전치사 목적어(Het voorzetselvoorwerp)

문장의 동사가 특정의 전치사구를 목적어로 취하는 경우이다.

Ik twijfel *aan deze methode*. (twijfelen aan)
(나는 이 방법을 의심한다.)
Ik ben niet tevreden *met deze computer*. (tevreden zijn met)
(나는 이 컴퓨터가 만족스럽지 않다.)
Ik luister niet graag *naar hem*. (luisteren naar)
(나는 그의 말을 듣고 싶지 않다.)
Ik waarschuwde haar *voor de gevolgen*. (waarschuwen voor)
(나는 그녀에게 결과에 대해 경고했다.)
Ik verlang al maanden *naar de skivakantie*. (verlangen naar)
(나는 벌써 몇개월 동안 스키 휴가를 기대하고 있다.)

※ 부사수식어와 전치사 목적어의 구분

전치사(voor, aan, in, op .... 등)로 시작되는 전치사구가 '장소, 위치'를 나타낼 때는 부사수식어가 된다.

Zij hingen *aan zijn lippen*. (전치사 목적어)
(그녀는 그의 말에 열심히 귀를 기울였다.)
De jas hangt *aan de kapstok*. (부사수식어)
(그 자켓은 옷걸이에 걸려 있다.)

Zij heeft veel plezier *in haar nieuwe baan*. (전치사 목적어)
(그녀는 그녀의 새로운 직장에 매우 만족한다.)
Zij werkt heel vaak *in de mediatheek*. (부시수식어)
(그녀는 자주 도서관에서 일한다.)

Zij wacht *op haar vriendinnen*. (전치사 목적어)
(그녀는 그녀의 친구를 기다린다.)

Hij wacht *op het schoolplein*. (부사수식어)
(그는 학교 운장장에서 기다린다.)

7. 부사수식어(De bijwoordelijke bepaling)

부사수식어는 술어(het gezegde)에 대해 무엇인가를 말하는 것으로 의미가 다양하다.

Vanwege de vogelpest is dit gebied afgesloten. (조류독감 때문에 이 지역은 봉쇄되었다.)

De training begint *om vijf uur*. (연습은 5시에 시작한다.)

De verlenging zal *een half uur* duren. (연장은 30분이다.)

Wij gaan *naar Frankrijk dit jaar*. (우리는 올해 프랑스에 간다.)

De meeste druiven komen *uit Frankrijk*. (많은 포도가 프랑스에서 생산된다.)

De stratenmaker heeft zijn hele leven *hard* gewerkt.
(반장인부는 그의 모든 삶동안 열심히 일했다.)

Ik heb de wedstrijd *niet* gezien. (나는 그 게임을 보지 못했다.)

Zou Ajax deze wedstrijd *ook* winnen? (아약스가 이번 대회에서 우승할까?)

Waar heb je hem *nou* gelaten? (넌 도대체 그를 어디에 놓고 왔니?)

Ik kan dat *wel* begrijpen. (난 그것을 이해할 수 있다.)

8. 보어(De bepaling van gesteldheid)

보어는 1) 술어에 대해 말하는 내용과 2) 주어 혹은 직접목적어에 대해 말하는 정보이다. 대부분 보어는 형용사 혹은 전치사구 혹은 명사로 구성되어 있으며 현재분사형 혹은 과거분사형이 되기도 한다.

De leden van het team vonden hem *een klier*. (목적보어)
(팀의 멤버들은 그를 바보라고 생각했다.)

Hij stampte de appels *tot moes*. (목적보어)
(그는 잼으로 만드려고 사과를 으깼다.)

Drijfnat kwam hij gisteren thuis. (주격보어)
(어제 그는 흠뻑 젖어서 집에 돌아왔다.)

Ⅱ. 문장성분구성요소(Zinsdeelstukken)

문장구성성분요소란 두 개이상의 단어로 구성되어 있는 문장성분(zinsdeel)의 구성요소이다. 구성요소로는 형용사적 한정어, 부사적한정어, 동격구문이 있다.

1. 형용사적 한정어(De bijvoeglijke bepaling)

1) 명사를 수식하는 요소로 한 개 혹은 두 개 이상으로 구성될 수 있다.

De *nieuwe* speler is in onze wijk komen wonen. (새로운 선수는 내 이웃에 살게 되었다.)
De *lange*, *mooie* jongen kwam niet. (키가 크고 아름다운 소년은 오지 않았다.)
Hij gaf een *korte* en *duidelijke* uitleg. (그는 짧고 간단한 설명을 주었다.)

2) 형용사적 한정어속에 또 다른 형용사 한정어가 포함되기도 한다.

Tijdens het feest ter ere van de opening van de nieuwe vleugel bij onze school | is | de rector | door de vloer | gezakt.
(우리 학교의 신축 부속건물 기념식을 하는 동안 교장 선생님께서 단상에서 떨어지셨다.)

ter ere van de opening van de nieuwe vleugel bij onze school (feest를 수식)
van de nieuwe vleugel bij onze school (opening을 수식)
nieuwe (vleugel을 수식)
bij onze school (vleugel을 수식)
onze (school을 수식)

2. 부사적 한정어(De bijwoordelijke bepaling)

1) 부사적 한정어는 명사 이외의 문장 성분을 수식할 경우이다.

Ik vond het boek erg spannend. (나는 그 책이 아주 재미있다고 생각했다.)
erg = (spannend을 수식)

2) 형용사적 한정어내에 부사적 한정어가 포함되어 있을 수도 있다.

Ik vond dat een erg vervelende opmerking. (나는 그것을 매우 불쾌한 발언으로 생각했다.)
erg vervelende (opmerking을 수식)

erg (vervelend을 수식)

3. 동격구문(De bijstelling)

동격구문은 특이한 형용사적 한정어로서 피수식어와 의미가 동일하고 서로 교체가 가능하다. 동격구문은 보통 양 컴마 사이에 위치한다.

Heb je haar nieuwe vriend, *die jongen met lang* haar, al gezien?
(너 그녀의 새로운 남자친구, 긴머리를 가진 아이를 이미 보았니?)

Heb je die jongen met lang haar, *haar nieuwe vriend*, al gezien?
(너 그녀의 새로운 남자친구, 긴머리를 가진 아이를 이미 보았니?)

Ⅲ. 어순(Woordvolgorde)

1. 단문에서 주어와 정동사의 어순

1.1. 정상적 문장

주어(S)	정동사(PV)	그 외 문장성분	동사술어
Zij	vindt	haar werk niet meer interessant.	
Haar contract	hield	1 maart	op.
Zij	is	gisteren met een nieuwe baan	begonnen.
Ik	zal	hem informatie	sturen.

a. 일반적 주문장의 어순은 주어가 문장의 맨 앞에 위치한다.

Zij vindt haar werk niet meer interessant.
(그녀는 자기의 일을 더이상 흥미롭게 생각하지 않는다.)
De uren gaan erg langzaam voorbij. (시간이 아주 천천히 지나갔다.)

b. 정동사의 위치는 정상적인 문장에서는 주어 바로 다음에 오며 다른 동사술어(과거 분사, 부정형, 분리전철)은 문장의 맨 뒤에 위치한다.

Zijn *vindt* haar werk niet meer interessant.

Zij *is* gisteren met een nieuwe baan *begonnen*. (그녀는 어제 새로운 일을 시작했다.)
Ik *heb* haar al lang niet meer *gezien*. (나는 그녀를 오랫동안 더 이상 보지 않는다.)
Het werk *zal* in het begin wel moeilijk *zijn*. (그 일은 처음에는 어려울 것이다.)

Ze *moet* in het begin hard *werken*. (그녀는 처음에는 열심히 일해야 한다.)
Haar contract houdt 1 maart *op*. (ophouden)
(그녀의 계약은 3월 1일부로 해직된다.)
Hij *geeft* veel geld aan boeken *uit*. (uitgeven)
(그는 책을 출판하는 데 많은 돈을 썼다.)
Hoe *laat* komt de trein in Utrecht *aan*? (aankomen)
(위트레흐트에는 언제 기차가 오느냐?)

※ 분리동사의 과거분사형 혹은 부정형은 분리되지 않는다.

Hij heeft veel geld aan boeken *uitgegeven*. (그는 책을 출판하는 데 많은 돈을 썼다.)
De dokter heeft het formulier *ingevuld*. (의사는 그 양식을 작성했다.)
Wilt u dit formulier even *invullen*? (이 양식을 작성해 주시겠습니까?)
Je moet je fiets wel goed *afsluiten*. (너는 자전거를 잘 잠궈두어야 한다.)

1.2. 변형된 문장

다른 문장성분	정동사	주어	다른 문장성분	동사술어
Op spoor 3	staat	de trein	naar Utrecht	
Hoe laat	komt	de trein	in Utrecht	aan?
Van welk spoor	zal	de trein		vertrekken?
	Vertrekt	de trein	altijd	op?
	Is	de trein	al	vertrokken?'
's Ochtends	zijn	de treinen	vaak te laat.	

주어와 동사 이외의 문장성분을 강조하기 위해 문장의 앞에 위치시키는 변형된 문장에서는 주어와 정동사는 위치가 도치**(inversie)**된다. 그러나 정동사이외의 동사술어인 과거분사나 부정형은 변하지 않고 맨뒤에 위치한다.

a. 부사 혹은 목적어와 같은 다른 문장성분이 앞에오는 경우

Lien spreekt gelukkig Duits. (린은 다행히도 독일어를 한다.)
Gelukkig spreekt Lien Duits. (다행히도 린은 독일어를 한다.)

Ik weet dat niet. (나는 그것을 모른다.)
Dat weet ik niet. (그것을 나는 모른다.)

Pauline gaat elke dag naar Den Haag. (빠울린은 매일 헤이그로 간다.)
Elke dag gaat Pauline naar Den Haag. (매일 빠울린은 헤이그로 간다.)
Haar werk vindt ze niet meer interessant.
(그녀는 그 일이 더이상 흥미롭지 않게 생각한다.)
Daar studeerde hij economie. (그는 거기에서 경제학을 공부했다.)
Die studie vond hij zwaar. (그는 그 공부가 힘들다고 생각했다.)
Nu woont hij in Nederland. (그는 지금 네덜란드에 산다.)
Op dit moment volgt hij een cursus Nederlands.
(지금 그는 네덜란드어 과정을 수강하고 있다.)

1.3 의문사가 없는 의문문, 명령문 : 정동사가 문두에 위치한다.

Vertrekt de trein altijd op tijd? (그 기차는 항상 정시에 떠납니까?)
Lees dit boek! De trein op tijd vertrokken?

1.4 기타 주요 어순

1) 종속접속사, 관계대명사, 의문사, 간접의문문으로 이끌리는 종속절의 경우 정동사는 문장 맨뒤에 위치한다.

Peter zegt dat hij vanavond met de fiets naar het feest *gaat*.
(피터는 그가 오늘 저녁 자전거로 파티에 간다고 말한다.)

2) 주절과 종속절이 바뀌면 주절의 정동사와 주어는 도치된다.

Dat Peter vanavond met de fiets naar het feest *gaat*, *vind ik* hartstikke leuk.
(나는 피터가 오늘 저녁에 자전거를 타고 파티에 가는 것을 매우 기쁘게 생각한다.)

3) 두 개이상의 동사를 포함한 문장인 경우 주절에서 정동사이외의 동사술어는 문장의 맨뒤에 위치한다.

Erik gaat morgen *voetballen*. (에릭은 내일 축구를 하러 간다.)
Sanne had dat boek *willen lezen*. (산느는 그책을 읽고 싶어했다.)
Wanneer zal de auto *gewassen worden*? (자동차는 언제 세차할꺼니?)
Ga je haar *laten knippen*! (머리를 커트하거라!)

4) 주절에서 문장의 어느 한 문장성분을 강조하기 위해 그 문장성분을 동사술어뒤로 이동시키는 경우도 많다.

Ik *heb* gisteren de hele weg in de trein met een man uit Maastricht *zitten praten*.
(나는 어제 기차안에서 가는 동안 내내 마스트리흐트에서 온 한 남자와 앉아서 말을 했다.)
→ Ik *heb* gisteren de hele weg in de trein *zitten praten* met een man uit Maastricht.

Ik *heb* dit boek vorig jaar in de tweedehands boekwinkel *gekocht*.
(나는 이책을 작년에 헌책방에서 구입했다.)
→ Ik heb dit boek vorig jaar *gekocht* in de tweedehands boekwinkel.

Sanne vraagt of Karin vandaag *thuisblijft* om te eten.
(산느는 카린이 식사를 하기 위해 오늘 집에 있느냐고 묻는다.)
Geloof jij dat dat waar *is*, wat hij zei? (그가 얘기한 것이 사실이라고 믿는냐?)

1.5. 동사술어의 위치

1) 화법조동사(kunnen, moeten, mogen, willen), 사역동사(laten)와 연결되는 본동사는 주절에서 맨뒤에 위치하며 종속절에서는 정동사가 맨뒤로 이동하여 함께 동사술어를 이룬다. 이 경우 정동사인 화법조동사는 본동사 앞 혹은 뒤에 위치한다. 구어체에서는 본동사 앞에 위치하는 것이 일반적이다.

Peter *moet* dit weekend voor een tentamen *studeren*.
(피터는 이번 주말에 시험 공부를 해야만한다.)
Peter zegt dat hij dit weekend voor een tentamen *studeren moet*.
(피터는 이번주말에 시험공부를 해야한다고 말한다.)
→ Peter zegt dat hij dit weekend voor een tentamen *moet studeren*.

2) 완료조동사(hebben, zijn)와 연결되는 본동사의 과거분사는 주절에서 문장의 맨뒤에 위치하며 종속절에서는 정동사인 완료조동사는 본동사인 과거분사의 앞 혹은 뒤에 위치한다. 일반적으로 구어체에서 과거분사 앞에 위치시킨다. 과거분사가 분리동사인 경우에는 분리전철과 동사사이에 완료조동사가 위치할 수 있다.

Peter *heeft* z'n tentamen goed *gedaan*. (피터는 시험을 잘 보았다.)
Peter zegt dat hij z'n tentamen goed *gedaan heeft*.
(피터는 시험을 잘 보았다고 말한다.)
→ Peter zegt dat hij z'n tentamen *goed heeft gedaan*.
Sanne vraagt of Erik op *heeft* gebeld/*heeft* opgebeld.
(산느는 에릭이 전화를 했는지 물어본다.)

3) 정동사와 함께 동사술어를 이루는 'te + 부정형'인 경우 주절에서 'te + 부정형'은 문장의 맨 뒤로 간다. 종속절인 경우 정동사는 직접목적어 앞 혹은 뒤에 위치할 수 있다.

  Sanne *probeert* het reisburo te bellen. (피터는 여행사에 전화하려고 노력한다.)
  Peter *vergeet* zijn boeken mee te nemen.
  (피터는 책을 갖고 가는 것을 잊었다.)
  Ik geloof dat Sanne het reisburo *probeert* te bellen.
  (나는 피터가 여행사에 전화하려고 노력하고 있음을 믿는다.)
   → Ik geloof dat Sanne *probeert* het reisburo te bellen.

4) 'te + 부정형'과 직접목적어를 갖는 문장의 완료형인 경우 어순은 다양하다. 주절이나 종속절에서 다같이 정동사인 조동사의 과거분사는 목적어 앞 혹은 뒤에 위치할 수 있다.

  Sanne *vergeet* het reisburo te bellen.
  (산느는 여행사에 전화해야하는 것을 잊었다.)
   → Sanne is het reisburo *vergeten* te bellen.
  Ik geloof dat Sanne *vergeten* is het reisburo te bellen.
  (나는 산느가 여행사에 전화하는 것을 잊었다고 믿는다.)
   → Ik geloof dat Sanne is het reisburo *vergeten* te bellen.

1.6 종속절에 3개 이상의 동사술어를 포함하는 경우

1) 수동태 문장의 경우처럼 종속절의 맨 뒤에 3개 이상의 동사술어를 포함하는 경우가 많다.

  Erik zegt tegen Sanne dat de kapotte mixer niet meer *gerepareerd kan worden*.
  (에릭은 고장난 믹서기가 더 이상 고쳐질 수 없다고 산느에게 말한다.)

이 문장에는 화법조동사, 수동조동사, 본동사가 함께 동사술어를 이룬다. 이 경우 동사술어에서 본동사인 과거분사는 동사술어의 맨앞 혹은 맨 뒤에 위치할 수 있다.

  Erik zegt tegen Sanne dat de kapotte mixer niet meer *kan worden gerepareerd*.

2) 조건절에서도 3개 이상의 동사술어로된 경우 본동사의 과거분사는 동사술어의 맨앞 혹은 맨뒤에 위치할 수 있다.

  Erik zegt tegen Sanne dat hij de kapotte mixer graag zelf *gerepareerd zou*

> *hebben.*
> → Erik zegt tegen Sanne dat hij de kapotte mixer graag zelf *zou hebben gerepareerd.*
> (에릭은 산느에게 그가 고장난 믹서기를 직접 고칠것이라고 말한다.)

이문장이 수동태문장이 될 경우 4개의 동사술어로 이루어 진다. 이 경우에도 본동사의 과거분사는 동사술어의 맨앞 혹은 맨 뒤에 위치할 수 있다.

> Erik zegt tegen Sanne dat de kapotte mixer nog best *gerepareerd had kunnen worden.*
> → Erik zegt tegen Sanne dat de kapotte mixernog best *had kunnen worden gerepareerd.*
> (에릭은 산느에게 그 고장난 믹서기가 잘 고쳐질 수 있었을 것이라고 말한다.)

결국 기본 어순 규칙은 종속절에서 본동사의 과거분사형은 동사술어의 맨 앞 혹은 맨 뒤에 위치할 수 있다. 그 외의 동사술어내에서는 정동사가 제일 앞에 오며 다른 동사들의 부정형이 뒤따른다. 부정형중 화법조동사의 부정형이 제일 앞선다.

2. 직접목적어, 간접목적어 위치

직접목적어는 대개 정동사 다음에 위치한다. 그리고 문장에 직접목적어와 간접목적어가 함께 나타날 때 어순은 a) '직접목적어+aan+간접목적어' 혹은 '간접목적어(aan 없음)+직접목적어' 두 경우 다 가능하다.

> Ze hebben een mooi cadeau aan Linda gegeven.
> (그들은 예쁜 선물을 린다에게 주었다.)
> Ze hebben *Linda* een mooi cadeau gegeven.
> Ze hebben *haar* een mooi cadeau gegeven.
> Ik leg het plan *aan mijn collega's* uit. (나는 그 계획을 나의 동료들에게 설명한다.)
> Ik leg *mijn collega's* het plan uit.
> Ik leg *hun* het plan uit.

목적어가 a) 모두 명사인 경우에는 <u>간접목적격+직접목적격</u>, b) 두 목적어중 한 개가 인칭대명사인 경우에는 <u>인칭대명사 목적격+명사 목적격</u>, c) 목적어가 모두 인칭 대명사인 경우에는 <u>직접목적격+간접목적격</u> 어순을 취한다.

Ze heeft *me twee kilo* gegeven. (그녀는 나에게 2킬로를 주었다.)
Ik heb Ina *het lijstje* gegeven. (나는 이나에게 목록을 주었다.)
→ Ik heb *het haar* gegeven.
Kunt u *dit boek aan mijn broer* geven? (이 책을 제 동생에게 주실 수 있습니까?)

3. 부사 수식어(bepalingen) : 부사 수식어는 문장의 다양한 위치에 설 수 있다.

Mario studeert *hard*. (마리오는 열심히 공부한다.)
Mario heeft *hard* gestudeerd. (마리오는 열심히 공부했다.)
Mario moet *hard* studeren. (마리오는 열심히 공부해야 한다.)
Denise volgt een cursus Koreaans *bij de universiteit*.
(데니스는 대학에서 한국어 강좌를 듣는다.)
Denise volgt *bij de universiteit* een cursus Koreaans.
Zij heeft het formulier *gisteren* ingevuld. (그녀는 어제 그 양식을 작성했다.)
Zij heeft *gisteren* het formulier ingevuld.

※ 여러 부사 수식어가 포함되는 경우 「시간 부사 – 방법 부사 – 장소 부사」 어순은 반드시 지켜진다.

Ik liep op vrijdag met mijn vriendinnen in de stad.
(나는 금요일에 나의 친구들과 시내를 돌아 다녔다.)
Pauline gaat elke dag met de trein naar Den Haag.
(파울린은 매일 기차로 Den Haag에 간다.)
Piet rijdt morgen naar Groningen. (Piet은 내일 Groningen으로 간다.)
Marius gaat op de fiets naar school. (마리우스는 자전거로 학교에 간다.)

연 | 습 | 문 | 제

I. ( ) 단어를 문두에 놓고 문장을 다시 쓰시오.

1. Ik ga (vanmiddag) naar de bibliotheek.
2. Ik plak een etiket met mijn naam (op mijn nieuwe schrift).
3. Hij kan morgen (eventueel) komen helpen.

4. We stapten (stevig) door in de stromende regen.
5. Hij begon (geestdriftig) met zijn nieuwe lego te spelen.
6. Alle beenderen zijn al lang (uit die grot) verdwenen.
7. Je krijgt een grof breiwerk (met dikke breinaalden).
8. Een zaklamp is (in het donker) handig.
9. Heesters en bomen staan (in de tuin).
10. De directeur is de baas (volgens de hiërarchie).

Ⅱ. 괄호속의 동사를 알맞은 형태로 하여 올바른 문장을 만들라.

1. Nederland veel arbeidsbureaus. (hebben)
2. Tegenwoordig veel mensen in Nederland geen werk. (hebben)
3. Het arbeidsbureau deze mensen. (kan, helpen)
4. Soms een werknemer van een arbeidsbureau werk voor hen. (vinden)
5. Sommige mensen om een andere reden naar een arbeidsbureau. (gaan)
6. Ze bijvoorbeeld liever ander werk. (willen, doen)
7. Soms ze meer geld. (willen, verdienen)
8. Al deze mensen met een werknemer van het arbeidsbureau. (kunnen, praten)
9. Niet iedereen een baan. (kan, vinden)
10. Soms mensen op kosten van het arbeidsbureau een opleiding. (mogen, volgen)

Ⅲ. 다음 단어들로 올바른 문장을 만드시오.

1. ben ik leraar geschiedenis.
2. al drie jaar geen werk. heb ik
3. daarom ik naar het arbeidsbureau gegaan ben.
4. heeft dat geholpen. nog niet veel
5. soms ik een paar maanden werk. heb
6. ik heb die school een brief geschreven.
7. eigen Soms eieren hun eten kippen op.
8. het een Na uur voltooid. werk was
9. veel Amsterdam cafeetjes. zijn gezellige In
10. Bovenop staat koekjesdoos. tafel de de
11. Voor winter verzamelen beukennootjes. de eekhoorntjes

12. leuk ik spel. Zaklopen vind een
13. spetterende kun naar jaar de Sint-Niklaas elk stad In ballonfeesten. je
14. Naast groeien appelbomen. twee mijn huis
15. school is de Binnen uit. een uurtje
16. slapen. gaan 8 uur Om we
17. De Frankrijk. gaat vrouw heer zijn dit naar met jaar Janssen
18. We gaan met auto Italië. de naar volgend jaar
19. vandaag school. naar een Jan met vriend gaat
20. vriend Komt een naar huis vrijdag? met vader
21. naar ouders met Oostende. juli Ik mijn in ga
22. kinderen De om half negen gaan school. naar
23. morgen met naar Ik vriend ga school. een
24. Vader halftien huis. naar om gaat
25. met jaar Jan gaan naar We volgend zee.
26. Jullie naar juni Ardennen. de vertrekken in

Ⅳ. 종속절을 문두에 놓고 다시 쓰시오.

1. Erik neemt de trein naar Amsterdam, omdat hij niet in het spitsuur wil komen.
2. Hij komt op tijd op z'n werk, hoewel de trein vertraging had.
3. Hij praat met een collega, terwijl hij in de lift naar de kantine staat.
4. De directeur belt zodra hij aan zijn buro zit.
5. Er is voor hem gebeld toen hij koffie haalde.

Ⅴ. 어순이 틀린 곳을 고치시오.

1. Sanne heeft geen zin om vandaag een rok en bloes te aantrekken.
2. In een spijkerbroek en een trui ze zit aan het ontbijt.
3. Erik vraagt of Sanne bij de bekker gisteren geweest is.
4. Ze zegt dat ze nog niet er geweest is.
5. Erik zegt dat dat is vervelend want er nu geen vers brood is.

강 독

기본 어휘 I

1. Goede middag, meneer Roes! Goede avond, mevrouw Theunisse!
2. Het is mooi weer vandaag.
3. Ja, het is een mooie dag.
4. Het koude weer komt pas later.
5. De kleine bloemen zijn veel mooier dan de grote.
6. De gele bloemen zijn altijd mooier dan de witte bloemen.
7. Rode bloemen zijn altijd mooier dan witte bloemen.
8. Ik fiets graag 's zomers, maar nog liever in de herfst.
9. Hij leest het liefst een roman.
10. Dit brood is duur, maar broodjes zijn nog duurder.
11. Het duurdere brood is niet altijd het beste.
12. Die andere bloemen zijn de mooiste.
13. Wordt de soep niet te dik? Nee, hoe dikker hoe beter.
14. Dat is niets nieuws.
15. Hij is een belangrijk man. Ja, hij is een heel bekend musicus.
16. Voor het huis zien wij veel hoge bomen.
17. Die bomen hebben 's zomers groene bladeren en 's winters geen bladeren.
18. In de herfst hebben ze gele en rode bladeren.
19. Hij heet Theunisse, of iets dergelijks.
20. Rijke mensen dragen dure kleren.
21. Kunt u mij een paar guldens lenen?
22. Wil je wat melk? Je moet in de ijskast kijken.
23. Dag meneer! Ik wou graag wat haring hebben.
24. Hoeveel hebt u voor dit fototoestel moeten betalen?
25. Je moet die kopjes vooral niet laten vallen.
26. Ik heb gisteren mijn haar laten knippen.

27. U hoeft niet helemaal naar het centrum om kaarten voor het concert te kopen.
28. Dat kan mij helemaal niet schelen.
29. Hij heeft om hulp gevraagd, maar niemand heeft hem willen helpen.
30. Zij praatte zonder naar mij te luisteren.
31. Niemand heeft dat voor hem willen doen.
32. Ik had vorige week eigenlijk naar Japan willen gaan.
33. Ik heb altijd Seoul willen bezoeken.
34. Hij moet vaak naar Vlaanderen gaan.
35. Ik wou graag nog een beetje pudding.
36. Mag ik hier roken? Nee, meneer, hier mag dat niet.
37. Kunt u deze schoenen vandaag nog repareren? Ja meneer, dat kan.
38. Moeten de kinderen ook pudding eten? Nee, dat hoeft niet.
39. Zij wilde komen om je haar nieuwe sjaal te laten zien.
40. Hij praatte veel, maar ik kon hem niet verstaan. Ik heb hem trouwens nooit kunnen verstaan.
41. U moet goed kijken, anders kunt u het niet zien.
42. Kunt u hen nu zien komen?
43. Het spijt mij, maar ik heb hem niet horen spreken.
44. Kan ik over Breda rijden? Ja, maar u kunt beter over Tilburg rijden.
45. Ik wou graag een Hollandse boerderij bezoeken.
46. Je moest niet zo vlug praten. Niemand kan je verstaan.
47. Zij wilde met het vliegtuig komen. Ze heeft altijd per vliegtuig willen komen.
48. Een van de banden is lek. Kunt u hem repareren?
49. Ik heb de andere band pas laten repareren.
50. Je hoeft niet te betalen om hier te zwemmen. Het is gratis.
51. Mijn vriend belde mij gisteren op en nodigde mij uit een avond bij hem door te brengen.
52. Zal ik mijn vrouw meebrengen?
53. Afgesproken! Ik stel het volgende voor: jullie gaan met ons mee naar mijn broer in Middelburg om hem te feliciteren met zijn verjaardag. Hij is maandag jarig.
54. 'Wij moeten onze regenjassen meenemen', zei mijn vrouw.
55. Wij namen de trein naar Dordrecht. 'Maar wij moeten in Rotterdam overstappen', merkte ik op.
56. Drie uur later kwamen we bij onze vriend in Zeeland aan.

57. 'Kom binnen!' zei hij.
58. Wij zaten even in de woonkamer te praten. Hij bood ons een kopje thee aan.
59. 'Ik heb mijn broer net opgebeld', zei hij, 'wij kunnen hem direct opzoeken'.
60. Wij gingen weg en kwamen een paar minuten later bij zijn broer aan.
61. Het was een gezellige avond. Wij hadden wat cadeau's meegebracht.
62. 'Wij moeten weg!' zei mijn vrouw eindelijk. 'Dat kunnen we nog een paar minuten uitstellen', antwoordde ik.
63. 'Maar wij moeten morgen vroeg opstaan'. 'Nee, wij komen niet zo erg laat thuis'.
64. Wij bleven nog een kwartier bij de broer van mijn vriend en gingen toen weg.
65. Wij hadden nog geen zin om weg te gaan.
66. 'Volgend jaar moeten jullie terugkomen!' zei onze gastheer. 'Afgesproken!' zeiden wij en gingen naar huis terug.
67. Hij kwam de kamer binnen en deed de deur dicht.
68. Zij heeft de kamer moeten schoonmaken (schoon moeten maken).
69. Bel mij morgen op, dan kun je een afspraak met me maken.
70. Zij was teleurgesteld, maar hij merkte het niet op.
71. Zij heeft haar nieuwe handschoenen nog niet aangetrokken.
72. Wij moesten ons bezoek even uitstellen. Wij hebben ons bezoek even moeten uitstellen (even uit moeten stellen).
73. Hij trok zijn schoenen aan. Hij trok zijn regenjas uit.
74. Heb je je beste regenjas aangetrokken?
75. Wij nemen de trein naar Rotterdam, stappen in Delft over, en brengen de dag bij vrienden in Rijswijk door.
76. Wij belden hem op en wensten hem geluk.
77. Sinds negentienhonderd vijfenveertig heeft Rotterdam veel veranderingen ondergaan.
78. In de trein zaten we te praten. In de trein hebben we zitten praten.
79. Wij stonden vroeg op en gingen weg, want we hadden een afspraak om mevrouw Verbrugge op te zoeken.
80. Ik ben mijn jas kwijt. Eindelijk ben ik die oude jas kwijtgeraakt.
81. Hoe lang blijf je in Nederland? Een jaar?
82. Nee, niet een heel jaar, niet meer dan een maand of tien.
83. Ben je voor de eerste keer in Nederland? Nee, dit is al de tweede keer.
84. Zeventien augustus, tweeduizend vijftien.
85. Wij berekenen de afstanden in kilometers. Leiden is b.v. drieënvijftig kilometer van

Gouda.

86. Wij gaan met ons tweeën.
87. Zijn jullie met hun vieren?
88. Zij heeft een stuk of tien broodjes.
89. Ik kom van de week nog bij jullie langs.
90. Hij komt over veertien dagen. Ik kom maandag over een week.
91. Wij berekenen de gewichten ook in ponden. Een Nederlands pond is niet hetzelfde als een Amerikaans pond.
92. Wij berekenen de appels in kilo's. Een kilo is duizend gram.
93. Een Amerikaans pond is zestien ons, maar een Hollands pond is vijf ons.
94. Hoe ver is het nog tot Amsterdam? Een kilometer of tien.
95. Zij koopt anderhalf kilo aardappelen.
96. Wij kopen vlees per ons. U gaat in een winkel en zegt: Vier ons gehakt, alstublieft'.
97. De slager zegt: 'Ja, mevrouw, twee tien per ons, dat is acht euro en veertig cent'.
98. U geeft hem tien euro, en hij geeft u het vlees en één euro en zestig cent.
99. Wij berekenen de gewichten ook in ponden. Een Nederlands pond is vijfhonderd gram.
100. Ik vertel over mijn leven.

기본 어휘 Ⅱ

1. Ik vond een winkeltje op de hoek en belde hem op.
2. Een eindje voorbij ons huis kunt u zien waar zij aan 't bouwen zijn.
3. Ik heb alleen een briefje van tien euro.
4. Dat kunt u zeker niet wisselen. Ja, toch wel.
5. Op dat tafeltje in de hoek staat een doos met lepeltjes.
6. Wij maken een uitstapje naar een van de stadjes in de buurt.
7. De kat heeft een belletje om, zodat de vogels hem horen.
8. Een tijdje geleden kon ik nog vrijwel geen Nederlands spreken.
9. De kinderen zijn altijd dol op snoepjes. Zullen we wat chocolaatjes meenemen?
10. Bij de melkboer nemen we dagelijks een grote fles en twee kleintjes.
11. Hij heeft een heel aardig vrouwtje, maar toch vind ik dat ze een beetje teveel praat.
12. Wij bleven een uurtje in het zonnetje zitten, omdat het van de week zo bewolkt is geweest.
13. Bij ons glaasje limonade hebben ze ons een schoteltje met koekjes gebracht.
14. Wat is dat voor een dingetje? Doe dat vuile doosje onmiddelijk weg!
15. Neem toch nog een stukje koek!
16. Wil je een filmpje voor me meebrengen? Ik wou wat foto's maken.
17. Wij hadden het eventjes over ons uitstapje.
18. De jongens voetballen in de straat met een klein balletje.
19. Ik heb geen guldens, maar wel een zak vol kwartjes en dubbeltjes.
20. Willen jullie een hapje eten? Of zullen we in de stad gaan koffiedrinken?
21. Over 't algemeen wordt in die fabriek hard gewerkt. Zij hebben het op 't ogenblik bijzonder druk.
22. Hij is nog druk aan 't praten.
23. Deze brief is niet door Kees geschreven.
24. In Nederland worden veel Vlaamse romans gelezen.

25. Nadat iedereen mijn sjaal gezocht had, werd hij eindelijk in de la gevonden.
26. Het water voor veel steden bij de kust wordt uit de duinen gepompt.
27. Sinaasappels moeten uit andere landen worden geïmporteerd (geïmporteerd worden).
28. In het IJsselmeer worden op grote schaal dijken gebouwd.
29. Over het algemeen kan zo'n reis anderhalve dag worden gemaakt (gemaakt worden).
30. Hier wordt alleen Nederlands gesproken. Er wordt hier geen Engels gesproken.
31. In de steden spreken veel mensen een woordje Engels, maar in de dorpjes spreken ze helemaal geen Engels.
32. Dat boek is niet van mij, maar ik ga het toch lezen.
33. Ik moet een nieuwe kam en wat scheermesjes kopen.
34. Typisch voor het Hollandse landschap zijn de sloten en het gras.
35. Wij bewaren het zout en de peper in de kast.
36. Hij heeft dat alles in één dag voor elkaar gekregen? Hij is een flinke kerel.
37. Het is vervelend als er nooit een potlood te vinden is.
38. Ik heb er geen bezwaar tegen, als u de kranten apart wilt sturen.
39. De kranten moeten naar het buitenland worden gestuurd.
40. Hoe redden jullie dat in zo'n kleine flat? O, dat valt wel mee.
41. Het restaurant is stampvol. Dat valt een beetje tegen.
42. Ik moet even lastig vallen, omdat ik niet weet waar het zout en de peper zijn.
43. Wat betekent dat woord 'bezet'? Dat kan ik me niet herinneren.
44. Worden de lessen allemaal goed geleerd?
45. Het water wordt door de molens uit de sloten en kanalen naar de rivieren gepompt.
46. Toen het licht uitgedraaid was, werd de film vertoond.
47. Zij werd aan de telefoon geroepen en kwam niet terug.
48. In Frankrijk wordt veel meer wijn gedronken dan hier.
49. Er wordt hier geen Frans gesproken.
50. Maar er wordt hier wel Duits gesproken.
51. De brief is door Frits getekend, maar ik zie dat hij door Anna geschreven is.
52. Plotseling werd er veel lawaai gehoord, en onmiddelijk daarna werd er buiten geroepen. De hele zaak is nooit verklaard.
53. Er wordt in Amerika veel melk gedronken.
54,. De melk wordt niet in flessen maar in plastic verkocht.
55. Er gebeuren elk jaar veel auto-ongelukken op onze autowegen.
56. In Nederland wordt elk jaar ontzettend veel fruit geïmporteerd.

57. Ons bezoek aan Amsterdam moet even uitgesteld worden.
58. De twee mensen die bij het auto-ongeluk gewond werden zijn onmiddelijk naar het ziekenhuis gebracht.
59. In Vlaanderen worden Vlaamse en Nederlandse boeken gelezen.
60. De Afsluitdijk werd tussen 1927 en 1932 gebouwd.
61. Ik kan al vrij goed Nederlands lezen.
62. Heus? Dus het is je niet tegengevallen.
63. Wij proberen Nederlands te leren, maar wij kennen de taal nog niet goed.
64. Het gebruik van de woorden is vaak heel anders dan in 't Engels.
65. Mijn broer, die leraar is, zit sinds vorig jaar aan een school in Alkmaar.
66. Wie was die kerel met wie je voor het stadhuis stond te praten?
67. Ik heb hem onlangs in Amsterdam gezien.
68. Voordat wij eten, zit ik gewoonlijk in de woonkamer mijn krant te lezen.
69. Heb je zin in een boterham? Nou, en of! Ik heb honger.
70. Zij had het over haar kinderen, geloof ik.
71. Er vindt aanstaande zondag een bijzondere kerkdienst plaats, die ik graag zou willen bijwonen.
72. De trein is stampvol en alle plaatsen zijn bezet.
73. ik vind hem een vervelend iemand, want hij herhaalt alles wat hij zegt.
74. Ik houd erg veel van brood met jam. Ik vind brood met jam erg lekker. Ik ben er eenvoudig dol op.
75. Mag ik u even lastig vallen? Ik zou heel graag een vraag willen stellen.
76. Dit is de enige regenjas die ik bezit.
77. Mijn man heeft veel van de wereld gezien, maar ik ben nooit in het buitenland geweest.
78. Bij het ontbijt eet men in Nederland gewoonlijk brood met kaas, vlees of jam.
79. Een paar maanden geleden kon ik geen woord Nederlands verstaan, maar in de laatste tijd is het gemakkelijker geworden.
80. Er groeit veel gras langs de sloten.
81. Hij vroeg of ik belangstelling had voor muziek.
82. Wist u dat een kennis van u vandaag opgebeld had? Hij had het over een nieuwe auto.
83. De spiegel, die altijd daar aan de wand heeft gehangen, is gisteren gevallen.
84. Voordat Beatrix koningin werd, heette zij prinses Beatrix.
85. Toen hij gisteren bij ons was, maakte hij een afspraak met ons.

86. Zij zei niet wanneer zij het zou brengen.
87. Toen wij het gisteren bij de koffie over verjaardagen hadden, hoorde ik dat jij vandaag jarig bent.
88. Ik zal informeren of dit de goede trein is.
89. Dat blauw-rode bord betekent dat je hier niet mag parkeren.
90. Zou het niet leuk zijn als we een tocht maakten naar Antwerpen?
91. Ja, dat lijkt me leuk, als het tenminste niet te duur is.
92. Toen hij dat tegen me gezegd had, nam hij onmiddelijk zijn jas en ging de deur uit.
93. Hij kwam, ondanks het feit dat hij verkouden was.
94. Ik heb u de catalogus niet toegestuurd, omdat u zei dat u geen tweedehands boek wilde kopen.
95. Ik geloof dat die schoteltjes daar in de kast horen.
96. Van wie zijn ze? Zij zijn van mevrouw Roes.
97. Nadat zij weg waren, konden wij eindelijk naar bed gaan.
98. Weet u waar ik Henk kan vinden? Het spijt me, maar ik weet niet waar hij is.
99. Hoewel ik mij vrij goed in het Nederlands uitdruk, moet ik altijd oppassen om fouten te voorkomen.
100. Wanneer zij en haar moeder samen zijn, praten ze aan één stuk door.

기본 어휘 Ⅲ

1. Zij hebben elkaar veel te vertellen.
2. Toen ik dat verhaal las, vond ik het erg goed.
3. Ik hoorde gisteren dat je een tocht naar Antwerpen had gemaakt.
4. Als ik meer geld had verdiend, zou het niet nodig zijn om een tweedehandse auto te kopen.
5. Toen ik binnenkwam, stond zij op en ging weg.
6. Je mag niet parkeren waar je een rood-blauw bord aan de kant van de straat ziet.
7. Zij werken aan één stuk door. Ik weet niet hoe ze zo lang kunnen werken zonder te rusten.
8. Je weet niet wat ik met het woordenboek heb gedaan? Je weet dat het altijd op de bovenste plank staat.
9. Het stadhuis is erg interessant, omdat het heel oud is.
10. Hij had het over zijn nieuwe huis.
11. Als u een pakje naar Korea wilt sturen, moet u op het postkantoor de inhoud opgeven.
12. Ik geloof dat ik nog geen kennis met u gemaakt heb.
13. In Holland kunt u verschillende soorten kaas krijgen, maar de twee hoofdsoorten zijn Goudse en Edammer.
14. Uw dochter is secretaresse op een groot kantoor in Amsterdam, als ik me niet vergis.
15. De kinderen maken zo'n (zo een) ontzettend lawaai dat ik niet meer kan werken.
16. Ja, dat vind ik ook lastig. Moesten ze niet eigenlijk op school zijn?
17. Bij de kapper, tenminste bij die in de Haarlemmerstraat, kun je in een half uur je haar laten knippen.
18. Gaat u overmorgen mee naar die tentoonstelling van schilderijen in het museum?
19. Volgens mij zou het de moeite waard zijn.
20. Het zou wel aardig zijn, maar ik kan maandag niet, want ik moet overdag op kantoor zijn. Het spijt me.

21. Hij is trots op de foto's die hij gemaakt heeft toen hij met vakantie was. En ze zijn uitstekend.
22. Ik kan me best voorstellen dat zij haar werk als secretaresse prettig vindt. Volgens haar is het prettig werk.
23. Het tafellaken dat u ons hebt gegeven toen wij trouwden, gebruiken we nog steeds.
24. U heeft voor acht euro veertig gekocht, u geeft mij een tientje, en krijgt dus één zestig terug.
25. Wilt u me vertellen hoe u het gedaan hebt?
26. Zij is getrouwd met een professor aan de universiteit van Groningen.
27. Ik wist niet dat ze getrouwd was totdat ze het me zei.
28. Als ik me niet vergis, beloofde je me gisteren dat je het zou doen.
29. Weet u hoe lang hij zijn bezoek uitgesteld heeft?
30. Hij vertelde me wat hij deed toen al die mensen aankwamen.
31. De tuin is achter huis.
32. Wij gaan nu naar de stad.
33. Ik heb een jas nodig.
34. Heb je geld genoeg? Nee, ik heb geen geld. Ik heb een paar euro nodig.
35. Wij wonen naast de kerk.
36. Praat langzaam, alstublieft. Ik versta u niet.
37. Bent u bijna klaar? Ja, ik ben nu klaar.
38. Hier is de tramhalte. Wij wachten hier op de tram.
39. Ik zie de tram al. Hij is vandaag op tijd.
40. Op de hoek is de winkel, achter de kerk.
41. Het gebouw naast de kerk is de bibliotheek.
42. Kijk daar in die etalage! Die jas is mooi, en niet duur.
43. Wij kijken naar allerlei jassen, maar zij zijn allemaal te duur.
44. Heb je zin in een kopje thee?
45. Hij eet geen appels. Hij eet nooit appels.
46. De fiets daar in de etalage is niet goedkoop, hij is duur.
47. De kast staat achter die tafel daar.
48. Hij praat veel. Hij praat te veel.
49. Ik vind het niet goedkoop.
50. Ik wacht op een vriend, maar hij is niet op tijd.
51. Naast de kast, boven de tafel, is een boekenplank.

52. Eet je een boterham? Ja, ik heb honger.
53. Ik heb geen tijd. Ik ga naar de stad.
54. Verstaat u het? Nee, hij verstaat het niet.
55. Ik ontmoet Jan in de winkel.
56. Hij heeft een jas nodig, maar hij heeft niet genoeg geld.
57. Deze boeken zijn allemaal te duur.
58. Achter de deur is een kast, en in deze kast zijn de borden, kopjes en schoteltjes, glazen, messen, vorken en lepels.
59. De kamer heeft twee ramen en één deur.
60. Vindt u het duur?
61. Wij gaan vandaag met de trein naar Arnhem.
62. Onze spoorwegen zijn erg goed. Onze treinen lopen vrijwel altijd op tijd.
63. In ons kleine land rijden de treinen erg hard.
64. Zijn die van jullie in Amerika ook goed?
65. Ons land is groot, en de treinen zijn misschien minder goed.
66. Deze plaats is al bezet. Ik zie iemand z'n koffer.
67. U hebt gelijk, de trein gaat precies op tijd.
68. Nu gaan wij met de bus naar mijn familie.
69. Welke kant nu? De bushalte is vlak voor het station.
70. Ons hele gezin is vanavond thuis.
71. Zij rijdt iedere week naar haar familie in Friesland.
72. Hij rijdt iedere dag naar zijn werk.
73. Mijn broer z'n auto is niet zwart maar rood.
74. Mijn vrouw volgt altijd de grote snelweg naar Den Haag.
75. Welke auto is de mijne?
76. Mijn warme jas hangt nog in de kast.
77. Hij loopt altijd met een pijp in zijn mond.
78. Hun nieuwe huis is te koop.
79. Wat is het voor een huis? Ik bedoel, is het groter dan het onze?
80. Aan wie verkopen ze hun huis?
81. Waarom nemen ze hun eigen auto niet?
82. Hij komt op de fiets.
83. Komt zij met de trein? Nee, zij komt met haar auto.
84. Heeft hij niet zijn eigen computer? Ja, maar hij gebruikt hem niet.

85. Van wie is dit huis? Ik weet het niet. het onze (dat van ons) is om de hoek.
86. Ik verheug me op die reis naar Nederland.
87. Dat is veel vriendelijk van je.
88. Piet woont nu in Utrecht, ken je hem?
89. Natuurlijk, wij werken op het zelfde kantoor.
90. En mevrouw Zeilstra, ken je die ook?
91. Nee, die ken ik niet. dat is jammer.
92. Ik herinner me die reis nog.
93. Zij woont in Zwolle - nee, ik vergis me - zij woont in Deventer.
94. Het huis is groot genoeg voor ons allemaal. Zij hebbeb zeker plaats voor jou en mij en het hele gezin.
95. Zij wonen bij meneer en mevrouw Mulders.
96. Zo, nu is alles voor elkaar!
97. Zelfs hij weet dat.
98. Het glas is kapot.
99. Op het ogenblik zijn de kinderen op school.
100. Zij praten altijd veel over hem.

기본 어휘 Ⅳ

1. Breng die brief voor me naar de brievenbus, wil je? Doe hem voor me op de post.
2. Veel mensen lezen dit boek, maar ik vind het niet interessant.
3. Is het postkantoor in deze straat? Ik zie het niet.
4. Ik ontmoet haar iedere dag in de winkel.
5. Het spijt me, maar de computer is kapot.
6. Meneer De Roode repareert computer. Ik ken hem neit.
7. Werkt Gerrit altijd met jou? Nee, wij werken niet samen.
8. Ik zie haar niet vaak. Zij werkt overdag.
9. De sleutels liggen op de tafel. Geef ze haar morgen!
10. Verheug je je op de reis?
11. Wij fietsten eergisteren helemaal van Haarlem naar Enkhuizen.
12. Ik herhaalde het, maar hij antwoordde niet.
13. Gisteren beloofde ze me een lange brief.
14. Hij stuurde me een briefkaart en verklaarde alles.
15. Ik ontmoette haar dochter tijdens een feest in Middelburg.
16. We bedankten ze voor een gezellige avond.
17. Hij waste de kopjes en schoteltjes en zette ze op de tafel.
18. Ik heb aan de universiteit van Amsterdam gestudeerd.
19. Ik heb daar colleges gevolgd.
20. De kinderen speelden beneden.
21. Gisteren zaten we met ons tweeën in de kamer.
22. Gisteravond luisterde ik thuis naar de radio.
23. De sneeuw van gisteren lag op de grond.
24. Iedereen droeg zijn warmste kleren en liep vlug voorbij.
25. Buiten zagen wij bijna geen kinderen.
26. Elk van hen hield schaatsen in de hand.

27. Wij vergaten de kou en keken met belangstelling naar de schaatsenrijders.
28. Hij vroeg om het adres, maar ik wist het niet.
29. Er waren veel mensen op straat.
30. Zij kwamen uit de kantoren en winkels en gingen naar huis.
31. De maaltijd bestond uit vlees, aardappelen en groente. Het was een doodgewone Nederlandse maaltijd.
32. Wij gingen naar een niet al te duur restaurant en aten een lekkere maaltijd.
33. Ik heb aan de universiteit van Amsterdam gestudeerd. Ik heb daar colleges gevolgd.
34. Ik heb vanmorgen helemaal niet gerookt.
35. Welke firma heeft die nieuwe fabriek even buiten de stad gebouwd?
36. Ik heb nooit zoveel gefietst als hier in Nederland.
37. Ik ben in negentienhonderd zevenenvijftig geboren.
38. Een maand geleden heb ik een stuk of tien zakdoeken gekocht. Heb jij ze gezien?
39. Gisteren heb ik een hele fles melk gedronken.
40. Nee, er is vrijwel niets gebeurd. er staat hier niets in, behalve een paar dingen over de regering.
41 Ik kan er niets meer van zeggen, omdat ik er nog helemaal niets van weet.
42. Je moet erom denken, dat het erg gevaarlijk kan zijn.
43. Ik reken erop, dat u mij morgen opbelt.
44. Denk erom, dat je het geld meebrengt.
45. Wat voor een man is hij? Daar kan ik niets van zeggen.
46. Er stonden vroeger drie bomen voor het huis maar nu is er maar één over.
47. Wat is er gebeurd?
48. Het is geen makkelijke taak, je moet er niet om lachen.
49. Het weer ziet er vandaag prachtig uit.
50. Toen ik de kast opendeed, vielen er drie glazen uit.
51. Morgen zullen we zien hoeveel tijd we hebben.
52. Ik sat op 't punt om weg te gaan.
53. Ik zou graag nog een kopje koffie willen hebben.
54. Zou dat nog even kunnen wachten? Op 't ogenblik ben ik aan 't schrijven.
55. Zou ik vanmiddag de computer mogen gebruiken?
56. Jazeker, ik zal hem waarschijnlijk niet nodig hebben.
57. Dan zou ik hem graag willen gebruiken. Ik heb van plan om een paar brieven te schrijven.

58. Ik wist niet wat 'limonade' betekende, want die had ik hier nooit gekocht.
59. Dat is de naam voor verschillende dranken van vruchtesap, het hoeft niet van citroen te zijn.
60. Wij zullen nog wat geld nodig hebben. Ja, dat zal wel.
61. Wat betekent dat blauwe bord met de witte fiets?
62. Dat is een fietspad. U mag daar niet lopen. Met andere woorden: Lopen is daar verboden.
63. Ik ben nu al zes weken in Nederland, maar toevallig had ik zo'n bord nog nooit gezien.
64. U bent nog niet aan onze verkeersborden gewend.
65. Een eindje verder zult u een trottoir vinden.
66. Aanstaande dinsdag zal ik naar Nijmegen moeten gaan.
67. Dat zullen we volgende week moeten proberen.
68. De volgende tram komt pas over een minuut of twintig.
69. Kunt u mij de weg wijzen naar de fietsenhandelaar Van der Maas?
70. Even kijken. O ja, u volgt deze straat een eindje en dan komt u aan een gracht.
71. U gaat de brug over, dan linksaf, en dan is het steeds rechtdoor. U kunt het niet missen.
72. Van der Maas is vlak tegenover de grote kerk.
73. Pas op! U moet in ons huis niet verdwalen. Wij wonen sinds mei op de tweede verdieping.
74. Wat bedoelt u, 'tweede verdieping'?
75. Dat betekent ongeveer hetzelfde als 'twee trappen hoog'. De eerste verdieping is dus één trap hoog.
76. Maar in Korea is de eerste verdieping gewoonlijk ook de laagste. Die noemen wij hier begane grond.
77. Bij voorbeeld, de tweede verdieping is voor u de derde 'story'.
78. Overmorgen ga ik met de trein naar Den Bosch.
79. Het verkeer in Amsterdam zal wel erg druk zijn.
80. Volgende week ga ik een kaart kopen. Aanstaande woensdag ga ik een exemplaar van dat boek kopen.
81. Er komt vanavond bezoek.
82. Wij moeten wat kopjes en schoteltjes kopen.
83. Er staat een schaal met appels op tafel. Wilt u er één?

84. Nee, dank u, ik heb er al een gehad.
85. Dank je voor al je hulp. Ik heb je er niet eens om hoeven te vragen.
86. Het ziet er naar uit dat we sneeuw krijgen.
87. Er is gisteren brand geweest. Hebt u erover in de krant gelezen?
88. Je mag wat fruit hebben, of houd je er niet van?
89. Als je niet van fruit houdt, waar houd je dan wel van?
90. Dat is iets waarover wij veel gehoord hebben.
91. Wat denk je ervan? Ik ben er tegen.
92. Ik neem nog een kopje koffie, maar daarna moet ik weg.
93. Er is nog een stuk papier over. Waar zullen we het voor gebruiken?
94. Hier is het boek waar ik nu vijfentwintig hoofdstukken van heb gelezen.
95. Heb je maar één handdoek? Er moeten er twee zijn.
96. Hij nam zijn fiets, sprong erop, en reed weg.
97. Waaraan doet u dat denken?
98. U hebt gelijk, het zou leuk zijn om in een restaurant in de stad te eten. Daar had ik niet aan gedacht.
99. U leest de krant van vandaag. Staat er iets interessants?
100. Hoewel ik mij vrij goed in het Nederlands uitdruk, moet ik altijd oppassen om fouten te voorkomen.

Nederland

De famile van Dijk woont in het midden van Nederland.

Vanaf Utrecht kun je in twee uur naar Duitsland of België reizen.

Nederland is een erg klein land in Europa. De hoofdstad van Nederland is Amsterdam, maar de regering van Nederland vind je in Den Haag. Nederland grenst aan Duitsland, België en Engeland. Nederland heeft twaalf provincies: Groningen, Friesland, Drenthe, Overijssel, Flevoland, Gelderland, Utrecht, Noord-Holland, Zuid-Holland, Zeeland, Noord-Brabant, Limburg

De mensen in Nederland spreken Nederlands. Veel mensen spreken ook Engels en Duits. Nederland heeft geen bergen. Maar er is veel water. Heel veel water.

Er wonen ongeveer 15 miljoen mensen in Nederland. De meeste van hen wonen in het westen van het land. Daar liggen de steden zo dicht bij elkaar dat ze soms samen als één stad met de naam 'de Randstad' worden aangeduid.

Nederland heeft een nat klimaat. Het heeft korte zomers en lange winters.

Het regent het hele jaar, in het voorjaar, in de zomer, in de herfst en in de winter.

Daarom gaan veel Nederlanders in de zomer naar een warm en droog land, zoals Spanje of Italië.

Nederland is ook een duur land: er zijn niet veel goedkope hotels en restaurants.

Toch komen veel toeristen in het voorjaar naar de bloembollen kijken.

Tot de verbazing van de toeristen lopen de Nederlanders niet allemaal op houten klompen en wonen ze ook niet in molens.

De Nederlandse meisjes hebben geen klederdracht aan!

Wel eet iedereen Nederlandse kaas.

Nederland is een klein land.

Een moeilijke dag

Gisteren hebben mijn secretaresse en ik enige vertalingen gemaakt. Zij beheerst het Duits beter dan ik.

Daarna heeft zij de brieven getypt en ik heb enige notities gemaakt voor morgen.

Daarvoor heb ik veel papier gebruikt, want het klopte allemaal niet zo goed.

Het is niet gemakkelijk werken als het warm is.

Er klopte iemand aan de deur.

Mijn nieuwe collega stapte binnen om met mij kennis te maken.

'Jansen is mijn naam'.

'Pietersen. Aangenaam met u kennis te maken. Gaat u zitten.'

Wij rookten een sigaar en ik bedankte hem voor de kennismaking.

'Zullen we samen lunchen?'

'Graag. Dat is een goed idee.'

In het restaurant op de hoek van de straat hebben wij de lunch gebruikt.

Het eten smaakte lekker en wij hebben onze dorst met een paar glazen bier gelest.

'Het is mij een genoegen met u te hebben kennis gemaakt.'

'Het genoegen is geheel aan mij kant.'

Bij mijn thuiskomst blafte de hond.

Hij is altijd blij als de baas thuis komt.

Na een lange dag, waarin ik veel heb gewerkt, weet ook mijn vrouw dat ik dorst heb.

Zij dekte de tafel voor het dinner en ik heb opnieuw mijn dorst met een glas bier gelest.

Wat een moeilijke dag!

De hond en het bot

Een magere, sterke hond, die niet erg goed bekend stond, kwam eens op een dag langs een slagerswinkel. Daar zag hij een hoop smakelijke botten op de toonbank liggen. Hij pakte er een en rende weg.

Later, onderweg, passeerde hij een rivier. Halfweg de brug zag hij toevallig zijn spiegelbeeld in het water beneden zich. Omdat hij dacht, dat het een andere hond was, die een even smakelijk kluifje in zijn bek had, besloot hij handelend op te treden.

Hij gromde en hapte naar de hond in het water. Hij deed zijn kaken van elkaar om zijn scherpe tanden te laten zien en zo zijn vijand bang te maken. Natuurlijk viel het bot toen prompt uit zijn bek en plonsde het in het water. Het bot zonk naar de bodem buiten zijn bereik en het was voor altijd weg.

Wees tevreden met wat je hebt.

Naar: *Aesopus' fabel*

Nieuwe schoenen

Verkoopster	Goedemiddag, kan ik u helpen?
Marcel	Ja, nou, eh, ik ben op zoek naar een paar nieuwe schoenen.
Verkoopster	Aan wat voor schoenen denkt u?
Marcel	Nou, ze moeten wel goed voor m'n voeten zijn. En zwart. En een beetje klassiek model, graag.
Verkoopster	Wat vindt u van dit model?
Marcel	Ja, niet zo gek.
Verkoopster	Wat voor maat draagt u?
Marcel	Vierenveertig.
Verkoopster	Momentje, ik zal even wat voor u halen.
Marcel	Ok
...	
Verkoopster	Zo. Ik heb hier dat model in uw maat en ook nog een ander model.
Marcel	Ah, die zijn ook mooi, zeg. Mag ik die meteen even proberen?
Verkoopster	Natuurlijk. Gaat u maar even zitten.
...	
Verkoopster	Hoe zitten ze?
Marcel	Nou, ze lopen echt heel lekker. Hoe duur zijn ze?
Verkoopster	€ 219,50
Marcel	Tja, dat is niet goedkoop, maar goed. Ik neem ze toch maar.
Verkoopster	U zult er zeker geen spijt van krijgen, meneer.
Marcel	Eh, ik kan toch wel pinnen hier?
Verkoopster	Natuurlijk.

De vos en de druiven

Een eenzame vos, die al een hele tijd geen eten had gehad en die dan ook erg mager was, kwam na veel omzwervingen bij een wijngaard. Er waren rijkelijk veel druiven, die in grote trossen hingen, rijp en zeer geschikt om te eten.

Omdat er niemand in de buurt was, sloop de vos stiekem de wijngaard in. Maar - terwijl hij daar inging, ontdekte de vos, dat de druiven heel hoog hingen. Hij sprong er naar, maar miste. En hij sprong nog eens, en nog eens. Maar zijn inspanningen waren vergeefs. De druiven hingen te hoog. Zijn vermoeide lichaam begon pijn te doen door de vele pogingen zijn honger te stillen.

Tenslotte, toen de teleurgestelde en boze vos van zijn laatste sprong terugviel, riep hij: "Ik wil de druiven helemaal niet. Ze zijn zuur en helemaal niet geschikt om te eten."

Naar: *Aesopus' fabel*

Een feestje

(Tringgggg)

Paul	Hoi, Margreet, je spreekt met Paul.
Margreet	Dag, Paul, hoe gaat het met je?
Paul	Ja, goed, maar ik heb je hulp nodig. Ik geef vanavond een feestje, weet je nog?
Margreet	Mmm, ter gelegenheid van je afstuderen, toch? Nog gefeliciteerd.
Paul	Dank je wel. Ik ben nu een lijstje met boodschappen aan het maken, want ik moet nog zoveel spullen in huis halen. Maar ik kan niks verzinnen.
Margreet	Nou, vertel me maar wat je al hebt.
Paul	Ok, eh.. komkommer met dipsaus, zoutjes en snacks en ik heb zelf twee taarten gebakken. Ik hoop dat ze gelukt zijn. Ik heb ze nog niet geproefd.
Margreet	Vergeet niet om frisdrank en sinaasappelsap te kopen. Wat heb je eigenlijk voor borrelhapjes voor bij de wijn?
Paul	Oh, dat is een goeie, daar heb ik nog niet aan gedacht.
Margreet	Je moet wat kaas kopen, dat is lekker. En misschien wat toast.
Paul	Goed idee. Nou, heb je nog iets wat ik echt niet moet vergeten?
Margreet	Ja, vergeet vooral niet om extra servetjes te kopen, want ik neem mijn vriend mee

De vos en de beer in de put

Het was in de zomer en snikheet. De vos en de beer hadden erge dorst en zochten al een uur naar water, want door de hitte van de laatste dagen waren grachten en rivieren uitgedroogd.

Eindelijk kwamen ze bij een boerderij en daar zagen ze een waterput.

De vos, die vaak had gezien hoe het water door de boer en zijn gezin omhoog werd gehaald, sprong in de lege emmer; die ging onmiddelijk naar beneden, terwijl de tweede emmer omhoogkwam.

Toen de vos in de put zijn dorst had gelest, riep hij:

'Beer, je weet niet hoe lekker het hier is: water zo zoet als honing!

Spring maar gauw in de lege emmer die daar hangt!'

De woorden van de vos werden maar al te graag door de beer geloofd en hij sprong in de bovenste emmer, die dadelijk zonk.

Tot zijn verbazing zag hij de vos stijgen terwijl hij daalde.

'Waarom vertrek jij als ik kom?', vroeg hij aan de vos.

'Ja, broeder, zo gaat het op de wereld', was het antwoord dat hem gegeven werd. 'De een gaat omhoog als de ander naar beneden gaat'.

Zodra de vos boven was, sprong hij uit de put en maakte dat hij wegkwam.

Onder in de put begreep de beer te laat dat hij in de steek was gelaten en bedrogen.

Diezelfde avond nog werd de beer door de boer en zijn knechten opgehaald en doodgeslagen.

Naar: *Elke de Jong en Hans Sleutelaar*
Nieuwe sprookjes van de Lage Landen

Koffie

Voor Nederlanders is koffie heel belangrijk. Als u bij een Nederlander op bezoek gaat, dan krijgt u vaak meteen een kopje koffie of thee. Dat betekent niet dat u snel weer weg moet, maar juist dat u van harte welkom bent.

U krijgt bij ieder kopje één koekje en daarna gaat de koektrommel dicht. Nederlanders vinden dat helemaal niet onhartelijk van zichzelf! Meestal krijgt u na uw eerste kopje nog een tweede kopje, ook weer met één koekje.

Als u geen koffie meer wilt, dan kunt u dat gewoon zeggen('Nee, dank u, straks misschien).

Als Nederlanders iets met elkaar willen bespreken, zeggen ze bijvoorbeeld: 'Zullen we even een kopje koffie drinken?' Dat zeggen ze vaak ook als ze thee nemen.

Boodschappen Doen

's Maandags doet Moeder boodschappen. Ze gaat meestal op de fiets. Gisteren heeft ze ook boodschappen gedaan. Gisteren was het maandag. Eerst ging ze naar de bakker. Ze groette de bakker vriendelijk: 'Goedemorgen', zei ze tegen hem. De bakker beantwoordde haar groet: 'Dag, mevrouw Van Dam', zei hij. 'Hoe gaat het vandaag?'. 'Het gaat wel', zei mevrouw Van Dam. 'Ik heb het erg druk. Hebt u lekker brood vandaag?' 'Vanmorgen gebakken', antwoordde de bakker. 'Heerlijk vers.' 'Geeft u mij maar een wit brood en een bruin brood', zei Moeder. Ik heb nog een half volkoren brood thuis'.

Meneer Van Dam werkt in een kantoor. Zijn kantoor is in de stad. Vandaag werkt hij niet: het is zaterdag. Gisteren heeft hij wel gewerkt. Mevrouw Van Dam werkt niet buitenshuis. Ze is vanmorgen naar de winkel geweest. De kinderen zijn vandaag niet naar school geweest. Hannie is met haar moeder naar de winkel geweest. Zij heeft ook getekend. Zij houdt van tekenen. Zij heeft vanmorgen een mooi huis getekend. Wim houdt van fietsen. Hij heeft verleden jaar duizenden kilometers gefietst. Eerst is hij naar België en Duitsland gefietst. Toen is hij naar Frankrijk en Zwitserland gefietst. Henk houdt niet van fietsen. Hij houdt van muziek. Hij speelt piano. Hij oefent elke dag. Hij heeft vanmorgen twee en een half uur geoefend. Moeder houdt niet zo veel van huiswerk. Zij houdt van koken. Zij kookt heerlijk. Gisteren heeft zij groente en aardappelen gekookt. Het smaakte heerlijk.

De hond met de kaas in zijn bek

Er was eens een hond, die stroopte de boerenerven af of daar ook iets van zijn gading te vinden was, want hij had honger. Toen kwam hij bij een boerderij, daar had de meid een flink brok kaas schoongeschrobd en dat lag onderaan op het droogrek met emmers. Hij dacht: tjonge, wat een heerlijk brok kaas! Hij greep het en koos het hazepad.

Maar onderweg moest hij over een plank die over een sloot lag. Het water was er spiegelglad en toen hij midden op die plank was, keek hij onder zich in het water. Daar was ook een hond! En te duivekater, ook die had een brok kaas in zijn bek! Door de weerkaatsing leek dat brok hem groter dan zijn eigen stuk. Hij dacht: ik spring boven op die hond en steel het van hem.

Zodoende opende hij zijn bek (natuurlijk moest hij daarbij zijn eigen stuk kaas loslaten), hij sprong in het water en wilde de kaas van die ander pakken. Maar plotseling was er geen hond en geen kaas meer. Zijn eigen brok dreef een eind weg en kwam op de bodem terecht, en hij zag het niet terug. Hij worstelde tegen de kant op, schudde zijn vacht en liep mismoedig zonder kaas naar huis.

Naar: *Een Friese fabel*

De roos

　Er was eens een arme vrouw, en die had twee kinderen, en de jongste moest elke dag het bos in om hout te halen. Toen het eens op een keer heel veel hout moest halen, kwam er een klein kind aan, maar dat was verbazend mooi, en dat ging naar hem toe en hielp heel ijverig met hout rapen en droeg het tot voor hun huis, maar toen was het, in een oogwenk, verdwenen. Het kind vertelde het aan zijn moeder, maar die wou er niets van geloven. Tenslotte liet het kind een roos zien, en zei dat het mooie kindje hem deze roos had gegeven en gezegd had dat als de roos was uitgebloeid, hij terug zou komen. De moeder zette de roos in het water. Op een morgen kwam 't kind helemaal niet uit bed; en de moeder ging naar het bed toe en daar vond ze haar kind dood, maar het lag er zo rustig. En de roos was diezelfde morgen uitgebloeid.

Naar: Aesopus' fabel

Het doodshemdje

Er was eens een moeder en zij had een jongetje van zeven jaar; dat was mooi en lief, niemand kon naar hem kijken of hij hield van hem, en zij hield meer van hem dan van iets ter wereld. Nu werd het kind plotseling ziek, en God nam hem weer tot zich.

De moeder kon zich niet staande houden en huilde nacht en dag. Maar kort nadat het kind begraven was, vertoonde het zich 's nachts, overal waar het vroeger toen het nog leefde, gespeeld en gezeten had. Huilde zijn moeder, dan huilde hij ook, maar 's morgens was hij weer weg.

Maar de moeder hield maar niet op met huilen, en op een nacht kwam hij weer met zijn witte doodshemd, waarmee hij in de kist was gelegd, en, de krans nog op 't hoofd, ging hij aan 't voeteneind van 't bed zitten en zei: "Ach moederlief, houd toch op met huilen, ik kan anders in de kist niet inslapen, want mijn doodskleed wordt niet droog van uw tranen die erop vallen."

De moeder schrok, toen ze dat hoorde en huilde niet meer. De volgende nacht kwam het kind terug, hield een lichtje in de hand en zei: "Ziet u wel, nu is het doodskleed bijna droog, en ik heb rust in mijn graf." Toen gaf de moeder haar verdriet over aan God, en droeg het stil en geduldig, en het kind kwam niet meer terug, maar sliep in zijn onderaardse rustplaats.

- Een verhaal van Grimm -

Een brief

20 Mei 2015, Amsterdam

Lieve allemaal,

Hoe gaat het met jullie in Seoul?
Ik hoop goed. Het weer is er allicht beter dan hier. Wij hebben de laatste tijd vreselijk slecht weer gehad. Het kon niet slechter. Het regende van 's morgens vroeg tot 's avonds laat, maar toen ik vanmorgen opstond, scheen eindelijk de zon.

Weten jullie het al?
Jan en Linie hebben een nieuw huis, niet gehuurd, maar gekocht. Huren bleek namelijk op korte termijn niet mogelijk. Vorige week dinsdag zijn ze verhuisd. Ik ben er zelfde dag nog naartoe gegaan. Toen ik er kwam, stond de verhuiswagen nog voor de deur De verhuizers waren de spullen naar binnen aan het dragen. Ze vroegen of ik wilde helpen uitpakken, ik moest natuurlijk wel 'ja' zeggen!.

Gisteren ben ik er weer even geweest om te helpen opruimen. Natuurlijk zijn Jan en Linie erg blij met hun huis, maar Lenie zei dat het er wel erg gehorig was. Ik vind het een leuk huis. Een heel verschil met die kamers van vroeger want dit huis is natuurlijk veel groter, niet zo donker en minder primitief.

Het huis staat in een smalle straat. Het heeft geen voortuin, maar wel een kleine achtertuin.

Vanaf de straat stap je zo in een smalle gang. Beneden, aan beide kanten van de gang, zijn kamers. Links is de eetkamer en rechts is een klein kamertje. Achter dat kamertje is de keuken en naast de keuken de w.c. Aan het eind van dat gangetje gaat een steile trap naar boven. De bovenverdieping is meteen onder de dak. Daar zijn twee slaapkamers en een heel klein badkamertje. Dat was vroeger een kast, maar de vorige bewoners hebben die ruimte een douche gemaakt.

Heel leuk.
Nu ben ik jullie weer het een en ander verteld.
Volgende week schrijf ik meer.
Schrijven jullie ook gauw weer eens?

Hartelijke groeten en veel liefs,

Marjan

Mooie benen

Een stille straat.

De gemeentewerkman kwam uit het riool naar boven klimmen.

Over de put gebogen stond een jonge vrouw. Toen hij omhoog keek, keek hij precies onder haar rokken.

'Hallo daar beneden', riep ze. 'hoe kom ik in de Karmelietenstraat?' 'Dat zal ik u zeggen', riep hij en hij bleef op het trapje staan kijken naar haar slanke benen. 'U gaat rechtdoor tot dat grote witte gebouw. Ziet u dat?'

Ze keerde zich die kant op en hij draaide zijn hoofd zo, dat hij nu zelfs wat bloots zag, boven haar zwarte kousen.

Ze keek weer omlaag en hij trok een vroom gezicht.

'Dan rechtsaf tot die groene koepel die boven de huizen uitsteekt, ziet u dat?'

Ze keek en hij profiteerde weer van de gelegenheid. Maar nu iets te lang.

'Hee', zei ze, 'sta je onder mijn rokken te kijken?' Ze ging een stap achteruit, zodat hij alleen nog haar borst en haar hoofd zag.

'Eigenlijk wel, ja', lachte hij, en klom het ijzeren laddertje op. Hij stond nu tot zijn middel in de rioolput.

'Het hoort wel niet, maar u hebt zulke prachtige benen....

Potverdomme, ik zie nogal wat bij de dames, vanuit de put, maar u bent de koningin. Wat een benen!'

Hij lachte weer. Zijn witte tanden staken af bij zijn zwarte vieze werkgezicht.

'Zo', zei ze, een glimlach nauwelijks onderdrukkend, 'zo, ben ik de koningin. Dat weet ik nu dus, maar ik weet nog steeds niet hoe ik verder moet naar de Kamerlietenstraat.'

'Nou moet ik u nog iets bekennen', zei hij, 'dit is de Kamerlietstraart.'

De koe die liever paard was

Er was eens een koe die Jet heette. Jet was niet tevreden met haar bestaan als koe.

Ze wilde geen koe, maar liever een paard zijn.

Op een avond, toen ze opeens geen enkele zin meer had om nog langer samen met de andere koeien in de weide te staan, drong ze een aangrenzende weide binnen die door een aantal paarden bewoond werd.

'Wat komt u hier doen?' vroegen de paarden.

'U hoort niet in deze weide.'

'Ik kom mij hier vestigen', zei Jet.

'Ik ben niet gelukkig, ik haat het koeileven. Ik wil liever paard zijn. Zou u mij misschien als paard willen beschouwen?'

'Wat ons betreft is dat geen probleem', zeiden de paarden, 'maar we geloven niet, dat de boer die u tweemaal per dag melkt, u lang in de illusie zal laten dat u een paard bent'.

En inderdaad, de boer liet Jet niet lang in de illusie.

De volgende morgen al joeg hij haar weer terug naar haar eigen weide, waar hij haar voor straf een aantal stokslagen gaf.

'Ik wil geen koe meer zijn', protesteerde Jet. 'Ik voel me paard!'

Maar de boer die niet van plan was naar de mening van een koe te luisteren zei, dat hij met zulke idiote verlangens geen rekening kon houden.

Maar Jet gaf het niet op.

Iedere avond probeerde ze opnieuw om bij de paarden te komen, waarmee ze dan de nacht doorbracht.

En iedere morgen werd ze door de boer, die niet kon accepteren dat er koeien waren die niet gelukkig waren met het koeienbestaan, weer naar haar eigen weide teruggejaagd.

Naar: *Remco Campert,*
Fabeltjes vertellen

Fabeltje

In een ver land woonden veel kameleons.

Ze woonden er al heel lang.

Er waren een paar kameleons die een handicap hadden: ze konden niet van kleur veranderen.

In totaal waren het er al drie.

In het begin probeerden ze hun handicap te maskeren.

Ze kochten camouflagepakken in een dumpzaak.

Maar niets hielp - overal werden ze gediscrimineerd en uitgescholden voor nihilist, absurdist, anarchist, surrealist, non-conformist en neo-expressionist.

Er werd zelfs een wet gemaakt die bepaalde, dat ze zich niet mochten vermenigvuldigen.

Ze zouden een gevaar zijn voor de kameleontische maatschappij.

Maar op een dag brak er oorlog uit tussen de roofvogels en de kameleons.

Nou ja, oorlog ... de roofvogels noemden het een plaatselijke actie, een grensconflict, pacificatie.

De kameleons gingen het bos in en pasten zich er razendsnel bij aan.

Behalve natuurlijk onze drie kameleons die er niet in slaagden van kleur te veranderen.

Zo bleef alleen dit drietal in leven, want de roofvogels redeneerden: kameleons passen zich aan, deze drie kunnen dus geen kameleons zijn.

En ze vlogen er met een wijde boog overheen.

Naar: *Remco Campert,*
Fabeltjes vertellen

Gehoorzaam

Masman had er altijd bij zijn kinderen op aangedrongen bij de KLM te gaan werken: dan kon je gratis reizen.

'Maar niet vliegen, hoor', zei hij erbij, 'want als je alle dagen vliegt, stort je vroeg of laat neer als een steen.'

'Als het een steen is, is het niet zo erg, vader', zei Fritsje op een keer, negen jaar oud, 'want een steen voelt er niets van als hij hard op de grond terechtkomt,' en voor negen jaar was dat een goede opmerking.

Frits ging later trouwens bij Unilever werken en bij Evelyn liep het ook bijna mis: ze werd voor stewardess afgekeurd omdat ze rugklachten had. Maar gelukkig was haar rug wel goed genoeg voor grondstewardess. Zij moest bij de vluchten die binnenkwamen oude mensen afhalen met een rolstoel of zoiets. Precies wist Masman het niet, want hij had het te druk met het uitstippelen van zijn reis.

Zodra haar eerste dienstjaar om was en zij dus recht had op goedkope reizen, besprak hij een reis om de wereld voor hem en zijn vrouw. Voor het familietarief: hij betaalde maar tien procent van de normale prijs.

Het was een feestelijk vertrek. Evelyn had gezorgd dat ze bij de eerste klas konden inchecken.

'Dat is pas een dochter', dacht hij toen ze boven de wolken waren en hij bracht half hardop een toast op haar uit.

Zijn vrouw, die anders nooit dronk, deed er ditmaal graag aan mee.

Want brutalen hebben de halve wereld, maar ouders van gehoorzame kinderen de hele.

Het vrouwtje in Stavoren

Er was eens, heel lang geleden, in het plaatsje Stavoren, dat toen nog aan de Zuiderzee lag, een heel rijk vrouwtje. Ze had alle schepen en scheepjes die vanuit Stavoren over de zee naar verre landen gingen. Op een dag vroeg ze aan haar kapiteins om haar het mooiste te brengen dat er in de hele wereld te koop was.

De eerste kapitein kwam terug met juwelen : ringetjes van goud en zilver, armbanden en kettinkjes vol diamanten.

De tweede kapitein had de prachtigste stoffen gekocht, linnen, fluweel en damast, maar de derde kapitein kwam met een schip vol graan.

'Dat is het mooiste op de wereld', zei hij, 'omdat we daar brood van bakken en zonder brood kan geen mens leven'. Toen het vrouwtje dat hoorde, werd ze zo kwaad dat ze beval om al het graan in de zee te gooien.

De mensen van Stavoren die niet zo rijk waren als zij, vonden dat heel erg en schreeuwden dat het slecht zou aflopen met haar.

Daarop gooide het vrouwtje haar ring in het water en zei : 'Wanneer ik die ring weer zie, zal ik jullie geloven.' Een paar jaar later, op een dag, had haar dienstmeisje vis klaargemaakt. Toen het vrouwtje de vis opensneed, schrok ze vreselijk : daar in de maag van de vis zag ze ring!

Vanaf die dag begon het graan, dat in de haven was gegooid, te groeien. Na een paar jaar was de hele haven volgegroeid. De schepen en scheepjes van het vrouwtje konden niet meer wegvaren en zo werd ze steeds meer armer. Iedereen ging weg uit Stavoren en het vrouwtje werd zo arm, dat ze al haar ringetjes en jurken moest verkopen totdat ze niets meer over had en doodging van de honger.

Auditie

Er was eens een lieveheersbeestje dat heel graag voor de televisie op wilde treden. Hij liep al een paar jaar rond met het idee om eens keer op te bellen om te vragen of ze bij de televisie geen lieveheersbeestjes nodig hadden, maar hij durfde niet goed, want het was een verlegen lieveheersbeestje.

Maar op een dag besloot hij te proberen.

Hij kleedde zich extra netjes aan en ging op reis.

Toen hij bij de televisiestudio aangekomen was, vroeg hij aan een meneer of ze bij de televisie ook lieveheersbeestjes konden gebruiken.

'Hebt u wel eens eerder opgetreden?' vroeg de meneer. 'En wat kun je?'

'Ik heb nog geen podiumervaring', zei het lieveheersbeestje, 'maar ik kan een beetje vliegen.'

'Dat kan iedereen', zei de meneer.

'Kunt u André van Duin nadoen?'

Dat kon het lieveheersbeestje niet.

'Dan kunnen we u niet gebruiken', zei de meneer. 'Goedendag.'

Pas toen het lieveheersbeestje weer thuis was, bedacht hij dat hij ook een beetje geluk aan kon brengen.

Hij ging direct weer terug naar de studio, maar de meneer deed hem niet meer open toen hij aanbelde.

Hij wilde hem niet meer ontvangen.

Hij had al genoeg aan zijn hoofd, zei hij.

De prinses op de erwt

Er was eens een prins die zo graag een prinses wilde hebben, maar het moest een echte prinses zijn. Hij reisde de hele wereld rond om er één te vinden, maar overal kwam er iets tussen. Prinsessen waren er genoeg, maar of het echte prinsessen waren, daar kon hij nooit helemaal achter komen, altijd was er iets dat niet helemaal in de haak was. Toen kwam hij weer thuis en was erg bedroefd, want hij wilde graag een heuse prinses hebben.

Op een avond brak er een verschrikkelijk onweer los; het bliksemde en donderde, de regen stroomde neer: het was vreselijk!

Toen werd er aan de stadspoort geklopt en de oude koning ging opendoen.

Het was een prinses die buiten stond. Maar, lieve hemel, wat zag ze eruit door de regen en het noodweer! Het water liep uit haar kleren en haren, bij de punt van haar schoen liep het erin en bij de hiel er weer uit; zij zei dat ze een echte prinses was.

"Ja, daar zullen we wel achter komen!" dacht de oude koningin, maar ze zei niets. Ze ging haar slaapkamer binnen, nam al het beddengoed weg en legde een erwt op de bodem van het bed, nam toen twintig matrassen, legde die boven op de erwt en toen opnieuw twintig veren bedden boven op de matrassen. Daar moest de prinses nu 's nachts op liggen.

's Morgens vroegen ze haar hoe ze had geslapen. "O, verschrikkelijk slecht!" zei de prinses, "ik heb de hele nacht bijna geen oog dicht gedaan! De hemel weet wat er in mijn bed lag. Ik heb op iets hards gelegen en ik ben over mijn hele lichaam bont en blauw! Het is afschuwelijk!"

Toen konden ze zien dat het een echte prinses was omdat ze dóór de twintig matrassen en de twintig veren bedden heen de erwt gevoeld had. Zó teer van huid kon alleen maar een heuse prinses zijn.

De prins nam haar toen tot vrouw, want nu wist hij dat hij een echte prinses had, en de erwt kwam in het museum waar ze nu nog is te zien, als tenminste niemand haar weggenomen heeft.

De sollicitatiebrief

Hilda is een meisje van 20 jaar oud. Ze is pas afgestudeerd en heeft haar diploma behaald met onderscheiding.

Eerst had ze Latijn als hoofdvak maar daarna is ze overgeschakeld naar een afdeling moderne talen en boekhouding.

De studies waren nogal moeilijk en in het 5de jaar heeft/is ze een jaar moeten blijven zitten.

Na het secundair onderwijs heeft ze nog twee jaar directiesecretariaat gevolgd.

Nu zoekt ze een betrekking als stagiaire.

Ze heeft een dagblad gekocht om er werkaanbiedingen in aan te strepen.

Ze heeft er een interessante vacature in gevonden.

******

Geachte Heer Directeur,

In antwoord op uw advertentie in 'Het Laatste Nieuws' van 2 september, heb ik de eer te solliciteren naar een betrekking als stagiaire in uw firma. Ik heb mijn diploma juist behaald maar ik moet nog een stage van vier maanden doorlopen.

Tijdens mijn studies heb ik vier weken in Amsterdam gewerkt als assistente-boekhoudster. In de bijlage vindt u mijn curriculum vitae en nog meer persoonlijke referenties. Ik hoop dat u een gunstig gevolg zal geven aan mijn sollicitatie. Ik ben natuurlijk bereid u bijkomende inlichtingen te verstrekken en verzoek me daartoe te willen contacteren op de plaats en de tijd die u het best schikken.

Met de meeste hoogachting,

Bijlagen : een cv en een aanbevelingsbrief

CURRICULUM VITAE

Naam : SWAELENS

Voornamen : Hilda

Adres : (straat + nummer) : Kerkstraat 27

Postcode en plaats : 1030 Amsterdam

Telefoon : 047-8492237

Geboren te Breda op 19 april 1991 -or- 19.04.1991

Burgerlijke staat : gehuwd of ongehuwd ?ongehuwd

Diploma's :

    1. Lager onderwijs in 2002.

    2. Secundair onderwijs in 2008 met 77 -or- zevenenzeventig %.

    3. Diploma met onderscheiding, van directiesecretaresse in 2010.

Ervaring : Stages : ja/neen ja

Bij de firma Philips.

Taalkennis : Nederlands en Frans.

Nieuws

Goedemorgen, dit is de radionieuwsdienst verzorgd door het ANP.

Vanochtend heeft een groep jongeren gedemonstreerd tegen de plannen van de minister van Onderwijs om de OV-kaart af te schaffen. Een woordvoerder van de studenten verklaarde dat de studenten al veel te weinig geld hebben. Zij zijn volgens hem niet in staat om naast hun dagelijkse uitgaven ook nog voor het openbaar vervoer te betalen. Er liepen ook enkele ouders mee in de optocht, omdat veel studenten niet meer in het weekend naar huis zullen reizen als de OV-kaart niet meer geldig is. Vanmiddag zal de minister van Onderwijs deze zaak met enkele studenten bespreken.

En dan nu het weer. Het is vandaag een bewolkte dag met af en toe wat regen. De temperatuur is ongeveer 19 graden.

Dan staan er nog files op de volgende wegen. Op de á richting Utrecht staat vanwege een ongeluk een file van 10 kilometer. In de omgekeerde richting staat een file van 5 kilometer door kijkers.

Wij wensen u nog een prettige dag

De jongen die uit de hemel was gevallen

Er was eens een boerin die naar de markt was geweest. Ze was niet ver meer van huis, toen ze langs de weg een jongen zag staan, die naar de hemel tuurde. 'Wat zou dat betekenen?' dacht de vrouw, en toen ze dichterbij was gekomen, vroeg ze: 'Zo, jongen, wat is er aan de hand? Waarom sta je zo in de lucht te turen? Wat is er gebeurd?'

'Ach moedertje', zei de jongen, 'ik kwam zonet uit de hemel vallen, en nou kan ik het gat niet terugvinden.'

'Sapperloot', zei de vrouw. 'Ben jij uit de hemel gevallen? Dan ken je er vast wel veel mensen.'

'Allicht', zei de jongen.

'Dan ken je misschien ook mijn zoon Kees, die goeie jongen, die verleden jaar gestorven is?'

'Kees?' zei de jongen. 'Is dat je zoon? En je vraagt of ik die ken? Mens, dat is mijn buurman!'

'Dat treft!', zei de vrouw. 'En hoe gaat het met hem?'

'Best, best!', zei de jongen. 'Alleen klaagde hij er vorige week over dat al zijn kousen stuk waren. En hij had het er ook over dat de worst op is, en de ham en de boter, maar voor de rest gaat het hem heel goed.'

'Tjonge, tjonge', zei de vrouw. 'Is er in de hemel dan niemand die zijn kleren voor hem bijhoudt?'

'Nee, moedertje, daar moet je in de hemel zelf voor zorgen.'

'Maar worst en boter, die kun je er toch zeker wel kopen?'

'Ja', zei de jongen, 'die zijn er wel te koop, maar alles is verschrikkelijk duur, en je zoon heeft het niet breed.'

'Ach, ach, 't is toch wat. Dat Kees, nu hij dood is, nog gebrek moet lijden. En dat, terwijl ik best wat kan missen.'

De jongen vertelde in geuren en kleuren hoe het met Kees ging, wat hij deed, waar hij woonde. Maar tenslotte zei hij, dat hij er vandoor moest, omdat hij anders te laat in de hemel zou komen.

'Ga je dan al zo gauw weer terug naar de hemel?' vroeg de vrouw.

De jongen knikte ja.

'Als je Kees zo goed kent, wil je me zeker wel en dienst bewijzen. Ga even mee naar huis, dan zal ik wat voor hem inpakken, wat je mee kan nemen.' 'Nou', zei de ander, 'omdat het voor Kees is, zal ik het doen. Maar er zal wel wat voor mij zwaaien, omdat ik zo lang ben weggebleven.' Ze gingen samen naar de broederij en de vrouw maakte twee pakjes klaar.

Er was er een voor de man die uit de hemel was gevallen, voor zijn moeite, en het tweede pakje was voor Kees; dat voor Kees was het grootste. Toen gaf ze de jongen nog een zakje met geld om aan Kees te geven, en daarna namen ze afscheid van elkaar. De boerin keek hem na tot hij uit het gezicht was verdwenen, en dacht : 'Wat zal die goeie Kees blij zijn als zijn buurman thuis komt, en hij hoort dat die hier geweest is.'

Maar ze heeft nooit bericht gekregen, dat Kees haar pakje had ontvangen.

Dat kwam, doordat de jongen het gat niet kon terugvinden, waardoor hij uit de hemel was gevallen.

Naar: *Belke de Jong en Hans Sleutelaar*
<u>Sprookjes van de lagen landen</u>

Miss X

Gistermorgen, toen ik net op mijn vaste plek in het koffiehuis zat, kwam Jan binnen en ging - met zijn regenjas nog aan - plompverloren naast me zitten.

'Ben je ergens van geschrokken?' vroeg ik

'Ik heb een dochter gekregen, vannacht,' zei hij en keek me bezorgd aan.

'En het zou pas over een maand zijn!' riep ik verbaasd.

'Ja, de dokter had zich een beetje verrekend, maar dat dochtertje hield daar geen rekening mee en kwam eigenzinnig ter wereld. zeven pond. Alles goed, dat wel.'

'Waarom kijk je dan zo sip?' vroeg ik.

'Kijk, de moeilijkheid is, ik weet geen naam,' sprak hij. 'Die hadden we nog niet. We dachten: daar kunnen we nog een maand op ons gemak over denken. Maar nu slaapt mijn vrouw en moet ik dat kind over een uur gaan aangeven. En al sla je me dóód ....'

Hij staarde wanhopig in zijn koffie, alsof de uitkomst daar te lezen stond.

'Maar in het ziekenhuis ......' begon ik.

'Er hangt een kaartje aan haar wieg en daar heeft de dokter 'Miss x' op geschreven,' zei hij, 'omdat ik het zo gauw niet wist, vannacht. Maar dat kan natuurlijk niet zo blijven ......'

Hij keek me met vragende ogen aan en zei: 'Weet jij niks?'

'Wat denk je van Charlotte?' stelde ik voor.

'Mooi, maar dat wordt Lotje,' vond hij, 'Lotje leerde Leentje lopen langs de lange Lindelaan. Nee.'

'Suzanne?'

'Klinkt lief, maar wordt meteen Suus,' voorspelde hij somber. 'En Suus is mijn tant Suus. Tante Suus uit Soest, die altijd kleedjes haakt die niemand wil hebben. Nee.'

'Lucie?'

'Mijn eerste verloofde heette Lucie.'

'Anneke?'

'Ik ken vrouw die Anneke heet en waar iedereen neurotisch van wordt als ze eens een avondje op visite komt. Die naam doe ik een onschuldig kind niet.'

Ik zweeg - uitgeput. Hij droomde hardop: 'Getrude wordt Truus. Dag Truus, met Karel, zet de spruitjes maar vast op want ik ga nu van kantoor.

Sophia lokt Fie uit. Ja, Fie gaat ook mee met de reisvereniging naar de Rijn. Jannette is lief, maar zo heten de kamermeisjes in oude Franse toneelstukken.'

'Jongen, jij bent niet te helpen,' besloot ik.

'Ga niet weg,' riep hij wanhopig. 'Zeg nou wat.'

'Emilie.' probeerde ik bij de deur, want ik ken een heel lief kind dat zo heet.

'Emilie,' proefde hij. 'Ja, dat kan Emmie worden. En Lietje. Allebei leuk. Mooi zeg ....'

Maar 's avonds in de advertentie stond: 'Marie.'

Toen ik hem telefonisch vroeg waarom het Marie was geworden, zei hij:

'Zo heet mijn moeder.'

Naar: *Simon Carmiggelt,*
<u>Hasje over</u>

Taartje

Naar zijn vader mocht hij niet toegaan, dat wist Frits. Moeder vond het niet goed. want vader woonde bij dat wijf. Hij wist precies wáár : het was boven een slagerswinkel, met een stenen varkenskop in de etalage en van die rolpensflessen. Al paar keer had hij ervoor staan kijken en gedacht: 'Misschien komt vader wel naar buiten'. Dan zou moeder niet kwaad kunnen zijn, want als het toevallig gebeurt, kun je er niets aan doen. Maar het was niet gebeurd. Nooit. Toen, op een maandag, was vader jarig en stond opeens bij school. Hij was een beetje magerder geworden en zei vriendelijk: 'Dag, Frits'.

'Dag pap'

'Weet jij wat voor dag het vandaag is?'

'Ja pap'

'Nou, wat zeg je dan?'

'Nog wel feliciteerd.'

Samen lipen ze nu over de gracht en zeiden niets. Frits dacht: 'Misschien geeft hij me wel wat lekkers', maar toen vond hij het ineens gemeen dat hij het gedacht had. Want als je je vader terugziet, na zo'n lange tijd, moet je iets anders denken. Hij wist niet precies wat. Maar iets anders.

'Gaat het goed met moeder?' vroeg vader.

'Ja', zei hij vaag. Eigenlijk wist hij niet of hij het wel zeggen mocht.

'Ze is toch niet ziek of zo?'

'Nee.'

Nu kwamen ze bij de slagerij en vader stond stil.

'Kom maar mee, Frits', zei hij.

Nou ja, als je vader het zegt, moet je het doen. Achter man aan klom hij de trap op en kwam in een grote kamer. Toen zag hij het 'wijf'. Ze was veel jonger dan hij gedacht had, minder een toverkol en ze stond te strijken met een gebloemde jurk aan.

'Ach, daar hebben we kleine Fritsje', riep ze.

Ze zette het strijkijzer neer en wou hem een zoen geven, maar hij deed een paar stappen achteruit.

'Doe nou niet ....', zei vader ongeduldig. 'Je maakt hem kopschuw.'

Het wijf schrok een beetje maar vroeg toch vriendelijk: 'En wil kleine Fritsje wel een taartje? Een lekker taartje met slagroom?'

Hij knikte, want dat wou hij wel. Glimlachend keek vader toe hoe hij het opat. Toen zei hij; 'Nou Frits, nu moest je maar weer eens naar huis.'

Bij de trap legde hij zijn hand even op de schouder van het kind en sprak een beetje aarzelend: 'Als je nou bij moeder komt, moet je het maar niet vertellen. Dat je geweest bent. Dan wordt ze maar kwaad, misschien. Hè? Begrijp je wel?'

Hij knikte en liep met grote stappen naar beneden, want trappen springen kon hij goed. Het portaal rook vies naar de poes. Maar het taartje had lekker gesmaakt. Buiten besloot hij tot de looppas, want het was al laat. Misschien vroeg moeder wel waar hij vandaan kwam. Dan kon hij zeggen: 'gevoetbald met de jongens' of gewoon 'gespeeld'. Dat was ook genoeg, meestal.

Maar het hoefde niet eens, want thuis zat tante Mientje uit Arnhem.

'Kijk eens wat tante heeft meegebracht!' zei moeder. En ze zette een bordje met een taartje voor hem neer.

'Ach, weer een!' riep hij enthousiast. Het spoot uit zijn mond voor hij het wist. Moeders gezicht betrok en haar stem klonk streng: 'Waar kom jij vandaan?'

'Nergens mam .....' begon hij. Maar hij kleurde zo.

'Heb je vader gezien?'

'Ja', zei hij. Ze wist het nu toch.

'En heeft dat wij ... heeft zij je dat taartje gegeven?' vroeg moeder.

Hij knikte.

'Dus je bent daar boven geweest.' Ze keek hem aan met een blik vol verachting die hem bang maakte.

'Nee, mam .....' riep hij. 'echt niet. Ik ben niet boven geweest. Ik kwam gewoon voorbij en toen gaf ze het. Ineens.'

'Op straat?' 'Ja, op straat.'

Ze vroeg niet verder. Maar toen hij even later wegglipte naar de keuken, hoorde hij moeder met bittere stem tegen tante zeggen: 'Hoe vind je dat? Nou hoef ik je toch niks meer te vertellen. Op stráát geeft ze hem een taartje. Komt zo'n wurm feliciteren. Mag-ie niet even boven ......

Naar: Simon Carmiggelt
<u>Spijbelen</u>

De alfabeet

De mensen kunnen er nog zo gewoon uitzien, ze hebben allemaal wel iets geks. De een kan het niet laten al zijn handelingen te tellen, bijvoorbeeld tijdens het aankleden, de ander durft nooit over een balkonrand te kijken uit angst dat zijn gebit naar beneden valt. Veel mensen zijn bang voor katten, ook zijn er die hekel hebben aan bloemen, of tekenfilms. Sommigen voelen zich in de trein doodongelukkig als ze niet met hun gezicht in de rijrichting zitten, anderen bewegen lange tijd hun pen in de lucht boven het papier voordat ze een handtekening zette. En door welke vreemde angsten uzelf geplaagd wordt, hoef ik u niet te vertellen.

Zo had meneer Starnberg last van letters. Hij was een alfabeet. Heel onschuldig was het begonnen: als zijn vrouw en hij niet zo gauw in slaap vielen, werd het alfabeetspel gedaan. Dan namen ze dus bijvoorbeeld zoogdieren, alle zesentwintig letters. 'Aap', begon Starnberg en zijn vrouw zei 'Beer'. Waarop door haar man dan weer heel slim de Chimpansee genoemd werd en door haar de Dolfijn, die inderdaad een zoogdier is. Dat weet lang niet iedereen, maar mevrouw Starnberg toevallig wel, omdat ze een enorme belangstelling voor alles had. Dat verhinderde echter toch niet dat ze bij de K van Kangoeroe al doezelig begon te worden, in tegenstelling tot de arme Starnberg die door een geheimzinnige macht gedwongen werd door te gaan tot het einde : Leeuw, Muis. Neushoorn, Orang-Oetang, Paard ...... Pas bij Zebra mocht hij van zichzelf gaan slapen.

Toen in de loop der nachten van alles alfabetisch behandeld was - politici, filmsterren, sigarettenmerken, voertuigen, vogels, kledingstukken, soorten gebouwen, alkoholische dranken, jongens- en meisjesnamen - toen begon het mevrouw Starnberg zo te vervelen dat ze bij de D of E al in slaap viel, terwijl haar man in zijn eentje door lag te alfabetiseren tot de Z.

Starnberg was volledig in de greep van het alfabet geraakt. Alles moest alfabetisch. De keukenplank werd van links naar rechts ingericht zoals het hoorde, van Aardbeienjam tot Zout. De post werd eerst op alfabet gesorteerd voordat de brieven opengemaakt werden.

Zijn vrouw werd van dit alles heel zenuwachtig, en tenslotte kreeg ze regelmatig huilbuien en begon ze vreselijk te gillen. Meneer Starnberg begreep dat hij zich in moest houden, maar het alfabet loslaten, nee, dat kon hij niet meer.

Zo kwam hij er toe zijn dagen heimelijk te alfabetiseren. Hij begon op een maandag, op weg naar kantoor: A was de letter van de dag. Hij moest zoveel mogelijk dingen zien met een A. Auto, dat was één. Maar daarna een hele tijd niets. Het was veel moeilijker dan hij gedacht had. Ah, een jongen liep een Appel te eten, dat was twee. Toen begreep Starnberg dat het lot een handje geholpen moest worden, wilde hij tenminste een behoorlijk aantal A's halen voor hij op zijn werk was. Daar, een vuilnisbak, die werd door sommige mensen toch ook wel Asemmer genoemd? Hij wierp een euro in de pet van een bedelaar en mompelde: 'Aalmoes'. En moesten abstracte begrippen ook niet meegerekend worden? Die dame bijvoorbeeld, die zo weifelend rondkeek, was dat niet Aarzeling? Toen hij achter zijn buro zat, stond daar weliswaar een Asbak, maar toch beviel het algehele resultaat van deze eerste dag hem niet erg. Nu al hield hij zijn hart vast voor de letter C, om over de Q en de X maar te zwijgen.

Men zal begrijpen dat het mis ging met meneer Starnberg. Al gauw begon hij op straat in boodschappentassen van argeloze voorbijgangsters te graaien, op zoek naar Koffie, Koekjes, Kaas, Krentenbollen, Kauwgom, Kosmetika en Kruiswoordpuzzelboekjes. En zo werd hij op een dag door twee politieagenten opgepakt en meegenomen naar het politieburo. 'Kommissaris wordt in de moderne spelling ook wel met een K geschreven', was het eerste wat hij tegen de kommissaris van politie zei, met enige vertrouwelijkheid in zijn stem. De kommissaris belde meteen een dokter, die Lamp bleek te heten in plaats van Kamp.

'U bent een dag te vroeg!' riep Starnberg wanhopig uit.

'Kalm, Kalm' zei de arts, en dat hielp natuurlijk.

In een rusthuis kwam het weer tamelijk goed met meneer Starnberg, maar het was een moeizaam ontwenningsproces. Dus als u niet in slaap kan komen, doe dan geen alfabetspelletjes, maar neem een groot glas whisky. Er wordt trouwens ook gezegd dat dat whisky helpt tegen pleinvrees, telefoonangst en hoogtevrees.

Naar: *Herman Pieter de Boer*
<u>De kellnerin en andere verhalen</u>

Het Nederlands

Het Nederlands is een West-Germaanse taal en de moedertaal van de meeste inwoners van Nederland, België en Suriname, de drie lidstaten van de Nederlandse Taalunie, een internationale instelling die onder meer de regels voor het Standaardnederlands vastlegt. In de Europese Unie spreken ongeveer 23 miljoen mensen Nederlands als eerste taal, en een bijkomende vijf miljoen als tweede taal. Verder is het Nederlands ook een officiële taal van de Caraïbische eilanden Aruba, Curaçao en Sint-Maarten, terwijl er nog minderheden bestaan in Frankrijk, Duitsland en in mindere mate Indonesië, en nog ruim een half miljoen sprekers in de Verenigde Staten, Canada en Australië. De Kaap-Hollandse dialecten van Zuid-Afrika en Namibië werden gestandaardiseerd tot Afrikaans, een dochtertaal van het Nederlands

Het Nederlands is nauw verwant aan het Engels en Duits, en wordt tussen beide geplaatst. Naast het feit dat het Nederlands de Hoogduitse klankverschuiving niet heeft ondergaan, verschilt het Nederlands - net als het Engels - verder ook van het Duits door de sterke reductie van de naamvallen, de algemene zeldzaamheid van de Germaanse umlaut en een meer regelmatige morfologie. Het moderne Nederlands heeft in oorsprong drie grammaticale geslachten, waarvan er twee in de praktijk grotendeels samenvallen (de de-woorden). Bijgevolg speelt het grammaticale geslacht een kleinere grammaticale rol dan in het Duits. De Nederlandse woordvolgorde is onderwerp-werkwoord-lijdend voorwerp (SVO) in hoofdzinnen maar men past, net als in het Duits, inversie toe in bijzinnen (SOV). Het Nederlands kent een hoofdzakelijk Germaanse woordenschat, in grotere mate dan het sterk geromaniseerde Engels, maar aangevuld door een grotere Romaanse component dan in het Duits.

Vincent van Gogh

Geen schilder sinds Rembrandt heeft zo tot de mensheid gesproken, als de arme, miskende domineeszoon uit een klein Brabants dorp, Vincent van Gogh. De geschiedenis van zijn korte leven is een aangrijpende tragedie. Opgeleid voor de kunsthandel van zijn ooms, voelde hij na korte tijd weerzin tegen handelstransacties. Hij wilde predikant worden, maar toen de vooropleiding bezwaarlijk werd, trok hij op zijn vijfentwintigste jaar als zendeling naar Borinage. Dwepend evangelisch, hunkerend naar het offer, bereid om alles weg te geven, tot zijn kleren toe, leefde hij er in de diepste armoede, en niet tot genoegen van de vereniging, die hem had uitgezonden.

Na zijn ontslag besloot hij in augustus 1880 zich geheel te gaan wijden aan de kunst. Rusteloos als hij was, hield hij het noch bij zijn leermeesters, noch bij zijn familie, noch bij zijn vrienden lang uit.

De jaren 1880-1885 hebben talrijke tekeningen en schilderijen opgeleverd. Na deze jaren, waarin hij in de eenvoudige boerenbevolking zijn inspiratie vond, trok hij naar Parijs, waar zijn broer Theo van Gogh woonde, zijn intiemste en onwankelbare vriend. Het contact met het Franse impressionisme en al gauw ook met de impressionisten zelf, veranderde zijn koloriet van somber tot stralend. Het werd nog oorspronkelijker, toen hij in 1888 Parijs verliet en naar Zuid-Frankrijk trok. In een fanatieke produktie, die tientallen meesterwerken schiep, leefd hij daar in een overspanning, die steeds pathologischer vormen aannam. Hij verminkte zijn oor en tenslotte op 27 juli 1890 loste hij het pistolschot, dat zijn dood op 29 juli ten gevolge had. Zijn totale nalatenschap omvat ruim achthonderd schilderijen en een nog groter aantal tekeningen. Bij zijn leven was het hem niet mogelijk daarvan iets te verkopen. Sinds het begin van deze eeuw zijn ze in stijgende mate bewonderd. Nu behoren ze tot de kostbaarste schatten van de hele wereld. Bij Vincent van Gogh begint de moderne schilderkunst, zijn invloed duurt nog onverminderd voort. In Amsterdam komt een museum, uitsluitend aan hem gewijd.

Minderheden in Nederland

In Nederland is circa 7.5% van de bevolking uit het buitenland afkomstig. Daarbij gaat het om personen uit de landen rond de Middellandse Zee, die in Nederland zijn komen werken, uit de (voormalige) overzeese gebiedsdelen Indonesië, Suriname en de Nederlandse Antillen. Het aantal allochtonen neemt nog toe: door geboorteaanwas, door gezinshereniging en gezinsvorming en door de komst van grote aantalllen asielzoekers naar Nederland. Het minderhedenbeleid is gericht op de opvang en inburgering van de nieuwkomers. Het inburgeringsbeleid heeft een sterk preventief karakter. Getracht wordt in een zo vroeg mogelijke fase van het intergratieproces problemen te voorkomen. Behalve in de opvang van nieuwkomers uit zich dat in maatregelen gericht op allochtone jongeren en hun ouders in de voor- en buitenschoolse sfeer. Daarnaast wordt de acceptatie van de multiculturele samenleving bevorderd, wat de samenleving toegankelijker maakt voor allochtonen.

Verzuiling

Kenmerkend voor de Nederlandse samenleving is de zogenaamde 'verzuiling': naast elkaar bestaan in het politieke en maatschappelijke leven vele organisaties die vrijwel of helemaal hetzelfde doel nastreven, maar alleen verschillen in levensbeschouwelijk opzicht. Men organiseert zich met andere woorden voor een bepaalde activiteit in een organisatie die op basis van een (al dan niet godsdienstige) levensbeschouwing staat. Men vindt dit verschijnsel niet alleen in de politiek maar ook in de radio en televisie, pers, onderwijs, en de zeer vele vrije tijdsorganisaties.

Van de Nederlandse bevolking behoort 39% tot de Rooms-Katholieke Kerk, 23% tot de (protestantse) Nederlandse Hervormde Kerk, en 7% tot de (ook protestantse) Gereformeerde kerken, 8% is lid van andere kerken en 23% van de de Nederlanders, de zgn. buitenkerkelijken, behoort tot geen enkele kerk.

Organisaties op levensbeschouwelijke basis komen in vele landen voor, maar hebben zich in geen ander land zo sterk tot een systeem ontwikkeld als in Nederland. Maar er hebben in de laatste tijd grote veranderingen plaatsgevonden. De maatschappelijke verdeeldheid die men 'verzuiling' noemt is duidelijk aan het verminderen.

Bladzijde uit het dagboek van een arts

Ik zat in mijn studeerkamer te lezen. Opeens kwam mijn vrouw mij vertellen dat er iemand voor mij aan de deur was. Ze durfde de deur niet open te doen, omdat het al zo laat was.

Ik ging zelf naar de deur en vond daar een oude vriend die ik een paar jaar niet gezien had. Hij lag op de stoep en lachte naar me.

We gaven elkaar een hand en ik zei: 'Kom binnen en doe niet zo gek!'

Hij zei: 'Dat kan niet,' en meteen draaide hij zich om. Op dat moment zag ik dat hij al zijn ledematen miste.

Ik moest me aan de muur vasthouden om niet te vallen. Het leek me een griezelige droom. 'Maar ik heb hem toch net een hand gegeven,' flitste het door mijn hoofd. Die gedachte kalmeerde mij enigzins. Ik weet nog eens goed, en ja, daar zat, eenzaam, nog een arm aan zijn lijf.

Hij merkte mijn emotie en vroeg verlegen: 'Mag ik toch binnenkomen?'

Ik knikte. Vlug bewoog hij zich door de gang voort in de richting van mijn studeerkamer. Ik sloot de voordeur met een gevoel of ik het zelf niet was die de voordeur dichtdeed. Ik ging naar mijn studeerkamer. Hij was inmiddels al in een stoel geklommen die hij nog van vroeger kende. Met grote moeite bood ik hem een sigaar aan, maar hij glimlachte weer en zei: 'Wees niet bang voor mij, ik ben nog dezelfde.' Een tijdlang zeiden we niets, maar eindelijk begon hij te praten:

'... Elke morgen hakte ik houtjes om de kachel en het fornuis aan te maken. Op een dag sloeg ik me per ongeluk de linkerwijsvinger af. Ik verbond mijn hand, die erg bloedde, en mijn vinger lag daar tussen het hout en wees naar mij. Eerst durfde ik hem niet aan te raken, maar daarna raapte ik hem toch op.

Wat moest ik er nu mee doen? Bewaren? Begraven? Aan de kat geven. Ik wist het niet ....

Misschien werd ik gek, misschien had ik een goddelijke intuïtie, maar ik stak het gas aan, en bakte mijn vinger in de pan, in de boter.

Ik at hem op en ik deed zo de grote ontdekking dat niets op aarde zo heerlijk is als het eten van je eigen vlees. Het was zo geweldig, het overtrof alles wat ik eerder gedaan en beleefd had. Het begon met het gevoel alsof er een prachtige regenboog in mijn maag stond, en daarna breidde het zich uit als een enorm vuurwerk, door mijn hele lichaam heen.

Kun je je voorstellen, dat ik na dat ogenblik geen rust meer kende? Daar liep ik nu rond, met vier verrukkelijke ledematen die ik best kon missen.

Ik onderschatte hun waarde niet, ik wist wel dat ik niet meer zou kunnen lopen als ik geen benen meer had, dat iedereen van me schrikken zou, dat zelfs mijn beste vrienden me niet meer als mens zouden beschouwen maar als een of ander vreemd, griezelig dier, en dat ik nooit meer een vrouw kunnen krijgen. En toch, toch bracht ik dat offer. Denk niet, dat ik gek ben, of stom. Niemand weet het en niemand durft het te proberen: een offer zo groot bestaat er niet, dat breng je niet voor vrouw of kind, dat breng je alleen maar om te leven, zoals nooit iemand voor je geleefd heeft, en zoals er nooit iemand na je meer leven zal ...

Eerst deed ik voorzichtig, telkens een stukje, net genoeg voor één maaltijd. Na een paar keer at ik zo snel mogelijk, want als je eet is alle pijn weg. Mijn lichaam werd steeds misvormder en zelf werd ik steeds onverschilliger. Op een keer hield ik een orgie van mijn hele rechterbeen. Dat was op mijn verjaardag. Daarna werd ik zuiniger, want ik zag hoe de vooraad opraakte. Wat moet ik hier nog doen als straks alles op is?

Ik zou steeds maar spijt hebben dat ik geen kunsthoofd had, om mijn eigen hoofd mee op te eten. Het enige dat me nu nog aan het leven bindt, is dit ......' - en hierbij wees mijn vriend op zijn laatste arm - 'Die arm kan ik er niet alleen afkrijgen.

Daarom ben ik bij jou gekomen .....'

Naar: *Belcampo*
<u>Verhalen</u>

De beroemde vrouw

We stonden met z'n tachtigen in de stromende regen op Schipol te wachten. De beroemde vrouw kwam altijd overal te laat, dat wisten wij, dat was een van haar charmes. Toen zij meer dan drie uur over tijd uit het vliegtuig stapte, durfde niemand van ons zich te bewegen. Je kon een speld horen vallen op Schipol. De beroemde vrouw was betoverend. Haar slanke hals, haar kokkete hoofdje. haar zoete glimlach, haar enorme bontjas, haar lichtgrijze mantelpakje: het overtrof alles wat we ooit eerder in ons leven gezien hadden. Ademloos keken we naar haar elegante figuurtje, terwijl we onze ogen strak op haar gericht hielden.

Toen ze een paar passen naar ons toeliep en gewoon, zoals ieder ander mens, een geraffineerd parapluutje opstak, werd het ons bijna teveel. Sommigen van ons lieten hun tranen de vrije loop en begonnen zachtjes te snikken.

Mevrouw Slavatsky was echter nog steeds even betoverend. Na een lange stilte vroeg een van ons haar: 'En mevrouw, wat is uw mening over Holland?' 'Ik ben heel blij in Holland te zijn.' antwoordde mevrouw Slavatsky. Het viel ons op dat ze dat uitsprak als 'eel' en 'Olland'. Zoals ze zelf ook eerlijk zegt in haar memoires kan ze de 'h' niet uitspreken. 'Uw volk heeft veel geleden in de oorlog', vervolgde mevrouw Slavatsky, zonder onze volgende vraag af te wachten, 'maar na regen komt zonneschijn.'

Onze bewondering voor haar werd steeds groter. Wat een eenvoudige diepe wijsheid! En hoe toepasselijk om dat juist nu te zeggen, nu het goot van de regen en we na drie uur wachten allemaal nat waren tot op ons bot.

'Holland is een heel aardig land', ging mevrouw Slavatsky door. 'Ik voel me thuis in Holland. Maar wat de Hollanders missen is dit.' Zij maakte twee vlugge pasjes, 'Levensritme', verduidelijkte ze.

Opeens zagen we wat we misten. Dat was het! Een van ons probeerde haar vlugge elegante pasjes na te doen, maar hij viel huilend op de natte grond.

'Hoe heeft u mevrouw? Uw dagindeling? Uw werkwijze? ... het hindert niet wat, als u ons maar iets over uw leven vertelt.'

''s Morgens', antwoordde mevrouw Slavatsky met verrukkelijke eenvoud, sta ik gewoon op, net als de vrouwen in Holland. Ik kleed me aan en ik ontbijt, net als de vrouwen in Holland. Ik eet mijn drie sneetjes brood met garnaaltjes en een haring. Ik drink er een kopje thee bij. Mijn thee neem ik meestal zonder zuiker, maar niet altijd, dus schrijft u dat maar niet op.'

'En u zit dan achter een gewoon bordje, achter een gewone tafel?'

'Altijd', zei mevrouw Slavatsky.

Niemand verroerde zich. Het was doodstil.

'Dan zag ik tegen een van mijn dienstmeisjes wat er gedaan moet worden: mijn slaapkamer een beurtje geven, stof afnemen, groente kopen, of ergens in de rij staan. Kortom, al die dingen die een gewone vrouw moet doen in het huishouden.'

'Dit geloven we niet, mevrouw. U houdt ons voor de gek.'

'Ik houd nooit iemand voor de gek.' (We vergaten nog te vertellen dat ze 'gek' uitsprak alsof er 'kek' stond, omdat ze ook de 'g' niet kan zeggen. zoals ze laatst in een perskonferentie erkende.) 'U kunt mij gerust geloven.'

'Wij geloven u mevrouw. En nu uw plannen mevrouw, uw plannen voor Holland, mevrouw.'

'Ik blijf hier maar twee dagen. In die tijd heb ik me voorgenomen uw land en de problemen waaronder uw volk gebukt gaat, volledig te leren kennen. Want ik houd heel veel van Holland.'

'U bent te goed, mevrouw. En hoe stelt u zich voor dat te doen.

'Eerst wil ik de 'Nachtwacht' bekijken in het Rijksmuseum. Dan de bollenvelden en de molens en dan nog iets wat ik me nu niet herinner, maar wat mij dadelijk wel weer te binnen zal schieten. (Mevrouw Slavatsky kon ook de 'ch' niet zeggen, en ze zei dus 'skieten' in plaats van 'schieten'.)

'En dan mevrouw, en dan?'

'Dan ga ik mijn lieve vrienden in Holland verlaten.'

'Maar wij dan mevrouw, hoe moet ons leven doorgaan zonder u?'

Mevrouw Slavatsky lachte even met haar hoge kirrende lachje, waarmee ze miljoenen verdient. Op een manier die onze logge Nederlandse woorden niet uitgedrukt kan worden, aaide ze een van ons even over het haar. Toen stapte ze in de Rolls Royce die al op haar stond te wachten, en gleed weg in de bocht. We keken haar slanke figuurtje na. Het regende nog steeds.

Naar: Godfried Bomans
<u>Kopsstukken</u>

Verslaving

Iedereen kent wel een persoon in zijn omgeving die vaker gokhallen bezoekt, naar de fles grijpt of sigaretten rookt dan goed voor hem is. Iemand die een gedrag vertoont dat zijn of haar geestelijke of lichamelijke gezondheid niet ten goede komt, maar die om de een of andere reden die handelingen niet achterwege kan laten, heet verslaafd.

Kenmerkend voor alle vormen van verslaving is een gevoel van welbehagen, dat overigens meestal van korte uur is. De handelingen van de verslaafde zijn er steeds op gericht dat gevoel opnieuw te krijgen, hoewel bijna alle verslaafden ogenblikken kennen waarop ze ermee hadden willen stoppen.

Een ander kenmerk van verslaving is afhankelijkheid, zowel lichamelijk als geestelijk en de kans bestaat dat die afhankelijkheid steeds groter wordt.

Artsen hebben kunnen constateren dat de zogenaamde endorfinen, een groep stoffen in onze hersenen, de chemische basis is voor alle mogelijke vormen van verslaving. Deze veroorzaken dezelfde effecten als morfine, een opiumachtige stof, die zowel pijnstillend werkt als ook een gevoel van euforie teweebrengt.

Stofgebonden verslavingen zoals verslaving aan heroïne, caffeïne, alcohol, zoetigheid of tabak, zijn even dwingend als niet-stofgebonden verslavingen zoals die aan gokken, joggen, telefoneren, televisie kijken of zelfs werken (workaholics), met dien verstande dat deze laatste groep verslavingen minder gevaarlijk is.

Al deze vormen van verslaving zorgen voor een 'kick'. De moeilijkste ogenblikken zijn die waarop het leven alleen maar kaal en miserabel lijkt. Dan word je als het ware geprovoceerd er wat meer kleur aan te geven. Alleen, naar wat voor middel grijp je? Of het kwaad kan, interesseert je dan niet. Hoeveel risicio wil je lopen? Waar leg je de grens?

Wie heeft nooit eens iemand horen zeggen dat hij nergens aan verslaafd is? Dat kan iemand wel denken, maar in wezen zijn we allemaal wel ergens aan verslaafd en is niemand vrij van 'gevaarlijke' gewoonten. Je moet je alleen wel bedenken dat, als je je zoveelste sigaretje opsteekt of als je je zoveelste kopje koffie inschenkt, je een even groot risicio loopt als Faust. Die verkocht immers zijn ziel aan de duivel en heeft er later flink voor moeten betalen.

Spreekwoorden

Als de kat van huis is, dansen de muizen (op tafel).

Als een kip zonder kop.

Beter één vogel in de hand dan tien in de lucht.

Beter een goede buur dan een verre vriend.

Beter laat dan nooit.

Beter ten halve gekeerd dan ten volle gedwaald.

Bezint eer gij begint.

Blaffende honden bijten niet.

Dat kan het daglicht niet verdragen.

Dat slaat als een tang op een varken.

De appel valt niet ver van de boom.

De beste stuurlui staan aan wal.

De wal zal het schip keren.

De druppel die de emmer doet overlopen.

De een z'n dood is de ander z'n brood.

De hond in de pot vinden.

De huik naar de wind hangen.

De kost gaat voor de baat uit.

De laatste loodjes wegen het zwaarst.

De ochtendstond heeft goud in de mond.

In het land der blinden is éénoog koning.

Ieder voordeel heb z'n nadeel.

Je kunt beter over je fiets lullen dan over je lul fietsen.

Je moet verder kijken dan je neus lang is.

Jong geleerd is oud gedaan.

Krakende wagens lopen het langst.

Kleine potjes hebben grote oren.

Kleren maken de man.

Knollen/Appelen voor citroenen verkopen.

Met de hoed in de hand komt men door het ganse land.

Met de mond vol tanden staan.

Na regen komt zonneschijn.

Natte vingerwerk/Met de natte vinger.

Nieuwe bezems vegen schoon.

Niet alle wegen leiden naar Rome.

Niet geschoten is altijd mis.

Niet over één nacht ijs gaan.

Oost west, thuis best.

Op alle slakken zout leggen.

Oude wijn in nieuwe zakken.

Roeien met de riemen die je hebt.

Spijkers op laag water zoeken.

Stel niet uit tot morgen, wat gij heden kunt bezorgen.

Stevig in het zadel zitten.

Storm in een glas water.

Twee vliegen in één in klap slaan.

Tijd is geld.

Uit het oog, uit het hart.

Uitstel is afstel.

Van de hoed en de rand weten.

Van een mug een olifant maken.

Vele handen maken licht werk.

Vele wegen leiden naar Rome.

Van hetzelfde laken een pak.

Voor de wind gaan.

Voor de kat zijn viool/knoop/kut.

Voor een appel en een ei.

Voorkomen is beter dan genezen.

Voor niets gaat de zon op.

Voorzichtigheid is de moeder van de porseleinkast.

Waar een wil is een weg.
Water naar zee dragen.
Waar het hart vol van is daar loopt de mond van over.
Wat de boer niet kent dat eet hij niet.
Weet wat je zegt, maar zeg niet alles wat je weet.
Weten waar Abraham de mosterd haalt.
Wie de bal kaatst, moet hem verwachten.
Wie de schoen past, trekke hem aan
Wie goed doet, goed ontmoet.
Wie het laatst lacht, lacht het best.
Wie zijn neus schendt, schendt zijn aangezicht.
Wie wind zaait, zal storm oogsten.
Wie zwijgt stemt toe.
Zachte heelmeesters maken stinkende wonden.
Ze niet allemaal op een rijtje hebben.
Zich met hand en tand verzetten.
Zich ergens met een Jantje van Leiden afmaken
Zij zijn twee handen op één buik.
Zijn hand er niet voor omdraaien.
Zoals de waard is, vertrouwt hij zijn gasten.
Zoals het klokje thuis tikt, tikt het nergens.
Zo dom als het achterend van een varken.
Zo lang er leven is, is er hoop.

부 록

1. 연습문제 해답
2. 불규칙 동사 변화표
3. 특정 전치사를 취하는 주요 동사
4. 찾아보기

1. 연습문제 해답

Ⅰ. 알파벳, 발음, 음절, 철자

연습문제 해답 생략

3 음절(De syllabe) 및 철자

Ⅰ. 1. Ne-der-land   va-der   luis-te-ren   stu-de-ren
   2. pan-nen   al-les   lief-de   lo-pen   stra-ten   glim-lach
   3. den-ken   ter-wijl   de-ze   warm-te   brie-ven
   4. hui-zen   ar-men   ker-ken   zet-ten   ze-ker   lek-ker   win-ter
   5. zo-mer   ze-gel   re-ge-ring   Vlaan-de-ren   zeg-gen
      on-ge-dul-dig
   6. ma-ken   val-len   hak-ken   har-ken   sla-pen   da-len   ka-mer

Ⅱ. 연습문제 해답 생략

Ⅱ. 문 법

1 동사(Het werkwoord)

1. 동사의 현재시제(Het presens)

Ⅰ. 1. heeft   2. hebben   3. ben   4. is   5. Zijn   6. hebben
    7. heeft   8. zijn   9. bent   10. hebben   11. zijn   12. ben
    13. bent   14. heeft   15. heb   16. heeft   17. is   18. hebt

19. hebben   20. ben

Ⅱ. 1. wandelt   2. werkt   3. Luisteren   4. luistert   5. praat   6. oefent
7. plant   8. ken   9. brandt   10. huur   11. Woont   12. woont
13. pak   14. is   15. speelt   16. maken/maakt   17. studeert
18. beantwoordt   19. Oefen   20. raakt

Ⅲ. 1. kom   2. eten   3. hebben   4. zitten   5. pakken   6. eten
7. is   8. eten   9. is   10. komen   11. koken   12. Houd
13. vind   14. houd   15. weet   16. praten   17. zeggen   18. klopt
19. praten   20. heb   21. Ben   22. Kom   23. krijgt   24. is

2. 동사의 과거시제(Het imperfectum)

Ⅰ. 1. werkte   2. liep   3. vonden   4. antwoordde   5. belde
6. wedde   7. dachten   8. verwachtte   9. was   10. waren
11. liep   12. dacht   13. zochten   14. duurde   15. vond
16. reed   17. dronken   18. schreef   19. waren   20. zongen
21. dacht   22. wandelde   23. kochten   24. vond   25. zong
26. vreesde   27. hadden   28. verloor   29. zag   30. werden
31. woonde   32. bezochten   33. verkoos   34. werkten   35. bedwong
36. begroef   37. behandelde   38. verboden   39. besloten   40. sneed
41. begon   42. borstelde   43. schreef   44. droeg   45. dweepte
46. erfde   47. vroeg   48. zagen   49. redde   50. spoot

Ⅱ. Er **waren** eens twee kinderen die Hansje en Grietje **heetten**. Hun vader **was** houthakker en **ging** elke dag in het bos hout hakken om dat later te kunnen verkopen. De kinderen **moesten** elke dag mee om het hout te bundelen. Op een avond **hoorde** Hans zijn vader en moeder praten. Ze **zeiden** dat er niet genoeg geld meer **was** om de kinderen eten te geven. 'We moeten morgen onze kinderen achterlaten in het bos', **zei** hij. Hans **stak** broodkruimels in de broek die hij morgen **zou** aantrekken. De volgende ochtend **trokken** vader en kinderen weer het bos in om hout te hakken. Zoals vader van plan was, **ging** hij ervandoor en **liet** hij de kinderen alleen achter. Hans **vertelde** zijn zus dat hij broodkruimels **had** gestrooid en dat ze zo de weg naar huis wel **zouden** terugvinden. Helaas, de kinderen **vonden** het brood niet terug, omdat de vogels alles **hadden** opgegeten. Zo **belandden** ze bij de heks en haar peperkoekenhuisje. Gelukkig **konden** ze na een hele tijd ontsnappen en **liep** het verhaaltje toch nog goed af!

3. 동사의 미래시제(Het futurum)

I. 1. Hij zal steeds veel werken.
    2. Wanneer zal hij een nieuwe auto kopen?
    3. Ik zal veel aan mijn vader denken.
    4. We zullen misschien naar de Olympische Spelen gaan.
    5. Zal ze graag dansen?
    6. Jullie zullen goed bezig zijn.
    7. Zal het morgen voorbij zijn?
    8. Wie zal veel boeken lezen?
    9. Hij zal een flinke jongen zijn!
    10. Ze zal misschien een beroemde zangeres worden.
    11. De armoede zal nooit volledig verdwijnen.
    12. Uit mijn hoofd zal ik rode klaprozen voor u schilderen.
    13. Zullen we de twee standpunten vergelijken?
    14. Ik zal mijn fiets tegen de jouwe ruilen.
    15. Peter zal een krant kopen.
    16. We zullen haastig moeten eten.
    17. Ik zal in een flat wonen.
    18. Ze zal nu iets gaan drinken.
    19. Na het ontbijt zal ik de afwas doen.
    20. De directeur zal morgen terugkomen.

II. De eerste dag **vliegt** u om 8:00 uur van Amsterdam naar Dar es Salaam in Tanzania. In Dar es Salaam **kunt** u meteen in een klein hotel terecht. Op het vliegveld **zult** u de volgende dag andere collega's van Unicef **ontmoeten**. Met deze mensen **gaat** u de komende maanden voor Unicef **werken**. Om 10:00 uur **vertrekt** uw vliegtuig vanuit Dar es Salaam naar Kigoma. Drie uur later **komt** u daar **aan**. Daar **stapt** u in de bus naar Ujiji. In dit plaatsje **zult** u vier maanden wonen. De volgende dag **zullen** uw werkzaamheden **beginnen**.

III. Herman: Heb je zin om naar Tanzania te gaan?
    Helen: Het lijkt me leuk, maar ik zal je missen.
    Herman: Ik jou ook.
    Hoe rijzen jullie?
    Helen: Met het vliegtuig.
    Alleen van Kigoma naar Ujiji nemen we een bus.
    Er is in Ujiji namelijk geen vliegveld.
    Herman: Hebben jullie daar allemaal een eigen woning?

Helen:	Nee, dat is niet mogelijk.
	We zullen waarschijnlijk met ongeveer acht personen in een hut slapen.
Herman:	Wat spannend allemaal.
	Bel je me snel vanuit Ujiji?
Helen:	Dat zal ik doen.
Herman:	Fijn. Ik zal je schrijven.

4. 분리/비분리동사(Scheidbare/Onscheidbare werkwoorden)

I.

과거 단수	과거 복수	과거분사
pakte in	pakten in	ingepakt
ging weg	gingen weg	weggegaan
stond op	stonden op	opgestaan
belde op	belden op	opgebeld
zocht op	zochten op	opgezocht
keerde terug	keerden terug	terggekeerd
bracht door	brachten door	doorgebracht
ging mee	gingen mee	meegegaan
nam mee	namen mee	meegenomen
trok aan	trokken aan	aangetrokken

II. 1. Els **gaat** het oude bruggetje **over**.   2. Jan **overdrijft** altijd, zegt zijn moeder.
 3. Lea **richt** een jeugdclub **op**.   4. Moeder **belt** de dokter **op**.
 5. De bestuurder **overrijdt** die oude man. 6. Jan **stapt** de straat **over**.
 7. **Kijk** goed **uit**!   8. Die weg **gaat** onder het spoorwegviaduct **door**.
 9. De konijnen **lopen** de tuintjes **in**.   10. Ze **eten** daar de wortels **op**.
 11. Ik **schiet** absoluut niet met dat werk **op**, terwijl het zaterdag klaar moet zijn.
 12. Het aantal woningzoekenden is in het eerste kwartaal van dit jaar met een half procent **afgenomen**.
 13. Ik ben bang dat het nooit meer met regenen **ophoudt**.
 14. Volgende week **draagt** hij zijn functie aan een ander **over**.
 15. Ik heb nooit **meegemaakt** dat zo'n avond zonder incidenten verliep.
 16. Die docent **legde** die stof fantastisch goed **uit**.
 17. Als ik een maand lang iedere avond in dit restaurant eet, **kom** ik tien kilo **aan**.
 18. Die man **stelt zich** vreselijk **aan**. Je moet verder geen aandacht aan hem besteden.

19. Waarom **pak** jij de koffer altijd pas op het allerlaatste moment **in**?
20. De technische commisse **maakt** vanavond **bekend** wie er aan de Europese kampioenschappen mogen meedoen.
21. Hij **stelt** zijn vriendin **voor** aan zijn ouders.
22. Ik **bied** hem bier en wijn **aan**.
23. Hij **stuurt** dat kaartje naar zijn vriend **op**.
24. Paula **werkt** haar taak **af**.
25. Hij **merkt op** dat dit bord gebroken is.
26. De bediende **belt** zijn klant **op**.
27. De bezoeker **vult** het formulier **in**.
28. De politieagent **vindt** de hond van de oude dame **terug**.
29. De advocaat **legt** zijn argumenten **voor**.
30. De kinderen **stappen** de bus **in** om naar school te gaan.
31. Cindy liegt vaak, maar haar moeder **doorziet** haar altijd.
32. Een economische auto **verbruikt** niet veel benzine.
33. In zijn schoolagenda **schrijft** Jan huiswerk en lessen op.
34. Ik zou niet graag willen dat je leraar zich bij je vader over je **beklaagde**, zegt ze aan haar dochter.
35. De radio is uitgevallen; ik **herstel** die onmiddellijk.
36. De vlieglessen voor sportpiloten **herhalen** op 10 september aanstaande.
37. Als je één element ervan weglaat, **misvorm** je het hele beeld.
38. Het was aan het regenen toen ik vanmorgen **opstond**.
39. De apotheker **maakt** voor deze avond het recept **klaar**.
40. Ze **keren** pas in september naar Frankrijk **terug**. 혹은 Ze **keert** pas in september **terug** naar Frankrijk.

Ⅲ. 1. Kun je die vraag **herhalen**?
2. In dit woordenboek worden woorden helder **uitgelegd**.
3. Hij **trok** zijn magere schouders **op** en schudde zijn hoofd.
4. Peter **rekende** globaal **uit** hoeveel geld hij nodig had.
5. Moeder **komt** de kamer van Bart **binnen**.
6. **Verwarmt** u uw huis met gas of met stookolie?
7. De patiënt **heeft** de operatie goed **doorstaan**.
8. De wielrenner **zette door** en won de wedstrijd.
9. Ik **heb** het rapport **overschreven** 혹은 Ik **heb** het rapport **overgeschreven**.
10. **Hebben** jullie die tekst goed **herlezen**?
11. Het publiek **moedigt** de voetballers **aan**.
12. Oma **drong** erop **aan** dat we nog een kopje soep aten.
13. Op de tafel **hebben** Cindy en Bart een verrassing **aangetroffen**.

14. **Wijs** op de kaart van Zuid-Holland **aan** waar Rotterdam ligt.
15. Als een tak **afbreekt**, valt hij van de boom af.
16. Ik **heb** van mijn moeder **afgekeken** hoe ik een hoedje moet dragen.
17. **Doe** die boeken van de stoel **af**!
18. Vader **heeft afgesproken** dat hij om 5 uur thuis zal zijn.
19. We **wachten** mooi weer **af**, dan gaan we fietsen.
20. Mevrouw Janssens is ziek : ze **heeft** haar afspraak met de kapper **afgezegd**.
21. In zijn schoolagenda **schrijft** Johan huiswerk en lessen **op**.
22. Aan de grens **vervullen** we eerst een aantal formaliteiten.
23. De onderwijzer **komt** de klas **binnen**.
24. Je **vult** dit papier **in**.
25. Georges **kijkt** haar ijskoud **aan**.
26. Wat! drie en vier is acht! Maar jij **rekent mis**.
27. Ga rechtdoor en je **loopt** niet **mis**.
28. Ik denk dat u mijn woorden **misverstaat**.
29. Je **laat** een element **weg** en uw antwoord is juist.
30. Je **misvormt** het hele beeld met dit nieuwe element.

Ⅳ. 1. Het meisje houdt de kamers altijd schoon.
2. Die meneer kijkt ons onvriendelijk aan.
3. Er breekt cholera in Egypte uit.
4. Hij biedt ons een beloning aan.
5. Natuurlijk nemen we de beloning graag aan.
6. De knecht komt de volgende week terug.
7. Mijn broer neemt de zaak over.
8. De uitgeverij geeft het boek uit.
9. Hij komt er goed af.
10. Moeder wast de borden af.
11. De trein kwam een uur te laat aan.
12. Hij kleedt zich aan om uit te gaan.
13. Alle kinderen trekken hun jas aan.
14. Dieren graven een hol om in te wonen.
15. De vader van Piet komt de kamer binnen.
16. We lichten onze buren in dat we met vakantie gaan.
17. John aapt me altijd na.
18. Didier geeft het boek uit.
19. Je broer neemt de zaak over.
20. De knecht komt volgende week terug.
21. Je kan moeilijk met haar broers bijeenkomen.
22. Ze botste tegen de auto omdat ze de afstand had overschat.
23. De juf leest de woorden hardop voor.
24. Het vuur gaat uit door water op de vlammen te gooien.

25. Een meetlat aan de kant van het zwembad geeft de diepte aan.
26. Kun je het zout even doorgeven?
27. In het circus treden gedresseerde leeuwen op.
28. Wist je dat die vedette met champagne ontbijt?
29. Ik eis dat je je kamer opruimt! 30. Peter bood zijn excuses aan.
31. Hij spreekt de dief vrij. 32. Ik kom morgen terug.
33. We gebruiken papier. 34. Je bereidt de les voor.
35. Ik bel mijn vriend terug. 36. We maken het diner klaar.
37. Je schrijft het telefoonnummer op. 38. U bestelt een hamburger.
39. Ze ontmoeten Jan in het restaurant.
40. De burgemeester nodigt mevrouw Peters uit.

Ⅴ. 1. De jongen wijkt rechts uit voor de auto. 2. De kamer kijkt uit op de tuin.
3. De jongen ziet er ziek uit. 4. De beginner rijdt wel eens iemand aan.
5. De jongen komt voor het donker terug.
6. Zijn moeder roept hem een laatste woord toe.
7. Ik kijk de zaak nog eens aan. 8. Vader rust een uurtje uit.
9. Ik kom morgen terug.
10. Ik wens hem geluk met zijn verjaardag.

5. 완료형(Het perfectum)

Ⅰ. 1. heeft 2. is 혹은 zijn 3. zijn 4. zijn 혹은 is
5. Heb 6. is 7. ben 8. heb 9. is 10. is
11. is 12. is 13. hebben, is 14. heeft, heeft
15. zijn 16. heeft, is 17. is 18. hebben 19. Ben
20. heeft, hebben

Ⅱ. 1. Ze heeft daar een kopje koffie gedronken.
2. Ze is met de bus gekomen.
3. Ik heb brieven naar vele landen geschreven.
4. Ik heb veel antwoorden gekregen. 5. Mijn zus heeft me geholpen.
6. Ik heb in dat nieuw restaurant gegeten.
7. Ik heb er ook een glaasje wijn gedronken.
8. Waar bent u zolang gebleven? 9. De chauffeur heeft te snel gereden
10. Ik heb het niet begrepen

Ⅲ. 1. Ze hadden een vreemd lawaai gehoord.
2. Waarom had hij deze brief geschreven?
3. Het had bijna alle dagen geregend.
4. We hadden een nieuwe keuken besteld.
5. Waarom waren jullie naar Brussel gegaan?
6. De kinderen hadden met deze film gelachen.
7. Moeder had mooie bloemen op de tafel gezet.
8. Vader was de naam van dat product vergeten.
9. Ze waren naar de tram gelopen.
10. Je had je vrienden in het restaurant ontmoet.

6. 화법 조동사(Modale hulpwerkwoorden)

Ⅰ. 1. Kunt   2. moet   3. kan   4. Wil, moet   5. Mag

Ⅱ. 1. Je kunt de brief meenemen.   2. Je moet altijd doen wat hij zegt.
3. Hij mag dat geld aannemen.   4. Ik wil een avond bij hun doorbrengen.
5. In Nederland mag je niet rijden voor je eenentwintig bent.
6. Als de Amerikaanse familie hier is, moet ik veel Engels praten.
7. Aangezien hij in Amerika woont, kan hij alles betalen.
8. Terwijl de vrouwen wandelen, kunnen de mannen de afwas doen.
9. Omdat je me zo goed geholpen hebt, mag je vanavond naar de film gaan.
10. Ik kan niet in zo'n grote auto rijden.

Ⅲ. 1. Meneer van Dam moet vandaag werken. Meneer van Dam heeft vandaag moeten werken.
2. Hannie wil haar vriendin bezoeken. Hannie heeft haar vriendin willen bezoeken.
3. Zij kunnen uren lang over jongens praten. Zij hebben uren lang over jongens kunnen praten.
4. De student moet veel boeken lezen. De student heeft veel boeken moeten lezen.
5. Zij mag niet thuis blijven. Zij heeft niet thuis mogen blijven.
6. Wim en zijn vriend willen naar Engeland gaan. Wim en zijn vriend hebben naar Engeland willen gaan.
7. Jij moet niet veel met je neef praten. Jij hebt niet veel met je neef moeten praten.
8. Wij willen zaterdags niet studeren. Wij hebben zaterdags niet willen studeren.
9. Zij moeten veel van Nederland en België zien. Zij hebben veel van Nederland en België moeten zien.

10. Cor kan de auto van meneer Van Dam gebruiken. Cor heeft de auto van meneer Van Dam kunnen gebruiken.

7. 비인칭 동사(Onpersoolijke werkwoorden)

Ⅰ. 1. Het regent in België bijna 200 dagen per jaar.
2. In de Ardennen sneeuwt het vaker dan aan de kust.
3. Het is me aangenaam kennis met uw familie te maken.
4. Het lukt hem vlugger te lopen.   5. Het is hem niet gelukt.
6. Het schijnt dat niemand wist waar ze was.
7. Het ijzelde vanmorgen.   8. Het regent dat het giet!
9. Het waait meer aan zee dan in het binnenland.
10. Het vriest dat het kraakt!

Ⅱ. 1. Er   2. het   3. het   4. Het   5. er   6. Het, het
7. er   8. het   9. het   10. er   11. Er   12. het
13. Er

8. 동사의 명령형(De imperatief)

Ⅰ. 1. Start de motor.   2. Ontkoppel.
3. Schakel naar de eerste versnelling.   4. Koppel langzaam
5. en geef gas.   6. Druk langzaam op de rem.
7. Stop de auto.   8. Zet de versnelling in de vrijloop.
9. Draai de sleutel om.   10. Trek de handrem aan.
11. Wees verstandig.   12. Trek   13. Maak
14. Geef   15. Zet   16. Vergeet
17. Volg   18. Schrijf   19. Was
20. Slaap   21. Vraagt u een inlichting!
22. Schrap zijn naam van de lijst!   23. Laten we een nieuw boek kopen!
24. Pas eens op voor de auto's!   25. Neemt u even het medicament in!
26. Stuur deze brieven op!   27. Zoekt u maar een nieuwe job!
28. Eet alles op!   29. Laten we de bus nemen!
30. Komt u toch binnen!

Ⅱ. 1. Doe je jas niet uit!   2. Ga niet zitten!
3. Neem geen blad papier!   4. Sta niet onmiddellijk op!

5. Gooi de brief niet door de gleuf van de brievenbus!
6. Breng het recept niet naar de apotheker!
7. Neemt u niet plaats!
8. Blijf hier niet zitten!
9. Zing dat liedje niet!
10. Laten we die trein niet nemen!

9. 현재분사형 (Het tegenwoordige deelwoord)

Ⅰ. 1. rinkelende 2. Zuchtend 3. zingend 4. kokend 5. etende
6. lezend 7. dampende 8. Stakende 9. stinkende 10. piepende

Ⅱ. 1. Ik zie *spelende kinderen* op het schoolplein.
2. Ik zie *een bloeiende begonia* achter een raam.
3. Ik zie *zonnebadende toeristen* op het strand.
4. Ik zie *vechtende katten* in een tuin.
5. Ik zie *een huilend meisje* bij de tandarts.

10. 진행형 (Duratieve constructies)

Ⅰ. 1. Piet is het gras aan 't maaien.
2. Ze zitten allemaal koffie te drinken.
3. Ik zit op het ogenblik een boek over de bezetting te lezen.
4. We staan naar een interessant televisieprogramma te kijken.
5. We zijn urenlang in die auto aan 't rondrijden.
6. Wij zaten over de vakantie aan 't praten.
7. De mannen zitten een lekker kopje koffie te drinken.
8. De student lag een moeilijk boek te lezen.
9. Vader en Moeder zijn over hun problemen aan 't denken.
10. De jongens zijn over een paar boeken aan 't vechten.
11. Wij zaten een lange brief aan onze familie te schrijven.
12. De leraar is een moeilijke constructie aan 't uitleggen.
13. De zanger is een prachtig lied aan 't zingen.
14. Gisteravond lag ik naar een mooi programma op de televisie te kijken.
15. Er waren veel mensen aan 't skiën.

Ⅱ. 1. Het kind zit aan tafel te schrijven.
   2. Cindy ligt in haar bed te lezen.   3. De secretaresse zit een brief te typen.
   4. Twee meisjes staan op de hoek van de straat te praten.
   5. De kat ligt onder de tafel te slapen.   6. Bart zit naar de televisie te kijken.
   7. Vader staat de wagen te wassen.   8. De was hangt in de tuin te drogen.
   9. De hond ligt in de zon te slapen.
   10. Moeder staat het eten klaar te maken.

Ⅲ. 1. Sanne is bezig af te wassen.   2. Vader is bezig zijn wagen te wassen.
   3. Moeder is bezig het pakje los te maken.
   4. Jan en Piet zijn bezig te vechten.   5. Erik is bezig de kaart te lezen.

Ⅳ. 1. Meneer Hans is z'n garage aan het opruimen.
   2. Die mevrouw van nummer 32 is haar ramen aan het lappen.
   3. De overbuurman is de auto aan het wassen.
   4. De kinderen van hiernaast zijn in het park aan het spelen.
   5. Die dochter van Hans is aan het zonnebaden.

11. 동사의 부정법 (Werkwoorden die samengaan met een infinief)

Ⅰ. 1. 휴가에 대해 이야기해야 되나? 말할 것이 없다.
   2. 3개월안에 네덜란드어를 완전하게 배우려한다. 그건 할 수 없는 일이다.
   3. 너를 위해 무언가를 할 수 있을까? 설겆이 할 것이 아직 있니?
   4. 내 텔레비전은 더 이상 수리가 안된다.   5. 그것은 어찌할 도리가 없다.
   6. 너는 제 때에 와야한다.   7. 그는 자기 나이를 잘 숨길 수 있었다.
   8. 그와는 이야기를 할 수가 없다.
   9. 그는 진짜 의사가 아니다. 그는 믿을 수가 없다.
   10. 스무살이면 그런 짓을 해서는 안된다.

Ⅱ. 1. Ik hoop deze keer mee te gaan.
   2. Ze is toch van plan geweest niet te vertrekken.
   3. Ik denk een kilo appels te kopen.   4. Er is iets interessants te zien.
   5. Ik vraag u naar huis te gaan.   6. Het schijnt een mooi dorp te zijn.
   7. Hij probeert zijn vriend tegen te houden.
   8. Ik heb hem gezegd naar school te gaan.
   9. Ik had eerst gedacht het boek niet mee te brengen.
   10. Hij heeft besloten vandaag thuis te blijven.

Ⅲ. 1. Ik heb Nederlands willen spreken.
2. Ik heb een foto laten maken.
3. De directeur heeft me niet willen helpen.
4. Deze klanten zijn lang in het café blijven zitten.
5. De leraar is in de studeerkamer gaan zitten.
6. In Pisa zijn we de scheve toren gaan bewonderen.
7. Heb je niet anders kunnen handelen?
8. Hij heeft naar het station moeten gaan.
9. Ze is een jaar in Nederland gaan doorbrengen.
10. De dames zijn voor alle winkels blijven staan.

Ⅳ. 1. 없음   2. 없음   3. We zitten al een uur *te werken*.
4. In plaats van *te lach*en was hij kwaad.
5. Ik ben van plan *te werken*, zonder tijd *te verliezen*.
6. Ik wens hier tot vanavond *te blijven*.
7. Na veel gewerkt *te hebben* maakten we ons klaar, om naar huis *te gaan*.
8. Jan staat met zijn vriend *te praten*.
9. Proberen jullie deze studenten *te helpen*?
10. Hij blijkt al lang ziek *te zijn*.   11. 없음
12. Hij dacht om 8 uur *te vertrekken*.   13. 없음
14. We proberen de sterren *te zien*.   15. 없음
16. Het begint *te sneeuwen*.   17. 없음
18. We zijn van plan een week vakantie *te nemen*.

Ⅴ. 1. Jan is met ons blijven werken.
2. Onze conciërge is boodschappen gaan doen.
3. Is haar zoon naar de televisie komen kijken?
4. De leraar heeft niet op tijd kunnen aankomen.
5. We hebben het niet mogen proberen.
6. Ze hebben al lang samen lopen praten.
7. Ze heeft haar moeder moeten helpen.
8. Jullie hebben naar de stad kunnen gaan.
9. Ze hebben alle vrienden zien lachen.
10. Ze heeft met haar vriendje willen komen.

12. 재귀동사(Reflexieve werkwoorden), 재귀대명사(Het wederkerend voornaamwoord), 상호 대명사(Het wederkerig voornaamwoord)

Ⅰ. 1. ons 2. zich 3. zich 4. zich 5. je
6. zich 7. me 8. je 9. zich 10. zichh, zich
11. zich 12. me 13. zich 14. zich 15. je
16. ons 17. me 18. je 19. zich 20. je

Ⅱ. 1. zich 2. elkaar 3. elkaar 4. elkaar 5. zich
6. zich 7. zich 8. elkaar 9. zich 10. zich
11. elkaar 12. zich. 13. zich 14. zich 15. elkaar
16. zich 17. elkaar 18. elkaar 19. elkaar 20. elkaar

13. 수동태(Passieve zinnen)

Ⅰ. 1. 수동 2. 수동 3. 능동 4. 수동 5. 수동
6. 수동. 7. 능동 8. 능동 9. 수동 10. 수동

Ⅱ. 1. Het verslag was door de kantoorchef gelezen.
2. Annie is door Marieke geholpen.
3. De bestelbon zal door de bediende klaargemaakt worden.
4. Door wie zou die brief geschreven worden?
5. Het vlees werd door vader gesneden.
6. De krant wordt door Jan aan vader gegeven.
7. Dat boek zal door de leerlingen gelezen worden.
8. Dat boek moet door de leerlingen gelezen worden.
9. Het haar van Paul werd door de kapper geknipt.
10. We worden door vader en moeder niet begrepen.
11. Haar brieven worden door de secretaresse om 5 uur gestuurd.
12. De wedstrijd wordt door de kinderen in Amsterdam gespeeld.
13. De nieuwe computer wordt door de verkoper morgen gebracht.
14. De kinderen van haar school worden door Lisa op een feestje uitgenodigd.
15. De televisie wordt door deze familie alleen 's avonds aangezet.
16. Rond tien uur wordt de nieuwe bediende door de directeur verwacht.
17. De voorstellen van het syndicaat worden door de directeur niet aanvaard.
18. Alle dossiers worden door de secretaresse in het Nederlands vertaald.
19. Een gunstig antwoord wordt door deze firma gegeven.

20. Mijn auto wordt door de garagehouder pas morgen hersteld.
21. Er wordt rekening gehouden met uw advies. 혹은 Er wordt met uw advies rekening gehouden.
22. De gewonden worden naar het ziekenhuis gebracht.
23. De vrachtwagen is door de arbeiders geladen.
24. Dat wordt niet gezegd.
25. Er moet door de regering met de milieugroepen rekening gehouden worden.
26. De beste wijn ter wereld wordt door de Fransen geproduceerd.
27. maar het beste bier van Europa wordt door de Belgen gebrouwen
28. en de beste kaas wordt door de Hollanders gemaakt.
29. Er wordt aan de deur geklopt.
30. De patiënten werden door de dokter onderzocht.
31. De thee werd door hen uit een glas gedronken.
32. De auto is door de botsing beschadigd.
33. De extreem-rechtse partijen werden door de media hard aangepakt.
34. De schoorsteen is zwart geblakerd door de hitte van het haardvuur.
35. In een bistro worden de maaltijden op een Franse manier klaargemaakt.
36. Aardolie wordt diep uit de aarde gehaald om er benzine van te maken.
37. Overhemden met een stijf boord worden niet meer gedragen door de jongeren.
38. Die zeep werd door Willem gekocht.
39. Aardgas wordt gebruikt voor kachels en fornuizen.
40. Camembert wordt in Frankrijk gemaakt.
41. Amerika werd door Christoffel Columbus ontdekt.
42. Deze schaar moet geslepen worden. 혹은 Deze schaar moet worden geslepen.
43. Plotseling werd ze bij de arm gegrepen.
44. Ik werd door zijn ruwe manier van doen afgeschrikt.
45. De film zal over twee dagen vertoond worden.
46. Alle gemaakte kosten zullen door de firma vergoed worden.
47. De brieven moeten door de secretaresse zo spoedig mogelijk getypt worden. 혹은 De brieven moeten door de secretaresse zo spoedig mogelijk worden getypt.
48. In de loop van de week zullen alle details door de president bekend worden gemaakt. 혹은 In de loop van de week zullen alle details door de president worden bekendgemaakt.
49. Daar was nog niet over gesproken.
50. Ik word altijd door het kind pappie genoemd.

51. De kinderen worden door vader van school gehaald.
52. De brief wordt door de leraar geschreven.
53. Het veld wordt door de boer bewerkt.
54. De club werd in 1954 opgericht door een advocaat.
55. De deur wordt door de meid open gedaan.
56. Het vliegtuig wordt door de piloot bestuurd.
57. Die taal wordt niet meer gesproken.
58. Het bedrijf wordt door de directeur geleid.
59. Engels wordt door veel mensen in verschillende landen gesproken.
60. De boomstam werd in stukken gehakt.
61. De kampeerders werden verrast door het onweer.
62. Medicijnen werden verstrekt aan de zieken.
63. Het zieke kind wordt door zijn ouders verzorgd.
64. Op de radio werden de luisteraars gewaarschuwd voor dichte mist.
65. Zeldzame insekten werden door de kinderen gevangen.
66. Veel cadeautjes worden met Kerstmis gezonden.
67. De mooiste werken zijn door Van Gogh in Arles geschilderd.
68. De jongens moeten door de onderwijzer bezig gehouden worden.
69. Armen en ongelukkigen worden altijd door Sonia geholpen.
70. Deze lijnen worden door twee andere gesneden.
71. Die theepot zou door een chinese keizer gebruikt zijn.
72. De nadelen van die toestand werden door de mensen vergeten.
73. Het geld is door de koopman niet teruggevonden.
74. De brieven zullen door de postbode worden gebracht.
75. Al de boter wordt door de boerin in de soep gegooid.
76. Die stem is nooit meer gehoord.
77. Er wordt veel gefietst in Nederland.
78. De ambtenaar wordt door de minister benoemd.
79. De beslissing was door de minister genomen.
80. Mijn broer wordt door de auto aangereden.
81. De beste wijn wordt door de Fransen geproduceerd.
82. Een mooi toneelstuk is door ons opgevoerd.
83. De hele som werd door de klant ineens terugbetaald.
84. Het verkeer werd door de agent geregeld.
85. De beste kaas wordt door de Hollanders gemaakt.

86. Het mooie Vlaanderen wordt door de Fransen ontdekt.
87. Zijn voetbalspullen zijn door Dieter aan zijn vader gegeven.
88. De tarwe wordt in de herfst gezaaid.
89. Het beste bier is altijd door de Belgen gebrouwd.
90. Het verse brood werd door moeder aangesneden.
91. De dief is door de politie achtervolgd.
92. De kredietkaart van mijn vrouw zou door een dief gestolen zijn.
93. De vereniging wordt door de leden ontbonden.
94. Een nieuwe president is in mei door de Fransen verkozen.
95. De man is door zijn vrouw vergiftigd.
96. Die waterleiding werd dagen geleden door de arbeider al hersteld.
97. Vroeger werden de dieven opgehangen.
98. Onze hond is door een dierenarts onderzocht.
99. Mijn broer wordt door iedereen gefeliciteerd.
100. Het schilderij wordt (door men) voor €15.000 verkocht.

Ⅲ.
1. Het gerinkel van de telefoon maakte hem de volgende ochtend wakker.
2. Mieren plaagden ons in de tent.
3. Drie mannen ontvoerden de zoon van de bankdirecteur.
4. De burgemeester onderscheidde de brandweerman.
5. De kinderen omringden de jarige.
6. De notaris zal het plan uitvoeren.
7. Men speelt vaak komedie.
8. De oude vrouw maakt de zaken in orde.
9. De man laat het geld aan verre neven na.
10. Wat vind je daar? 혹은 Wat vindt men daar?

Ⅳ.
1. Ja, een taartje wordt door moeder gebakken.
2. Ja, de programma's worden door mij betaald.
3. Ja, die rol wordt door Jan gespeeld.
4. Ja, dat boek wordt door mijn broer gevraagd.
5. Ja, dat meisje wordt door de leraar geholpen.
6. Ja, die brief wordt door de secretaresse geschreven.
7. Ja, die tekening wordt door mij gemaakt.
8. Ja, dat mooie lied wordt door Anneke gezongen.
9. Ja, de bezoeker wordt door de directeur afgehaald.

10. Ja, die oude auto wordt door die man verkocht.

Ⅴ. 1. worden 2. worden. 3. is 4. wordt 5. wordt
   6. worden 7. zijn 8. wordt 9. worden 10. is
   11. zijn 12. zijn 13. zijn 14. worden 15. is
   16. is 17. worden 18. wordt 19. worden 20. is

14. 접속법(De Conjunctief)

Ⅰ. 1. 그 호텔이 시내에서 제일 좋은 호텔일 것이다. (추측)
   2. 무엇 좀 부탁드리고 싶습니다. (정중한 부탁)
   3. 내가 너라면 햇빛에 너무 오래 있지 않겠다. (가정)
   4. 그들은 여섯시 경에 올 것이다. (추측)
   5. 내가 그여자라면 내가 무엇을 해야할지 알 수 있을텐데. (가정)
   6. 한국에 가고 싶다. (염원)
   7. 백만 유로가 있다면 무엇을 할 것인가?
   8. 사고가 일어나지 않았더라면 10시 45분에 도착했을 텐데.
   9. 내가 돈이 있다면 너에게 돈을 빌려줄 수 있을 텐데.
   10. 네가 원한다면 모든 것을 할꺼야

Ⅱ. 1. Als ik geld had, zou ik een jurk kopen.
   2. Die zou uit het beste atelier van de stad komen.
   3. Het zou de juiste maat zijn.
   4. Het model zou allerliefst zijn.
   5. Die jurk zou niet te duur zijn.
   6. Ik zou er niet meer dan € 50 aan besteden.
   7. Ik zou niet meer kunnen uitgeven voor een zomerjurk.
   8. Ik zou een mooie kleur kiezen.
   9. Ik zou te veel geld uitgeven.
   10. 's Morgens zou ik me zo gauw mogelijk aankleden.
   11. Hij zou steeds veel werken.
   12. Wanneer zou hij een nieuwe auto kopen?
   13. Ik zou veel aan mijn vader denken.
   14. We zouden misschien naar de Olympische Spelen gaan.
   15. Zou ze graag dansen?
   16. Jullie zouden goed bezig zijn.
   17. Zou het morgen voorbij zijn?

18. Wie zou veel boeken lezen?
19. Hij zou een flinke jongen zijn.
20. Ze zou misschien een beroemde zangeres worden.
21. Het concert zou om acht uur beginnen.
22. Je zou dit artikel moeten lezen.
23. Hij zou minder hard moeten zingen.
24. Je zou boter kunnen kopen.
25. Onze vrienden zouden ons morgen bezoeken.
26. Mijn zoon zou me zaterdag een bezoek brengen.
27. Hij zou om 12 uur terug zijn.
28. Hij zou me een pakje meebrengen.
29. De auto zou vóór het station staan.
30. Ouders en kinderen zouden samen eten.
31. Hij zou komen.
32. Het zou vannacht regenen.
33. Als ik het zou geweten hebben/Als ik het geweten had, zou ik gekomen zijn.
34. Als ik geld zou hebbeb/Als ik geld had, zou ik je kunnen helpen.
35. Als ze gelukkig zou zijn/Als ze gelukkig was, zou ze niet wenen.
36. Als ik tijd zou hebben/Als ik tijd had, zou ik gaan zwemmen.
37. Als hij zou gekomen zijn/Als hij gekomen was, zou hij het zelf gezegd hebben.

Ⅲ. 1. Mijn vader beloofde dat ik een cadeau zou krijgen.
2. Ik zou graag een hamburger eten.
3. Die avond zouden de ouders het huis versieren.
4. Waarom zou hij verhuizen?
5. In de bossen van Noord-Amerika zou er een bigfoot leven.
6. Het is erg koud : zou je je parka niet aantrekken?
7. Zelfs als hij steenrijk was, zou ik toch niet met hem willen trouwen.
8. Ik zou graag een appartement aan de kust willen kopen.
9. Dit meisje zou morgen niet kunnen komen.
10. Veel mensen zouden graag naar het Zuiden willen gaan.
11. Ik zou een nieuwe auto willen kopen.
12. Ik zou naar Amerika gaan.
13. We zouden met het vliegtuig kunnen reizen.
14. Ik zou de telefoon op de trap zetten.
15. Zouden alle winkels om 20 uur gesloten zijn?

16. Tot hoe laat zou de film duren?
17. Zou hij morgen terugkomen?
18. Zou dat een nieuwe rok zijn?
19. Zouden we ons dier mogen meenemen?
20. Zou dat een gouden horloge zijn?

Ⅳ. 1. We gaan op vakantie als Erik een vakantietoelage krijgt.
2. Als het weer mooi blijft, gaan we naar de kust.
3. We hebben een nieuwe tent nodig, tenzij de oude groot genoeg is.
4. Als Peter een vakantiebaantje vindt, gaat hij niet mee.
5. Karin wil wel mee, tenzij ze met haar vriendin naar Den Haag mag.

Ⅴ. 1. Als ik een miljoen in de lotto won, zou ik op reis gaan.
2. Als ik meer tijd had, zou ik elke dag sport doen.
3. Als ik een promotie kreeg, zou ik meer geld verdienen.
4. Als ik wat handiger was, zou ik de keuken renoveren.
5. Als de kinderen het huis uit waren, zou ik dit huis verkopen.

Ⅵ. 1. Als het niet regende, zouden we kunnen gaan fietsen. 혹은 Als het niet zou regenen, zouden we kunnen gaan fietsen.
2. Als de winkels open waren, zouden we kunnen winkelen. 혹은 Als de winkels open zouden zijn, zouden we kunnen winkelen.
3. Als we appels in huis hadden, zouden we appeltaart kunnen maken. 혹은 Als we appels in huis zouden hebben, zouden we we appeltaart kunnen maken.
4. Als de dvd-speler niet kapot was, zouden we naar een film kijken. 혹은 Als de dvd-speler niet kapot zou zijn, zouden we naar een film kunnen kijken.
5. Als Peter de computer niet gebruikte, konden we op het internet kunnen. 혹은 Als Peter de computer niet zou gebruiken, zouden we op het internet kunnen.

Ⅶ. 1. Ik had met Rembrandt kunnen praten. 혹은 Ik zou met Rembrandt hebben kunnen praten.
2. Ik had voor de VOC willen werken. 혹은 Ik had voor de VOC willen werken.
3. Ik was bang geweest voor de pest geweest. 혹은 Ik zou bang zijn geweest voor de pest.
4. Ik had het stadhuis zien branden. 혹은 Ik zou het stadhuis hebben zien branden.
5. Ik had bij kaarslicht gelezen. 혹은 Ik zou bij kaareslicht hebben gelezen.

Ⅷ. 1. Zou je mijn planten water willen/kunnen geven?

2. Zou je de hond uit willen/kunnen laten? 혹은 Zou je de hond willen/kunnen uitlaten?

3. Zou je de kattenbak schoon willen/kunnen maken? 혹은 Zou je de kattenbak willen/kunnen schoon maken?

4. Zou je het gras willen/kunnen maaien? 5. Zou je de post op tafel willen/kunnen leggen?

2 관사(Het lidwoord)

I. 1. Het   2. Het   3. De   4. De   5. De
   6. Het   7. Het   8. De   9. Het   10. De
   11. Het antwoord   12. de   13. het   14. de
   15. het   16. de   17. de   18. de   19. De
   20. het   21. Het   22. Het   23. de   24. de
   25. De   26. De   27. de   28. het   29. Het
   30. de   31. de   32. de   33. de   34. het
   35. het   36. Het   37. de   38. de

II. 1. 없음   2. Ik maak kennis met de ouders van mijn vriend.
   3. Hij staat voor de school.   4. Ik heet je welkom.
   5. De vrouw is in de rouw : haar man is overleden.   6. 없음
   7. 없음   8. In de zomer vertrekken we naar Frankrijk voor één maand.
   9. Er is een middel om dit nummer te onthouden.
   10. Ik ga naar bed.   11. 없음
   12. Al de mensen kijken naar het stadhuis.
   13. Dat meisje is altijd in het zwart gekleed.   14. 없음
   15. In de winter zijn de nachten langer dan in de zomer.   16. 없음
   17. Dit boek is uit het Engels vertaald.   18. 없음   19. 없음
   20. Kinderen zeggen de waarheid.   21. 없음
   22. Het zusje van Paul heeft blond haar.
   23. ussen Kerstmis en Nieuwjaar zijn de kinderen met vakantie.
   24. Kapitein Derijcker leest graag het laatste boek van Marc Levy.
   25. De penvriend van Peter is een Nederlander.
   26. Ga je naar de Ardennen of naar Brugge voor je vakantie?

27. 없음　　　　　　　28. In wiskunde is Laura de sterkste op school.
29. 없음　　　　　　　30. Het blauw van de blouse is te donker.
31. 없음　　　　　　　32. 없음
33. We zijn naar de Ardennen gefietst.　　　34. 없음
35. Het bedoeld artikel heb ik nog niet kunnen lezen.
36. 없음　37. 없음　38. 없음　39. De hele partij koper is verkocht.
40. 없음　41. 없음　42. 없음　43. 없음　44. 없음　45. 없음

Ⅲ. 1. Ken je **het** verschil tussen een kameel en een dromedaris?
　　2. Hij maakte een verslag van **het** schoolreisje.
　　3. Ik lig in **de** zon op **het** balkon.
　　4. Plotseling rende **de** tijger op **het** hert af.
　　5. Na **de** pauze werd **de** film vervolgd.
　　6. Cora mag met haar tante naar **het** circus.
　　7. Kan je **de** structuur van deze zin verbeteren?
　　8. Op **het** water zie je **de** weerschijn van **de** zon.
　　9. We hebben vrijwillig **het** schoolplein aangeveegd.
　10. **Het** hek vormt **de** scheiding tussen **de** wei en **de** weg.
　11. **Het** gebouw wordt volledig gesloopt.
　12. Ik vind dat **het** feest goed voorbereid is.
　13. Op **het** laatste moment besloot ze alles te vertellen.
　14. Ze gaat in **het** gras zitten.
　15. Wat is er van **de** muur gevallen?
　16. Jacob zet **het** glas melk op **de** tafel.

Ⅳ. 1. In **de** woonkamer zit **het** hele gezin behalve moeder die in **de** keuken voor **het** fornuis staat. Ze maakt **het** eten klaar. Vader leest **de** krant. Hij vindt dat **het** nieuws slecht is. Peter staat op **het** terras : hij kijkt naar **de** tuin waar **de** hond achter **de** kat loopt. Moeder opent **de** koelkast om melk te nemen want **de** kinderen drinken geen koffie. Grootvader zit in **de** sofa en kijkt naar **de** televisie. Anna leest **het** laatste boek van haar lievelingsschrijver. Wat later zit iedereen aan tafel : **de** maaltijd is klaar. Moeder heeft **het** zout vergeten. Het staat op **de/het** aanrecht. Om moeder te helpen zullen Anna en Peter **de** afwas doen en alles in **de** keukenkast zetten.

　　2. Het onderwijs in Nederland
　　　　In Nederland kunnen kinderen vanaf vier jaar naar **de** basisschool. Ze moeten

onderwijs blijven volgen tot ze 16 jaar zijn. In Nederland zijn er bijzondere basisscholen en openbare basisscholen. **Een** voorbeeld van een bijzondere school is **een** katholieke school of **een** islamitische school. Op openbare scholen is er geen sprake van **een** vast geloof. Aan **het** einde van **de** basisschool doen alle kinderen **een** toets. **Het** resultaat van **de** toets is belangrijk voor **de** keuze van **de/een** volgende school. Alle kinderen gaan na **de** basisschool naar **een/de** middelbare school. Er zijn veel verschillende middelbare scholen. Na de middelbare school kunnen ze nog verder studeren. Sommige volgen nog **een** universitaire opleiding of **een** hogere beroepsopleiding.

3. **De** organisatie van Nieuwstuin

Ik ben op bezoek geweest bij **het** bedrijf Nieuwstuin. Het is **een** klein bedrijf dat **de** plaatselijke krant van x Tilburg drukt. **De** naam van **de** directeur is x Ferdinand Stollens. Vroeger was hij x journalist. Er zijn 34 werknemers. **De** werknemers werken op vijf verschillende afdelingen. **De** afdeling Stadsnieuws is **de** grootste afdeling. Hier werken negen journalisten. **Een** andere afdeling is de afdeling Sport.

De afdelingen hebben allemaal **een** chef. **De** chefs controleren **de** inhoud van **de** artuikelen voor **de** krant. Ze vergaderen één keer per maand met **de** directeur.

3 명사(Het substantief)

1. 문법성(Woordgeslcht)

1. de	2. het	3. het	4. de	5. de	6. het
7. de	8. de	9. de	10. het	11. Het	12. Het
13. De	14. De	15. De	16. Het	17. Het	18. De
19. Het	20. De	21. het	22. de	23. het	24. de
25. het	26. de	27. de	28. de	29. De	30. het
31. het	32. de, het	33. de, het	34. de, de	35. het	36. de
37. het, de	38. het	39. Het, de, de, de		40. Het	

2. 명사의 복수형(Meervoudsvorm)

Ⅰ. 1. huizen 2. steden 3. patiënten 4. brieven 5. leden
   6. wegen 7. oorlogen 8. bacteriën 9. Beo's 10. bermuda's

　　　　11. eieren　　12. hekken　　13. bevelen　　14. minuten　　15. glasscherven

Ⅱ.　1. euro　　2. kilometer　　3. lepels　　4. centimeter　　5. maanden
　　　6. dozijn　　7. minuten　　8. uur　　9. kwartier.　　10. jaar
　　　11. kwartier　　12. jaren　　13. man　　14. jaar　　15. keer
　　　16. maanden　　17. uren　　18. uur　　19. franken　　20. keer
　　　21. jaar　　22. uur　　23. regels　　24. centimeter　　25. jaar
　　　26. meter　　27. minuten　　28. uur　　29. keer　　30. jaren

Ⅲ.　1. Die auto rijdt te hard.　　2. Het kind speelt in de tuin.
　　　3. Ik woon in een flat.　　4. Je gelooft dat de bel ging?
　　　5. Ik wilde nog een kopje koffie bestellen.
　　　6. Een school is een gemeenschap voor leerlingen.
　　　7. De hond ligt onder de tafel.　　8. Ik zal erover spreken.
　　　9. Je liep naar het station.
　　　10. De conducteur controleert de kaartjes in de trein.

Ⅳ.　1. brood　　2. stoel　　3. auto　　4. been　　5. bloes
　　　6. roos　　7. steen　　8. brief　　9. banaan.　　10. glas

Ⅴ.　1. Drie **functionarissen** stonden hem op te wachten.
　　　2. Een gezin van vier **personen** wil de trein instappen.
　　　3. Ik vond geen stapel boeken, maar twee **agenda's**.
　　　4. Ze heeft vijf **kaartjes** gekocht.
　　　5. De **vrouwen** begrijpen ons niet.
　　　6. In Disneyland-Paris is het verblijf voor **kinderen** gratis.
　　　7. Ik moet nog twee **brieven** schrijven.
　　　8. De bediende heeft nogal veel **problemen** op kantoor.

Ⅵ.　werkweek, lunchafspraak, zakenvriend, samenwerkingsproject, bestuursvergadering, belastingformulieren, groepsgesprek, vakbondsleden, loonsverhogingen, loonsverhogingen, telefoongesprek, werkbezoek, verjaardagsborrel, sneltrein

4. 지소형 명사(Het verkleinwoord)

Ⅰ.　1. boekje, kastje, stadje, kleedje, klokje, kindje, klompje
　　　2. koekje, zinnetje, vorkje, riviertje, deeltje, diertje, stroompje

3. bezempje, schoentje, vriendje, papiertje, voetje, trapje
4. randje, woordje, sommetje, lepeltje, middeltje, zeetje, balletje
5. lichaampje, vraagje, plekje, autootje, fietsje, pennetje
6. dekentje, fornuisje, bedje, mannetje, probleempje, zonnetje
7. kantje, kopietje, staatje, werkje, brilletje, oogje, neusje
8. duimpje, lampje, plantje, bankje, boompje, taaltje
9. mensje, soldaatje, schrijvertje, tuintje, wagentje
10. regerinkje, prijsje

II. 1. dorpje   2. baantje   3. borreltje   4. etentje   5. Schatje

III. 루시아 세일스트라는 Stavoren에 살고 있습니다. Stavoren은 Friesland의 남서쪽에 있는 조그마한 마을(dorpje)입니다. 여름철에는 많은 사람들이 Stavoren으로 하루정도(dagje) 놀러 오게되면 아주 복잡합니다. Stavoren은 옛날 Zuiderzee에 인접해 있으며 아주 아름다운 조그마한 항구(haventje)입니다. 거기서 사람들은 들어오는 모든 배들을 잠시(tijdje) 구경할 수 있습니다. 그 곳에는 좋은 수상스포츠가게들이 있습니다. Stavoren은 많은 예쁘고 조그마한 다리들(bruggetjes)이 있습니다. 그곳에는 또한 유명한 'Stavoren의 어리석은 여인(vrouwtje)' 이라는 동상이 하나 서 있습니다. 더나아가 많은 작은 카페들(cafeetjes)이 있습니다. 카페에서 커피 한잔(kopje)을 마시거나 생선을 넣은 맛있는 작은 빵(broodje)를 먹을 수 있습니다.

IV. Ik heb een **kaartje** gekocht om Madurodam te bezoeken. Wat is er veel te zien. Kleine **dorpjes**, kleine **stadjes** en ook kleine **boompjes**, Een **kerkje** met een **torentje**. Ik zie **kanaaltjes**. En daar varen **scheepjes**. Ze varen onder de **bruggetjes** door. In de verte staat een **molentje**. In de **straatjes** lopen **mensjes** met klein **armpjes** en **beentjes**. Ik zie ook de Amsterdamse **geveltjes**. Bij een **stationnetje** komt een **treintje** aan. In het **haventje** liggen **bootjes**. Veel bekende **gebouwtjes** zie ik in het klein.

4 형용사(Het adjectief)

I. 1. late   2. beroemd   3. rode   4. nieuwe   5. oude
6. lang   7. Koud   8. moeilijke   9. verre   10. klein
11. Hoge   12. Oud   13. Oude   14. verkochte, aanstaande
15. nieuwe   16. ander, andere   17. slechte
18. Engelse, Italiaanse   19. gele, rode   20. nieuwe   21. groene

22. kostbare 23. nieuwe 24. bruine 25. goeds. 26. beroemd
27. bruine 28. bijzonders. 29. oud 30. aantrekkelijks.
31. gezellig 32. rode 33. hoge 34. grote 35. nieuwe
36. lang 37. goed 38. harde 39. dubbele 40. moderne
41. gigantisch 42. oranjegele 43. gracieuze 44. goede 45. verongelukte
46. mooi 47. wit 48. ongelooflijks 49. druk
50. goeds 51. realistisch 52. lekker 53. rechtvaardige
54. open 55. belangrijks 56. draagbare 57. domme 58. langzame
59. bleke 60. scherpe 61. hoog 62. mooi 63. lange
64. grote 65. goede 66. gelukkig 67. leuke 68. mooi
69. Olympische 70. dure

II. 1. Een **oude** houthakker en zijn vrouw woonden in een **klein** huisje in een **groot** bos. Ze zaten samen bij een vuur van **zware** blokken hout. Het begon al **donker** te worden. Daar kwam een **mooie** fee het hutje binnen. Ze zei dat de houthakker en zijn vrouw drie wensen mochten doen en ging weg. De houthakker en zijn vrouw waren **blij** : Nu zouden ze **rijk** worden. Wat zullen ze wensen? De vrouw hing een pannetje met aardappelen boven het vuur. Ik wou dat we daar een **lekkere** worst bij hadden, riep ze. En daar lag een **heerlijke verse** worst in de pan. Dat was de eerste wens! Ik wou dat die **dikke** worst aan je neus hing, riep de man boos. Dat was de tweede wens! De **arme** vrouw begon te schreien. Ze wilde niet altijd met een worst aan haar neus lopen. Nu moest haar **boze** man wensen dat de worst weer in de pan kwam. Dat was de derde wens! **Rijk** waren de **arme** mensen niet geworden. Maar ze hadden toch een **lekkere** worst bij hun eten!

III. Het huis is erg **ruim**. We hebben vier slaapkamers. We hebben ook een **grote** woonkamer met een **houten** vloer. De keuken is wel een beetje **klein**. Dat vind ik niet zo erg. Ik hoef niet zoveel ruimte in de keuken te hebben. We hebben een **stenen** vloer in de keuken. De badkamer is helemaal **nieuw**. Die hebben ze vorige week pas gemaakt. In de buurt wonen veel ouders met **jonge** kinderen. We hebben hele **aardige** buren. Maar ze hebben twee **drukke** kinderen, die veel lawaai maken.

IV. Nederland is één van de **beste** schaatsenlanden in de wereld. De schaatsers Rintje Ritsma en Falko Zandstra zijn in Nederland **even bekend/net zo bekend** als de voetballer Ruud Gullit en Marco van Basten. Bij internationale wedstrijden zijn de Nederlandse schaatsers vaak **even good/net zo bekend** als de schaaters uit

Noorwegen. De Noren zijn vaak **sneller** dan de Nederlanders op de korte afstanden. De Nederlandse schaatsers schaatsen het **snelst(e)** op de langere afstanden. Falko Zandstra vindt de 500 meter de **moeilijkste** afstand. Hij is het **best(e)** op de **langste/langere** afstand: de tien kilometer. De training voor de 500 meter is **even zwaar/net zo zwaar** als de training voor de tien kilometer. Vóór een belangrijke wedstrijd moet je **meer** rust nemen dan normaal. Dan moet je ook **minder** vet eten, maar **meer** groente en fruit dan normaal.

V. 1. hoogste   2. langste   3. snelst   4. grootste   5. warmste
    6. rijkst   7. kleinste 8. bekendste 9. oudste
    10. meest romantische   11. beroemdste   12. grootst
    13. leukste 14. rustiger 15. groter 16. lang 17. goedkoper.
    18. beter   19. slanker   20. gevoeligste 21. schone 22. allernieuwe
    23. schoon   24. spannende 25. sterk 26. groter 27. liefst(e)
    28. korte   29. goede   30. gelukkigr 31. zwaarder 32. kouder
    33. verkochtste 혹은 meest verkochte   34. hoogste   35. schoonste
    36. beter   37. bang   38. heerlijk 39. mooiste 40. leuk
    41. grootste 42. gevaarlijkste   43. gemakkelijkste
    44. langst   45. beste   46. gelukkigste   47. groot
    48. ouder   49. vlotter 50. erger

VI. 1. belachelijk 2. vervelend 3. heldhaftige 4. groot 5. 없음
    6. gratis   7. verse   8. gestolen   9. schadelijk 10. 없음
    11. 없음   12. 없음   13. 없음   14. slimsten   15. 없음
    16. dikste. 17. grootste, kleinste   18. aanwezigen 19. moeilijkste

VII. Mijn zus draagt een **groene** jurk en ik een **witte**. Haar haar is **rood** maar het mijne is **blond**. Mijn broer heeft een **zwarte** spijkerbroek gekocht. Daarop draagt hij een **blauw** jasje en een **beige** overhemd. Moeder draagt liever een **bruine** jurk met **bruine** schoenen. Mijn broertje heeft een korte **blauwe** broek met een **lila** overhemd.

VIII. 1. bruinachtige 2. eindeloos 3. sportief 4. psychische 5. werkzaam
     6. redelijke   7. draagbare 8. zomers   9. theatraal   10. waterige

5 대명사 (Het voornaamwoord)

1. 인칭대명사 (Het persoonlijk voornaamwoord)

Ⅰ. 1. haar 혹은 ze   2. hem   3. hij   4. haar   5. Ze
   6. ze   7. hen 혹은 ze   8. haar 혹은 ze   9. ze 혹은 haar   10. hun 혹은 ze

Ⅱ. Bert: Mira, heb **jij** mijn blauwe overhemd gezien?
   Mira: Ja, **het/'t** hangt buiten. **Ik** heb **het/'t** gisteren gewassen.
   Bert: Dank **je**.
   Mira: **Ik** heb een nieuwe trui gekocht. Hoe vind je **hem/'m**?
   Nert: Mooi, **hij** past goed bij de broek die **je** aanhebt.
   Mira: Ja, en **ik** heb ook nog nieuwe schoenen gekocht. Mooi, hè.
   Bert: Nou, eerlijk gezegd vind **ik ze** niet zo mooi.
   Mora: Dat is jammer. Maar ja, **jij** hoeft **ze** niet aan.

Ⅲ. Klant: Kunt u **mijn/m'n** haar knippen?
   Karin: Ja, natuurlijk. Kan ik **uw** jas aannemen?
   Klant: Zeg maar 'jij', hoor.
   Karin: Goed, als jij dat ook doet. Kan ik **jouw/je** jas aannemen?
   Klant: Graag.
   Karin: Je kunt hier vast gaan zitten. Ik zal je **ons** nieuwe boek met voorbeelden geven. Misschien staat daar nog een idee voor **je/jouw** haar in.
   (even later)
   Karin: Zo, wat zijn **je/jouw** wensen?
   Klant: Ik wil graag dat je mijn/m'n haar knipt, zoals op de foto bij deze vrouw. Haar haar ik heel leuk geknipt!
   Karin: Goed, Dat kan. Even kijken, waar is **mijn/m'n** schaar?
   (tegen andere kapster)
   Els: mag ik **jouw** schaar even lenen?
   Els: Ja, alsjeblieft.
   (even later)
   Klant: Hoe vaak zien jullie **je** vaste klanten ongeveer?
   Karin: Ongeveer één keer in de twee maanden.
   Klant: Dat is vaak. Mijn dochter en ik laten **ons** haar meestal één keer per drie maanden knippen.
   Karin: Dat kan. **Jullie** haar groeit misschien niet zo snel. Sommige mensen

moeten **hun** haar bijna elke maand laten knippen.

Ⅳ. 1. Zij/Ze 2. Hij 3. hem, hij 4. zij/ze, ze/zij, haar/d'r
   5. Hij 6. jullie/je, jullie/je, jullie/je 7. ons, Wij/We
   8. zijn/z'n 9. Haar 10. jullie/je 11. Onze 12. jouw/je
   13. zijn/z'n

2. 소유대명사(Het bezittelijk voornaamwoord)

Ⅰ. 1. zijn 2. jouw 3. haar, haar 4. onze, hun 5. je/jullie
   6. zijn, zijn, zijn, zijn, zijn, zijn, zijn 7. mij, jouwe
   8. mijn/m'n, mijne, zijne 9. jullie/je, jullie/je, jullie, van mij
   10. hun, hun, hun, hun, hun 11. jouw 12. zijn 13. hun
   14. haar, hun 15. Onze 16. hun 17. ons 18. ons, hun
   19. onze 20. zijn 21. haar 22. zijn
   23. ons 혹은 mijn 24. hun 25. je 혹은 jullie
   26. hun 27. je 28. mijn

Ⅱ. 1. de hunne 혹은 die van hun 2. de hare 혹은 die van haar
   3. de zijne 혹은 die van hem 4. de zijne 혹은 die van hem
   5. de zijne 혹은 die van hem 6. de hunne 혹은 die van hun
   7. het hare 혹은 dat van haar 8. de hunne 혹은 die van hun
   9. het mijne 혹은 dat van mij 10. het jouwe 혹은 dat van jouw

3. 지시대명사(Het aanwijzend voornaamwoord)

Ⅰ. 1. Die 2. Dat 3. die 4. Dat 5. die

Ⅱ. 1. Deze 2. deze 3. deze 4. Die

Ⅲ. 1. deze 2. Dat 3. dat 4. Dat 5. Die
   6. dit 7. dit 8. deze/die 9. die/deze 10. Dat
   11. dit 12. Die

Ⅳ. 1. Zelfs 2. zelfs 3. zelf. 4. zelf 5. zelfs
   6. zelf 7. zelfs 8. zelf 9. zelf 10. zelf

Ⅴ. 1. deze 2. Zo'n 3. dezelfde 4. zelf 혹은 zelfs

5. hetzelfde   6. die.   7. zulke   8. die   9. die

4. 대명사적 부사(Het voornaamwoordelijk bijwoord)

5. ER의 용법

Ⅰ. 1. 형식주어   2. 형식주어, 수량중 일부   3. 수량중 일부   4. 형식주어
5. 대명사적 부사   6. 대명사적 부사   7. 형식주어, 대명사적 부사
8. 대명사적 부사   9. 대명사적 부사, 대명사적 부사
10. 형식주어, waar(의문대명사적 부사)   11. 장소부사   12. 형식주어, 수량중 일부
13. 대명사적 부사   14. 대명사적 부사, daar(지시대명사적부사)
15. 형식주어   16. 형식주어, 형식주어   17. 대명사적 부사, 대명사적 부사
18. 대명사적 부사   19. 대명사적 부사   20. 대명사적 부사

Ⅱ. 1. Moeder zit **er** altijd **in**.   2. Hij praat **er** niet **over**.
3. Hij is **er** niet **naartoe** gegaan.   4. Ik heb **erover** horen spreken.
5. Onze buren hebben **er** de hele avond **over** verteld.
6. Ik wacht **erop**.   7. Hij praat **er** met zijn vrouw **over**.
8. De hond zit **eronder**.   9. Ik heb **er** lang **aan** getwijfeld.
10. Ik denk **er** nog steeds **aan**.   11. We gaan er samen heen.
12. De directeur heeft **er** een probleem **mee**.
13. Wat denk je **erover**?   14. Ik wil **er** niet **op** spelen.
15. Wat weet je **erover**?
16. We zullen **er** zeker morgen **naartoe** gaan.
17. De secretaresse werkt **ermee**.
18. Kinderen drinken **er** graag **uit**.
19. Morgen moet ik **er** opnieuw **mee** spreken.
20. De secretaresse wil het **erop** hangen.

Ⅲ. 'Hier(장소 부사) in Nederland' in Nederland heeft bijna iedereen een kat of hond in huis. Soms hebben Nederlanders er(수량중 일부) zelfs meer dan één. Sommige mensen hebben er(수량중 일부) geen. Ze hebben er(대명사적 부사) dan geen tijd voor. Of ze kunnen er(대명사적 부사) niet tegen. In Mauretanië is dat heel anders. Daar(장소부사) heb ik 32 jaar gewoond; ik heb er(장소부사) nog nooit een kat of hond in huis gezien. We zien dieren niet als vrienden. Dat gebeurt hier wel vaak. Er(형식주어) zijn in Nederland zelfs mensen die net zoveel van honden houden als van mensen. Dat is in Mauretanië onmogelijk. Daar(장소부사) hebben we dieren om voor ons te werken. We eten ook dieren, net als hier(장소부사).

6. 관계대명사(Het betrekkelijk voornaamwoord)

Ⅰ. 1. dat 2. die 3. die 4. dat 5. dat 6. dat
   7. die 8. die 9. dat 10. die 11. dat 12. die
   13. dat 14. die 15. Wat 16. dat 17. die 18. die
   19. die 20. die 21. Wie 22. Wie 23. Wie

Ⅱ. 1. van wie 2. waarvan 3. waarmee 4. van wie 5. waarover
   6. waarvan 7. waarvoor 8. waarmee 9. van wie 10. waarover
   11. met wie 12. waarvan 13. over wie 14. waarmee 15. waarop
   16. waarover 17. op wie 18. met wie 19. over wie 20. waarnaar
   21. waarmee 22. waarop 23. waaronder 24. waarmee 25. waarin
   26. waarvan 27. waarin 28. waarmee 29. waaraan 30. waarop

Ⅲ. 1. Het vliegtuig dat is geland, komt uit America./Het vliegtuig dat uit America komt, is geland.
   2. De jongen die daar loopt, is mijn neef.
   3. Mijn oom en tante die in Amerika wonen, hebben twee kinderen.
   4. De fiets die Henk heeft, is erg duur.
   5. De kinderen die ze hebben, spreken alleen Engels.
   6. June die Nederlands leert, is een meisje.
   7. De auto die vader gekocht heeft, rijdt heel snel.
   8. Hij heeft een zusje dat June heet.
   9. Zij heeft een broer die Jim heet.
   10. Het museum waarnaar we gaan, is in Leeuwarden.
   11. De stad waarnaar ze gaan, ligt in het Noorden.
   12. Zie je die koeien die in de wei lopen?
   13. De muziek die jij speelt, is heel mooi.
   14. De man die al een beetje oud is, rookt een pijp.
   15. De fiets die nieuw is, staat in de schuur.

7. 의문대명사(Het vragend voornaamwoord), 의문부사(Het vragend bijwoord)

Ⅰ. **Hoe** heet u?. Wat is uw adres? **Wat** is uw postcode en woonplaats? **Wat** is uw telefoonnummer? **Wanneer** bent u geboren? **Welke** nationalteit hebt u? Hoelang woont u in Nederland? **Welke** taal wilt u leren? Welk niveau hebt u? **Waarom** wilt u deze taalcursus volgen? **Hoeveel** uur per week kunt u aan het huiswerk besteden?

Ⅱ. 1. welke   2. wat voor   3. wie   4. waar   5. wie
   6. wie   7. Welke   8. waar   9. Hoe   10. Waar

Ⅲ. 1. hoe   2. waarom   3. welke   4. aan wie   5. waarover

8. 부정대명사(Het onbepaald voornaamwoord), 9. 부정수사(Het onbepaalde telwoord)

Ⅰ. Verkoper: Sorry meneer, dat tijdschrift heb ik niet meer. Ik heb hier wel nog **enkele/een paar/verschillende** andere tijdschriften over auto's. Wat zoekt u precies?

Klant: Een tijdschrift over auto's met **veel/alle** informatie over **enkele/een paar/verschillende/veel/alle** nieuwe auto's.

Verkoper: Dan zijn deze twee tijdschriften misschien iets voor u. Hier staan **enkele/een paar/sommige/verschillende** nieuwe types in.

Klant: Mag ik even kijken? Jammer, maar ik vind dat er te **weinig** nieuwe types in staan.

Verkoper: Dit zijn helaas **alle** tijdschriften die ik op dit moment heb.

Ⅱ. 1. al   2. al   3. alle   4. alle   5. alle

Ⅲ. 1. 틀린곳 없음
   2. Ik heet Juliaan en de **anderen** noemden hun naam.
   3. Ken je hier in de omgeving **de ene en andere**.
   4. **Allen** gingen naar boven om de hangkast te ontdekken.
   5. **De ene** wil dit, de andere niet.   6. Ze wil **alles** controleren.
   7. 틀린곳 없음   8. Dat is een receptenboek niets **anders**.
   9. 틀린 곳 없음   10. In de stad was er **weinig** te zien
   11. 틀린 곳 없음   12. 틀린 곳 없음
   13. In Parijs ken ik **niemand** : ik zal alleen zijn.
   14. Hoe was het mogelijk dat **niemand** anders dat had gedacht!
   15. 틀린 곳 없음
   16. Een vagebond slaapt elke nacht weer **ergens** anders.

17. Een vegetariër is **iemand** die geen vlees eet.
18. **Iemand** heeft vieze woorden op het bord geschreven!
19. 틀린 곳 없음   20. 틀린 곳 없음.

6 부사 (Het bijwoord)

Ⅰ. 1. nooit   2. ooit   3. nooit   4. nooit   5. nooit.
   6. nooit   7. ooit   8. nooit   9. ooit   10. ooit

Ⅱ. 1. De kinderen gaan vandaag naar de dierentuin.
   2. We hebben een half uur op de trein gewacht.
   3. We zullen nog eens naar Brussel gaan.
   4. Mijn vriend heeft me om 3 uur gebeld.
   5. Vader heeft pas ons huis geschilderd.
   6. De familie zal niet met Pasen op vakantie gaan.
   7. Piet logeert nu bij tante Elsa.
   8. Die heren hadden heel wat wijn gedronken.
   9. Ze zeggen dat alles weer duurder wordt.
   10. De mosselen zijn heel lekker aan de kust.

Ⅲ. 1. 없음   2. Ik vind zijn baan niet slecht, hij wordt **zelfs** goed betaald.
   3. 없음   4. 없음   5. 없음
   6. **Zelfs** de excentriciteiten van Jan zijn moeilijk te aanvaarden.
   7. De leerlingen waren **zelfs** verbaasd nadat hun leraar geen commentaar over hun slechte gedrag had gemaakt.
   8. **Zelfs** op een warme herfstdag wil hij een haardvuur hebben.
   9. In zijn huidige stemming is hij **zelfs** bereid om zijn vriend een kans te geven.
   10. 없음

7 수사 (Het telwoord)

Ⅰ. 1. eenentwintigste.   2. zevenentwintig December
   3. vijftien februari tweeduizend en tien 혹은 vijftien februari tweeduizend tien
   4. negentienhonderd eenennegentig   5. zeven maart
   6. zevenentwintig april negentienhonderd zevenennegentig

7. vijfentwintigste
8. twaalfde juli negentienhonderd vijfennegentig
9. zeventien augustus negentienhonderd drieënvijftig
10. negenentwintigste september negentienhonderd tweeënveertig

II. 1. vannacht 2. zomer 3. vanmorgen 4. nacht 5. vanmiddag
6. 's Avonds 7. vandaag 8. herfst 9. 's Middags 10. nacht
11. januari. 12. oktober 13. augustus 14. mei 15. maart
16. april. 17. November 18. december.

III. 1. vijftien graden. 2. drieënzestig 3. vijfenvijftig
4. zevenenzeventig. 5. tweeëntwintig. 6. vijfenveertig meter.
7. drieëndertig jaar oud. 8. tweeëntachtig kilometer.
9. vierennegentig jaar oud. 10. acht 11. derde
12. zeventiende. 13. dertiende 14. twee 15. honderd vijfentwintigste
16. achtste 17. twaalven 18. vier 19. Beide
20. vier vijfde 21. Derde 22. Honderden
23. Tweede 24. derde 25. twintigste

IV. 1. acht 2. één 3. vijf 4. veertien 5. twaalf
6. negentien 7. elf 8. twintig 9. dertien 10. zestien

V. achtennegentigduizend achthonderd achtennegentig
één miljoen honderd en elf duizend tweehonderd tweeëntwintig
vijf komma vijfenzestig
negen komma vierhonderd tweeëndertig
duizend
vijfentachtig
duizend dertien
vijfentwintigduizend zeshonderd zesenveertig
twee miljard driehonderd vijfenveertig miljoen zeshonderd drieënnegentig duizend
   driehonderd zesenveertig

VI. 1. 0 4 3 / 8 5 0 2 8 5 1 2. 0 7 7 / 4 6 6 3 3 3 2
3. 0 5 7 / 0 6 5 4 3 7 1 4. 0 3 1 / 8 4 7 0 9 1 0
5. 0 2 6 / 3 5 1 1 6 1 6
6. nul vijfenzeventig / zeven zeven één acht twee twee drie
7. nul zestien, twee vijf één vier één acht negen

8. nul éénenveertig, zes drie drie zeven vijf zes nul
9. nul éénenveertig, drie vier drie negen zeven vier
10. nul vierendertig, acht vier één vier acht zes negen

VII. 1. kilo, ons, liter, euro, cent   2. jaar, weken, maanden, jaar

VIII. 1. december   2. januari   3. juni   4. mei   5. april
6. januari   7. April   8. juli

8 부정사 (Negatie)

I. 1. Ik heb mijn boek niet.
2. Hij spreekt geen Nederlands.
3. Ik woon niet ver van Amsterdam.
4. Ik heb geen boek voor jou.
5. Mijn moeder werkt niet thuis.
6. Er is geen plaats in de bus.
7. Ik heb geen afwasmachine.
8. Ik ben niet goed in talen.
9. Deze lijm plakt niet goed.
10. We hebben geen telefoon.
11. In de koelkast is er niets om te drinken.
12. Ze knipt het licht niet aan.
13. De film begint niet om 8 uur.
14. Natuurlijk kregen de kinderen geen nieuwe les.
15. Mijn vader kon niet in slaap komen.
16. Haar jurk is niet bruin.
17. Ze verdient niet veel.
18. Het is geen 8 uur.
19. Hij heeft het niet zo druk.
20. Ik drink geen groene thee.

II. Dokter: U hebt een erg hoge bloeddruk.
Jan: Daarom voelde ik me de laatste tijd (nee/**niet**/geen) goed!
Dokter: We zullen uw bloeddruk behandelen. U mag in elk geval (nee/niet/**geen**) zout meer in uw eten gebruiken.
Jan: Mag ik verder alles eten?
Dokter: (**Nee**/Niet/Geen), dat mag u (nee/**niet**/geen).
Jan: Wat mag ik dan wel en (nee/**niet**/geen) eten?
Dokter: Sommige dingen zijn voor u (nee/**niet**/geen) goed. U mag bijvoorbeeld (nee/niet/**geen**) kaas eten. Daar zit veel zout in. U kunt beter ook (nee/niet/**geen**) soep meer eten. En verder mag u ook (nee/niet/**geen**) koekjes en zo. Als u mijn advies volgt, hebt u over een tijdje (nee/neit/**geen**) problemen meer.
Jan: Moet ik ook minder eten?

Dokter: (**Nee**/Niet/Geen), dat hoeft (nee/**niet**/geen). Hebt u verder nog vragen?

Jan: (**Nee**/Niet/Geen), ik heb (nee/niet/**geen**) vragen meer. Alles is duidelijk.

Dokter: Volgende week wil ik uw bloeddruk weer controleren. Als uw bloeddruk (nee/**niet**/geen) gedaald, dan zal ik u nedicijnen geven.

9 접속사 (Het voegwoord)

Ⅰ. 1. Ik ging weg, terwijl zij de kamers schoonmaakte.
2. Ik heb een boekgekocht, maar ik heb het niet gelezen.
3. Hij werkt niet, omdat hij ziek is.
4. Zij belde op voordat ik teruggekomen was. 혹은 was teruggekomen
5. Als ik meer geld verdiend had, zou het niet nodig zijn om een tweehandse auto te kopen.
6. Hoewel ik mij vrij goed in het Nederlands uitdruk, moet ik altijd oppassen om fouten te voorkomen.
7. Hij werd rijk toe hij in Rotterdam werkte.
8. Ik geloof dat die schoteltjes in de ijskast liggen.
9. Is het boek interessant? of Heb je het niet kunnen lezen?
10. Wij weten het niet, want wij hebben het niet gehoord.

Ⅱ. 1. Als 2. omdat 3. zoals 4. doordat 5. Wanneer

Ⅲ. 1. doordat 2. dat 3. Als/Doordat 4. Als
5. zodat 6. Hoewel 7. want 8. en/of 9. Als
10. of 11. om 12. te

Ⅳ. 1. Cindy krijgt soms wel geld, maar ze zou ook graag iets bijverdienen.
2. De directrice is een beetje ouderwets, maar ze is ook heel vriendelijk.
3. Niemand blijft thuis en we gaan vanavond allemaal uit.
4. Ik had hem graag die geschiedenis willen vertellen, maar ik durfde niet.
5. Ik ken die mensen goed want ze wonen in de buurt.
6. Ik ben niet goed in Engels maar vrij sterk in andere talen.
7. Ze zou graag een ijsje eten, maar ze hebben er geen in dat café.
8. Het regent weer en ik kan vandaag het gras niet maaien.

9. Op dat moment hoorden ze een auto en ze gingen de deur openen.
10. Peter werkt in een restaurant en zijn vrouw blijft thuis.

Ⅴ. 1. want 2. maar 3. want 4. en 5. of
    6. noch 7. want 8. noch 9. of 10. en
    11. omdat 12. Ofschoon 13. Nadat 14. of 15. zodat

Ⅵ. 1. Als het mooi weer is, gaan we gaan fietsen.
    2. Voordat we gaan fietsen. pompen we pompen de banden op.
    3. We fietsen totdat we bij een leuk café komen.
    4. Nadat we koffie gedronekn hebben, fietsen we terug.
    5. Zolang het zomer is, fietsen we elk weekend.

Ⅶ. 1. terwijl 2. zodat 3. maar 4. en 5. omdat
    6. zodra 7. Als 8. tenzij 9. Sinds 10. toen

Ⅷ. 1. Sinds 2. Voordat 3. omdat 4. Nadat 5. maar
    6. zodat 7. Als 8. Toen 9. Zodra 10. hoewel

Ⅸ. 1. immers 2. bovendien 3. trouwens/overigens
    4. Althans/Tenminsten 5. Bovendien/Overigens

Ⅹ. 1. Toen 2. dan 3. Dan 4. dan 5. toen
    6. Dan 7. toen 8. dan 9. toen 10. dan

Ⅺ. 1. Peter had het hoofdstuk goed geleerd. Hij had echter een onvoldoende voor de test.
    2. Karin kan niet goed tennissen. Integendeel, ze slaat ballen altijd in het net.
    3. Peter heeft een wiskundeknobbel. Johan daarentegen heeft meer verstand van talen.
    4. Sanne doet vier keer per week yoga. Toch heeft veel last van haar rug.
    5. Het regende op Sylbia's bruiloft. Niettemin was het een prachtige dag.
    6. Erik vergat het zout in de pastasaus. Desondanks, smaakte het eten prima.

Ⅻ. 1. Daardoor/Daarom 2. want 3. Daarom 4. omdat
    5. Omdat/Doordat 6. Daarom/ Daardoor 7. want
    8. omdat

10   전치사, 후치사 (Voorzetsel, Achterzetsels)

Ⅰ. 1. voor   2. sinds   3. Na   4. aan   5. gedurende
   6. Volgens   7. vanwege   8. over   9. langs   10. tegenover

Ⅱ. 1. Achter   2. Beneden   3. Boven   4. links   5. rechts
   6. tegen   7. Op   8. Naast   9. In   10. op
   11. Aan

Ⅲ. 1. in   2. aan   3. in   4. in   5. in
   6. over   7. bij   8. op   9. in   10. aan
   11. achter   12. op   13. aan   14. bij   15. in

Ⅳ. 1. uit   2. op   3. voor   4. tegen   5. in
   6. met   7. tijdens   8. van   9. met   10. bij
   11. voor   12. in

Ⅴ. 1. Uit   2. Tot   3. In   4. Op   5. Onder
   6. Aan   7. Bij   8. Van   9. Met   10. Voor
   11. Tijdens   12. Over

11   감탄사 (Het uitroepend voornaamwoord)

1. Wat is dat gemakkelijk!
2. Wat een ezel is dat!
3. Hoe warm is het!
4. Wat gek dat hij het helemaal vergeten had!
5. Wat een ongeluk op één dag!
6. Hoe vlug kan je fietsen!
7. Zal hij maar vlug terugkomen!
8. Hoe mooi is dit schilderij!
9. Had ik maar een nieuwe auto!
10. Wat fouten in je oefening!

12   간투사 (Het tussenwerpsel, De interjectie)

13 문장(Zin), 어순(Woordvolgorde)

Ⅰ. 1. Vanmiddag ga ik naar de bibliotheek.
   2. Op mijn nieuwe schrift plak ik een etiket met mijn naam.
   3. Eventueel kan hij morgen komen helpen.
   4. Stevig stapten we door in de stromende regen.
   5. Geestdriftig begon hij met zijn nieuwe lego te spelen.
   6. Uit die grot zijn alle beenderen al lang verdwenen.
   7. Met dikke breinaalden krijg je een grof breiwerk.
   8. In het donker is een zaklamp handig.
   9. In de tuin staan heesters en bomen.
   10. Volgens de hiërarchie is de directeur de baas.

Ⅱ. 1. Nederland heeft veel arbeidsbureaus.
   2. Tegenwoordig hebben veel mensen in Nederland geen werk.
   3. Het arbeidsbureau kan deze mensen helpen.
   4. Soms vindt een werknemer van een arbeidsbureau werk voor hen.
   5. Sommige mensen gaan om een andere reden naar een arbeidsbureau.
   6. Ze willen bijvoorbeeld liever ander werk doen.
   7. Soms willen ze meer geld verdienen.
   8. Al deze mensen kunnen met een werknemer van het arbeidsbureau praten.
   9. Niet iedereen kan een baan vinden.
   10. Soms mogen mensen op kosten van het arbeidsbureau een opleiding volgen.

Ⅲ. 1. Ik ben leraar geschiedenis.
   2. Ik heb al drie jaar geen werk.
   3. Daarom ben ik naar het arbeidsbureau gegaan.
   4. Dat heeft nog niet veel geholpen.
   5. Soms heb ik een paar maanden werk.
   6. Ik heb die school een brief geschreven.
   7. Soms eten kippen hun eigen eieren op.
   8. Na een uur was het werk voltooid.
   9. In Amsterdam zijn veel gezellige cafeetjes.
   10. Bovenop de tafel staat de koekjesdoos.
   11. Voor de winter verzamelen eekhoorntjes beukennootjes.
   12. Zaklopen vind ik een leuk spel.

13. In de stad Sint-Niklaas kun je elk jaar naar spetterende ballonfeesten.
14. Naast mijn huis groeien twee appelbomen.
15. Binnen een uurtje is de school uit.
16. Om 8 uur gaan we slapen.
17. De heer Janssen gaat dit jaar met zijn vrouw naar Frankrijk.
18. We gaan volgend jaar met de auto naar Italië.
19. Jan gaat vandaag met een vriend naar school.
20. Komt vader vrijdag met een vriend naar huis?
21. Ik ga in juli met mijn ouders naar Oostende.
22. De kinderen gaan om halfnegen naar school.
23. Ik ga morgen met een vriend naar school.
24. Vader gaat om halftien naar huis.
25. We gaan volgend jaar met Jan naar zee.
26. Jullie vertrekken in juni naar de Ardennen.

IV. 1. Omdat hij niet in het spitsuur wil komen, neemt Erik e trein naar Amsterdam.
2. Hoewel de trein vertraging had, komt hij op tijd op z'n werkte.
3. Terwijl hij in de lift naar de kantine staat, praat hij met een collega.
4. Zodra hij aan zijn buro zit, belt de directeur.
5. Toen hij koffie haalde, is er voor hem gebeld .

V. 1. Sanne heeft geen zin om vandaag een rok en bloes **aan te trekken**.
2. In een spijkerbroek en een trui **zit ze** aan het ontbijt.
3. Erik vraagt of Sanne **gisteren bij de bekker** geweest is/geweest is.
4. Ze zegt dat ze **er nog niet** geweest is/geweest is.
5. Erik zegt dat dat vervelend **is** want er is nu geen vers brood.

2. 불규칙 동사 변화표

강변화동사, 혼합변화 및 불규칙 동사

원 형	과거단수	과거복수	과거분사
aanbidden	bad aan	baden aan	aangebeden
aanbieden	bood aan	boden aan	aangeboden
aandoen	deed aan	deden aan	aangedaan
aandringen	drong aan	drongen aan	aangedrongen
aangeven	gaf aan	gaven aan	aangegeven
aangrijpen	greep aan	grepen aan	aangegrepen
aankijken	keek aan	keken aan	aangekeken
aankomen	kwam aan	kwamen aan	aangekomen
aankunnen	kon aan	konden aan	aangekund
aannemen	nam aan	namen aan	aangenomen
anprijzen	prees aan	prezen aan	aangeprezen
aanraden	raadde aan	raadden aan	aangeraden
aanrijden	reed aan	reden aan	aangereden
aanslaan	sloeg aan	sloegen aan	aangeslagen
aansluiten	sloot aan	sloten aan	aangesloten
aansnijden	sneed aan	sneden aan	aangesneden
aanspreken	sprak aan	spraken aan	aangesproken
aansteken	stak aan	staken aan	aangestoken
aantreffen	trof aan	troffen aan	aangetroffen
aantrekken	trok aan	trokken aan	aangetrokken
aanvallen	viel aan	vielen aan	aangevallen
aanvangen	ving aan	vingen aan	aangevangen
aanvragen	vroeg aan	vroegen aan	aangevraagd

원형	과거단수	과거복수	과거분사
aanvreten	vrat aan	vraten aan	aangevreten
aanvriezen	vroor aan	vroren aan	aangevroren
aanwerven	wierf aan	wierven aan	aangeworven
aanwijzen	wees aan	wezen aan	aangewezen
aanwrijven	wreef aan	wreven aan	aangewreven
aanzien	zag aan	zagen aan	aangezien
achterblijven	bleef achter	bleven achter	achtergebleven
achterlaten	liet achter	lieten achter	achtergelaten
afblijven	bleef af	bleven af	afgebleven
afbreken	brak af	braken af	afgebroken
afdwingen	dwong af	dwongen af	afgedwongen
affluiten	floot af	floten af	afgefloten
afgeven	gaf af	gaven af	afgegeven
afhangen	hing af	hingen af	afgehanen
afkomen	kwam af	kwamen af	afgekomen
aflopen	liep af	liepen af	afgelopen
afnemen	nam af	namen af	afgenomen
afprijzen	prees af	prezen af	afgeprezen
afraden	raadde af	raadden af	afgeraden
afroepen	riep af	riepen af	afgeroepen
afscheiden	scheidde af	scheidden af	afgescheiden
afschieten	schoot af	schoten af	afgeschoten
afschrikken	schrok af	schrokken af	afgeschrokken
afslaan	sloeg af	sloegen af	afgeslagen
afsluiten	slootaf	sloten af	afgesloten
afsnijden	sneed af	sneden af	afgesneden
afspreken?	sprak af	spraken af	afgesproken
afstaan	stond af	stonden af	afgestaan
afsterven	stierf af	stierven af	afgestorven
afstijgen	steeg af	stegen af	afgestegen
aftreden	trad af	traden af	afgetreden
afvragen	vroeg af	vroegen af	afgevraagd
afwegen	woog af	wogen af	afgewogen
afwijken	week af	weken af	afgeweken

원형	과거단수	과거복수	과거분사
afzeggen	zei af	zeiden af	afgezegd
bakken	bakte	bakten	gebakken
barsten	barstte	barstten	gebarsten
bevallen	beviel	bevielen	bevallen
bezitten	bezat	bezaten	bezeten
bedelven	bedelfde	bedelfden	bedolven
(zich) bedenken	bedacht	bedachten	bedacht
bederven	bedierf	bedierven	bedorven
bedragen	bedroeg	bedroegen	bedragen
bedriegen	bedroog	bedrogen	bedrogen
bedwingen	bedwong	bedwongen	bedwongen
begaan	beging	begingen	begaan
begeven	begaf	begaven	begeven
begieten	begoot	begoten	begoten
beginnen	begon	begonnen	begonnen
begraven	begroef	begroeven	begraven
begrijpen	begreep	begrepen	begrepen
behangen	behing	behingen	behangen
behelpen	behielp	behielpen	beholpen
behouden	behield	behielden	behouden
bekijken	bekeek	bekeken	bekeken
beklimmen	beklom	beklommen	beklommen
bekomen	bekwam	bekwamen	bekomen
bekopen	bekocht	bekochten	bekocht
beladen	belaadde	belaadden	beladen
beliegen	beloog	belogen	belogen
belijden	beleed	beleden	beleden
belopen	beliep	beliepen	belopen
benemen	benam	benamen	benomen
bergen	borg	borgen	geborgen
berijden	bereed	bereden	bereden
beroepen	beriep	beriepen	beroepen
beschieten	beschoot	beschoten	beschoten
beschrijven	beschreef	beschreven	beschreven

원형	과거단수	과거복수	과거분사
besluiten	besloot	besloten	besloten
besnijden	besneed	besneden	besneden
bespreken	besprak	bespraken	besproken
bestaan	bestond	bestonden	bestaan
bestelen	bestal	bestalen	bestolen
besterven	bestierf	bestierven	bestorven
bestrijden	bestreed	bestreden	bestreden
bestrijken	bestreek	bestreken	bestreken
betreden	betrad	betraden	betreden
betreffen	betrof	betroffen	betroffen
betrekken	betrok	betrokken	betrokken
bevallen	beviel	bevielen	bevallen
bevaren	bevoer	bevoeren	bevaren
bevechten	bevocht	bevochten	bevochten
bevelen	beval	bevalen	bevolen
bevinden	bevond	bevonden	bevonden
bevriezen	bevroor	bevroren	bevroren
bewegen	bewoog	bewogen	bewogen
bewijzen	bewees	bewezen	bewezen
bezien	bezag	bezagen	bezien
bezinken	bezonk	bezonken	bezonken
bezitten	bezat	bezaten	bezeten
bezoeken	bezocht	bezochten	bezocht
bidden	bad	baden	gebeden
bieden	bood	boden	geboden
bijdragen	droeg bij	droegen bij	bijgedragen
bijten	beet	beten	gebeten
binden	bond	bonden	gebonden
binnenbreken	brak binnen	braken binnen	binnengebroken
binnenkomen	kwam binnen	kwamen binnen	binnengekomen
binnenvallen	viel binnen	vielen binnen	binnengevallen
blazen	blies	bliezen	geblazen
blijken	bleek	bleken	gebleken
blijven	bleef	bleven	gebleven

원 형	과거단수	과거복수	과거분사
blinken	blonk	blonken	geblonken
breken	brak	braken	gebroken
brengen	bracht	brachten	gebracht
buigen	boog	bogen	gebogen
delven	delfde	delfden	gedolven
denken	dacht	dachten	gedacht
doen	deed	deden	gedaan
doorbreken	brak door	braken door	doorgebroken
doorbrengen	bracht door	brachten door	doorgebracht
doordringen	doordrong	doordrongen	doordrongen
doorgaan	ging door	gingen door	doorgegaan
doorlopen	liep door	liepen door	doorgelopen
doorrijden	reed door	reden door	doorgereden
doorschuiven	schoof door	schoven door	doorgeschoven
doorslaan	sloeg door	sloegen door	doorgeslagen
doorsnijden	sneed door	sneden door	doorgesneden
dragen	droeg	droegen	gedragen
drijven	dreef	dreven	gedreven
dringen	drong	drongen	gedrongen
drinken	dronk	dronken	gedronken
duiken	dook	doken	gedoken
dwingen	dwong	dwongen	gedwongen
ervaren	ervoer	ervoeren	ervaren
eten	at	aten	gegeten
fluiten	floot	floten	gefloten
gaan	ging	gingen	gegaan
gebieden	gebood	geboden	geboden
gedragen	gedroeg	gedroegen	gedragen
gelden	gold	golden	gegolden
genezen	genas	genazen	genezen
genieten	genoot	genoten	genoten
geven	gaf	gaven	gegeven
gieten	goot	goten	gegoten
glijden	gleed	gleden	gegleden

원형	과거단수	과거복수	과거분사
glimlachen	glimlachte	glimlachten	geglimlacht
glimmen	glom	glommen	geglommen
graven	groef	groeven	gegraven
grijpen	greep	grepen	gegrepen
hangen	hing	hingen	gehangen
hebben	had	hadden	gehad
heffen	hief	hieven	geheven
helpen	hielp	hielpen	geholpen
herbeginnen	herbegon	herbegonnen	herbegonnen
herzien	herzag	herzagen	herzien
heten	heette	heetten	geheten
houden	hield	hielden	gehouden
ingaan	ging in	gingen in	ingegaan
ingrijpen	greep in	grepen in	ingegrepen
inhouden	hield in	hielden in	ingehouden
inkijken	keek in	keken in	ingekeken
inkrimpen	kromp in	krompen in	ingekrompen
inschenken	schonk in	schonken in	ingeschonken
inschrijven	schreef in	schreven in	ingeschreven
inslaan	sloeg in	sloegen in	ingeslagen
instrijken	streek in	streken in	ingestreken
invallen	viel in	vielen in	ingevallen
invriezen	vroor in	vroor in	ingevroren
inwrijven	wreef in	wreven in	ingewreven
inzenden	zond in	zonden in	ingezonden
inzien	zag in	zagen in	ingezien
inslapen	sliep in	sliepen in	ingeslapen
jagen	joeg/jaagde	joegen/jaagden	gejaagd
kiezen	koos	kozen	gekozen
kijken	keek	keken	gekeken
klimmen	klom	klommen	geklommen
klinken	klonk	klonken	geklonken
knijpen	kneep	knepen	geknepen
komen	kwam	kwamen	gekomen

원형	과거단수	과거복수	과거분사
kopen	kocht	kochten	gekocht
krijgen	kreeg	kregen	gekregen
krimpen	kromp	krompen	gekrompen
kruipen	kroop	kropen	gekropen
kunnen	kon	konden	gekund
lachen	lachte	lachten	gelachen
laden	laadde	laadden	geladen
langskomen	kwam langs	kwamen langs	langsgekomen
laten	liet	lieten	gelaten
lezen	las	lazen	gelezen
liegen	loog	logen	gelogen
liggen	lag	lagen	gelegen
lijden	leed	leden	geleden
lijken	leek	leken	geleken
lopen	liep	liepen	gelopen
losbarsten	barstte los	barstten los	losgebarsten
meebrengen	bracht mee	brachten mee	meegebracht
meedoen	deed mee	deden mee	meegedaan
meegaan	ging mee	gingen mee	meegegaan
meegeven	gaf mee	gaven mee	meegegeven
meekomen	kwam mee	kwamen mee	meegekomen
meenemen	nam mee	namen mee	meegenomen
meevallen	viel mee	vielen mee	meegevallen
melken	molk	molken	gemolken
meten	mat	maten	gemeten
mijden	meed	meden	gemeden
moeten	moest	moesten	gemoeten
mogen	mocht	mochten	gemogen
nadenken	dacht na	dachten na	nagedacht
nalaten	liet na	lieten na	negelaten
neerlaten	liet neer	lieten neer	neergelaten
nemen	nam	namen	genomen
ombrengen	bracht om	brachten om	omgebracht

원형	과거단수	과거복수	과거분사
ombuigen	boog om	bogen om	omgebogen
omdoen	deed om	deden om	omgedaan
omgaan	ging om	gingen om	omgegaan
omkijken	keek om	keken om	omgekeken
omkopen	kocht om	kochten om	omgekocht
omstoten	stootte om	stootten om	omgestoten
ondervragen	ondervraagde ondervroeg	ondervraagden	ondervraagd
onderbreken	onderbrak	onderbraken	onderbroken
onderbrengen	bracht onder	brachten onder	ondergebracht
onderduiken	dook onder	doken onder	ondergedoken
ondernemen	ondernam	ondernamen	ondernomen
onderscheppen	onderschepte	onderschepten	onderschept
ondervinden	ondervond	ondrvonden	ondervonden
onderzoeken	onderzocht	onderzochten	onderzocht
oníbieden	ontbood	onboden	ontboden
ontbreken	ontbrak	ontbraken	ontbroken
ontduiken	ontdook	ontdoken	ontdoken
ontginnen	ontgon	ontgonnen	ontgonnen
ontheffen	onthief	onthieven	ontheven
onthouden	onthield	onthielden	onthouden
ontkomen	ontkwam	ontkwamen	ontkomen
ontladen	ontlaadde	ontlaadden	ontladen
ontlopen	ontliep	ontliepen	ontlopen
ontmoeten	ontmoette	ontmoetten	ontmoet
ontnemen	ontnam	ontnamen	ontnomen
ontslaan	ontsloeg	ontsloegen	ontslagen
ontsluiten	ontsloot	ontsloten	ontsloten
ontstaan	ontstond	ontstonden	ontstaan
ontsteken	ontstak	ontstaken	ontstoken
onttrekken	ontrok	onttrokken	onttrokken
ontvangen	ontving	ontvingen	ontvangen
ontvriezen	ontvroor	ontvroren	ontvroren
ontwerpen	ontwierp	ontwierpen	ontworpen

원형	과거단수	과거복수	과거분사
ontwijken	ontweek	ontweken	ontweken
ontzeggen	ontzegde ontzei	ontzegden ontzeiden	ontzegd
opbergen	borg op	borgen op	opgeborgen
opblazen	blies op	bliezen op	opgeblazen
opbrengen	bracht op	brachten op	opgebracht
opdelven	dolf op	dolven op	opgedolven
opdragen	droeg op	droegen op	opgedragen
opdrijven	dreef op	dreven op	opgedreven
opdringen	drong op	drongen op	opgedrongen
opdrinken	dronk op	dronken op	opgedronken
opendoen	deed open	deden open	opengedaan
opeten	at op	aten op	opgegeten
opgaan	ging op	gingen op	opgegaan
opgeven	gaf op	gaven op	opgegeven
opgraven	groef op	groeven op	opgegraven
ophangen	hing op	hingen op	opgehangen
opheffen	hief op	hieven op	opgeheven
ophouden	hield op	hielden op	opgehouden
opjagen	joeg op jaagde op	joegen op jaagden op	opgejaagd opgejaagd
opkijken	keek op	keken op	opgekeken
opklimmen	klom op	klommen	opgeklommen
opkomen	kwam op	kwamen op	opgekomen
opkopen	kocht op	kochten op	opgekocht
oplopen	liep op	liepen op	opgelopen
opmeten	mat op	maten op	opgemeten
opnemen	nam op	namen op	opgenomen
opschieten	schoot op	schoten op	opgeschoten
opschrijven	schreef op	schreven op	opgeschreven
opschrikken	schrok op	schrokken op	opgeschrokken
opsluiten	sloot op	sloten op	opgesloten
opspringen	sprong op	sprongen op	opgesprongen
opstaan	stond op	stonden op	opgestaan

원형	과거단수	과거복수	과거분사
opstijgen	steeg op	stegen op	opgestegen
optreden	trad op	traden op	opgetreden
optrekken	trok op	trokken op	opgetrokken
opvallen	viel op	vielen op	opgevallen
opvangen	ving op	vingen op	opgevangen
opvliegen	vloog op	vlogen op	opgevlogen
opvreten	vrat op	vraten op	opgevreten
opwaaien	woei op waaide op	waaiden op	opgewaaid
opwegen	woog op	wogen op	opgewogen
opwerpen	wierp op	wierpen op	opgeworpen
opzeggen	zei op zegde op	zeiden op	opgezegd opgezegd
opzoeken	zocht op	zochten op	opgezocht
opzuigen	zoog op	zogen op	opgezogen
overblijven	bleef over	bleven over	overgebleven
overgaan	ging over	gingen over	overgegaan
overlijden	overleed	overleden	overleden
overschrijven	schreef over	schreven over	overgeschreven
oversteken	stak over	staken over	overgestoken
overtreden	trad over	traden over	overgetreden
overtreffen	overtrof	overtroffen	overtroffen
overwegen	overwoog	overwogen	overwogen
overwinnen	overwon	overwonnen	overwonnn
prijzen	prees	prezen	geprezen
raden	ried/raadde	rieden/raadden	geraden
rijden	reed	reden	gereden
roepen	riep	riepen	geroepen
rondzwerven	zwierf rond	zwierven rond	rondgezworven
ruiken	rook	roken	geroken
scheiden	scheidde	scheidden	gescheiden
schelden	schold	scholden	gescholden
schenden	schond	schonden	geschonden
schenken	schonk	schonken	geschonken

원형	과거단수	과거복수	과거분사
scheppen	schiep	schiepen	geschapen
scheren	schoor	schoren	geschoren
schieten	schoot	schoten	geschoten
schijnen	scheen	schenen	geschenen
schrijven	schreef	schreven	geschreven
schrikken	schrok	schrokken	geschrokken
schuilen	school	scholen	gescholen
schuiven	schoof	schoven	geschoven
slaan	sloeg	sloegen	geslagen
slapen	sliep	sliepen	geslapen
slijpen	sleep	slepen	geslepen
slijten	sleet	sleten	gesleten
sluipen	loop	slopen	geslopen
sluiten	sloot	sloten	gesloten
smelten	smolt	smolten	gesmolten
smijten	smeet	smeten	gesmeten
snijden	sneed	sneden	gesneden
snuiten	snoot	snoten	gesnoten
snuiven	snoof	snoven	gesnoven
spannen	spande	spanden	gespannen
spijten	speet	speten	gespeten
spreken	sprak	spraken	gesproken
springen	sprong	sprongen	gesprongen
spuiten	spoot	spoten	gespoten
staan	stond	stonden	gestaan
steken	stak	staken	gestoken
stelen	stal	stalen	gestolen
sterven	stierf	stierven	gestorven
stijgen	steeg	stegen	gestegen
stinken	stonk	stonken	gestonken
stoten	stootte	stootten	gestoten
strijden	streed	streden	gestreden
strijken	streek	streken	gestreken

원형	과거단수	과거복수	과거분사
tegenvallen	viel tegen	vielen tegen	tegengevallen
terugbrengen	bracht terug	brachten terug	teruggebracht
terugkomen	kwam terug	kwamen terug	teruggekomen
toegeven	gaf toe	gaven toe	toegegeven
toelaten	liet toe	lieten toe	toegelaten
toenemen	nam toe	namen toe	toegenomen
toezeggen	zei/zegde toe	zeiden toe	toegezegd
treden	trad	traden	getreden
treffen	trof	troffen	getroffen
trekken	trok	trokken	getrokken
uitbarsten	barstte uit	barstten uit	uitgebarsten
uitblazen	blies uit	bliezen uit	uitgeblazen
uitblijven	bleef uit	bleven uit	uitgebleven
uitblinken	blonk uit	blonken uit	uitgeblonken
uitbreken	brak uit	braken uit	uitgebroken
uitdoen	deed uit	deden uit	uitgedaan
uiteten	at uit	aten uit	uitgegeten
uitgaan	ging uit	gingen uit	uitgegaan
uitgeven	gaf uit	gaven uit	uitgegeven
uitgieten	goot uit	goten uit	uitgegoten
uitglijden	gleed uit	gleden uit	uitgegleden
uithangen	hing uit	hingen uit	uitgehangen
uithouden	hield uit	hielden uit	uitgehouden
uitkiezen	koos uit	kozen uit	uitgekozen
uitkijken	keek uit	keken uit	uitgekeken
uitkomen	kwam uit	kwamen uit	uitgekomen
uitlachen	lachte uit	lachten uit	uitgelachen
uitladen	laadde uit	laadden uit	uitgeladen
uitlaten	liet uit	lieten uit	uitgelaten
uitroepen	riep uit	riepen uit	uitgeroepen
uitscheiden	scheidde uit	scheidden uit	uitgescheiden
uitschelden	schold uit	scholden uit	uitgescholden
uitslapen	sliep uit	sliepen uit	uitgeslapen

원형	과거단수	과거복수	과거분사
uitspreken	sprak uit	spraken uit	uitgesproken
uitsteken	stak uit	staken uit	uitgestoken
uitsterven	stierf uit	stierven uit	uitgestorven
uitstijgen	steeg uit	stegen uit	uitgestegen
uitstoten	stootte uit stiet uit	stootten uit	uitgestoten
uitstrijken	streek uit	streken uit	uitgestreken
uittrekken	trok uit	trokken uit	uitgetrokken
uitvallen	viel uit	vielen uit	uitgevallen
uitvechten	vocht uit	vochten uit	uitgevochten
uitvinden	vond uit	vonden uit	uitgevonden
uitvliegen	vloog uit	vlogen uit	uitgevlogen
uitwijken	week uit	weken uit	uitgeweken
uitwrijven	wreef uit	wreven uit	uitgewreven
uitzenden	zond uit	zonden uit	uitgezonden
uitzien	zag uit	zagen uit	uitgezien
uitzitten	zat uit	zaten uit	uitgezeten
vallen	viel	vielen	gevallen
vangen	ving	vingen	gevangen
varen	voer	voeren	gevaren
vechten	vocht	vochten	gevochten
verzitten	verzat	verzaten	verzeten
verbergen	verborg	verborgen	verborgen
verbinden	verbond	verbonden	verbonden
verbieden	verbood	verboden	verboden
verblijven	verbleef	verbleven	verbleven
verbreken	verbrak	verbraken	verbroken
verbuigen	verboog	verbogen	verbogen
verdenken	verdacht	verdachten	verdacht
verdragen	verdroeg	verdroegen	verdragen
verdrijven	verdreef	verdreven	verdreven
verdringen	verdrong	verdrongen	verdrongen
verdrinken	verdronk	verdronken	verdronken
verdwijnen	verdween	verdwenen	verdwenen

원형	과거단수	과거복수	과거분사
vergaan	verging	vergingen	vergaan
vergelijken	vergeleek	vergeleken	vergeleken
vergeten	vergat	vergaten	vergeten
vergeven	vergaf	vergaven	vergeven
vergieten	vergoot	vergoten	vergoten
verglijden	vergleed	vergleden	vergleden
verhangen	verhing	verhingen	verhangen
verheffen	verhief	verhieven	verheven
verhelpen	verhielp	verhielpen	verholpen
verhouden	verhield	verhielden	verhouden
verjagen	verjaagde / verjoeg	verjaagden	verjaagd
verkiezen	verkoos	verkozen	verkozen
verkopen	verkocht	verkochten	verkocht
verkrijgen	verkreeg	verkregen	verkregen
verlaten	verliet	verlieten	verlaten
verliezen	verloor	verloren	verloren
verlopen	verliep	verliepen	verlopen
vermijden	vermeed	vermeden	vermeden
vernemen	vernam	vernamen	vernomen
verraden	verraadde / verried	verraadden	verraden
verschieten	verschoot	verschoten	verschoten
verschijnen	verscheen	verschenen	verschenen
verschrikken	verschrok	verschrokken	verschrokken
verschuilen	verschool	verscholen	verscholen
verschuiven	verschoof	verschoven	verschoven
verslaan	versloeg	versloegen	verslagen
verslapen	versliep	versliepen	verslapen
verslijten	versleet	versleten	versleten
verslinden	verslond	verslonden	verslonden
verspreken	versprak	verspraken	versproken
verstaan	verstond	verstonden	verstaan
verstoten	verstootte	verstootten	verstoten

원형	과거단수	과거복수	과거분사
	verstiet		
verstrijken	verstreek	verstreken	verstreken
vertrekken	vertrok	vertrokken	vertrokken
vervangen	verving	vervingen	vervangen
verwerpen	verwierp	verwierpen	verworpen
verwerven	verwierf	verwierven	verworven
verwijten	verweet	verweten	verweten
verwijzen	verwees	verwezen	verwezen
verzenden	verzond	verzonden	verzonden
verzinnen	verzon	verzonnen	verzonnen
verzoeken	verzocht	verzochten	verzocht
verzwijgen	verzweeg	verzwegen	verzwegen
vinden	vond	vonden	gevonden
vliegen	vloog	vlogen	gevlogen
voldoen	voldeed	voldeden	voldaan
voorbijkomen	kwam voorbij	kwamen voorbij	voorbijgekomen
'voorkomen	kwam voor	kwamen voor	voorgekomen
voor'komen	voorkwam	voorkwamen	voorkomen
voorlezen	las voor	lazen voor	voorgelezen
voorliegen	loog voor	logen voor	voorgelogen
voorsnijden	sneed voor	snedenoor	voorgesneden
voorzien	voorzag	voorzagen	voorzien
vragen	vroeg	vroegen	gevraagd
vreten	vrat	vraten	gevreten
vriezen	vroor	vroren	gevroren
waaien	woei/waaide	woeien/waaiden	gewaaid
wassen	waste	wasten	gewassen
wegen	woog	wogen	gewogen
wegnemen	nam weg	namen weg	weggenomen
wegschieten	schoot weg	schoten weg	weggeschoten
wegstoten	stootte weg stiet weg	stootten weg	weggestoten
wegzinken	zonk weg	zonken weg	weggezonken
werpen	wierp	wierpen	geworpen

원형	과거단수	과거복수	과거분사
werven	wierf	wierven	geworven
weten	wist	wisten	geweten
wijken	week	weken	geweken
wijten	weet	weten	geweten
wijzen	wees	wezen	gewezen
willen	wilde/wou	wilden	gewild
winden	wond	wonden	gewonden
winnen	won	wonnen	gewonnen
worden	werd	werden	geworden
wreken	wreekte	wreekten	gewroken
wrijven	wreef	wreven	gewreven
zeggen	zei/zegde	zeiden	gezegd
zenden	zond	zonden	gezonden
zien	zag	zagen	gezien
zijn	was	waren	geweest
zingen	zong	zongen	gezongen
zinken	zonk	zonken	gezonken
zitten	zat	zaten	gezeten
zoeken	zocht	zochten	gezocht
zuigen	zoog	zogen	gezogen
zuipen	zoop	zopen	gezopen
zullen	zou	zouden	-
zwemmen	zwom	zwommen	gezwommen
zweren	zwoer	zwoeren	gezworen
zwerven	zwierf	zwierven	gezworven
zwijgen	zweeg	zwegen	gezwegen

3. 특정 전치사를 취하는 주요 동사

a
(zich) aanbieden aan
aankomen op
(zich) aanpassen aan
(zich) aansluiten bij
(zich) aantrekken van
afhangen van
afkomen van/op
antwoorden op

b
bedanken voor
bedoelen met
beginnen aan/met/over
begrijpen van
bepalen tot
(zich) beperken tot
(zich) beschermen tegen
beschikken over
beslissen over
besluiten tot/uit
bestaan van/uit
betrekken bij/in
bevallen van
bewegen tot
bidden tot/om

c
constateren uit

d
danken voor
dansen met
deelnemen aan
delen met
denken aan/om/over/van
dienen tot
doorgaan met/tot
dreigen met
dwingen tot

e
eindigen op
eisen van

g
gaan met
gelden voor
geloven in/aan
genieten van
geven om
grijpen naar

h
handelen in/over
heersen over
helpen met
herinneren aan
herkennen aan
hopen op
houden van

i
ingaan op
instellen naar
(zich) interesseren voor

k
kiezen voor
klagen over
kloppen met
komen om

l
lachen om
leiden tot
lenen van
(zich) lenen voor
leren voor
letten op

leven van/voor
lezen over
liggen aan
lijden aan/onder
lijken op
luisteren naar

m
meedoen met/aan
meegaan met
mengen met
(zich) mengen in
merken van

n
nadenken over
(zich) neerleggen bij
noemen naar

o
(zich) oefenen in
omgaan met
onderhandelen met
(zich) onderscheiden van
ontbreken aan
opbellen over
opgaan voor/in
(zich) opgeven voor
ophouden met
opkijken tegen
opkomen voor/tegen
oppassen voor
opschieten met
optreden tegen
opzetten tegen

overgaan in/naar
overtuigen van

p
passen in/op/voor/bij
peinzen over
(zich) plaatsen voor
praten met/over
proeven van
protesteren tegen

r
raken aan
reageren op
redden van
redden uit
rekenen op
roepen om

s
schelen aan
schieten op
schreeuwen om
schrijven over
schrikken van
slaan op
slagen in/voor
snappen van
spelen om
spreken met/over/tot
stemmen op/over/tot
sterven aan
steunen op
stoppen met
streven naar

studeren op/voor

t
telefoneren met/naar/over
terugkomen op/van
toegeven aan
trouwen met

u
uitgaan van
uitkijken naar/op
uitkomen met/op
uitnodigen op/voor
uitoefenen op
(zich) uitspreken over/voor
uitzien naar/op

v
vallen op
vechten met/om/tegen
veranderen aan/in
(zich) verbazen over
(zich) verbinden tot
verenigen in/met
vergelijken met
(zich) vergissen in
(zich) verheugen op/over
verlangen naar
verliezen van
(zich) verontschuldigen voor
(zich) verplichten tot
verschillen in/van
vertrouwen op
vervullen met

verwachten van
(zich) verwonderen over
(zich) verzekeren tegen/van
(zich) verzetten tegen
vluchten voor
voelen voor
voldoen aan
volgen op/uit
(zich) voorbereiden
   op/voor
voorzien in/van

vragen naar
vrezen voor
vullen met

W

waarschuwen voor
wachten met/op
(zich) wagen aan
wennen aan
werken aan/voor
weten van

wijzen op
winnen van

Z

zakken voor
zorgen voor
zwijgen over

4. 찾아보기

ㄱ

가정법(De subjunctief)	117
간접목적어(Het meewerkend voorwerp)	312
간투사(Het tussenwerpsel)	308
감탄사(het uitroepend voornaamwoord)	306
강변화동사(Sterke werkwoorden)	36
개음절(Geopend syllabe)	22
경구개음화	18
계사(Koppelwerkwoorden)	311
고유명사(Eigennaam)	132
곡절부호(Accent circonflex)	24
과거미래(zou/zouden + 부정형)	118
과거미래완료(zou/zouden + 과거분사+ hebben/zijn)	119
관계대명사(Het betrekkelijk voornaamwoord)	208
관계대명사적 부사	211
관계대명사의 제한적 용법 및 계속적 용법	213
관계절(Betrekkelijke bijzin)	209
관사(Het lidwoord)	130
관사의 용법	131
규칙동사(Regelmatig werkwoord)	35
규칙동사의 현재형	29
근접 미래	49
기수(Hoofdtelwoorden)	238

ㄴ

남성(Mannelijk)	139

ㄷ

단순모음(Monoftong)	10
단자음	13
대명사(Het voornaamwoord)	180
대명사적 부사(Het voornaamwoordelijk bijwoord)	196
도치(Inversie)	316
동격구문(De bijstelling)	315
동사(Het werkwoord)	28
동사관용구(Werkwoordelijke uitdrukking)	311
동사술어(Werkwoordelijk gezegde)	309
동사술어의 위치	318
동사어간(Stam)	29
동사의 과거시제(Het imperfectum)	34
과거형 인칭변화	37
동사의 과거완료(Het plusquamperfectum)	74
동사의 명령법(De Imperatief)	85
동사의 미래시제(Het futurum)	48
동사의 미래완료(Het fiturum exactum)	75
동사의 부정법(Werkwoorden die samengaan met een infinief)	93
동사의 현재완료(Het perfectum)	70
동사의 원형(Infinitief)	28
동사의 현재분사형(Het tegenwoordig deelwoord)	88
동사의 현재시제(Het presens)	28등
위접속사(Nevenschikkende voegwoorden)	261

ㅁ

명사(Het substantief)	139
명사술어(Naamwoordelijk gezegde)	311
명사의 복수형(Meervoudsvorm)	146
명사의 문법성(Genus)	139
모음(Klinker)	10
모음교체(Ablaut)	36, 149
모음의 철자	22
무성음화	17
무성자음	17
문장(Zin)	309
문장성분(Zinsdeel)	309
문장성분구성요소(Zinsdeelstukken)	314

ㅂ

발음(De uitspraak)	10
보어(De bepaling van gesteldheid)	313
복모음(Dubblele klinker)	12
복자음(Dubbele medeklinker)	15
복합동사(Samengestelde werkwoorden)	52
부사(Het bijwoord)	133
부사수식어(De bijwoordelijke bepaling)	313
부사어미(Bijwoordelijke uitgangen)	236
부사적 접속사(Voegwoordelijke bijwoorden)	270
부사적 한정어(De bijwoordelijke bepaling)	314
부정 수사(Hert onbepaald telwoord)	226
부정관사(Het onbepaald lidwoord)	130
부정대명사(Het onbepaald voornaamwoord)	221
부정대명사적 부사	221
부정법(Werkwoorden die samengaan met een infinitief)	94
단순부정형(Kale infinitief)	94
te-부정형	95
부정사(Negatie, Ontkenning)	253
부정수사(Het onbepaalde telwoord)	245
분리/비분리동사(Scheidbare / Onscheidbare werkwoorden)	52
분리전철	53

분수(Breukgetallen)	240
분절기호(Trema)	24
불규칙동사(Onregelmatig werkwoord)	36, 427-442
비교급(De Comparatief)	167
최상급(De Superatief)	167
비분리 전철	52
비음성 모음	13
비인칭 동사(Onpersoonlijke werkwoorden)	82

ㅅ

사역동사 laten	80
상관접속사	272
상호 대명사(Het wederkerig voornaamwoord)	106
생략부호(Apostofe)	23
서법(Modus)	116
서수(Rangtelwoorden)	240
소유대명사(Het bezittelijk voornaamwoord)	187
소유대명사의 명사적 용법	188
수동가주어 er wordt	110
수동태(Passieve zinnen)	108
수사(Het telwoord)	238
순(盾)음화	18
술어(Het gezegde)	309
슈와(Sjwa)	11

ㅇ

알파벳(Het alfabet)	8
약변화동사(Zwakke werkwoorden)	35
어말음무성음화규칙	17
어순(Woordvolgorde)	315
억음(Accent grave)	24
여성명사 어미(Vrouwelijke uitgang)	151
연구개음화	18
예음(Accent aigue)	24
완료형(Het perfectum)	70
외래어차용모음	12
외래어차용자음	16
유성음화	18

음소(Foneem)	10
음의 동화작용	18
음절(De syllabe)	22
의문대명사(Het vragend voornaamwoord)	216
의문대명사적 부사	217
의문문(Vraagzin)	315
의문부사(Het vragend bijwoord)	218
이중모음(Diftong)	12
이중부정형(Dubbele infinitief)	80
이중성(Dubbele gender)	141
인칭대명사(Het persoonlijk voornaamwoord)	180
인칭대명사적 부사	201

ㅈ

자음(Medeklinker)	13
자음의 철자	25
재귀대명사(Het wederkerend voornaamwoord)	105
재귀동사(Het wederkerend werkwoord)	105
전치사 목적어(Voorzeselvoorwerp)	312
전치사(Voorzestels)	284
접속법(De conjunctief)	116
접속사(Het voegwoord)	261
정관사(Het bepaald lidwoord)	130
정동사(Persoonsvorm)	309
조건법 완료(Conditionele Perfectum)	121
조건법 현재(Conditionele Presens)	118
종속절(Ondergeschikte bijzin)	262
종속접속사(Onderschikkende voegwoorden)	262
주어(Het onderwerp)	311
준수동문(Pseudo-passief)	110
지소형 명사(Diminutiefvorming, Het verkleinwoord)	155
지소형 어미	156
지시대명사(Het aanwijzend voornaamwoord)	191
지시대명사적 부사	197
지시사(De Verwijswoorden)	193
지시형용사	191
직설법(De Indicatief)	116
직접목적어(Lijdend voorwerp)	311
진행형(Duratieve constructies)	90

ㅊ

철자(Spelling)	22

ㅍ

파생명사	143
폐음절(Gesloten syllabe)	22

ㅎ

합성명사	141
형식주어 er, het	203
형용사(Het adjectief)	163
형용사 어미	165
형용사의 명사화	166
형용사적 한정어(De bijvoeglijke bepaling)	314
혼합변화동사(Gemengde werkwoorden)	36
화법 조동사(Modale hulpwerkwoorden)	77
후치사(Achterzetsels)	297

e

ER	200-206